Peter Reiter

Die Kunst der Lebensfreude
Ein praktischer Weg
zu mehr Lebensglück und Erfüllung

Verlag Via Nova

Peter Reiter

Die Kunst der Lebensfreude

Ein praktischer Weg
zu mehr Lebensglück und Erfüllung

vianova
Verlag Via Nova

1. Auflage 2003

Verlag Via Nova, Neißer Straße 9, 36100 Petersberg
Telefon und Fax: (06 61) 6 29 73
E-Mail: info@verlag-vianova.de

Internet:
www.verlag-vianova.de
www.transpersonal.com

Umschlag: Marketing Design Service GmbH, Hamburg
Satz: typo-service kliem, 97647 Neustädtles
Druck und Verarbeitung: Rindt-Druck, 36037 Fulda
© Alle Rechte vorbehalten
ISBN 3-936486-19-0

Geleitwort

„Es gibt keinen Unterschied zwischen Liebe und Freude. Daher ist der einzig mögliche Zustand der Ganzheit einer der vollkommenen Freude. Heilen oder froh machen ist demnach dasselbe wie integrieren oder eins machen."

Ein Kurs in Wundern (S.72)

Widmung

Voller Dankbarkeit, mit tiefem Respekt und großer Freude widme ich dieses Werk meiner Meisterin und Lehrerin Lency Spezzano, einer echten Bodhisattva des Mitgefühls, der Hingabe und der unendlichen Liebe für alle Wesen, die mich erfüllte mit göttlicher Liebe, Freude, Ekstase und dem Gefühl der Einheit und die meine inneren Augen geöffnet hat, um jene göttlichen Lichtwelten wahrhaft sehen und erleben zu können. Ich widme es auch meinem geistigen Lehrer Harry Palmer, der mir den Weg dahin geebnet hat, sowie meinem Lehrer und Freund Chuck Spezzano.

Ich danke dem ewigen Geist aus tiefstem Herzen, dass er mich zu Euch geführt hat, dass ich Euch meine Freunde nennen darf. Möge das Licht in allen von uns täglich weiter wachsen, so dass wir leuchten und den Weg nach Hause erhellen für zahlreiche andere Wesen. In ewiger Liebe.

Dedication

With eternal appreciation and thankfulness I dedicate this book to my teacher and "bliss-mother" Lency Spezzano, a true Bodhisattva of compassion, who filled me with Divine love, Joy, Ekstasy and Oneness and opened my inner eyes to truly see and feel those eternal worlds of Pure Light. I further dedicate it to my "bliss-father" Harry Palmer who paved the way for it, and to my teacher and friend Chuck Spezzano.

Thanks to the eternal spirit, that we could meet each other, thanks that I may call you my friends, and may the light in all of us grow further so we could shine and enlight the way home for many other beeings. Love forever.

Danksagung

An dieser Stelle möchte ich zuallererst allen Menschen und Wesen danken, die mir den Weg bereitet, mich selbstlos unterstützt und mich über manche Stufen zunächst zum irdischen Frieden und zur gelassenen Heiterkeit geführt haben, dann zu himmlischen Sphären und selbst noch darüber hinaus zu dieser unbeschreiblichen, überirdischen Freude und göttlichen Ekstase der reinen Lichtwelten. Danke, denn nun muss ich nicht mehr nur den Worten der Mystiker und der Tradition der Religionen und Geheimlehren vertrauen, die ich von Jugend an studiert habe, sondern weiß jetzt, wie es sich anfühlt und wie es wirklich ist. Ohne alle aufzählen zu können, möchte ich meine Wertschätzung und meinen Dank sagen an die Lehrer und Meister Sai Baba, Padmasambhava und viele weitere tibetische Lehrer wie Sögyal Rinpoche, an den größten deutschen Mystiker und mein Vorbild Meister Eckhart, an moderne Weise wie Harry Palmer und Nathal-Gründerin Gertje Lathan, auch an meine Avatar-Lehrer Bea und Isa, an den verwirklichten Zen-Lehrer Wolfgang Kopp, an Harald Wessbecher und unzählige weitere, bei denen ich im Lauf der vielen Jahre etwas lernen durfte – nicht zu vergessen viele Wesen aus der geistigen Welt, die mich beschützt, begleitet und belehrt haben.

Ganz besonders aber möchte ich hier **Lency Spezzano**, der auch dieses Buch gewidmet ist, von ganzem Herzen danken, deren Energie, Liebe und Hingabe mir zu vielen spirituellen Erfahrungen, Lichterleben und schneller persönlicher Transformation verholfen haben. Sie hat mir durch mütterliche Gnade ermöglicht, direkt in jene Quelle der Lebensfreude einzutauchen und diese unbeschreibliche Liebe und Glückseligkeit nicht nur zu sehen, sondern unmittelbar selbst zu erfahren. Ebenso danke ich ihrem Mann **Chuck Spezzano**, der mit ähnlicher Hingabe, mit Engagement und zugleich mit großartigem Humor und viel Spaß mich und manche meiner Freunde durch viele Prozesse, Wandlungen und Heilungen geführt und begleitet hat – manche wie ein Wunder. Nichts, überhaupt nichts könnte dies je vergelten als nur wiederum ebensolche Liebe, und ich zeige euch wie allen meinen spirituellen Lehrern meinen Dank, indem ich – auch mittels dieses Buches – so viel wie möglich so vielen wie möglich weitergebe.

Wertschätzung und Dank gebührt auch meiner Familie für die Geduld und für das Verständnis, dass ich zeitlich nicht immer verfügbar war. Ich hoffe, ich habe es durch umso mehr Intensität und Freude in unserem Zusammenleben ausgeglichen. Ich danke meiner Frau Joy für ihre Liebe und Wärme, meinen Kindern Jasmin, Christian und Michael für ihre stete Zuneigung, Inspiration und Spielfreude sowie unserem neuen Wizard-Baby Alexander, dass es zu uns gekommen ist und uns täglich mit seiner Liebe und seinem Lachen erfreut. Auch Yana danke ich für ihre Herzlichkeit und Mithilfe in der Familie sowie meinen hilfsbereiten Nachbarn Werner und Rosie Zimmermann und schließlich Frau Edith Papst, die uns immer wieder selbstlos und geduldig geholfen hat. Wir werden es nicht vergessen. Besonderen Dank auch an meine langjährigen Freunde Werner Meinhold, Hans Böing-Messing, Marianne Gütschow, Heiko Ostendorf und speziell an meinen Jugendfreund Rudolf Pfitzner, der sich vor allem in schweren Zeiten stets als verlässlicher und wahrer Freund erwiesen hat, und schließlich meinem lieben Bruder Wolfgang Reiter, der ebenso ein beständiger Freund und lieber Mitmensch ist. Es ist schön, euch zu kennen und euch als Freunde zu haben, und ich danke für die vielen Gespräche, Begegnungen, positiven Gefühle, die mich gestärkt und inspiriert haben, vor allem für die langjährig erwiesene Freundschaft.

In geschäftlicher Hinsicht möchte ich mich zuerst ganz herzlich bei meinem neuen Verleger Werner Vogel bedanken, der dieses Werk von Anfang an intuitiv zu schätzen wusste und sogleich bereit war, es in seinem renommierten Verlag zu publizieren. Er ist selbst ein wahrer Mystiker, und es ist mir eine Freude, nun im Via-Nova-Verlag gemeinsam mit ihm und vielen anderen wahren spirituellen Lehrern und Freunden verbunden zu sein. Ferner habe ich meinem Geschäftskollegen und Freund Gert Weissengruber viel zu verdanken, da er mir durch bereitwillige Übernahme mancher beruflicher Pflichten die Zeit und Muße zum Schreiben dieses Buches ermöglichte. Euch und allen anderen Freunden, die mir geholfen und beigestanden haben, auch meinen „Feinden", die mich gelehrt und erprobt haben, allen Mitwirkenden für dieses Buch und auch all meinen Schülern wünsche ich den Segen des Himmels. Mögt Ihr frei sein von Leid und Sorgen, mögt Ihr vielmehr in der ewigen Freude stehen, im ewigen Jetzt, und nur daraus wirken und leben und einfach glücklich sein. Danke.

Inhaltsverzeichnis

Die Übungen im Überblick

Vorwort

Ins Leben zu kommen und vom Schicksal hin- und hergetrieben zu werden, von Tag zu Tag eher zu überleben, anstatt wirklich erfüllt zu leben, dazu braucht es nicht viel, und viele Menschen glauben sogar, dies sei eben das Leben, ein ständiger Kampf ums Dasein und die tägliche Wiederholung der immer gleichen Muster. Doch das Leben glücklich, erfüllt und befreit zu leben – dies ist eine wahre Kunst, und wie jede andere will auch sie gelernt sein. Mit dieser Lebenskunst jedoch, überliefert und vorgelebt von den Weisen und echten Meistern aller Zeiten, meistert man sein Schicksal, wird von einem leidenden Opfer zum Meister seines Lebens und seines Glückes Schmied. Man wird zum Lebe-Meister, der nicht nur sein eigenes Leben optimal und glücklich gestaltet, zugleich sein Potential verwirklicht und somit erfüllt lebt, sondern auch – durch das aus ihm strahlende Glück – ein Licht und leuchtendes Vorbild für viele Menschen in dieser noch dunklen Zeit ist.

In unserer Zeit wachsender kollektiver Ängste, in der die Welt gebannt auf Krieg und Terror schaut und sich immer mehr darin hineinziehen lässt, in der die Menschen mehr und mehr darüber erschrecken, wie sehr täglich – in einer unausweichlich erscheinenden Spirale aus Gewalt und Gegengewalt – „Böses fortzeugend Böses muss gebären"; in einer Zeit also, in der Menschen nur aufgrund selbst zusammengewürfelter Überzeugungen und Glaubenssysteme ihren Mitmenschen mit einem ungeheuren technischen und finanziellen Aufwand die Hölle bereiten und sich an der Erschaffung größtmöglicher Panik und Verwirrung berauschen; in solch einer „dunklen" Zeit mag es verwunderlich erscheinen, ein Buch über Lebensfreude oder über Glücklichsein und die Leichtigkeit des Seins zu veröffentlichen, zu lesen und solche Gedanken weiter zu verbreiten. Doch nie war genau dies wichtiger als gerade heute, denn nie ist das Licht wertvoller als in der Dunkelheit, und eine Medizin wird gerade dann besonders wertvoll, wenn eine Krankheit akut ausgebrochen ist, und es wird vor allem dann ein Arzt gebraucht, wenn das Gleichgewicht der Kräfte aus dem Lot geraten ist und die Balance eines Systems wiederhergestellt werden muss.

Da aber – wie auch die moderne Physik behauptet – der Beobachter letztlich über die Manifestation von Wirklichkeit und damit auch über den Zustand unserer Welt entscheidet, somit wir Menschen unausweichlich die Verantwortung dafür tragen, in welcher Art von Welt wir leben, eben weil unser Geist über unsere Gedanken und Gefühle unsere Wirklichkeit prägt, daher ist ein solches Gleichgewicht, eine solche Heilung und Gesundung noch viel mehr im *geistigen* als im körperlichen Bereich notwendig. Es ist daher ganz besonders nötig, in einer Zeit wie der jetzigen, in der geistige Unordnung und ethische Verwirrung herrschen, in der die geistige Aufmerksamkeit vieler Menschen von schrecklichen Ereignissen gefesselt und damit ihre kreative Geistkraft fixiert oder blockiert ist, in der persönliche und kollektive Freiheit eingeschränkt wird (natürlich stets mit guten Gründen) und in der sich viele wie ohnmächtig fremden Einflüssen ausgeliefert fühlen, unseren Geist davon zu lösen und zuerst seine Stabilität, Balance, Harmonie wie vor allem auch seine Grundmotivation, die reine Lebensfreude, wiederherzustellen. Dadurch werden wir im Äußeren wieder entschlossen und frei handeln können und die vom Leben gestellten Aufgaben und Prüfungen gelassen meistern und schließlich wieder selbstbestimmt mit Freude und heiterer Gelassenheit leben.

Ferner aber ist jede Krise auch eine neue Chance und sogar Not-wendigkeit (Not wenden!) für Wachstum und Wandel, und daher ist es auch nötig, in diesem Gesundungsprozess über das bislang Erkannte, Gewusste und Gelebte hinauszugehen und zu einer ganz neuen, höheren Dimension des Bewusstseins vorzustoßen, zu einer höheren kollektiven Ebene. Konkret bedeutet dies die Fähigkeit, unser Leben nun ganz anders als bisher zu leben, nicht mehr wie die bisherige Masse der Menschen, sondern ausgerichtet an den Weisen und Meistern früherer Zeiten. Wir leben so nicht länger gegen das Leben in Kampf und Mangel, sondern mit ihm und seiner Fülle, mit Leichtigkeit, im Fluss des Seins mühelos mitfließend, humorvoll und mit *unerschütterlicher* Lebensfreude. So absurd es zunächst klingen mag, scheint mir dies die beste Medizin für unsere dunkle und stürmische Zeit, so wie der Humor stets die beste Medizin für zu ernsthafte Situationen war und ist.

Unerschütterlich und grundlegend wird die in diesem Buch aufgezeigte Lebensfreude deshalb genannt, weil sie anders als andere Freuden, sinnliche oder ästhetische, eben nicht von äußeren Auslösern oder Bedingungen abhängt, vielmehr ein den meisten Menschen noch verborgener innewohnender Seinszustand ist. Es ist paradoxerweise der natürliche Zustand unseres Geistes, ein natürlich-stilles Glücklichsein, eine Freude, die ganz von selbst am und im Grunde unseres Wesens liegt, die unveränderlich tief in uns ruht und nur darauf wartet, ent-deckt oder ausgegraben zu werden. Diese Lebensfreude ist hier und jetzt völlig und ganz da, bedarf keiner äußeren Auslöser oder Stimulantien, ganz im Gegensatz zu den unbeständigen sogenannten „weltlichen Freuden des Lebens", die vorüberziehend von unsteter Erscheinung sind und sich zumeist in Nichts auflösen, wenn man sie erlangt, und damit Leid nach sich ziehen. Jene seinsmäßige Lebensfreude aber in unserem Inneren ist immer und ewig im Überfluss vorhanden, da sie das Wesen unserer unsterblichen Geist-Seele selbst ist und daher völlig unabhängig und unzerstörbar von äußeren Erscheinungen. Sie ist das aus diesem Geist quellende Wesen des Lebens selbst. Sie kann zwar durch äußere Faktoren verdeckt und verdunkelt, aber niemals zerstört oder vermindert werden. Diese Freude, von der auch die Mystiker und Weisen aller Zeiten berichten, diese Freude, wie sie die Apostel im Übermaß an Pfingsten erfahren durften, diese Freude, stets ausströmend aus der wahren Natur unsres Geistes, wiederzufinden und wiederzugewinnen erscheint mir sowohl die jetzt gebotene als auch zugleich optimale Alternative, um die aus Terror, Angst, Kontrolle entstandenen Bindungen, Verwicklungen, wie auch das daraus entstandene Leid mühelos zu überwinden – und zwar prinzipiell und endgültig, denn wer von diesem Wasser getrunken hat, den dürstet nicht mehr, so sagen die Weisen. Mit diesem Entwicklungsschritt wird notwendigerweise zugleich eine neue und höhere Bewusstseinsstufe oder im individuellen wie kollektiven menschlichen Bewusstsein einhergehen und ein neues Zusammenleben daraus entstehen.

Würden wir hingegen der Versuchung nachgeben und jene äußeren Umstände und Menschen bekämpfen wollen und dazu noch entsprechend ähnliche Mittel wählen, wie es im menschlichen Zusammenleben heute leider noch oft geschieht, so würden wir selbst in jenes Bewusstseinsniveau hineingezogen, würden lediglich in jenes grausame Spiel einsteigen statt auszusteigen, würden es dadurch weiter verstärken und die Spirale von Gewalt und Gegengewalt, von Terror und Gegenterror, von Wut und Verzweiflung noch mehr anheizen. Bildlich gesprochen: Statt also die Dunkelheit mit Dunklem zu bekämpfen, ist es besser und einfacher, ein Licht anzuzünden, wie ein kluges Sprichwort sagt. Und so wie das Licht die Dunkelheit ganz mühelos und ohne Kampf vertreibt, ja wie durch das Licht zugleich dessen Wesenlosigkeit, dessen eigentliche Nicht-Existenz deutlich wird, so werden wir auch durch Wiedergewinnung von souveräner, aus dem Geist und nicht von außen geschöpfter Kraft und Lebensfreude alle diese Schrecken mühelos und kampflos überwinden können. Denn die aus dem ewigen, allumfassenden Geist und damit auch aus uns als Teilchen dieses Allgeistes strömende und in unserem geistigen Teil jederzeit zugängliche Lebensfreude ist nichts Begrenztes, Zeitliches oder Kreatürliches, mit dem anderes Zeitliches und Kreatürliches überwunden oder bekämpft werden müsste, sondern ist etwas Überzeitliches, Ewiges, Unbegrenztes, das aus dem göttlichen Geist stammt und ausfließt, der ewig ist, ja sein Wesen selbst ist. Es ist sozusagen die Sonne, die alle Dunkelheit mühelos vertreibt, oder das „Wasser des Lebens", das ewig aus dem lebendigen Geist quillt. Wer dahin kommt, der hat nicht nur einen Anker geworfen in einer anderen Dimension des Lichts, in der das Dunkel wie jegliche Polarität überhaupt keinen Platz mehr hat, der hat sich nicht nur einen unvergänglichen, unerschütterlichen Bezugspunkt geschaffen, wohin kein

Schrecken mehr kommen kann, sondern der erfährt auch eine neue Art von unvergleichlicher, intensiver Freude, von der Mystiker wie beispielsweise Meister Eckhart sagen, dass sie so intensiv und erfüllend sei, dass nichts von allen irdischen Freuden ihr auch nur annähernd gleiche. Dann verliert das Leben seine Schrecken und wird zum göttlichen Spiel, das von uns gespielt werden will, und wir können es dann in dieser Kraft und Freude auch souverän und meisterhaft spielen.

Dieses Buch soll dorthin den Weg weisen und ein Wegführer und Reisebegleiter sein für diejenigen, die diesen Ruf des Herzens spüren und ihm folgen wollen. Denn darin wird *ein* Weg gezeigt – und daneben gibt es noch viele andere –, inmitten des Alltags und der täglichen Verpflichtungen zu dieser bislang nur wenigen bekannten Freude- und Licht-Dimension *unseres* wie zugleich des *kollektiven* Geistes zu gelangen. Sicher ist es nicht einfach, wenn wir – um ein Beispiel des Philosophen Platon aufzugreifen – in der „Höhle der Welt" schon so lange an die Wand und auf die darauf projizierten Schatten der Materie gestarrt haben, so dass wir jene für die absolute Wirklichkeit halten und uns vor ihnen zu Tode ängstigen, nun plötzlich eine völlig neue Sichtweise einzunehmen. Dies bedeutet eine neue Perspektive und Betrachtungsweise, in der jene Schatten nicht nur als bloße Reflexionen unseres Geistes, als substanzlose Schatten ohne eigenes Sein erkannt werden, sondern die es uns zudem ermöglicht, unseren Blick völlig umzuwenden und uns der Quelle des Lichts selbst zuzuwenden und von ihr selbst erleuchtet und ernährt zu werden. Dies erfordert neben Mut zur Veränderung eine große Flexibilität unseres Geistes, also die Bereitschaft, alte Standpunkte zu überdenken und aufzugeben, neue und umfassendere anzunehmen, kurz gesagt: unseren Bewusstseinshorizont immens zu erweitern.

Spätestens wenn das Leid in unserem Leben groß genug ist, müssen wir dies sowieso tun, warum also nicht gleich und freiwillig? Für manche aber scheint Leid als Motor zur Entwicklung derzeit noch nötig zu sein, und erst im Leid und der Verzweiflung über die sie erschreckenden Schatten der Welt beginnen sie umzudenken, da erst dann alles andere und Neue besser erscheint als der bisherige Zustand. Erst dann fällt ihnen eine Umkehr und Neuorientierung leicht. Bei anderen aber ist die Einsicht in die vergängliche Natur der Schatten auch ohne übermäßiges Leid bereits groß genug, um aus eigenem Entschluss, ohne äußeres Drängen, zum Wesentlichen, zu geistigen Strukturen und schließlich zur Lichtquelle hinter all diesen Schatten voranzuschreiten. Es deutet sich sogar eine Zeitenwende an, denn ein beträchtlicher Teil der Menschheitselite scheint nun so weit zu sein, diesen Schritt wagen zu wollen oder wagen zu müssen. Speziell wenn man von der Voraussetzung ausgeht, dass es im Leben keinen bloßen Zufall gibt, vielmehr alle Ereignisse nach einer höheren Ordnung geschehen und Sinn machen, so wird deutlich, dass der Sinn der zur Zeit sich häufenden Katastrophen, Schrecknisse, Verwirrungen und der daraus resultierenden Ängste eben der zu sein scheint, dass die Menschen nun prinzipiell über ihre bisherigen Begrenzungen und ihren egoistischen Lebensstil hinausgehen und bereit sind, neue, intelligentere Spiele zu spielen. Jede Krise ist eine Chance, und somit ist jede *große Krise* eine *große Chance*.

Die Wege und Mittel dazu werden wir in diesem Buch nicht in äußeren Dingen suchen, wenn sie auch zeitweise als nützliche Hilfsmittel oder praktische Werkzeuge dienen können, sondern im Inneren, in unserer Seele selbst, in dem, was uns am nächsten und vertrautesten und doch so unbekannt ist, in unserem Bewusstsein. Wir werden also weniger äußere, kosmetische Korrekturen vornehmen, wie sie nun im Trend in vielen Büchern zu finden sind, etwa Tipps zum Wohlfühlen oder Tricks, an dies oder jenes zu kommen, etwas zu materialisieren und uns nur darüber zu freuen, oder lediglich bestimmte Emotionen zu stimulieren, die ebenso schnell wieder vergehen, sondern wir wollen Wege aufzeigen, in den tiefen Grund der Seele zu steigen, in ihren Quell, in ihren geistigen Grund, der nach Meister Eckhart und anderen Meistern zugleich der göttliche Grund ist. Dieser göttliche Geist in uns, unser ursprüngliches Sein ist in seinen drei Aspekten nicht nur a) frei, schöpferisch und kreativ, nicht nur b) reines Erkennen und Wissen, sondern c) vor allem wesenhaft Liebe und Freude. Mit letzterem Aspekt wollen wir uns hier vornehmlich befassen, und je näher wir ihm kommen, umso wärmer werden uns die Strahlen dieses Lichts umfassen und empfangen und umso mehr Liebe und Freude werden wir spürbar in uns haben, ohne etwas von außen zu brauchen. Im Gegenteil, wir werden reichlich davon geben können.

Das Wiederfinden dieser Dimension wird zugleich das Erwachen aus einem uralten, langen Weltentraum sein, angefüllt mit Bindungen, Unwissenheit und Verblendung. Hier und nur hier, in unserem geistig-seelischen Potential, gesteuert einzig durch unseren Willen, liegt der Schlüssel zum Erwachen wie auch zu jeglicher Transformation, zur Wandlung in eine neue Epoche und zur Verwandlung des alten in einen neuen Menschen. In den Religionen wird hier oft der Begriff der geistigen Wiedergeburt verwendet, eine Neugeburt aus unserem geistigen Grund. Wie könnte dieser neue Mensch konkret aussehen? Beispielsweise zeichnet er sich dadurch aus, dass er nicht mehr konkurriert, also sich und andere bekämpft, sondern möglichst kooperiert; dass er nicht mehr nur für sich, sondern für das Ganze arbeitet und lebt; dass er nicht mehr bloß re-agiert (also nur auf äußere Reize antwortet), sondern intuitiv und frei aus sich selbst agiert und erschafft; dass er nicht mehr in Schuld und Sühne, in Rache und Vergeltung, überhaupt in Karma und Schicksal verstrickt ist, sondern sein Leben im Einklang mit dem göttlichen Willen, taoistisch gesprochen mit dem Fluss des TAO fließend lebt, aus purer Lebensfreude ohne ein äußeres Warum, in Harmonie mit dem göttlichen Ganzen, in Freiheit und Liebe. Und das Beste von allem ist, dass es eigentlich ganz einfach ist.

Somit ist dies keinesfalls eine Utopie, sondern ganz praktisch und konkret gemeint. Denn bereits jetzt – auch wenn es nicht so spektakulär von den Medien verkündet und propagiert, sondern vielfach noch ignoriert wird – erscheinen auf diesem Planeten immer mehr Wesen, die anders als der alte Mensch konstruktiv, schöpferisch, kreativ, verantwortlich und friedvoll leben; die liebevoll miteinander umgehen, da sie gelernt haben zu vertrauen; die mit der Welt mittels unterschiedlichster Verfahren ins Reine gekommen sind und trotz aller Unterschiede von Kultur, Religion und Lebensweise mit großer Toleranz in Frieden und Freundschaft miteinander leben können. Diesem Lebenswandel folgt die Lebensfreude ganz natürlich. Auch hier auf Ibiza, wo dieses Buch hauptsächlich geschrieben wurde, haben sich durch die vorherrschend sonnige, gelassene, multikulturelle, kreative Schwingung und die entsprechend tolerante, weltoffene und künstlerische Atmosphäre manche solcher Pioniere einer neuen Zeit eingefunden sowie auch viele, die noch auf der Suche danach sind und noch experimentieren. Ich grüße und wertschätze euch alle. In vielen anderen Weltgegenden ist analog zu beobachten – beispielsweise in Tamera in Portugal, in Projekten in der Toskana oder auf griechischen Inseln –, wie sich gleichgesinnte Menschen ohne direkte Absprache einfach nach Gefühl und Intuition zusammenfinden und sich so weltweit „INSELN" neuen Bewusstseins auf dem Planeten bilden, sich Gemeinschaften einer neuen Art von Menschen herauskristallisieren. Sobald hier ein gewisser Schwellenwert, also der berühmte „hundertste Affe", erreicht ist, wird sich das Massenbewusstsein ziemlich abrupt ändern.

Eine solche Verwandlung und Transformation auf eine neue Bewusstseinsebene, in eine neue und doch zugleich uralte Dimension unseres Geistes enthält natürlich – zeitlich gesehen – viele Stufen und Abschnitte, wenn sie in seltenen Fällen in einem Individuum auch ganz plötzlich geschehen kann. Wir beginnen also damit, zuerst ganz gelassen einen Überblick über diese gesamte Entwicklung des Geistes und zugleich Einsicht in unsere derzeitige Situation und Lage zu gewinnen, ohne uns (noch andere) zu beurteilen oder gar zu verurteilen. Dann werden wir die einzelnen Abschnitte dieses hier vorgeschlagenen Weges (es gibt noch viele andere) gemeinsam beschreiten, auch jeweils Übungen vorschlagen, wobei sicher jeder einzelne an unterschiedlichen Problemen und Hindernissen zu arbeiten und sie aufzulösen hat, bis sich die Wolken von Anhaftung und Unwissenheit lichten und sich der reine, klare, weite Himmel ganz von selbst auftut, der lichte, reine, grenzenlose Himmel unseres Geistes, in dem Freiheit und Lebensfreude ganz natürlich zu Hause sind und nicht etwa erst entwickelt werden müssen.

Dies ist die gute Nachricht, die frohe Botschaft, denn somit ist uns diese Freude prinzipiell schon ganz nah, schon vollständig und ganz mit allen ihren Aspekten in uns enthalten. Wir müssen diesen Schatz in uns also nur suchen und ausgraben, diese Freude und Glückseligkeit bewusst erfahren, in sie eintauchen, um sie dann leuchtend in die Welt auszustrahlen und andere zu inspirieren. Die Nähe dieser Lebensfreude wie auch die Tatsache, dass uns immer mehr solcher Menschen begegnen, die sie in ihrem Alltag leben und verwirklicht haben, dies möge uns Mut machen, sie jetzt, hier und heute bei uns selbst zu entwickeln, sie anzustreben und zu realisieren. Denn wie viel der Hindernisse auch sein mögen, das Ziel ist uns ja schon sicher, es ist bereits vollständig in uns. Das Leben selbst wird es uns danken, indem es uns zunächst echten Frieden, dann Freude und schließlich eine Wonne und Ekstase erfahren und spüren lässt, die wahrhaft unbeschreiblich ist. In ihrer Vollendung wird diese Freude schließlich zum Gefühl einer allumfassenden und alldurchdringenden Liebe, die uns buchstäblich aus allen Poren strömt und uns unermessliches Glück erleben lässt. Dass wir alle dahin kommen mögen, dies wünsche ich allen Lesern dieses Buches von ganzem Herzen.

Ibiza, im Jahr 2002

1. Kapitel
Einleitung

Was ist wahre Lebensfreude?

Obwohl wir sicher eine allgemeine Vorstellung oder ein Gefühl davon haben, was Lebensfreude ist, so versteht doch jeder etwas anderes darunter, ganz entsprechend seinem Erlebnishorizont, und assoziiert es mit ganz unterschiedlichen freudigen Erfahrungen, die er in seinem Leben gemacht hat. Doch jeder hat sicher schon einmal Momente erlebt, ganz unabhängig von äußeren Umständen, wo er einfach grundlos glücklich und zufrieden war, wo die Freude von innen heraus kam und nicht von äußeren Sinnesreizen. Momente, in denen alles am richtigen Platz war, alles zusammenstimmte, alles gut war so, wie es war. Eine Gesamtstimmung von Harmonie, Zufriedenheit und Fülle mit dem Gefühl, dass alles zusammenpasst und alle Umstände irgendwie förderlich sind. Selbst wenn jemand dies noch nicht selbst erlebt haben sollte, so kann man es doch vor allem bei noch einfach lebenden Völkern beobachten: wie Menschen einfach glücklich sein können, singen, lachen und fröhlich sind, ohne viele äußere Dinge zu besitzen oder zu brauchen. Vielleicht sogar eben deshalb. Ihr Lachen und ihre Freude kommen von innen – irgendwie grundlos.

Wenn dies bei jenen oder auch gelegentlich noch bei uns eher ein natürlich-instinktiver Zustand und noch keine Meisterschaft ist – denn diese spontane, natürliche Freude ist noch nicht bewusst entwickelt, kann daher noch nicht stabil oder dauerhaft sein –, so ist dies doch zumindest schon ein erster Eindruck der wahren Lebensfreude, von der wir in diesem Buch sprechen wollen. Sie geht weit über einzelne Sinnesfreuden und emotional aufgeregte Zustände hinaus. Sie ist vielmehr ein solch erstrebenswerter Grundzustand unserer Seele, etwas derart Grundlegendes und Weitreichendes für unser Lebensglück, dass wir dieses so wichtige Phänomen näher untersuchen und erkennen sollten, *was* sie eigentlich ist und *wo* sie zu finden ist. Zumal ja oft das uns angeblich Bekannte noch lange nicht das Erkannte ist. So sollten wir uns einmal vorab die grundlegende Bedeutung von Lebensfreude für unser gesamtes Leben und Sein klarmachen, denn diese zu erreichen oder zu verfehlen entscheidet über unsere allgemeine Stimmung wie auch weite Bereiche unseres Lebens, entscheidet über Erfolg oder Misserfolg, über Gesundheit und Krankheit, über Entwicklung oder Stillstand, über ein leidvolles oder freudvolles Leben, über ein Leben in Fülle und Harmonie oder in Zwangslagen und Mangel.

Was also verstehen wir unter wahrer Lebensfreude? Wie schon angedeutet, ist es das Erstaunlichste, dass sie nicht dem Gesetz von Ursache und Wirkung, nicht bestimmten Zwecken unterworfen zu sein scheint, dass sie nicht von außen durch bestimmte Ereignisse und Sinnesreize hervorgerufen wird. Dies kann man gut daran erkennen, dass in einer bestimmten kollektiven Situation wie Schule, Arbeitsplatz, Versammlung, Ausflug, Urlaub usw. unter denselben äußeren Bedingungen einige Menschen Freude empfinden, zufrieden und glücklich sind, andere aber nicht. Dies deutet darauf hin, dass Lebensfreude, oder das Maß, in dem ich mich ihr öffne und sie zulasse, rein von mir selbst bestimmt wird, also ein Akt der Selbstbestimmung und eigenen Entscheidung, ein Akt des freien Willens ist. Nicht so, dass wir sie dadurch erst erzeugen, denn dann wäre sie ja nicht schon in uns und käme nicht vom Quell des Lebens, sondern wäre eine aus uns erzeugte Emotion, die auch wieder vergeht. Wohl aber so, dass ich entscheiden kann, inwieweit ich mich diesem Quell öffne, inwieweit ich diese Freude bewusst zulasse und die Hindernisse willentlich ausräume.

Wir können dies ja einmal ansatzweise ausprobieren mit einer kleinen Übung, die zwar noch nicht diese hier gemeinte Lebensfreude hervorbringen wird (!), denn dazu müssen vermutlich noch einige Hindernisse und Blockaden beseitigt werden, die aber aufzeigt, dass diese Dinge nicht zufällig von außen kommen und wir ihnen und den äußeren Umständen einfach ausgeliefert sind – wie dem Wetter, das man hinnehmen kann oder auch nicht –, sondern dass es absolut und jederzeit in unserer Willenskraft steht, dass wir selbst entscheiden können, wie wir uns fühlen wollen.

ÜBUNG 1: „Grundlos glücklich sein"

Durchführung:

a) *Entscheiden Sie sich, dass Sie jetzt glücklich sein wollen, mit einem absoluten Entschluss, der kein „Aber" zulässt. Und wenn im Moment noch so viele Umstände dagegen sprechen, entscheiden Sie sich – trotz allem – zumindest für ein paar Minuten glücklich zu sein und dies zu erschaffen. Mit einem Willen, der keinen Widerspruch zulässt, es kostet ja nichts.*

b) *Setzen Sie sich nun vor einen Spiegel und sagen Sie sich: „Ich bin jetzt glücklich" oder „Ich fühle mich jetzt glücklich". Schauen Sie in Ihr Gesicht. Über alle Grimassen und gegenteiligen Gefühle lachen Sie herzhaft, dann lassen Sie sie bewusst los. Sodann sagen Sie sich erneut Ihre Affirmation: „Ich bin jetzt glücklich.". Irgendwann gehen dem Verstand die (Gegen)Argumente aus, und Sie beginnen, zu lächeln und sich innerlich glücklich zu fühlen.*

c) *Sie können dies noch verstärken oder alternativ einüben, indem Sie ihre Imagination zu Hilfe nehmen, einen starken Verbündeten, um etwas zu erschaffen. Schließen Sie also die Augen und stellen Sie sich vor, wie Sie auf einem hohen Berg sitzen, von reinem Licht umhüllt, unter ihnen die Welt, über ihnen der klare, sonnige Himmel. Erzeugen Sie das Gefühl, dass alles gut ist und so, wie es sein soll (dabei nicht auf den Verstand hören, der sicher tausend Gegenargumente hat), dass alle Kämpfe und Widrigkeiten vorbei sind, und entscheiden Sie sich, glücklich zu sein. Fühlen Sie, wie einfach es hier oben ist, glücklich zu sein, da alle Probleme und Kreationen weit weg sind. Verstärken Sie das aufkommende Gefühl, glücklich zu sein, strahlen Sie es aus wie eine Sonne und genießen Sie es für einige Minuten. Gratulieren Sie sich, wenn es geklappt hat, denn Sie sind prinzipiell wieder Schöpfer geworden und können nun beginnen, mehr und mehr Ihr Leben zu meistern.*

Wenn Sie daran zweifeln sollten, dass auch Sie dies tun können, dass Sie einfach Gefühle erschaffen und entscheiden können, wie Sie sich fühlen wollen, dann machen Sie sich einmal folgendes klar: Sie sehen und erleben es ja oft im täglichen Leben, wie die Menschen ständig – wenn auch meist unbewusst und unkontrolliert – alle Arten von Gefühlen erzeugen wie Hass, Angst, Wut, Ärger, Rache, leider oft Gefühle eher negativer Art. Wenn dies möglich ist, dann ist es ebenso möglich, angenehme Gefühle, Freude und Glück zu erzeugen. Wie gesagt, ist es eine Frage des Willens und der Achtsamkeit, und wir Menschen müssen nur erst wieder lernen, diese Willens- und Geisteskraft bewusst und selbstbestimmt einzusetzen.

Die Tatsache, dass wir es letztlich selbst entscheiden, wie wir uns fühlen, bedeutet aber wiederum nicht, dass nicht auch etwas Äußerliches Freude auslösen und uns erfreuen könnte, etwa ein bestimmter Mensch, eine bestimmte Umgebung, eine schöne Erfahrung, und dass dies bei uns Frohsinn, Lachen, Heiterkeit auslösen kann. Selbst negative und schmerzliche Erlebnisse (anderer) können bei manchen Menschen Freude auslösen, wie etwa (die berühmte) Schadenfreude. Aber auch hier entscheiden wir zumindest unbewusst, ob wir dies bei uns zulassen, auslösen lassen, ob wir dafür „in Stimmung" sind, ob wir dafür empfänglich sind oder sein wollen. Im Gegensatz aber zur Lebensfreude zeichnen sich alle diese Freuden, die aus äußerem Anlass und durch Sinnesreize entstanden sind, dadurch aus, dass sie allenfalls mittelbar von uns beeinflusst bzw. erzeugt werden können, indem wir beispielsweise solche Anlässe erschaffen oder suchen. Damit machen wir uns zugleich von Äußerem abhängig. Ferner zeichnen sie sich dadurch aus, dass sie immer sehr begrenzt und vergänglich sind, denn sie verschwinden üblicherweise mit dem äußeren Anlass der Freude. Daher brauchen wir sie nicht notwendig, um Lebensfreude herzustellen, sollten sie aber auch nicht ablehnen, sondern ihnen gegenüber eine gelassene Haltung einnehmen.

Ganz anders die von innen kommende und grundlegende Lebensfreude, die hier gemeint ist. Diese tritt eher in einer völlig zweckfreien und liebevollen Umgebung auf wie im grundlosen Lachen eines Babys, im zweckfreien Lächeln des Weisen, im Auge des Geliebten als ein reiner Ausdruck von Liebe und Offenheit. Sie erscheint gerade da, wo es keinen bestimmten Zweck, Grund oder Anlass gibt. Freude „an etwas" ist somit klar zu unterscheiden von der von uns angestrebten wahren und beständigen Lebensfreude, wie sie sich beispielsweise im Humor eines weisen Menschen zeigt. Sie ist dauerhaft und unabhängig von äußerem Anlass, da sie aus seinem Wesen kommt und daher keinen Grund braucht. Freude „an etwas" ist dagegen stets nur „Freude an etwas Bestimmtem", wie an Farben, Formen, Situationen, Menschen usw. und ist daher von deren Anwesenheit abhängig. Eine solche Freude wäre besser zu bezeichnen als Frohsinn, Trunkenheit, Lachen über etwas. All dies vergeht, wenn der konkrete Anlass vergeht, und oft wandelt sich sogar eine solche Freude durch das Gesetz der Polarität in ihr Gegenteil, und es muss dann das entsprechende Leid erfahren werden, wenn das Pendel umschlägt – die allzu gut bekannten Höhen und Tiefen des Lebens.

Wahre und grund-lose Lebensfreude hingegen ist nicht Freude an etwas Bestimmtem, sondern Freude am Leben selbst; und da das Leben ewig ist, ist auch diese Freude prinzipiell ewig und nicht vergänglich, braucht keinen Anlass, keine Rechtfertigung, keine äußeren Bedingungen, kein Wenn und Aber, weder Geld noch Ermächtigung. Sie ist letztlich *die Freude des Lebens am Leben* selbst und taucht daher besonders da auf, *wo das Leben einfach um des Lebens selbst willen gelebt wird, wie im Spiel.* Sie kommt ganz von selbst hervor, wo äußere Kämpfe um etwas aufhören, wo bestimmte Zwecke und Ziele losgelassen werden, wo es keine Bedingungen oder Sachzwänge mehr gibt, wo zugleich die eigene Freiheit in Übereinstimmung mit dem Weltganzen gelebt wird; oder, anders formuliert, wo ein Wesen in Übereinstimmung lebt mit Natur, Welt und dem Geist, dem TAO ohne gegensätzlichen Eigenwillen.

Lebensfreude umfasst auch „Negatives"

Diese grundlegende Lebensfreude umfasst daher auch das Ganze der Erscheinungen, akzeptiert also beide Seiten der Polarität unserer Erscheinungswelt und nicht nur die sogenannten angenehmen oder bevorzugten Aspekte.

Sonst wäre sie ja wieder abhängig von jenen. Daher trägt sie auch das Leid, die Trauer und den Schmerz in sich, umfasst das Negative und verdrängt oder bekämpft es nicht, sondern nimmt auch dieses (wenn es erscheint) als notwendig an, versteht es und kann es akzeptieren, kann es in das Ganze einordnen. Diese aus dem Inneren kommende Lebensfreude erfreut sich somit am Tag wie an der Nacht, am Licht wie an der Dunkelheit als Aspekten einer höheren Einheit. Nicht, dass sie sich an der Negativität als solcher erfreut, sondern sie erfreut sich ihrer nur im Zusammenhang des Ganzen, so wie eine Dissonanz *für sich* eine Dissonanz bleibt, aber *an und für sich*, als Teil eines Ganzen in einem Musikstück, ein notwendiger und schöner Übergang zwischen zwei Harmonien sein kann, ja diese noch mehr erstrahlen lässt.

Somit steht diese grundsätzliche Lebensfreude nicht mehr *in der Polarität*, steht nicht mehr als bestimmte einzelne Freude *gegen* bestimmtes, einzelnes Leid, ist damit nicht mehr *eine* bestimmte Erfahrung unter bestimmten Umständen in Raum und Zeit, sondern ist eine aus dem inneren Leben der Seele quellende, durchgehende Grundstimmung eines Menschen, über den Emotionen stehend gleichermaßen in Lieb und Leid. Es ist die Freude des Lebens an sich selbst, die Freude am Leben als Ganzem überhaupt, in der die Höhen und Tiefen des Lebens, die freudigen Höhepunkte wie auch der Schmerz, das Leid, die Trauer aufgehoben sind – aufgehoben im Doppelsinn von einerseits überwunden und andererseits aufbewahrt, integriert. Sie ist somit *eine über die einzelnen Gefühle hinausgehende Synthese*, eine Synthese der Gefühle und zugleich ihr Grund, die wie das Leben selbst über die einzelnen Erfahrungen, somit über die Polarität unseres zeitlich-räumlich fixierten, gebundenen Daseins hinausreicht und daher notwendig aus der Quelle des Lebens selbst kommt.

Man könnte es auch anders ausdrücken und sagen, sie ist kein *Haben* mehr von etwas Bestimmten wie diesem oder jenem Gefühl, kann somit auch nicht durch Sachzwänge oder Dinge manipuliert werden, sondern ist *Seinszustand* eines bewussten Lebens, unabhängig vom Haben-wollen, seien es nun Dinge oder Emotionen. Somit ist sie nicht mehr von bestimmten Gefühlen abhängig oder an besondere emotionale Zustände gebunden, sondern kann überall auftreten und alles durchdringen, selbst bei tiefer Trauer, wo sie sich als heitere Gelassenheit zeigen kann, um Vergänglichkeit und Tod wissend *und* sie akzeptierend. Anders als bestimmte Gefühle wie beispielsweise Frohsinn, Lachen, übliche Freuden, die nur bei Abwesenheit oder Abwehr von Negativem, Traurigem möglich sind, grenzt diese ganzheitliche Lebensfreude nicht die für uns unangenehmen oder schmerzhaften Gefühle aus, ja bewertet sie nicht einmal als solcherart, sondern sieht sie als voll-gültigen Teil des Ganzen. Sie lässt sogenannte positive wie negative Erfahrungen und Gefühle gleich-gültig nebeneinander existieren, ohne noch irgendetwas verdrängen zu müssen, wodurch diese auch als gleich-gültig, gleich-wertig, also ohne Ablehnung oder Bewertung erlebt, verarbeitet und somit aufgelöst werden können. Diese hier dargestellte Lebensfreude schließt also weder Trauer, Schmerz oder Leid aus, noch muss sie solches fliehen, sucht es auch nicht, vielmehr weiß sie darum und kann es annehmen, wertschätzen und integrieren. Aus diesem Grund ist sie prinzipiell unerschütterlich, da nichts Äußerliches ihr mehr etwas anhaben, sie vermindern oder stören kann, es sei denn, wir selbst entscheiden uns dafür.

Beispiel Gesundheit

Am Begriff Gesundheit kann diese Thematik sehr gut veranschaulicht werden. Wie die ursprüngliche Lebensfreude ist Gesundheit der ursprüngliche und natürliche Zustand des Menschen. Sie kommt nicht von irgendwoher oder muss erst hergestellt werden, sondern ist einfach mit dem Lebendigen da, erscheint also automatisch mit dem Leben selbst. Sie ist sozusagen der Normalfall, während Krankheit immer der Ausnahmezustand bleibt und auch der Ausnahmefall sein sollte, zumindest solange wir den Lebensgesetzen gemäß leben. Daher gibt es bei Naturvölkern auch Menschen, die ihr ganzes Leben lang gesund sind, wie man beispielsweise am Volk der Hunza beobachten konnte. Wenn wir nun Krankheit erleben und durch diese hindurchgehen müssen, warum auch immer, so wird sie auch bei langer Dauer nicht etwa zum Normalfall – selbst wenn es in unserer heutigen „Zivilisation" anscheinend mehr Kranke als Gesunde gibt –, sondern der Maßstab und das Ideal bleibt stets die Gesundheit. Denn wir fühlen im Kranksein immer den Mangel und haben das Bedürfnis, wieder gesund zu werden. Kurz gesagt: Die Gesundheit ist stets vor der Krankheit da, ist der Archetyp und das Ideal des Lebens, ist sozusagen der mit dem Leben als Blaupause mitgelieferte Normalfall und im Fall des Verlustes der Maßstab, zu dem das Leben automatisch wieder zurückstrebt.

Ganz ähnlich verhält es sich auch mit der wahren Lebensfreude. Sie erscheint zugleich mit dem Leben, wie am Beispiel eines Babys oder Kleinkindes leicht zu beobachten ist. Sie ist einfach da, ohne erst zu einer bestimmten Zeit hinzukommen oder konstruiert werden zu müssen, ist sozusagen zunächst der „Normalfall", wie wir an neugeborenen Wesen, an unverbildeten Kindern leicht sehen können. Dann aber wird durch die oft schmerzhafte und leidvolle Erfahrung der Polarität, durch die Folgen von Erziehung und

Indoktrination, von Begierden, Widerständen, Ablehnung, Ausgrenzung, Egowillen usw. diese Freude verdeckt und verdrängt. Wird dies nicht behoben, so entstehen chronische Hindernisse und Blockaden, die sowohl ständig Lebensenergie abzapfen und verbrauchen wie auch unseren natürlichen Zugang zur Lebensfreude und innerem Glück versperren, ähnlich wie bei einer Krankheit. Wir werden erwachsener, und das Leben wird ernst und schwierig. Doch auch hier bleibt die Lebensfreude stets – selbst wenn uns unbewusst – unser Maßstab, unser Ideal, unser Archetyp, zu dem unsere Seele automatisch wieder zurückstrebt. Daher spüren wir trotz aller materiellen Fülle, trotz aller Sicherheit und Geordnetheit eines seriösen Lebens einen Mangel in uns, erleben und fühlen ein angeborenes Bestreben nach Harmonie, Frieden, Glück und Freude. Daher streben alle fühlenden Wesen weltweit und in welchem Kulturkreis auch immer nach Glück und Lebensfreude, mit welchen Mitteln auch immer. Wir sehnen uns, ohne eigentlich genau zu wissen, warum wir das tun, nach Vollkommenheit (daher auch der Schönheitswahn), nach Harmonie, auch nach Abenteuer und Erfüllung, letztlich nach Zufriedenheit, Freude und Glücklichsein, was nur ein anderer Ausdruck für den Zustand wahrer Lebensfreude ist. Kurz gesagt: Lebensfreude ist wie Gesundheit der von der Blaupause des Schöpfers mitgelieferte Normalfall, ist daher schon in uns angelegt und verfügbar. Dies ist die gute Nachricht.

Diese Analogie lässt sich aber in Bezug auf Heilung noch weiter treiben. So ist in der Phase der Krankheit – wie analog auch beim Unglücklichsein, beim Fehlen von Lebensfreude – der Körper, aber auch die Seele in Kampf und Auseinandersetzung. Diese Phase kann schon durch ihre innere Zerrissenheit und Instabilität nicht von Dauer sein. Die Natur strebt hier nach Heilung oder Auflösung. Wenn wir es aber schaffen, die Krankheit zu überwinden, und sich Gesundheit wieder einstellt, so haben wir in diesem Prozess nicht nur bestimmte Lernschritte erzielt, sondern der Körper ist auch fortan gestärkt gegen diese Krankheiten, ist gegen jene Viren und Bakterien immunisiert und viel widerstandsfähiger, als er vorher war. Diese Dinge sind jetzt integriert, er weiß darum und kann sie – sollten sie noch einmal auftauchen – nun leicht und schnell handhaben und heilen. Ebenso hat auch die Lebensfreude, wenn wir uns geistig heilen und alle gegenstehenden Hindernisse, Verhaftungen und Verschattungen überwinden, wenn wir sie als Grundstimmung der Seele wieder erlangen, eine reifere, eine bewusstere und damit auch stabilere und widerstandsfähigere Form. Sie unterscheidet sich zwar im Lebensgefühl und Ausdruck kaum von ihrer einfachen natürlichen Form, wie sie beispielsweise bei Kindern oder naiven Menschen vorkommt. Aber sie ist bewusst entwickelt und somit unerschütterlich, unverletzlich, ist sozusagen immun gegen die Widrigkeiten des Lebens. Sie ist durch einen geistig-seelischen Bewusstwerdungsprozess hindurchgegangen, hat Gegenteiliges erlebt und erlitten, ist aber jetzt integriert, so dass sie sogar schmerzhafte Erfahrungen, Leid, Trauer und Tod nicht mehr ablehnen muss oder dadurch getrübt oder vermindert wird, sondern selbst jene annehmen und leicht damit umgehen kann, sollten sie noch einmal auftauchen. Die Lebensfreude ist durch diesen Prozess – inmitten dessen wir heute stehen und dessen Auflösung und Ziel wir hier zeigen wollen – zu ihrer reiferen Form und damit zur Vollkommenheit gelangt, so dass der Mensch fortan mit dauerhafter und wahrer Lebensfreude leben und alle Erscheinungen mit Freude genießen kann.

Dazu eine Anekdote: Nicht nur einmal ist mir in diesem Prozess, als ich sehr schmerzliche Erinnerungen und Probleme zu bearbeiten hatte und durch großen Schmerz und Trauer hindurchging, von einem Meister freudig dreinblickend mit Lächeln und großem Wohlwollen gesagt worden: „Hab Spaß dran und genieße es." Trotz meines Schmerzes und meiner Tränen musste ich dabei lächeln, konnte ich etwas Abstand gewinnen, mich selbst beobachten, und es wurde mir dabei bewusst, dass es erstens irgendwie von mir selbst ausgelöst oder erschaffen wurde; zweitens, dass es hinter all dem einen geheimen Beobachter in uns gibt, der all dem (oft belustigt oder mit einem Lächeln) zuschaut und es somit „genießt", aber davon nicht berührt wird, und drittens, dass es sich bei den Emotionen nur um vorübergehende Erscheinungen handelt, gleichberechtigt wie andere Emotionen, die wir erleben wollen oder die unsere Seele erfahren will, die aber nicht unser Wesen sind und somit die stets dahinterliegende, grundlegende Lebensfreude und unser Lebensglück nicht trüben sollten – und auch nicht können, wenn wir es nicht zulassen.

Nun haben wir einen ersten Eindruck gewonnen von der Art jener Lebensfreude, von der wir hier sprechen wollen, einer natürlichen Anlage des Lebens, sozusagen unser Geburtsrecht, eine Heiterkeit und Freude jenseits von Sinnenfreuden und Emotionen, jenseits von Schmerz und Frohsinn, kurz: jenseits aller Gegensätze der Polarität. Wenn sie sich zunächst auch nur sporadisch zeigen wird, so wird am Ende des Weges diese durch die Negativität, Leid und Schmerz hindurchgegangene Lebensfreude stabil, dauerhaft und bewusst sein, und dies allein unterscheidet die Lebensfreude von Kindern (natürliche Form) und Weisen (reifere Form).

Diese über den Gefühlen stehende Grundstimmung der Seele, diese hier gemeinte grundsätzliche Lebensfreude ist somit die Ansicht des Lebens selbst, wenn es sich anschaut, ist die Kraft des Lebens selbst, wenn es sich fühlt, und ist die Freude am Leben selbst, wenn es sich spürt.

30

Freude ohne Grund

Diese Freude ist also unbe-gründet, braucht keinen speziellen Grund, Ursache oder Anlass, braucht also keine äußeren Bedingungen, die erst hergestellt werden müssten, da sie eben prinzipiell mit dem Leben selbst vorhanden ist, mit ihm verbunden in Existenz tritt. Doch, wie am Beispiel Gesundheit-Krankheit dargestellt, kann es vorkommen, dass wir diese Lebensfreude vielleicht in der frühen Kindheit noch haben, doch sie im Prozess des Lebens verlieren, sie missachten, mit Problemen oder anderen „wichtigeren" Kreationen überlagern, oder dass wir von unserem Weg abweichen, uns absondern und damit in Sonderung (= Sünde) verfallen. Doch selbst wenn dies geschieht, so ist sie dennoch nicht prinzipiell und für immer verloren, wie leicht am Beispiel von Gesundheit-Krankheit zu sehen ist, sondern nur überlagert, und ist als Anlage und Blaupause stets da und kann wieder bewusst gesucht und erreicht werden.

Heilung ist also jederzeit möglich, aber wir müssen auch etwas dafür tun, müssen Maßnahmen und Methoden der Heilung ergreifen, müssen Hindernisse beseitigen, müssen uns aktiv um Wiederherstellung bemühen. Dadurch könnte es von außen so aussehen, als ob wir nun doch beim Heilungsprozess Gesundheit oder analog Lebensfreude konstruieren, erschaffen oder herstellen wollten und müssten. Doch was wir eigentlich tun und tun müssen, ist *lediglich die Beseitigung von Krankheit*, die Abwehr und Auflösung von hindernden Umständen, von Beeinträchtigungen, damit – so wie Gesundheit natürlich erscheint, wenn die Krankheit beseitigt ist – jene Lebensfreude wieder natürlich erscheinen kann. Wir entfernen also – bildlich gesprochen – lediglich den Schmutz, den Dreck, den Müll von einer bereits vorhandenen Quelle, damit sie wieder ungehindert sprudeln und fließen kann, nicht jedoch erschaffen wir damit die Quelle selbst. Dies ist eine wichtige Unterscheidung beim Wiederfinden von Lebensfreude und für unseren Weg dahin. Auch wenn sie, wie gesagt, für ihr Bestehen und Vorhandensein keine äußeren Bedingungen, Anlässe, Gründe braucht, sondern mit dem Leben selbst natürlich da ist, so können wir doch diese Quelle durch (Fehl)Entscheidungen, Lebensstil oder ungeeignete Lebensweise durchaus verdecken und beeinträchtigen und haben dann die Aufgabe, aktiv diese Freude wieder hervorzuholen, auszugraben und ent-decken zu müssen. Dabei sollten wir uns aber stets bewusst bleiben, dass wir sie nicht selbst herstellen können und auch nicht müssen, sondern dass es die Freude des Lebens an sich selbst ist und wir nur die „Decke wegziehen" bzw. Hindernisse beseitigen, die wir ihr einst selbst auferlegt haben. Somit sind wir in der paradoxen Situation und werden uns im Laufe dieses Buches damit auseinander-setzen, einerseits diese

Lebensfreude schon vollständig in uns zu haben wie das Leben selbst und andererseits sie doch erst hervorholen, ent-decken und zur Erscheinung bringen zu müssen. Kurz und paradox gesagt: Wir müssen wieder werden, was wir schon sind!

Wahre Lebensfreude kann daher auch niemals etwas Zeitliches, Vergängliches sein, da sie ja wie das Leben selbst nichts Geschaffenes ist, sondern selbst aus sich heraus schafft und wirkt. Sie ist wie das Gewahrsein, das Erkennen oder die Liebe vielmehr ein Wesensmerkmal des ewigen, kosmischen Geistes. Somit ist sie selbst prinzipiell ewig, ist vielleicht *die ewige Freude des Geistes an sich selbst*, wie er sich aus sich selbst erschafft, und erkennt so wenig ein Warum oder einen Grund dieser Freude, wie wenn wir ein Kind beim Spielen fragen würden: „Warum hast du Freude am Spielen?" Da wir nun an diesem ewigen Spiel des göttlichen Geistes mit sich selbst als Kinder Gottes teilhaben, so haben wir – wie beim ewigen schöpferischen Mit-Gestalten, beim geistigen Erkennen und Lieben – auch ewigen Anteil an dieser Lebensfreude.

Lebensfreude wiederentdecken im Alltag

Das Einfache und Positive ist nun, dass wir hierfür keine Abkehr von der Welt, von ihren Verwicklungen und Versuchungen brauchen, um Lebensfreude wieder zu ent-decken und in uns sprudeln zu lassen. Diese grundlegende Lebensfreude muss prinzipiell nichts fliehen oder ablehnen, genauso wenig wie sie etwas brauchte oder begehren müsste. Deshalb kann und soll diese Ent-deckung, diese Auf-deckung jener heilsamen Quelle in uns gerade im Alltag, in unserem täglichen Leben geschehen. Also *in* der Welt, die ja letztlich nichts anderes ist als der sehr genaue Spiegel unseres Selbst, unserer Glaubenssätze, mit allen von uns geschaffenen Schöpfungen, aber auch Problemen sowie Aufgaben, die wir noch zu bewältigen haben. Der Alltag, das Leben hier und jetzt, ist somit das optimale Übungsfeld, weil eben hier alle unsere Projektionen und Aufgaben vor-*handen*, also vor unseren Händen und Augen sind, wenn auch nicht immer das Leichteste.

Es mag daher für den einen oder anderen durchaus angebracht sein, bestimmte Entdeckungen und Entwicklungen für eine bestimmte Zeit zurückgezogen von der Welt durchzuführen, wo manches sicher leichter fällt, da äußere Begrenzungen oder Versuchungen fehlen. Letztlich müssen sich aber auch die hier erzielten Ergebnisse selbst wieder in der Praxis, im Alltag bewähren, und so können wir es eigentlich auch gleich hier versuchen, also uns im Alltag entwickeln und erproben, wenn wir den nötigen Mut und Willen dazu aufbringen. Zwar mit der Gefahr, möglicherweise zunächst öfter zu scheitern und mehr Niederlagen einstecken zu müssen, aber auch mit der Chance, daraus umso gestärkter und entwickelter hervorzugehen. Dies erlangen manche nach vielen leidvollen Erfahrungen und schwierigen Situationen. Dies aber ohne allzu viel Mühe zu erreichen ist allerdings eine Kunst, über die wir nun sprechen wollen.

Der Endzweck der Wissenschaft ist Wahrheit,
der Endzweck der Künste ist Vergnügen.   Lessing

Warum eine Kunst?

Die Lebensfreude wieder in uns zu entdecken und zu erfahren ist sicher etwas Wunderbares. Doch sie muss auch wieder in unser „normales" Leben geholt und in unseren Alltag integriert werden, muss wieder eingeübt und gelebt werden, und diese Veränderung und Verfeinerung in unserem Sein und Bewusstsein zu bewirken, dies ist sicher eine Kunst. Zunächst könnte man überhaupt fragen, warum wir hier von Kunst sprechen und wozu diese notwendig ist, zumal wir ja davon ausgehen, dass dieses Potenzial von Lebensfreude und Lebensglück bereits in uns vorhanden ist, bereits in uns ruht, selbst bei kleinen Kindern oder vielleicht auch schon bei Tieren (Spieltrieb) ganz natürlich vorhanden ist.

Nun, wenn sie so unverfälscht bei uns geblieben wäre wie bei jenen Wesen, wenn wir also noch die natürliche Offenheit, Freude und spielerische Energie eines Kindes besitzen würden, dann wären wir Lebenskünstler von Natur aus. Dann bräuchten wir diese Kunstfertigkeit wirklich nicht mehr zu erlernen, bräuchten dieses Talent zur Lebensfreude nicht mehr zu entwickeln noch hervorzuholen. Doch verursacht durch die geistige Evolution der Menschheit, durch den Gang unseres Bewusstwerdungsprozesses – von dem noch die Rede sein wird – vom einfachen sinnlichen Bewusstsein zum sich von allem anderen abgrenzenden Selbstbewusstsein, durch die daraus folgende Trennung von Ich und Welt und die daraus resultierende Auseinandersetzung und Verwicklung mit dieser Welt haben wir den Zugang zu diesem Lebensquell mehr oder weniger verloren. Es braucht also eine Fähigkeit, diesen Zugang wieder herzustellen und das Leben wieder zu meistern.

Somit besteht die Kunst eben darin, jenes in uns nun schlummernde Talent *bewusst* wieder hervorzuholen und zu aktivieren, diese Freude in geistig verfeinerter Form wieder in uns auferstehen zu lassen, so wie ein Kunstmaler zwar einen dunklen Drang und Begeisterung in sich spürt, aber sein angeborenes Talent erst bewusst hervorholen und auch trainieren und einüben muss. Was wir einst möglicherweise *natürlicherweise* besessen haben, bildlich gesprochen der ursprüngliche und paradiesische Zustand, an dem wir uns von *Natur aus* erfreut haben – so wie wir vielleicht selbst in frühen Zeiten unserer Kindheit ungefragt und unreflektiert gespielt und uns des Lebens gefreut haben, ohne Sorgen über die Zukunft, aber uns dann durch Erziehung, Indoktrination, Rollenannahme, Egoentwicklung u.v.m. im Laufe unseres Bewusstwerdungsprozesses davon abgesondert haben –, so liegt es nun an uns, diese Quelle des Lebens wieder aufzudecken und uns wieder mit ihrer Kraft und Freude zu verbinden. Diese Lebensquelle ist letztlich nichts anderes als der göttliche Geist in uns, und daher ist diese Rückkehr auch wahre „Religion" (religio = Rückverbindung) und die grundlegende Bedeutung und Sinn von Religion. Daher hat diese Rückverbindung noch viele weitere Aspekte, wir wollen hier aber vor allem den der Lebensfreude behandeln.

Kunst ist nun die Fähigkeit zur Entwicklung und Ausbildung eines in uns schlummernden Talents bis zu dessen völliger und meisterlicher Beherrschung. Laut Knaurs Lexikon ist Kunst „jede zur Meisterschaft gediehene Fähigkeit", und speziell ist sie „die Entwicklung der Erlebnisfähigkeit des Menschen durch wirksame Gestaltung eines gegebenen Materials". Dadurch unterscheidet sich die Kunst auch von einer bloßen Technik, die von Robotern angewendet werden könnte, wobei aber eben diese Erlebnisfähigkeit, das Einfühlungsvermögen wie auch die Innovationsfähigkeit (Kreativität) und damit die gesamte künstlerische Komponente fehlt. *Zur Entwicklung von Kunstfertigkeit reicht daher ein bestimmtes Verfahren, eine bestimmte Technik nicht aus, es muss zugleich die Erlebnisfähigkeit, das Fühlen, die Intuition des Menschen entwickelt und eingeübt werden.* Natürlich sind wie bei jeder Kunst auch ein gewisses Wissen und bestimmte Techniken nötig, die früher – beispielsweise in der alten Baukunst und in den Bauhütten, aus der übrigens die meisten Freimaurersymbole stammen – stets vom Meister auf den Schüler übertragen wurden. Dies war aber nie ein theoretisches oder totes, sondern immer ein lebendiges, gelebtes Wissen, zumal es nur sinnvoll war, wenn der Schüler es auch in der Praxis umsetzen und anwenden konnte, und damit war es eine Kunst und Meisterschaft. Um das Beispiel der Baukunst nochmals aufzugreifen, so gehört zur Meisterschaft darin neben dem sicher notwendigen Wissen um die Steine und ihre Bearbeitung, über Architektur und Statik eben auch die Praxis, die geschickte Anwendung und Verbindung, die geschmackvoll ästhetische Anordnung, die meisterhafte Ausführung, und nur dies macht die Bau-Kunst aus.

So ist es auch bei jedem anderen Künstler. Das Wissen und die Technik sind notwendig, aber nicht hinreichend. Es muss eingeübt, integriert sein, und Fühlen, Intuition, Kreativität, Ausdruck usw. müssen hinzukommen, erst dann sprechen wir von einem Meister. Nehmen wir als Beispiel einen Klavierspieler, um die Bedeutung der künstlerischen Komponente noch mehr hervorzuheben. Das Wissen um die Noten, Pausen, Anschlag, Tonleiter, Harmoniegesetze usw. ist zwar wichtig, macht aber noch nicht den Künstler aus. Auch nicht die technisch-perfekte Ausführung dieses Wissens, sonst wäre eine Maschine sicher der beste und perfekteste Klavierspieler. Sondern das Wichtigste ist eben die Erlebnisfähigkeit des Künstlers, das Einfühlen in das gegebene Material, der entsprechend einfühlsame Ausdruck und die Interpretation, geflossen aus seiner Intuition. Dies allein macht den Künstler gegenüber dem bloßen Techniker oder Dilettanten aus.

Wenn also Kunst dies ist, eine Fähigkeit hervorzuholen, auszubilden und zur Meisterschaft zu bringen, und dabei speziell die Erlebnisfähigkeit des Menschen entwickelt und erweitert werden muss, so ist die Kunst der Lebensfreude die Fähigkeit, dieses in uns schlummernde Talent und die Begabung zur Freude und Glück wieder hervorzuholen, diese meisterhaft und einfühlsam herauszuarbeiten, einzuüben und kreativ zum Ausdruck zu bringen, um damit das Leben wieder optimal zu meistern. Damit zugleich entwickeln wir unsere Erlebnisfähigkeit, diese Freude in vielen, vielleicht noch unbekannten Nuancen und Aspekten im Äußeren zu erfahren und zu genießen. Denn wie innen, so außen, und was wir in uns entwickelt haben, das werden wir auch im Spiegel unserer Welt reflektiert finden. Das gegebene Ausgangsmaterial ist zunächst der Mensch selbst bzw. die Person, die wir jetzt darstellen und verkörpern, der Künstler ist unsere Geist-Seele, und das Ergebnis dieser Kunst soll sein eine stabile, dauerhafte, über Gut und Böse, über der Polarität stehende Freude des Lebens am Leben selbst.

Natürlich, so könnte jemand einwenden, wäre Kunst nicht unbedingt nötig, uns lehrt und lebt auch das Leben selbst, so wie auch die Natur ohne jede menschliche Kunst lebt und die Erde auch ohne sie unzählige Formen und Schönheit, aber auch nützliche Nahrung und Früchte hervorbringt. Doch der Mensch hat sich stets auf allen Gebieten seit Menschengedenken dazu berufen gefühlt, die Natur zu gestalten und künstlerisch zu verfeinern, das Natürliche zu vervollkommnen, auch seine eigenen natürlichen Tätigkeiten. So wurde aus der triebhaften Nahrungsaufnahme die Kunst des Essens und Genießens, der Tafelfreuden, aus der bloßen Begattung entstand die Kunst der Liebe, die schon aus ältesten Zeiten belegt ist (Kamasutra).

Es zeichnet also stets den Fortschritt in der Entwicklung des Bewusstseins aus, inwieweit der Mensch fähig war, kreativ und innovativ auf das Naturgegebene einzuwirken und es geistig zu durchdringen und zu verfeinern. Es war und ist also eine Kunst, die in der Natur vorkommenden Prozesse zu begreifen, auch intelligent anzuwenden und zu nutzen, dadurch natürliche Prozesse abzukürzen oder wie in der Alchemie die Natur sogar zu ihrer Perfektion zu bringen.

Der Nutzen all dieser Künste und Verfeinerung war stets eine wesentlich höhere Lebensqualität und Lebensfreude, und dies war wohl der hauptsächliche Anreiz für die Menschen, überhaupt Zivilisation, Kultur und Kunst zu entwickeln. Auch wurden natürliche Abläufe wesentlich einfacher und mühe-loser als bisher. So nutzten beispielsweise die alten Ägypter die Kunst der Sterndeutung, um schon im Voraus die verschiedenen Wasserstände des Nils abschätzen zu können, um dann mittels seiner natürlichen Pegelstände mühe-los das Land zu bewässern, anstatt mit viel Mühe durch ständiges Wasser-schöpfen von Mensch und Tier. Im Gegensatz zur bloßen Technik und Wissenschaft ist Kunst also eine Arbeit mit der Natur und nicht gegen sie, da das Gefühl und die Intuition hinzukommen. Sie versucht nicht die Natur zu beherrschen, sondern sie zu vervollkommnen, Abläufe eleganter und mühelo-ser zu machen und zugleich feiner und vergeistigter. Im Unterschied zur Wissenschaft gehört zur Kunst immer auch eine Kunstfertigkeit, und neben dem Wissen um die Dinge (Prozesse, Naturzyklen usw.) eine einfühlsame Beobachtung und intuitives Verstehen der Natur, ihrer Gesetze und Rhythmen und ein kreativ spielerischer Umgang mit ihr. Ein gutes Beispiel hierfür ist die Heil-Kunst, die eben deshalb eine Kunst ist.

Sicher waren in früheren Zeiten noch viele einfache Menschen ganz von selbst solche einfühlsamen Künstler. Sie fühlten, mehr noch als sie wussten, um welche Zeit, Umstände, Mondkonstellationen beispielsweise bestimmte Pflanzen gesät, wann geerntet oder Holz geschlagen oder Kräuter und Heil-mittel gesammelt werden sollten. Dies alles war niemals nur Wissen, sondern das waren Kenntnisse gepaart mit Intuition, Einfühlung, war noch in Über-einstimmung mit dem inneren Gefühl oder dem sogenannten Gewissen. So kam diese Kunst nie in Gefahr, wie die bloße Wissenschaft oder Technik gegen die Natur oder das Ganze eingesetzt und angewendet und zerstörerisch zu werden. In unserer Zeit ist die Findhorn-Gemeinschaft ein Beispiel für diese Kunstfertigkeit und diese Art von künstlerisch und zugleich geistig-kreativem Umgang mit der Natur, viel müheloser und mit erstaunlichen Ergebnissen.

Auch in der königlichsten wie ältesten aller Künste, der Alchemie, reichte bloßes Wissen um die Prozesse oder reine Labortechnik niemals aus, sondern ebenso wichtig war die eigene Vervollkommnung, die Einfühlung in die Elemente der Natur, in die Materie und ihre Verwandlungen, die subtile und gekonnte Beherrschung des Feuers u.v.m., um dadurch das bereits Angelegte und Potentielle zur Erscheinung und Vollendung zu bringen, die rohe Natur, das bloße Daseiende mit Mitteln der Kunst zu verwandeln, zu verbessern, zu kultivieren, zu verfeinern und damit zugleich sich selbst, den Künstler, zu vervollkommnen. „Die Natur vollendet die Natur", sagten die alten Alchemisten dazu. Dies bedeutet mit den vorhandenen Kräften und Tendenzen der Natur arbeiten. Der Künstler greift nur ein durch geschickte Lenkung und Anordnung, dabei ihre Kraft, Rhythmen und Abläufe intelligent und zugleich einfühlsam nutzend. So geschieht alles viel müheloser, leichter und vollendeter. Somit ist es das Wesentliche einer Kunst, einerseits das Verborgene, Essentielle, das schon in einer Sache Liegende herauszuarbeiten, oder eine bereits vorhandene Anlage im Menschen zum Vorschein zu bringen, andererseits Dinge in eine höhere Ordnung zu bringen und zu transmutieren (verwandeln), sie damit zugleich geistig zu durchdringen und zu gestalten, also im klassischen Sinne zu kultivieren. So wie in der Liebeskunst die Liebe oder der sexuelle Austausch nicht erst erfunden wird, sondern der Meister dieser Kunst durch bestimmte Anordnung, Verfeinerung, durch Zusammenwirken von Wissen, Techniken, Gefühl und Kreativität die bereits vorhandene, aber noch schlummernde bzw. elementare Liebesfähigkeit erst wirklich und viel intensiver erlebt, sie damit zugleich erst in ihrer ganzen Tiefe ausgelotet, erfahren und damit auch mehr genossen werden kann, solchermaßen kann in vielen Bereichen des Menschen das Naturgegebene durch Kunstfertigkeit verbessert und vervollkommnet werden, wie beispielsweise auch die für unser Leben so wesentliche, in uns schlummernde Fähigkeit zur Lebensfreude, zu Lebensglück und letztlich sogar zu göttlicher Ekstase.

Die Kunst der Lebensfreude zu erlernen sollte uns mehr als alle anderen Künste am Herzen liegen, für die sonst so viele Menschen sehr viel Zeit und Mühe opfern. Denn hier geht es um unsere Existenz und Lebensqualität mit enormen Konsequenzen für unser alltägliches Leben, ja oft sogar entscheidet dies über Sieg oder Niederlage, über Kummer, Leid oder Erfüllung für ein Menschenleben, mit wiederum großen Auswirkungen auf die jeweils nahestehenden Menschen. Wollen wir also unser Leben lieber als göttliches Spiel im Einklang mit dem Kosmos oder als nicht endende Tragödie leben? Ich denke, Sie alle wollen – wie alle fühlenden Wesen – glücklich sein und Freude erfahren, und daher ist das Erlernen dieser Kunst eine Lebensnotwendigkeit. Dieses Buch wird Sie, so hoffe ich, motivieren und ein Stück des Weges begleiten.

Unterschiedliche Ausgangspunkte

Nun sind sicher nicht alle Menschen gleich begabt, in keiner der Künste, die sie betreiben. Sind sie auch vom Standpunkt der Ewigkeit gesehen völlig gleich(wertig), so stehen sie vom relativen Standpunkt der Zeit gesehen keineswegs auf derselben Entwicklungsstufe, und dies ist auch gut so. Denn es zeichnet speziell diesen Planeten Erde aus, dass sich hier ein sehr breites Spektrum von Wesen bzw. Menschen vorfindet, die in Schwingungshöhe, Interessen, Aufgaben, Neigungen und Niveau sehr unterschiedlich sind. Dies kann jeder selbst in seinem Umfeld, aber besser noch auf Reisen erleben und erfahren. Vom Heiligen und Weisen bis zum Triebtäter, blinden Zerstörer und Wahnsinnigen ist hier so ziemlich alles vertreten, während in anderen Welten sich eher Gleich zu Gleich gesellt, Wesen mit ähnlichen Schwingungen zusammenkommen und damit besser harmonieren. Aber im Hinblick auf die Lernmöglichkeiten und die Entwicklung/Evolution ist es für uns von großem Vorteil, dieses breite Spektrum an Erfahrungen, Menschen und Möglichkeiten hier erleben und daraus lernen zu können.

So sind auch im Hinblick auf die Entwicklung und den Ausdruck von Lebensfreude die hier lebenden Wesen völlig unterschiedlich. Während die einen selbst in bitterer Armut glücklich und fröhlich sein können, sind andere im Reichtum und Luxus traurig und verzweifelt. Dies ist eine so simple Lebenserfahrung, dass sie hier vorausgesetzt werden kann, zumindest in dem Sinne, dass die Lebensfreude nicht direkt mit äußeren Gegebenheiten verknüpft und somit auch nicht kausal davon abhängig ist. Wovon ihre Entwicklung und ihr Erscheinen in diesem Leben abhängt – und wir werden dies im folgenden Kapitel genauer untersuchen –, das sind vielmehr die angenommenen inneren Überzeugungen, Glaubenssätze, Werte und die jeweils erreichbaren Bewusstseinszustände. Diese aber können von jedem durch Entscheidung geändert bzw. durch Übung entwickelt werden, solches vermag auch der „Unbegabteste". In Wirklichkeit ist sowieso keiner dazu unbegabt – dies ist allenfalls eine weitere Überzeugung, die aufgelöst werden muss –, weil diese Freude essentiell mit dem Leben verbunden ist und somit jeder, der lebt, auch diese Anlage bereits in sich hat. Sie muss nur entwickelt werden.

So wie kaum jemals ein meisterhafter, perfekter Klavierspieler vom Himmel gefallen ist, sondern wie jeder andere Künstler zunächst die dafür notwendigen Techniken erlernen musste – wenn auch der eine mit viel Talent, der andere mit weniger, der eine langsamer und der andere schneller –, so sind auch von den „Lebenskünstlern" nur wenige vom Himmel gefallen, und selbst wenn, so bleiben sie es nicht lange, wenn sie nicht die dafür nötige Bewusstheit und Kunst erlernen. Daher sind wir gefordert, ein jeder von seinem Ausgangsniveau, geeignetere Verhaltensweisen zu erlernen, neue Methoden auszuprobieren, hilfreiche Techniken einzuüben, Schritte zu erlernen, seinen Charakter und inneres Wesen auszubilden, seine Sinne und Wahrnehmung zu verfeinern, seine Aufmerksamkeit und Geistkraft zu konzentrieren und einzusetzen und vieles mehr.

Der Meister – Das Ideal und Ziel der Kunst

Mit Hilfe unterschiedlicher Übungen und der Praxis des Lebens selbst entwickeln wir uns so lange, bis Lebensfreude und Lebensglück stabil und mühelos erfahren und gelebt werden können, selbst in schwierigen Lebenssituationen. Dann ist jeder wieder das, was wir immer schon waren, ein wahrer Lebenskünstler oder, besser gesagt, ein Meister des Lebens. Ein Meister ist man wie in jeder Kunst dann, wenn die „Kunst" in „Fleisch und Blut" übergegangen ist, wenn man sie nicht nur kennt und weiß, sondern sie so eingeübt hat, dass sie vom „Haben" ins „Sein" übergegangen ist. Die Fertigkeiten dieser Kunst müssen vom äußeren Haben und Beherrschen, wo der Künstler noch bewusst daran denken muss, in sein ganzes Sein übergehen.

Um es am Beispiel des Klavierspielers noch einmal zu verdeutlichen, so muss hier der Übende die einzelnen Techniken, Stufen und Schritte (Fingerübungen, Tonleitern, Notenlesen, Pedal usw.) so lange einüben, bis sie erstens nicht mehr voneinander getrennt sind, sondern in eine Einheit zusammengehen, und zweitens dem Künstler selbst „in Fleisch und Blut" übergehen, also mit ihm selbst, seinem Sein, wesentlich verschmelzen. Als Meister muss er beim Spielen dann nicht mehr an einzelne Techniken, Methoden, Körperhaltung, Fingertechniken usw. denken noch braucht er sie einzeln aufzurufen und anzuwenden, wie einst in der Schüler- oder Übungsphase, wo dies durchaus noch notwendig und sinnvoll war. Ein Meister aber kann beim Spielen gar nicht mehr an all dieses Einzelne denken, dies würde ihn völlig vom Wesentlichem, dem Einfühlen und Interpretieren des Musikstückes, abhalten. Alle diese Techniken und Methoden müssen in Eines zusammengeschmolzen sein und müssen sich mit seinem Sein verbunden haben, sozusagen selbst „im Schlaf" vorhanden sein. Dies bedeutet übrigens auch die große Freiheit, nicht mehr daran denken oder etwas erinnern zu müssen. Der Meister also „hat" nicht mehr die Techniken der Kunst, er „ist" und verkörpert die Kunst. Er kann sich dann sogar über diese einst notwendigen Regeln und Techniken hinwegsetzen und völlig souverän mit ihnen umgehen, wenn er dies für erforderlich hält, sie behindern ihn nicht mehr. Denn ist Meisterschaft und Souveränität in einer Kunstfertigkeit erreicht, so kann die Leiter, das Gerüst, können die Stufen, die zu ihr geführt haben, wegfallen.

Dies unterscheidet den Meister vom Schüler, und auch in der Kunst der Lebensfreude ist es möglich, solch ein Meister zu werden. Ist dies geschafft, können und sollen sogar die Regeln, Methoden und Techniken wegfallen. Sie sind nur Hilfsmittel auf dem Weg, aber nicht das Ziel, und man darf nicht am Gerüst festhalten, wenn der Bau vollendet ist. Das Ziel ist die meisterliche Beherrschung des Lebens ohne alle Regeln, also das Leben befreit von allem mit purer Lebensfreude in Verbindung mit dem göttlichen Grund leben zu können. Zunächst werden wir dazu Regeln und Methoden erlernen, Erkenntnisse sammeln, Techniken anwenden, Übungen durchführen, die wichtig und sinnvoll sind, denn kein Meister ist – wie das Sprichwort sagt – vom Himmel gefallen. Der angehende Künstler darf aber nicht bei ihnen stehen bleiben, sondern **er muss all diese, die er erst *hat*, schließlich *werden*, um sie zu sein.**

Anders ausgedrückt: Alle diese hier aufgeführten Einzelteile, einzelnen Übungen und Erkenntnisse sollten ausprobiert und einzeln eingeübt werden, bis sie spielend ausgeführt werden können. Letztlich aber müssen sie in Eins zusammenschmelzen. Wie ein meisterhafter Musiker im Konzert nicht mehr an Tonleiterübung, Anschlagtechnik oder Harmonielehre denkt, sondern beim Spielen all dies integriert ist und er nun ganz im Gefühl und der Intuition verweilt, wobei die eingeübten einzelnen Aspekte kaum mehr als Einzelne erkennbar sind, so müssen wir auch in der Kunst der Lebensfreude alle diese Einzelaspekte letztlich in unser Leben völlig integrieren, so dass sie als einzelne kaum noch erkennbar sind. Wir werden in diesem Prozess sehen, dass eines das andere ergänzt und verstärkt, eine Erkenntnis und Übung die andere, so dass keine ausgelassen werden sollte. Gerade bei aufkommendem Widerstand liegt meist etwas im Argen. Wir üben die einzelnen Bausteine also spielerisch ein, spüren ihre Wirkungen, bemerken die Veränderungen in unserem Leben.

Dies geschieht so lange, bis wir so routiniert und souverän in der Kunst des Lebens geworden sind, dass wir diese Übungen nicht mehr brauchen, sondern die Lebensfreude wieder dauerhaft in unserem Sein, in unserem Leben integriert ist und immer mehr von selbst erscheint, immer dauerhafter dableibt, ohne dass es noch der Übungen bedarf. Wir werden dann nicht mehr nur zeitweise Lebensfreude „haben" oder darüber verfügen, sondern wir werden selbst Lebensfreude „sein" und für andere ausstrahlen, ohne dass wir noch etwas dazu tun müssten oder es irgendeiner Anstrengung bedürfte. Dann sind die einzelnen Schritte, Übungen und Methoden weggefallen, und zur Quelle des Lebens und der Freude zurückgekehrt werden wir vom Leben selbst geführt und *sind* vielmehr das Leben selbst, das wiederum der Ausdruck Gottes oder des universellen kosmischen Geistes ist. Sie, die aus ihm stammende und daher ewige Freude, ist somit der in uns schlummernde „schöne Götterfunke", eine „Tochter aus Elysium", und „wir betreten freudetrunken, Göttliche, dein Heiligtum". Dies ist eine göttliche, universale, kollektive, nicht allein menschliche oder nur persönliche Freude. Sie ist ein Wesensmerkmal unserer Seele dort, wo wir echte Kinder Gottes sind, sie ist die wahre Freude der Gottessöhne (und –töchter), wie sie Goethe unnachahmlich und treffend beschrieben hat:

> Doch ihr, die echten Göttersöhne,
> Erfreut euch der lebendig reichen Schöne!
> Das Werdende, das ewig wirkt und lebt,
> Umfass euch mit der Liebe holden Schranken,
> Und was in schwankender Erscheinung schwebt,
> Befestiget mit dauernden Gedanken.
>
> (Goethe: Faust I, Prolog)

2. Kapitel
Unser Leben: Existenzkampf oder göttliche Komödie?

Die Lebensfreude – wo ist sie zu finden?

Das Streben nach Lebensglück und Lebensfreude ist etwas, was trotz aller Unterschiede allen Menschen, ja überhaupt allen fühlenden Wesen gemeinsam zu sein scheint. Wenn wir einmal alle die unterschiedlichen Bestrebungen, Kämpfe, Bemühungen, Anstrengungen der Menschen auf ihr letztes Endziel hin untersuchen, so wird deutlich – wenn man nicht zu fragen aufhört –, dass alle einzelnen Bemühungen letztlich darauf hinauslaufen, damit *Status* und Ruhm zu erreichen, Wissen und *Macht* zu akkumulieren und Menschen zu kontrollieren, *Geld*, Reichtum und materiellen Wohlstand anzuhäufen oder *Liebe* zu erzwingen. Dies dürften in etwa die gängigen Ziele sein, durch die wiederum ein letzter Endzweck erreicht werden soll: endlich wieder glücklich, heil und *zufrieden* sein zu können. Darauf läuft alles hinaus, mit welchen absurden Maßnahmen auch immer die Menschen dies zu erreichen suchen.

Das Grundproblem dabei ist aber: Durch den Mangel, den man in der Gegenwart zu haben glaubt, kann und wird sich dieses Glück wie auch die Lebensfreude im Hier und Jetzt nicht einstellen. *Typisches Kennzeichen solchen Strebens ist somit die Projektion der Erfüllung in die Zukunft.* Die dafür typischen Sätze haben wir sicher schon alle einmal gehört: „Wenn ich nur schon befördert wäre, wenn ich diesen Job hätte, wenn erst die Kinder aus dem Haus sind, wenn ich erst in Rente bin, wenn ich noch ein großes Ding gedreht habe, wenn ich erst diesen Partner oder jenes Objekt hätte, dann..." So wird sich aber, wie wir an vielen Beispielen um uns herum beobachten können, die Lebensfreude nicht einstellen, da eben die Einsicht und die Entwicklung der seelischen Qualitäten, auch der Wille darüber entscheiden, ob man zufrieden ist oder nicht, und nicht die äußeren Verhältnisse wie die Menge an Geld und Gütern, der soziale Status oder Umfang der eigenen Macht. Daher entsteht selbst bei kurzfristiger Befriedigung und dem Erreichen von Teilzielen das unersättliche Streben nach immer Mehr, immer Neuem, immer Besserem oder nach immer schneller, immer großartiger und ausgefallener; ein Streben, welches so nie eine Befriedigung findet und auch nicht finden kann, solange die Ursache der Lebensfreude nach außen projiziert und von Äußerem abhängig gemacht wird. Es entsteht lediglich ein Teufelskreis, der meist mit Erschöpfung oder Zerstörung endet. Denn der Weg über die Projektion in Äußeres oder in die Zukunft endet früher oder später in einer Sackgasse, in einem Zusammenbruch bzw. einer Katastrophe, da jedes quantitative Wachstum immer einmal an seine Grenze kommt und nichts unendlich wachsen kann; und selbst wenn es in einem bestimmten Leben nicht an mengenmäßige Grenzen stößt, dann aber auf jeden Fall an eine zeitliche Grenze, an den Tod. Nullwachstum. Und damit haben wir ein verschwendetes Leben.

Andererseits könnte ich prinzipiell mit überhaupt nichts, so wie ein Baby, einfach glücklich sein, wenn ich nur wollte. Manche Intellektuellen können dies schon gar nicht mehr glauben, geschweige denn in sich erzeugen. Doch ab und zu erblicken wir erstaunt solche Menschen und schreiben es dann eben ihrer Einfältigkeit und Naivität zu, einfach so glücklich zu sein. Sie haben ja keine Ahnung... Doch jeder könnte prinzipiell so wie jene sein, einfach das Äußere loslassen, meditativ in sich gehen oder in den leeren Himmel starren oder die Welt beobachten und einfach entscheiden, jetzt glücklich sein. Wer könnte dies verhindern? Wer kontrolliert denn unser Innenleben und Gefühlsleben, wenn nicht wir? Allerdings wird dies praktisch erst möglich, sobald wir die angehäuften Hindernisse beseitigt und die inneren Voraussetzungen dafür geschaffen haben.

Lebensfreude durch Religion oder Wissenschaft?

Die Suche nach Lebensfreude und Glück ist so elementar, dass auch Religionen, Ideologien und Heilslehren stets versucht haben und noch versuchen, Anhänger damit zu gewinnen und an sich zu binden, dass sie ihnen als Ziel dauerhaftes Glück und paradiesische Zustände versprechen. Wenn schon nicht in dieser, dann zumindest in der nächsten Welt. Sie erkennen zwar das Problem von Materialismus und Hedonismus und sehen, dass dadurch dieses Ziel nicht erreicht wird, projizieren dann aber das Glück einfach in eine imaginäre Zukunft, wobei es dann ebenso für die Gegenwart verloren ist und im Hier und Jetzt genauso unerreichbar bleibt. Doch schon allein für dieses bloße Versprechen und die vage Hoffnung sind Menschen bereit, den Märtyrertod zu sterben, werden unglaublich große Anstrengungen unternommen und wird unermessliches Leid erduldet bzw. anderen angetan, werden die übermenschlichsten Opfer gebracht. Dies zeigt zugleich, wie sehr und mehr als alles andere diese göttliche Freude, das Glück und der damit verbundene Frieden von den Menschen gesucht und ersehnt werden. Aber kann diese Freude so gefunden werden? Nicht nur bei Religionen, auch bei Ideologien wie dem Kommunismus haben wir stets die zeitliche Projektion der Erfüllung in die Zukunft, und die ist nicht nachprüfbar und somit nicht so leicht zu widerlegen. Andererseits kann die Erfüllung in der Zukunft auch von niemandem bestätigt werden, und sie bleibt so eine bloße Vermutung, und darauf sollte man nicht sein Lebensglück gründen. Immerhin ist diese Projektion raffinierter und intelligenter als die oben erwähnte materielle Sucht nach immer mehr, da sie einerseits nicht so schnell zu durchschauen ist und auch nicht so schnell an der Wirklichkeit scheitert, und sie ist daher bis heute weit verbreitet.

Nun haben wir aber einen Hinweis aus der christlichen Religion selbst, wie man Ansprüche und Behauptungen hinsichtlich der Zukunft einer Sache bewerten kann und soll: Man solle einen Baum nach seinen Früchten beurteilen, denn ein guter Baum bringe gute Früchte und ein schlechter Baum eben schlechte. Ein kluger Rat, auch im Hinblick auf zu erlangendes Glück und Freude, denn wenn die jeweilige Lehre das Glück und Heil zum Ziel hat und „ein guter Baum ist", dann muss sie auch in der Praxis entsprechende Ergebnisse zeitigen. So kann man für jede Religion, Ideologie oder Heilslehre, die einem begegnet, die Testfrage stellen:

Finden wir bei Gläubigen und Praktizierenden, also denjenigen, die solchen Ideologien nachfolgen, die bestimmte Heilslehren umsetzen und ausführen oder die religiöse Rituale ausüben, speziell aber bei denen, die sich innerhalb dieser Gruppierungen schon jetzt für erlöst und vollendet betrachten, vermehrt solche Menschen, die in der Lebenspraxis völlig glücklich sind oder Lebensfreude ausstrahlen, was sie ja durch ihre bereits erfolgte oder bloß geglaubte Erlösung und Befolgung der Lehre unbedingt sein bzw. tun müssten? Wenn ja, und es gibt durchaus solche Gruppierungen, dann spricht die Praxis dafür, dass es ein gangbarer Weg ist, wenn nein, dann sollten wir skeptisch bleiben und besser einen anderen, „fruchtbareren" Weg wählen.

Die Praxis, der Alltag, das Leben selbst ist immer der Test, für jeden Lehrer und für jede Lehre, und sicher gibt es in den Religionen Gruppierungen oder Strömungen, die dem Ziel näher kommen als andere. Dies möge jeder für sich entscheiden anhand der Wirkungen, der Früchte, die sie hervorbringen. Immerhin sind die religiös Suchenden insofern näher an der Quelle dieser Freude, da sie es bereits im Geistigen suchen, wo dieses Glück auch letztlich zu finden ist. Manche haben es dabei wohl auch gefunden, insbesondere die sogenannten Mystiker aller Religionen, die nach eigenen Angaben diese Freude selbst erfahren und im Übermaß erlebt haben. Doch dies sind zumeist die Ausnahmen, und sie werden häufig eben deshalb verfolgt von denen, die zu dieser Freude nicht kommen konnten. Doch wollen wir diese wahrhaft göttliche Freude in und mittels der Religion suchen, so ist es gut, uns dabei an diejenigen zu halten, die eigene Erfahrungen vorweisen können und sie auch leben.

Nehmen wir noch die Wissenschaften, die eine unglaubliche Menge an Wissen über viele Lebensbereiche angehäuft haben, doch wenig über Lebensfreude und Glück. Dieses für unser Leben so bedeutende Thema wird dort geflissentlich übergangen, somit eines der wichtigsten Themen unseres Lebens ausgegrenzt. Eine Ausnahme bildet hier lediglich die Philosophie, besonders diejenige, die sich mit dem Geist beschäftigt, die diese Frage immer schon behandelt und untersucht hat. Doch die übrige Wissenschaft, die sogar behauptet, unser Leben mittels ihres Fortschritts so sehr verbessern und voranbringen zu können, es leichter und glücklicher zu machen, schweigt darüber, denn wahre Lebensfreude ist vom Verstand allein ebenso wenig zu erfassen wie dieser Probleme hat, Liebe oder Lachen zu ergründen oder zu verstehen.

Auch scheint es so, dass die Repräsentanten der Wissenschaft selbst, die Wissenschaftler und Techniker mit all ihrem Wissen, durch alle ihre Errungenschaften und Erfindungen keinen großen Fortschritt in der Lebensfreude und im Lebensglück *bei sich selbst* erzielen oder in der Meisterung ihres eigenen Lebens, besonders wenn man sie mit „unwissenschaftlichen", nicht-intellektuellen Menschen oder Naturvölkern vergleichen wollte. Beobachten Sie einfach einmal das Verhalten von typischen Intellektuellen, Wissenschaftlern oder modernen Großstadtmenschen und vergleichen sie es mit Menschen aus beliebigen anderen Kulturen, die noch nicht diese Fülle an Wissen, Wissenschaft und Technik zur Verfügung haben, und fragen sie sich: Wer von ihnen hat mehr Lebensfreude? Oder mehr Glück und Zufriedenheit?

Im Gegenteil scheint die Wissenschaft beispielsweise durch die von ihr entwickelte moderne Waffentechnik, durch ihre Bio-Waffen oder chemischen Menschenmassenvernichtungswaffen die Welt eher ins Gegenteil, in mehr Tod, Trauer, Depression und Sorgen zu führen (wenn nicht in den Untergang), und ins Bewusstsein von Millionen und Milliarden Menschen werden nicht Lebensängste aufgelöst, sondern sogar noch viele neue und noch gravierendere Ängste und Sorgen eingepflanzt, wodurch selbst die bislang noch natürlich vorhandene Lebensfreude weiter verdrängt und verdeckt wird. Dies gilt auch für andere Gebiete der Wissenschaft wie die Gentechnik, die Chemie, Lebensmitteltechnik u. v. m., die unser Leben nicht einfacher, sondern viel komplizierter und schwieriger gemacht haben, mit Problemen beispielsweise der Entsorgung oder der Schwierigkeit gesunder Ernährung, gesunder Luft und sauberen Wassers, die es früher überhaupt nicht gegeben hat.

Dies bedeutet aber wiederum nicht, dass alle Ergebnisse von Technik und Wissenschaft automatisch zu Problemen führen müssten. Doch wie schon erwähnt, hängt es ganz vom Baum ab, welche Früchte er bringt. Wenn also die Menschen sich nicht innerlich entwickeln und in sich selbst Frieden, Glück, Harmonie und Freude herstellen, so werden sie es auch als Wissenschaftler im Äußeren nicht schaffen, denn wie innen, so außen. Wenn sie dies aber vermögen, dann werden auch ihre Produkte friedlich und nützlich sein. Insgesamt zeigt sich, dass wir auch von der (derzeitigen) Wissenschaft wenig Hilfe bezüglich unseres Themas erhoffen können, zumal es ein Bewusstseinsproblem ist, sondern eher umgekehrt: Wir müssen es in die Wissenschaft hineintragen, ganz so wie auch Ethik nicht aus und von der Wissenschaft kommen kann, sondern erst in sie hineingetragen werden muss.

Lebensfreude durch materiellen Fortschritt und Wachstum?

Hat nun der kollektive materielle Fortschritt unserer Zeit zu mehr Lebensfreude, zu einem glücklicheren Leben geführt? Hat die in den letzten Jahrhunderten so sehr erstrebte und unter Inkaufnahme großer Opfer wie beispielsweise dauerhafter Umweltzerstörung durchgeführte Vermehrung von Gütern, Produkten, Maschinen, neuen Materialien und auch zahlreichen Luxusgütern dazu geführt, dass der Mensch unabhängiger, selbstbestimmter wurde (beispielsweise über seine eigene Zeit), wie es das proklamierte Ziel des materiellen Fortschritts war? Kann er nun freier, glücklicher, sorgenfreier und weniger gestresst leben? Hat er also mehr Zeit und Muße als ein Mensch des Mittelalters? Wurde durch all diesen Aufwand seine Lebensfreude vermehrt? Nun werden manche lächeln, denn die Antwort ist zu offensichtlich. Sie ist zugleich paradox, da die gesamte Entwicklung der Technik und der Produktion einmal begonnen wurde, um das Leben leichter, freier und glücklicher zu machen, den Menschen mehr Lebensfreude zu bringen, und sich dies sogar in das Gegenteil verkehrt zu haben scheint – wir scheinen belasteter und gestresster als jede Generation vor uns zu sein. Dennoch lernen wir bislang nicht daraus, sondern das Wachstum geht unaufhörlich weiter, wird gefordert und gefördert. Immer mehr Leistung, doch wozu eigentlich?

Denn anstatt nun *mehr* freie Zeit als die Menschen früherer Zeiten zu haben, haben wir *weniger*. Statt nun entspannter mit Hilfe von Maschinen die Dinge zu bewältigen und uns weniger anstrengen zu müssen, sind wir wesentlich gestresster, ja arbeiten manchmal bis zur völligen Erschöpfung, dem Burn-Out-Syndrom, das es in archaischen Zeiten wohl selten gegeben haben dürfte. Immer mehr Konkurrenz- und Leistungsdruck bestimmt unser Leben, und statt mit der Zeit freier umgehen und sie besser unseren Bedürfnissen angepasst einteilen zu können – zumal wir ja durch die Technik von Naturzyklen wie dem Tageslicht, aber auch den Naturgewalten weitgehend unabhängig geworden sind –, arbeiten und leben wir noch unter viel mehr Sachzwängen und wesentlich unfreier und fremdbestimmter in unserer Zeiteinteilung, wie beispielsweise im Schichtdienst, bei der die Maschinen und deren Auslastung den Einsatz der Menschen diktieren. Ihnen wird nicht nur die Selbstbestimmung unserer so kostbaren Zeit, sondern meistens auch noch der Spaß und die Freude an der Arbeit geopfert, wie es Charly Chaplin einst in dem Film „Moderne Zeiten" perfekt illustriert und persifliert hat.

Die Erwartung der Menschen, mit der Großproduktion, der Massenproduktion von Gütern mehr Lebensglück und mehr Lebensfreude erzielen zu wollen, hat also nicht funktioniert. Statt mehr auf qualitatives Wachstum („immer besser") wurde rein auf quantitatives Wachstum („immer mehr") gesetzt, auch auf immer schnelleren Verbrauch, und so wurde genau das Gegenteil von mehr Lebensqualität und Lebensfreude erreicht, u.a. durch die damit einhergegangene Zerstörung der Natur, von Landschaften, Lebenszyklen und natürlichen Lebensgrundlagen, Verschmutzung der Atemluft, die Zerstörung des Gleichgewichts, ganz praktisch durch den Vitalstoff- und Geschmacksverlust bei Lebensmitteln, und vieles mehr. Somit gewinnen wir nicht nur nicht, sondern verlieren durch diese Produktions- und Lebensweise an Lebensqualität, behindern damit auch die Lebensfreude, und zwar deutlich.

Selbst bei den materiellen, sinnlichen Freuden wie beispielsweise dem seit alters geschätzten Essen kann man diese paradoxe Situation deutlich erkennen, und hier kann auch niemand den Konsequenzen entgehen. Unser Nahrungsangebot wurde quantitativ immens erweitert. Doch je mehr an Anzahl und Umfang produziert wird, je mehr diese Produkte wiederum technisch raffiniert verarbeitet werden, umso weniger erfreuen sie den noch natürlichen Geschmackssinn, müssen daher wiederum umso mehr künstlich aufgepeppt werden und tragen dadurch umso weniger zur Freude am Essen bei, die, wie die Franzosen wenigstens noch wissen, vor allem von natürlichen Lebensmitteln kommt. Kurz gesagt: frisches Brot aus natürlich angebautem Getreide, ganz ohne Chemikalien, technisch primitiv gebacken, schmeckt besser als das noch so raffiniert abgestimmte, mit Chemikalien versetzte und in Plastik wochenlang gelagerte Fabrikbrot, und frisch gemachtes Joghurt besser als die entsprechende Chemikalienmischung mit künstlichen Farbstoffen. Beweis: Kein Spitzenrestaurant würde je so etwas anbieten. Warum aber tun wir es dann im Alltag? Und mit Absicht? Eine gute Frage. Möglicherweise, weil noch das Bewusstsein vorherrscht, „je mehr, desto besser", anstatt „je einfacher und(qualitativ) besser, desto besser."

Ebenso wie es schon bei sinnlichen Freuden auf deren Qualität und weniger auf die Menge ankommt, so kommt es auch bei der Frage der wahren Lebensfreude und unseres Glücks mehr auf die geistige Qualität und Schwingung an, die unser Bewusstsein einnimmt und wozu es sich entwickeln kann, und nicht auf die Quantität, etwa auf die Menge des Wissens oder die Menge der Wahrnehmungen. Fazit bleibt also, zur Wiederentdeckung und Entwicklung der Lebensfreude einzig auf unsere inneren geistigen Qualitäten zu schauen, sie zu entwickeln, unser Bewusstsein so zu reinigen und zu verfeinern, bis es transparent wird und diese innere Freude wieder in uns sichtbar wird und erfahren werden kann.

Jedem sein Maß und seinen Weg

Schon Buddha lehrte die Wichtigkeit, im Leben wie auch in der geistigen Entwicklung den mittleren Weg zu finden, Extreme zu verwerfen. Denn auf die richtige Mitte komme es an. Somit ist von uns – was immer wir tun und wie immer wir leben – das richtige Maß und die richtige Zeit zu beachten, in Übereinstimmung und Harmonie mit dem Ganzen. Dabei ist aber sehr deutlich gegenüber Missionaren und Weltverbesserern hervorzuheben, dass das „richtige Maß" nicht für alle Menschen gleich ist und niemals sein wird, sondern in bestimmten Grenzen jeder sein eigenes Maß hat, sein Maß für die Menge an Essen genauso wie sein Maß für die Menge an Gütern, die er für sein Leben braucht. Daher muss dies *jeder für sich selbst* herausfinden, nach seinen Anlagen, Aufgaben, Interessen, so wie beispielsweise jeder beim Essen sein individuelles Hungergefühl beachten sollte und nicht die Vorgaben anderer. Es wäre also unsinnig, obwohl es immer wieder versucht wird, ein für alle Menschen notwendiges, allgemein verbindliches Maß festschreiben oder gar erzwingen zu wollen.

Auch in Bezug auf Entwicklung von Lebensfreude wird es jedem sehr hilfreich sein, die naturgegebene Harmonie und *sein* richtiges Maß im Umgang und im Verhältnis zum Ganzen zu beachten beziehungsweise bei Verlust wiederherzustellen und danach zu leben. Nicht dass jene wahre Freude ursächlich davon abhängig wäre, doch sind für die angedeutete innere Entwicklung und für den Weg zum angestrebten Zustand diese Harmonie und Balance, das richtige Maß auch im Umgang mit Äußerem sehr hilfreich. Genaue Wahrnehmung seiner selbst und Bewusstheit sind die Voraussetzung dafür. Man sollte wissen oder wenigstens spüren, wie viel und was man verbraucht oder zu sich nimmt, wie viel und was man arbeitet, mit wie vielen und welchen Dingen oder auch Menschen man sich umgibt, wie und mit welchen Folgen man auf seine Umwelt einwirkt bzw. jene auf sich einwirken lässt. Das richtige Maß speziell im Umgang mit äußeren Dingen und Verhältnissen zu finden erscheint in unserer Zeit des Umbruchs und Wandels auch durch den Wegfall vieler Normen und Maß-Regeln etwas gestört, da wir uns in vielen Bereichen maßlos und damit zerstörerisch verhalten und dies manchmal sogar normal finden. Dies tun wir witzigerweise eben *wegen* der Suche nach mehr Lebensglück und Lebensqualität, sägen damit aber gerade den Ast ab, auf dem wir sitzen, und verschlechtern noch durch solche Maßlosigkeit unsere Lage.

Das Wichtigste ist zunächst, sich über diese Zusammenhänge und unser bisheriges Verhalten und das von uns gewählte Maß im Umgang mit Welt und Mitmenschen bewusst zu werden, zu sehen, was wir einerseits im Leben wirklich wollen und was wir andererseits tatsächlich tun, dann zu schauen, ob dies zueinander passt, um es ggf. neu zu entscheiden und uns neu ausrichten zu können. Diese Bewusstwerdung gelingt am besten, indem Sie einmal ihr Bewusstsein ver-rücken (sozusagen verrückt spielen) und spielerisch einen völligen Standpunktwechsel durchführen; indem Sie also einmal bewusst den Standpunkt, den Sie gewohnt und auf den Sie konditioniert sind, wechseln und beispielsweise (imaginativ) den Standpunkt eines außerirdischen Wesens einnehmen, das soeben frisch auf die Erde kommt und das Verhalten der auf ihr lebenden Wesen amüsiert und doch völlig offen und neugierig betrachtet.

ÜBUNG 2: „Hey, Planet Erde!" Eine imaginative Bildreise:

Ort, Zeit, Vorbereitung: Meditativer Ort, Zeit 20– 40 min., meditative Einstimmung

(Sie können die Meditation auch zuerst auf Kassette sprechen und sich dann führen lassen)

Zweck: a) Neutrales Erkennen von Verhaltensmustern und Lebensführung

b) Liebe, Wertschätzung und damit Verständnis und Mitgefühl entwickeln

a) Beobachter-Standpunkt einnehmen:

Versetzen Sie sich in einen meditativen Zustand und stellen Sie sich vor, plastisch und auch deutlich im Gefühl:

Sie sind ein völlig freies und unabhängiges Geistwesen, ein interplanetarischer Reisender oder Kosmo-Tourist. Fühlen Sie, wie Sie mit anderen Geistern durch das Weltall düsen, völlig unbelastet, vorbei an wunderschönen

*Galaxien und Sternsystemen. Sehen Sie dies deutlich vor sich, bewundern und bestaunen Sie es, bis Sie schließlich in den Weiten des Alls diese auffällig blaue Kugel entdecken, die von ihren Bewohnern Erde genannt wird. Fühlen Sie die Überraschung, das Erstaunen, und spüren Sie in sich eine kindliche Neugierde, dies genauer kennenzulernen. Fliegen Sie näher, und betrachten Sie zunächst die auftauchenden Naturwunder, die Schönheiten, Farben und Formen des Lebens auf der Erde. Wenn Sie dies gespürt haben und auch fühlen können, dann betrachten Sie einmal **von außen** die auf ihr dominierenden Wesen, die Menschen, und speziell ihr Verhalten – **ganz neutral, völlig offen und mit unendlichem Interesse**, wie wenn ein Naturforscher eine große Ameisenkolonie betrachten würde, fasziniert und doch ohne jede Bewertung. Sprechen Sie ruhig aus, was Sie bemerken, aber bleiben Sie stets auf Distanz eines neutralen Beobachters, also etwa so:*

> *Ich betrachte jetzt diese merkwürdigen Wesen, genannt die menschliche Spezies. Obwohl sie anscheinend keine Ahnung haben, warum sie geboren werden, woher sie kommen und wozu und wohin sie gehen, fühlen sie sich doch keineswegs dadurch gelähmt oder behindert, sondern entfalten von Geburt an eine rege Aktivität. Aha. Obwohl sie meist nicht wissen, wozu sie eigentlich leben und zu welchem Ziel, so sind sie in der Regel keineswegs faul, denn von Jugend an werden sie erzogen, gedrillt, mit Regeln versehen, werden lange ausgebildet, manchmal dennoch gleich wieder massenhaft in Kriegen getötet und vernichtet. Seltsam. Dennoch und trotz ständigen Vergehens ihrer Kreationen (manchmal vernichten sie ihre Schöpfungen auch gegenseitig?!?) strengen sie sich unglaublich an, produzieren immensen Stress, konkurrieren miteinander, kämpfen und arbeiten zumeist so lange, bis sie krank werden oder tot umfallen. (Was bezwecken Sie wohl damit?) Doch deutlich sieht man, sie tun all dies keineswegs etwa nur für das Lebensnotwendige oder um die Bedürfnisse ihrer Körper zu befriedigen. Dies scheint eher eine Nebensache, die oft sogar vernachlässigt wird, da es um ganz andere Dinge geht wie gesellschaftlichen Status, das Ansehen, den Kampf um einen Partner, um mehr zu haben als der andere, um Durchsetzen von Ideologien (das sind Glaubenssysteme, die einer von ihnen erfunden hat), und – sehr beliebt – um Geltung, Macht und Einfluss über andere Artgenossen. Es ist witzig, dass hierzu sogar verheerende Kriege geführt werden, die aber letztlich wieder das zerstören, was sie eigentlich erreichen wollten (verstehen sie das nicht, oder ist es ihr Vergnügen?). Seltsam nur, dass diese Zerstörung häufig über den Umweg der gegenseitigen*

Zerstörung geschieht. Wirklich ein bisschen verrückt, diese Wesen. /
Nun schauen wir einmal genauer, wie sie arbeiten..., wie sie lie-
ben..., untersuchen, was sie Gefühle nennen..., nun schauen wir uns
einmal das Schicksal des Erdenbürgers „xy" an....

Hierdurch sammeln Sie Erfahrungen, aber hüten Sie sich unbedingt, in
eine Bewertung oder gar Verurteilung zu kommen. Es darf allenfalls seltsam
oder lustig sein. Wenn Sie zu sehr involviert werden, beenden Sie die Medi-
tation und beginnen lieber ein anderes Mal neu.

b) Verständnis und Mitgefühl entwickeln

In einer weiteren Ausbaustufe dieser Bild-Meditation schlüpfen Sie einmal
in ein solches Wesen, in einen Menschen oder auch ein Tier, wie man in ein
warmes Bad sinkt oder ein Kostüm anzieht, und fühlen Sie von innen, wie es
sich anfühlt. Sie können auch Ihren eigenen Körper nehmen, aber immer mit
dem Bewusstsein, dass Sie ein davon unabhängiges Wesen sind, das den
Körper nur ausprobiert und erforscht.

Sie schlüpfen also in eine bestimmte Lebensform, sind voller
Neugier wie ein kleines Kind, das ein neues Spielzeug ausprobieren
darf. Spüren Sie dem Gefühl nach, wie man sich in diesem Lebe-
wesen, in diesem Menschen fühlt, erforschen Sie die vielen motori-
schen und sensuellen Möglichkeiten und bewundern und wertschät-
zen Sie dieses kostbare Instrument, lieben Sie es und spielen Sie
damit.

Zum Schluss der Meditation, unabhängig ob Sie beim ersten
oder zweiten Teil aufhören, senden Sie allen diesen Wesen Ihr volles
Mitgefühl, Ihre ganze Liebe und Wertschätzung, (und manchmal
ruhig auch ein paar gute Ratschläge).

Dies kann man sogar in einer Gruppe von gleichgesinnten Menschen
machen. Wundern Sie sich nicht, wenn Tränen oder Emotionen hochkommen,
wenn Sie diese Lebensform auf einmal als ein Wunder der Schöpfung spüren
und fühlen können, als etwas sehr Kostbares. Dadurch eröffnen sich dem
Bewusstsein wiederum ganz neue Erkenntnismöglichkeiten und Gefühle, die
bislang verborgen waren. Wenn Sie den neutralen Standpunkt durchhalten –
und dies erfordert am Anfang etwas Übung –, können Sie hier einmal Welt-
und Völkerschicksale, Geschichte und verschiedene Kulturen mit ganz neuem
Verständnis anschauen, aber dann auch ein einzelnes Menschenschicksal, vor
allem aber das eigene. Dabei sehen Sie deutlich auch unsere nicht hinterfrag-
ten Gewohnheiten und Verhaltensweisen unserer sogenannten modernen
Zivilisation und Industriegesellschaft. Aber nicht werten, höchstens amüsiert
lächeln, sonst fallen Sie aus der Neutralität. Nachdem Sie etwas beobachtet

haben und dabei zugleich neutral bleiben konnten, können Sie sich in Ihrem Bewusstsein immer wieder wie ein Forscher die Frage stellen: Warum tut er/sie das? Was will er/sie damit erreichen? Ist dieses Verhalten erfolgreich oder nützlich? Ließe sich dasselbe nicht auch einfacher oder anders erreichen, lösen? Was müsste er dazu loslassen, ablegen, was sich aneignen? Was würden wir als Außerirdische empfehlen?

Ziel: Das Erleben eines völlig neuen Standpunkts und einer ganz anderen Betrachtungsweise, neue Erkenntnisse, Bewusstseinserweiterung, größeres Verständnis und Mitgefühl.

Hinweis 1: Bewahren Sie stets völliges Wohlwollen und Mitgefühl für diese Wesen! In tieferem Sinne repräsentieren sie alle unbewusste Teile ihres Geistes.

Hinweis 2: Wenn Sie einen Partner haben, der Sie anleitet, dann kann er mit Ihnen auch eine geführte Bildmeditation durchführen, wobei der Partner die Meditation einleitet, Sie auf der Reise führt, mit Ihnen kommuniziert, mit Hinweisen an bestimmte Themen heranführt und bei Bedarf den Fokus Ihrer Aufmerksamkeit ausrichtet und verstärkt. So lässt sich auch der neutral-offene Standpunkt noch besser durchhalten. Bei Gruppen ist dies Aufgabe des Gruppenleiters.

Dieses imaginative Spiel kann ganz lustig werden, und manche Filmemacher oder Komödienschreiber haben sich dieser Form schon bedient. Je länger und vor allem je neutraler Sie das Ganze von einem Außenstandpunkt betrachten und sich nicht identifizieren, umso ver-rückter wird Ihnen so manches vorkommen, was wir als Menschen eigentlich als völlig normal und selbstverständlich, sozusagen als schicksalsgegeben hinnehmen. Mit der Übung haben wir nun einfach einen anderen Standpunkt eingenommen, ein anderes Maß angelegt, wir haben es an eine andere Stelle und in einen anderen Bezug gestellt, es ver-rückt. Wir können es nun besser erkennen, auch darüber lächeln (ja, das ist wirklich verrückt...), um uns dadurch zu lösen oder um es dann umso freier und souveräner verändern zu können. *Denn nur worüber wir Bewusstheit erlangen, dies können wir auch aktiv verändern.* Bewusstwerdung ist der erste Schritt, um es dann mit dem Willen umzugestalten.

Fazit: Wieder das richtige Maß im Umgang mit der Welt und den Menschen zu finden ist eine wichtige Voraussetzung und Grundlage auf unserem Weg. Denn beim bisherigen Spiel der meisten heutigen Menschen, ständig in Gegensatz und Konfrontation statt in Kooperation miteinander, gewinnt am Ende zumeist niemand. Selbst wenn einige dadurch ihnen zum Lebensglück notwendig erscheinende befristete Ziele erreichen und Macht, Einfluss, Geld oder Sex im gewünschten Umfang bekommen, so resultiert daraus (aus den schon genannten Gründen) wohl kaum eine Zunahme der letztlich gewünschten Lebensfreude. Eher resultiert dies in der Zunahme von Angst, jenes mühsam Erworbene wieder zu verlieren. Doch selbst wenn nicht, so ist schließlich alles hierauf gestützte und daher vermeintliche Glück dem ständigen und unausweichlichen Wandel der Dinge, Alter, Krankheit, Zerstörung und Tod unterworfen, es muss notwendig vergehen. So ist ein solches, nach Äußerem dürstendes oder davon abhängiges Leben prinzipiell Leid, wie Buddha schon vor Jahrtausenden klar erkannte, und keinesfalls Glück und Lebensfreude. Diese müssen daher notwendig anderswoher kommen. Da der Mensch aber dies im Inneren schon immer weiß, so können ihn jene äußeren Dinge, selbst Macht, Ruhm und Status, auf Dauer nicht zufrieden stellen und meist nicht einmal für die Dauer ihres Vorhandenseins befriedigen.

Einzusehen, dass ein solches Leben ein Rad ohne Ende ist, dass solch äußerliches Leben Leid ist und dass die wahre Lebensfreude anderswo und anderswie zu finden sein muss, diese „Einsicht ist der erste Schritt zur Besserung", und daraus folgt von selbst der Entschluss, uns auf die Suche zu machen und daranzugehen, unser äußerliches wie auch inneres, geistiges Leben entsprechend unserer Einsicht umzugestalten. Zumal auch Christus verkündete, dass das Himmelreich (und seine Freude) inwendig in uns sei. Somit werden wir nun die wahre Lebensfreude nicht mehr im Äußeren, in materiellen Dingen, auch nicht in Wissenschaft und religiösen Ritualen und bloßen äußeren Heilsversprechen suchen, sondern da, wo sie einzig zu finden ist: *in uns und unserem Geiste.*

„Killer" der Lebensfreude: die häufigsten Hindernisse

Wenn nun auch die wahre Lebensfreude bereits in uns ist, so nützt uns dies recht wenig, wenn wir sie nicht konkret erfahren und erleben können. Das ist aber nur den wenigsten Menschen in unserer Zivilisation möglich. Es muss also in uns zahlreiche Hindernisse und Blockaden geben, die verhindern, dass sie spontan auftaucht, so wie analog die Sonne zwar immer scheint, aber Wolken und Nebel sie für uns völlig verdecken und abdunkeln können, so dass für uns alles grau in grau aussieht. Nicht so, dass jene Wolken die Sonne jemals direkt tangieren oder in ihrer Strahlkraft einschränken könnten. Sie sind so weit weg von der Sonne, wie die von uns erzeugten Blockaden vom

Quell des Lebens und seiner Freude entfernt sind, und so wie die Sonne von den Wolken bleiben auch das Leben und seine Freude und Kraft im Grunde der Seele stets unberührt, nur ist es auch hier so, dass wir es durch zahlreiche Hindernisse verdeckt und zugeschüttet haben. Wir sind wie jemand, der die Türen und Fenster seines Hauses schließt und damit *für sich* das Sonnenlicht ausgrenzt und aus seinem Leben verschwinden lässt, obwohl es außerhalb der selbstgezogenen Mauern immer noch und genau so intensiv vorhanden ist. Daher ist es an der Zeit, diese Begrenzungen und Hindernisse aufzuspüren und nach und nach zu beseitigen, damit die Sonne der Lebensfreude in uns wieder scheinen kann nach so langer, dunkler Zeit.

Zu diesem Zweck wollen wir einmal ganz pragmatisch untersuchen, ohne Anspruch auf Vollständigkeit, welche Lebensumstände und Faktoren sich negativ auf unser Lebensgefühl und Glücklichsein auswirken, die also, etwas überspitzt formuliert, „tödlich" wirken auf das Empfinden und Erleben von Lebensfreude. Dabei wollen wir zugleich nach Methoden und Mitteln suchen, diese Hindernisse zu beseitigen. Behalten Sie dabei aber das Gleichnis mit der Sonne im Hinterkopf und das Wissen, dass – wie das Leben selbst – die wahre Lebensfreude niemals „getötet" oder vernichtet, sondern lediglich verdeckt und verdrängt werden kann, *indem wir uns selbst von ihr abgrenzen und ausgrenzen*. Und so wie ein Kranker im Heilungsprozess sich zeitweise bestimmter äußerer Faktoren und Umstände bedient, um die Krankheit aufzulösen – eine bestimmte Diät, Bewegung, Arzneien, Bäder, Reinigungen usw., die bei guter Gesundheit überhaupt nicht erforderlich wären und allein von sich aus Gesundheit nicht bewirken können –, ebenso werden wir auf unserem seelischen „Heilungsprozess" auch äußere Hilfsmittel und Techniken anwenden, uns bestimmter äußerer Faktoren und Gegebenheiten bedienen, ohne dass wir damit Lebensfreude selbst herstellen könnten. Diese Faktoren unterstützen lediglich die Heilkraft und den Heilungsprozess, wir helfen ihr nur dabei, zu erscheinen und sich zu manifestieren.

Was hindert uns nun daran, in unserer modernen Zivilisationsgesellschaft die Lebensfreude, jenes Lachen und grundlose Glücklichsein zu empfinden, was bei materiell viel ärmeren Naturvölkern noch so gang und gäbe ist? Wo und was sind die „Killer" unserer Lebensfreude – um es einmal drastisch auszudrücken –, und welche Sofortmaßnahmen können wir anwenden, um uns davon zu befreien? Zunächst geht es hauptsächlich darum, sich dieser Hindernisse und Verwicklungen, Blockaden und Gewohnheiten und ihrer oft verhängnisvollen Auswirkungen auf unser Leben bewusst zu werden. Nachdem wir es vielleicht schon aus einer neuen Perspektive betrachtet haben (vgl. Übung 2), müssen wir sozusagen eine Art von Inventur machen und unser Leben einmal anhand der folgenden Kriterien durchforsten, dabei die wichtigsten Hindernisse erkennen, um sie ggf. aufzulösen bzw. einige Regeln zu erlernen, um mit ihnen umgehen zu können. Später werden wir dann versuchen, sie an der Wurzel aufzulösen oder für unser Leben zu neutralisieren, sie wirkungslos zu machen (vgl. Kap.3). Es geht also zunächst um Diagnose und Inventur, auch um geeignete, teils symptomatische Sofortmaßnahmen, dann folgt die grundlegende Therapie und Heilung.

Zeitdruck und Zeitmangel

Dies ist das erstaunlichste Phänomen unserer modernen Zeit, denn seit jeher sind Naturwissenschaft und Technik angetreten mit dem Anspruch, Zeit einzusparen, Abläufe zu durchschauen und sie dann einfacher und rationeller zu gestalten. Dies haben sie in den einzelnen Prozessen auch wirklich erreicht. Mit dem Fortschritt der Technik müssten wir demzufolge Unmengen von Zeit haben, und dennoch ist Zeit in der Industriegesellschaft knapper denn je. Die Menschen unserer angeblichen Freizeitgesellschaft schlafen weniger und machen weniger Pausen (keine Siesta), essen schneller (Fast Food), machen immer mehr Dinge gleichzeitig, fühlen sich dadurch immer gehetzter und genervter, leben immer gereizter. Man hat das vorherrschende Gefühl, man wird nie fertig. Niemand hat mehr genug Zeit, obwohl doch die Tageszeit quantitativ gleich geblieben ist und wir nach wie vor 24 Stunden pro Tag zur Verfügung haben. Letztlich kommt es daher, dass wir die technisch gewonnene und eingesparte Zeit (etwa durch Maschinen und Rationalisierung) durch immer mehr Tätigkeiten, Ablenkungen, Kauf von mehr Gütern, höheren Lebensstandard und Konsum wieder verlieren. Ebenso wie die höhere Produktion benötigt aber auch der Konsum all dieser Mengen an neuen Produkten und Dienstleistungen wiederum mehr Zeit. Auch verbrauchen wir immer mehr Produkte *immer schneller* und entwickeln so eine Wegwerf-Gesellschaft mit hohem Verbrauch und entsprechendem Produktionsbedarf, statt einfach in mehr freie Zeit und weniger bzw. langlebigere Produkte zu investieren. Schließlich brauchen wir dann noch zusätzliche Zeit für die notwendige Beseitigung des anfallenden Abfalls und die Behebung der Schäden an der Umwelt, aber auch an unserer Gesundheit.

Dieser ständig wachsende Zeitdruck führt nicht nur zu Konflikten und zahlreichen Blockaden, Krankheiten und körperlichen und seelischen Funktionsstörungen, die uns körperlich wie seelisch schwächen, sondern führt auch dazu, dass wir sogenannte nicht-produktive Bereiche unseres Lebens wie Essenszeiten, Ruhezeiten, Meditation, Religion, Zeiten für Kunst und Kreativität, für Reisen, Betrachten, zweckfreie Kommunikation, vor allem aber die Zeit für Spielen und für den zweckfreien Umgang mit anderen Menschen (Freundschaft) immer weiter einschränken und verkürzen. Doch eben diese Zeiten und Tätigkeiten sind es, die wesentlich zu unserer Lebensqualität und Lebensfreude beitragen und woraus wir grundsätzlich Frieden, Glück und Erfüllung schöpfen. Das Leben ist nämlich nicht für die Produktion da, sondern die Produktion ist für das Leben da, um es bestmöglich leben zu können. Doch wenn Arbeit und Produktion zum Selbstzweck werden, verstärkt durch den Glauben, immer mehr leisten und konkurrieren zu müssen, dann engen wir jene anderen Tätigkeiten immer mehr ein. Wir sägen uns durch Kürzung dieser nicht-produktiven Zeiten gewissermaßen selbst den Ast ab, auf dem wir sitzen, jenen Ast unseres Lebensbaumes, der uns sonst regeneriert und mit neuer Energie und Motivation versorgt hätte, und haben dann letztlich auch keine Kraft und Ideen mehr für die Phasen, in denen wir Arbeitsleistung erbringen wollen oder müssen. Am Ende steht das inzwischen als neue Zivilisationskrankheit bekannte Burn-Out-Syndrom.

Bevor wir dies erleben müssen, bevor wir wie der Hamster so lange in diesem Rädchen laufen, bis wir erschöpft oder gar tot umfallen, ist es äußerst wichtig, einmal bewusst innezuhalten, willentlich STOPP zu sich zu sagen und sich zu fragen: Was mache ich da eigentlich? Bringt mir dies eigentlich das, was ich im Herzen wünsche und was mir Freude macht? Oder tue ich es nur aus Gewohnheit oder aus Tradition, Indoktrination, Erwartung anderer? Machen Sie sich bewusst, dass die Zeit das absolut Wichtigste und Kostbarste ist, was Sie haben. Es ist das Einzige, was niemand bislang kaufen kann, und doch verkaufen Sie Ihre Zeit oft sehr billig oder gehen verschwenderisch damit um.

Die folgende Übung dient dazu, sich dies bewusst zu machen, um es ggf. zu ändern.

ÜBUNG 3: Die Bedeutung der Zeit

Zeit, Ort, Vorbereitung: einmalige Übung, Ort und Zeit beliebig
Zweck: Die Wichtigkeit der eigenen Zeit erkennen
Durchführung:
Versetzen Sie sich in einen meditativen Zustand. Stellen Sie sich vor, dass Sie plötzlich erkrankt sind und vom Arzt den Befund bekommen, dass Sie wirklich unheilbar krank sind. Eine ausweglose Situation, die innerhalb der nächsten Tage (Wochen) zum sicheren Tod führt. Das war es nun, es gibt kein Entrinnen, es ist in Kürze aus. Spüren Sie, wie es sich anfühlt, und im Lichte dieses Gefühls prüfen und betrachten Sie (ggf. schriftliche Bilanz):

a) Ihr bisheriges Leben, wofür Sie die Ihnen anvertraute Zeit genutzt haben. Erstellen Sie im Geiste oder auf Papier eine Art Rangfolge derjenigen Aktivitäten, die Ihre Zeit vorrangig in Anspruch genommen haben, und markieren Sie dahinter, ob es sich jeweils gelohnt hat.

b) sich selbst und das, was Sie gerne gemacht hätten und wofür Sie Ihre Zeit gern verbraucht oder mit wem Sie Ihre Zeit gern verbracht hätten, wenn Sie nur gekonnt hätten. Auch mit einer Art von Rangfolge.

c) die wenige Zeit, die Ihnen noch verbleibt, und prüfen Sie, was Sie damit noch anfangen wollen. Was ist Ihnen nun im Angesicht des Todes wirklich wichtig, was ist nun völlig unwichtig und belanglos geworden? Schreiben Sie es auf.

d) Stellen Sie sich genauso deutlich vor, dass Sie nun die Nachricht bekommen, dass sich der Arzt in der Diagnose geirrt hat und Sie völlig gesund sind. Fühlen Sie die Erleichterung und Freude darüber.

Ziel: Einerseits belanglose, zeitraubende wie andererseits wirklich wichtige und von der Seele erwünschte Aktivitäten erkennen, um danach seine Zeiteinteilung und sein Leben neu ordnen zu können. Besseres Gefühl für eigene Zeit entwickeln.

Ändern Sie entsprechend den Ergebnissen Ihre Lebenseinstellung, denn eines Tages werden auch Sie sterben, das ist sicher, und nichts ist zugleich so unsicher wie die Todesstunde. Also ändern Sie jetzt die Prioritäten in Ihrem Leben und nutzen Sie Ihre Lebenszeit von heute an gemäß Ihren eigenen Wünschen. Achten Sie von nun an sich und Ihre Lebenszeit als kostbar und wertvoll. Sie ist es auch, denn sie ist Ihnen gegeben worden, um bestimmte Dinge zu erfahren und zu erleben, nicht aber, um sie an Nichtigkeiten zu verschwenden oder andere darüber verfügen zu lassen. Was für Sie wichtig ist, dürfen Sie weder der Schule, der Umwelt noch der Werbung überlassen. Dies können nur Sie selbst wissen und fühlen. Daher sollten Sie sich nun bewusst und frei von Einflüssen wieder neu entscheiden – souverän und mutig gegen alle Sachzwänge – für welche Dinge und Aktivitäten Sie Ihre doch begrenzte und somit kostbare, unersetzbare Zeit verwenden wollen. Sicher werden Sie dabei insbesondere jene Zeiten verlängern oder neu erschaffen wollen, in denen Sie Glück, Freude und Harmonie finden können, was Ihnen Spaß und Erfüllung beschert, sei es nun in der Familie, in der Beschäftigung mit Natur, Pflanzen oder Tieren, in der Meditation, in der Begegnung mit Freunden oder Mitmenschen, oder was auch immer die eigene Lebensfreude und Harmonie fördert. Generell sollte man die zweckfreien Dinge bevorzugen, die spielerischen und kreativen Aktivitäten, ferner jene Zeiten wieder mehr „kultivieren", mit denen man sich sowieso auseinandersetzen muss, wie beispielsweise sich für das Essen oder Baden oder Lieben wieder mehr Zeit nehmen, um daraus zugleich mehr Lebenskraft und Lebensfreude zu schöpfen. Wir könnten statt Fast Food wieder mehr Zeit für Esskultur und Essensgenuss aufbringen, also Slow Food. Weniger, aber besser wird im jedem Fall *mehr* sein, und statt sich beispielsweise mit zehn verschiedenen Aktivitäten und Hobbys zu beschäftigen, weil es so Mode ist oder es die Leute so von einem erwarten (wie beispielsweise kleine weiße Bälle in kleine Löcher im Rasen zu versenken), kann es sinnvoller sein, wenige davon auszuwählen, an denen man wirklich Freude hat, und sich dafür mehr Zeit zu nehmen.

Die beste Regel gegen das Gefühl, keine Zeit mehr zu haben, ist daher, sich bewusst Zeit zu nehmen, souverän und willensstark. Zeitmangel ist Willensschwäche.

Der Wille ist letztlich die Instanz, die entscheidet, ob und wofür wir Zeit haben, und er teilt die Zeit für die Menge der Möglichkeiten ein. Alle Werbung oder Indoktrination versucht daher Ihren Willen zu gewinnen, um erfolgreich zu sein, und versucht dies meist unbewusst zu erreichen. Insofern ist es hier so wichtig, den Willen bewusst einzusetzen und auszuüben und nicht andere über die eigene Zeit entscheiden zu lassen, sondern sich über vermeintliche Zwänge wie Geld, Versuchung, Gruppendruck oder Mitleidsheischen hinwegzusetzen, denen wir unbewusst sicher schon viele Male erlegen sind (sonst gäbe es keine Werbung).

Das Wichtigste in diesem Zusammenhang ist neben der Bestandsaufnahme die bewusste Entscheidung, die Zeitgestaltung wieder selbst in die Hand zu nehmen, sich dies wert zu sein, gemäß dem Vorsatz: „Ich entscheide über meine Zeit und sonst niemand, denn es ist die mir gegebene Lebenszeit, ich muss sie verantworten und die Konsequenzen daraus tragen." Folgende Sofortmaßnahmen können dann hilfreich sein:

a) **ÜBERBLICK:** Verschaffen Sie sich einen Überblick, für welche Dinge Sie ungefähr wie viel Zeit aufwenden, möglichst auf einer Liste mit täglichen und wöchentlichen Aktivitäten. Viele Menschen bemerken gar nicht, womit sie ihre Zeit verbrauchen, sondern lassen sich einfach von der Reizflut verführen, anschließend gefolgt von dem Gefühl, die Zeit „verloren" oder „vertan" zu haben.

b) **AUSWAHL:** Dann entscheiden Sie sich für die Aktivitäten, die Ihnen wichtig sind, und lassen Sie unwichtige, banale weg, gemäß den erwähnten Kriterien.

c) **DELEGIEREN:** Überlegen Sie, welche Dinge Sie nicht selbst machen müssen, sondern delegieren oder günstig kaufen können – auch wenn Sie glauben, dass Sie unersetzbar sind und es immer besser als andere können oder nur Sie es wirklich richtig machen. Das sind alles nur hindernde

Überzeugungen, für die Sie viel Zeit opfern müssen und die Sie besser ändern sollten. Vertrauen Sie sich *und* anderen.

d) **FREIRÄUME SCHAFFEN:** Teilen Sie nun Ihre Zeit neu ein, klug und sinnvoll, zum Beispiel durch die Vermeidung von unnötigen Leerlaufzeiten oder geschicktere Kombination und Aufeinanderfolge von Zeiten und Orten. Gestalten Sie einen Zeitrahmen, aber nicht zu starr und nicht zu voll. Bestimmen Sie Zeiten der Erholung und Ruhe, die Ihnen „heilig" sind. Glauben Sie einfach, Sie haben dies verdient, und tun Sie es einfach einmal zur Probe, Sie können es ja jederzeit wieder ändern.

e) **FREIRÄUME UND FREIZEIT VERTEIDIGEN:** Sobald Sie Ihre Zeiteinteilung neu ordnen und sich Ihr Recht nehmen, Ihre Zeit selbst einzuteilen, werden Sie auf einige alte Muster, Hindernisse, „Sachzwänge" von sich, Ihrer Umwelt und auch Ihrer Mitmenschen stoßen, die Sie aber überwinden müssen. Es gibt nur weniges, wofür Sie Ihre Freiräume oder Zeiteinteilung opfern sollten, und Ausnahmen bestätigen nur die Regel. Meistens sind es zunächst nur Reaktionen oder Machtspiele Ihrer Vorgesetzten, Ihrer Mitmenschen, Ihres Partners, Ihrer Kinder usw., die vielleicht gewohnt waren, Ihnen ihr Muster aufzudrücken. Bleiben Sie standhaft. Sind die anderen erst einmal daran gewöhnt, ist es einfach, denn es wird zur Gewohnheit.

Dieses neue Zeitmanagement allein und diese Maßnahmen, um wieder Zeit für sich zu gewinnen und sich wieder Raum zum Atmen, zum Leben und zum Genießen des Lebens zu schaffen, können Ihr Leben bereits wesentlich angenehmer, gesünder und lebenswerter machen. Sie werden all dies nicht mehr brauchen, wenn Sie wieder gelernt haben, wie Kinder intuitiv und spontan richtig zu entscheiden, obwohl auch dann noch ein bestimmter Zeitplan als Rahmen nützlich sein kann und ich ihn empfehlen würde. Er ist dann aber nicht mehr notwendig, wenn Sie wieder imstande sein werden, die Situationen und Erfordernisse des Lebens direkt zu fühlen und wahrzunehmen und aus dem Inneren heraus zu handeln, im Fluss des Lebens ohne Widerstand mitfließend. Solange dies aber noch fehlt, müssen Sie es aus Ihrem Willen heraus tun und sich gezielt diese Freiräume, diese Frei-Zeit, also (zweck)freie Zeit schaffen und gönnen. Die Durchsetzung hängt dabei eng mit der Frage zusammen, wie viel Sie sich wert sind und wie viel Sie sich wertschätzen.

Reizüberflutung und Überlastung

Eng verknüpft mit mangelnder Zeit oder dem Zeitdruck ist das Gefühl der Überlastung und Überforderung, ausgelöst zumeist durch Reizüberflutung.

Denn die freie Verfügung über immer weniger Zeit bei gleichzeitiger Anforderung, immer mehr Informationen und Wahrnehmungen verarbeiten zu müssen, führt notwendig zu Reizüberflutung und Erschöpfung. Dabei entsteht das Gefühl, nicht mehr mit den auf uns zukommenden Eindrücken, Situationen, Menschen fertig werden zu können, jedenfalls nicht in der uns zur Verfügung stehenden Zeit. Übersehen wird dabei, dass letztlich wir selbst es sind, die darüber entscheiden oder irgendwann entschieden haben, wie vielen Eindrücken wir uns aussetzen, und in welche stressende, lärmende Umgebung wir uns begeben, wo wir arbeiten, wo wir uns aufhalten. Natürlich taten wir dies oft unbewusst, ohne die Konsequenzen zu bedenken, und so entsteht am Ende einer langen Kette ungünstiger Entscheidungen daher das Gefühl, dass dies von außen an uns herankommt oder uns aufgezwungen wird. Subjektiv stehen wir dann ungewollt einer Unmenge von „überwältigenden" Eindrücken gegenüber und fühlen uns dadurch überrollt, überwältigt, überfordert und hilflos. Aber wer in ein Rockkonzert geht, darf sich über Lärm nicht aufregen. In diesem Bereich ist deshalb Bewusstheit und Selektion wichtiger denn je, zumal es gegenüber früher eine Unzahl neuer Ablenkungen (von was?), Zerstreuungen (was wird da zerstreut?) und Einflüsse gibt, die unsere Aufmerksamkeit anziehen und binden (die *fesselnde* Unterhaltung), um sie dann – beispielsweise im Fernsehen – wiederum gewinnbringend an Werbekunden zu verkaufen. Je mehr gebundene Zuschauer, desto mehr Einnahmen. Moderner Vampirismus, der aber nur funktioniert, wenn wir dem zustimmen und folgen.

Allein im Gebiet neuer Medien und Informationen sind die Möglichkeiten des Verfügbaren gigantisch angestiegen, sowohl im Bereich der Information wie auch der Unterhaltung, und alles hat oft noch den Reiz des Neuen, des Interessanten, des Noch-Nie-Dagewesenen. Dies ist auch an sich keineswegs schlecht oder bedenklich, wie manche Kulturkritiker und Pessimisten meinen, vorschnell darüber urteilen und pauschal verurteilen. Gegen jene ist zu sagen: Es ist keineswegs ein bloßer Zufall oder gar ein Unfall, dass es all dies heute gibt, vielmehr ein Ausdruck des kollektiven Geistes, der in ein neues Zeitalter der Information und Vernetzung schreitet. In jeder Transformation aber gibt es zunächst einige Probleme, doch in jeder Krise und Umbruchzeit liegt auch die Chance auf neu zu Gewinnendes. Diese neuen Möglichkeiten sind nur dann bedenklich, wenn die Nutzung einerseits unbewusst geschieht, damit die eigene Verantwortung, die eigene Kontrolle und Entscheidung darüber auf der Strecke bleibt bis hin zu unkontrollierter Nutzung und Suchtverhalten; andererseits, wenn damit bewusst manipuliert wird, um Produkte, Ideologien, Überzeugungen zu verkaufen und Menschen zu indoktrinieren, wenn also diese neuen Möglichkeiten statt zu mehr Freiheit und Austausch zu mehr

Unfreiheit und Abhängigkeit führen. *Dies liegt aber niemals an den technischen Möglichkeiten, sondern hängt einzig von den aktiven wie passiven Benutzern des Systems ab, von deren Motivation und Bewusstseinszustand, ob und wie sie damit umgehen.*

Hier – im Bewusstsein – können Sie also den Hebel ansetzen. Dies liegt jederzeit im Bereich Ihres Willens und Ihrer Entscheidungsmöglichkeiten. Unabhängig davon, wie immer Sie die neuen Entwicklungen sehen, Sie leben nun einmal in dieser Zeit. Somit haben wir hier eine Aufgabe und müssen uns damit auseinandersetzen. Tun wir es also bewusst nach unserem Willen, kreativ und selbstbestimmt, und bewahren wir uns zugleich vor Überflutung, indem wir Altes aussortieren. Nicht zuletzt ist die jeweilige Zeit, in der wir leben, immer ein Spiegel unseres eigenen wie auch des gemeinsamen kollektiven Bewusstseins, und die jeweiligen Herausforderungen sind somit gemeinsame Aufgabe. So haben wir auch hier zunächst in unserem individuellen Bewusstsein anzusetzen und es zu entwickeln, dies wird sich dann mittelbar auch auf das kollektive Bewusstsein auswirken. Dieser Ansatz ist auch gut so, denn wir können hier bei uns selbst viel leichter Änderungen herbeiführen als im kollektiven Geist, und jeder kann jederzeit bei sich selbst anfangen.

Geeignete Sofortmaßnahmen gegen Reizüberflutung und Überlastung sind:

a) **STOPP SETZEN – AUSZEIT NEHMEN:** Für zumindest einen kurzen Moment müssen Sie das „Rad des Alltags" anhalten, eine Pause machen oder sich sogar einen Tag frei nehmen, einige Tage Ferien machen. Besser jetzt, bevor eine Krankheit dazu zwingt. Kurz zurückziehen, das Ganze einmal anhalten und von außen betrachten.

b) **AUSWÄHLEN/AUSMISTEN:** Welche Aktivitäten, Informationen, Umgang sind *mir* wichtig, und welche mache ich nur noch aus Gewohnheit, Indoktrination, Mode (!), Imagepflege, Selbstaufwertung? Welche sind überflüssig? Dann die entsprechenden Entscheidungen treffen. So könnte ich beispielsweise die täglichen Nachrichten nicht mehr aus vielen Medien gleichzeitig (doppelt u. dreifach) entnehmen, sondern mich nur für das eine oder andere entscheiden, zum Beispiel Zeitunglesen aufgeben. Treffen Sie eine eigene Auswahl, probieren Sie es aus und ändern Sie es ggf. wieder. Nehmen Sie sich von jetzt an stets die Freiheit heraus, sich jederzeit wieder anders entscheiden zu können.

c) **PRIORITÄTEN SETZEN:** Machen Sie sich von den verbliebenen und für Sie wichtigen Aktivitäten und Tätigkeiten eine Liste. Skalieren Sie die Liste danach, was für Sie unbedingt wichtig ist, was ziemlich wichtig und was weniger wichtig ist (Vorschlag: Skala 1–6). Letzteres sollte für Sie optional sein für den Fall, dass genügend Zeit übrig ist. Dann können Sie auch eine sinnvolle zeitliche Reihenfolge der Aktivitäten festlegen bzw. eine entsprechende Abfolge gestalten, gleich-wichtige Aktivitäten notfalls *nacheinander* angehen. Beachten Sie unbedingt: Die Prioritäten anderer Menschen oder Lehrsysteme nicht zum Vorbild nehmen, sondern wirklich ureigene Prioritäten setzen allein nach dem Prinzip: Was wäre mir wichtig und was würde ich tun, wenn ich nur noch wenig Lebenszeit hätte? / Machen Sie eine solche Liste auch einmal für Ihre Lebensziele!

d) **DELEGIEREN:** Die verbliebenen Aktivitäten, Beschäftigungen daraufhin prüfen, ob es notwendig ist, alles selbst und in gewohntem Umfang zu machen, oder ob diese – vor allem wiederkehrende Arbeitsabläufe – ganz oder teilweise an Dritte delegiert werden können, beispielsweise an professionelle Firmen oder Personen, die so etwas gern oder (neben)beruflich tun würden. Oder inwieweit Sie Aufgaben mit anderen Menschen teilen und gemeinsam machen können, wobei jeder nur einen Bruchteil der vorigen Arbeitsbelastung hat. Fast alles kann man delegieren, dies ist nur eine Frage des Vertrauens. Das Problem vieler Menschen ist jedoch, Aufgaben nicht loslassen und sie erst recht nicht anderen anvertrauen zu können.

Ein kleines praktisches Beispiel: Wenn mein Wunsch und meine Priorität das Ausrichten eines Festes ist, so könnte ich a) mit dem notwendigen Catering eine professionelle Firma beauftragen oder b) Bekannte finden, die so etwas gern machen, beispielsweise einen Hobbykoch, oder c) ich kann mein Fest mit Festen von anderen zusammenlegen und wäre damit nicht mehr überfordert. Vor allem aber: Wenn Sie ein komplexes Vorhaben angehen wie beispielsweise ein neues Seminarzentrum aufbauen, sollten Sie niemals versuchen, alles selbst zu machen, sondern lernen Sie von vornherein, Aufgaben mit anderen Menschen zu teilen und zu delegieren. Denn wenn Gärtner gärtnern, Köche kochen, Lehrer lehren, Trainer trainieren, dann wird es ein gutes Zentrum. Keiner ist überfordert, alle haben Freude daran, alles wird professionell gemacht.

e) **GROSSE PROBLEME AUFSPALTEN / UNTERTEILEN:** Für komplexe Aufgaben und Vorhaben, die man weder aufgeben möchte noch delegieren kann – beispielsweise ein neues Fachgebiet oder eine Sprache wie Chinesisch lernen oder ein dickes Buch schreiben, überhaupt Aufgaben, die uns wegen ihrer Komplexität oder Schwierigkeit zu überfordern scheinen (scheinbar, denn in Wirklichkeit gibt es dies nicht, da jedes Problem auch seine Lösung in sich trägt) –, für diese gibt es ein bewährtes Verfahren, das immer weiterhilft. Man muss nur das zunächst riesig erscheinende Problem in kleinere, lösbare Aufgaben aufteilen, diese nacheinander lösen. Die große Aufgabe also zerlegen, in Einzelschritten einüben und dann zusammenfügen. Dies klappt immer.

Einfaches Beispiel zur Illustration: Wenn ich Autofahren lernen will und meine erste Fahrstunde habe, dann bin ich am Anfang vermutlich mit all den auszuführenden Funktionen und zu beachtenden Regeln völlig überfordert. Aber statt deshalb aufzugeben, kann ich sie nacheinander einüben, zunächst jede für sich, später dann immer mehr zusammen ausführen, bis schließlich das gesamte Autofahren ganz einfach wird und Autofahren überhaupt kein Problem mehr ist.

Genauso ist es auch mit allen großen Problemen und Aufgaben, die uns im Leben zunächst zu überfordern scheinen. Daher a) ein komplexes Problem, Herausforderung, Aufgabe etc. anschauen und analysieren, was dabei alles zu bewältigen und zu lösen ist; b) es in einzelne Lernschritte aufteilen und diese zunächst einzeln einüben bzw. bewältigen; c) die einzelnen Lernschritte zu größeren Einheiten zusammenfügen und ausführen, bis man sich das Ganze zutraut.

Es gibt überhaupt nichts, weder materielle noch seelische Aufgaben, Lernschritte oder Probleme, die nicht so zerlegt werden könnten. So ist der größte Wissensstoff, die größte Herausforderung schrittweise lösbar. Dies gilt auch für Probleme und Lebensaufgaben, die scheinbar von außen, ohne unser Zutun „vom *Schick*-sal ge*schickt*" werden. Daher ist dieses Verfahren bei jeder Überforderung oder Überlastung anwendbar, wenn man nur die notwendige Zeit (= Geduld) und natürlich den Willen zur Bewältigung aufbringt. Denn wie der Volksmund treffend bemerkt, wo ein Wille ist, ist auch ein Weg, und auch eine lange Reise beginnt mit dem ersten Schritt und führt über viele kleine Einzelschritte zum Ziel.

Fremde Leitbilder – Fremdbestimmung

Alle Lösungen können natürlich dadurch behindert oder blockiert werden, dass der Wille dazu fehlt, also jemand gar nicht (mehr) fähig ist, solche eigenen Entscheidungen zu treffen und seine Aktivitäten frei auszuwählen, weil man sich fremdbestimmen lässt, beispielsweise durch Tradition (es war schon immer so), durch Indoktrination (politisch-soziale Glaubenssätze, Werbung, Propaganda), durch Erziehung (anerzogenes Rollenverhalten), durch Religionen und Ideologien (Verbote, Gebote, Tabus), durch vermeintliche Sachzwänge („ich brauche eben das Geld..."). Oder man orientiert sich freiwillig, aus Mangel an eigenem Selbstwert und Selbstvertrauen oder aus

Mangel an eigener Kraft und Stärke, an anderen Personen und Leitbildern, an Idolen, Vorbildern, Pop-Stars, Heiligen, die man nicht erreichen kann und die natürlich auch eine völlig andere Lebensaufgabe haben und daher gar keine Blaupause und Leitbild für das eigene Leben sein können. Vor allem aber in Beziehungen lassen sich Menschen leicht fremdbestimmen, da man einerseits zahlreiche Erwartungen und Bedürfnisse an den anderen hat, aber, um sie zu bekommen, auch für den anderen wieder Erwartungen erfüllen oder Rollen spielen muss. So leben wir manche Rollen und Muster, die überhaupt nicht selbstbestimmt sind, sondern vielmehr die Erwartungen anderer befriedigen, daher für einen selbst keinen Spaß machen können. Somit tragen solche Fremdbestimmungen, woher sie auch immer kommen, stets zum Gefühl von Zwang und Begrenzung, von Ohnmacht und Überforderung bei, keinesfalls aber zu Glück und Freude.

Denn Lebensfreude entsteht vor allem da, wo ein Wesen in Harmonie und freiem Austausch mit anderen und seiner Mitwelt seine Anlagen und Talente *aus sich heraus* entwickeln und sich frei und ungehindert entfalten kann. Dies ist schon bei Tieren zu beobachten, aber auch beim Spiel noch natürlicher Kinder, und erst recht bei freien, selbstverwirklichten Menschen. Daher ist Freiheit (nicht aber Willkür) auch ein so hohes Gut, denn erst hier entsteht der notwendige Raum für ein fühlendes Wesen, in dem sich das eigene Muster und die je eigene Bestimmung entfalten können. Diese Freiheit ist natürlich angelegt, wie leicht im Spiel der Kinder zu sehen ist, die ohne Vorgabe jeweils genau das spielen, was für ihre Entfaltung wichtig ist, und dies ist wiederum zugleich das, was ihnen Spaß macht. Hier haben wir eine direkte Verknüpfung bzw. einen eindeutigen Zusammenhang von Selbstbestimmtheit und Freiheit mit Lebensfreude und Erfüllung. Daher können wir als Fazit festhalten:

Selbstbestimmtes, selbstverwirklichendes Handeln bringt Lebensfreude und innere Zufriedenheit. Fremdbestimmtes Handeln bringt Zwang, Ängste und Unzufriedenheit.

Wenn aber die natürliche, selbstbestimmte Entfaltung aller Wesen bereits natürlich in ihnen angelegt ist, schon instinktiv in Pflanze und Tier, wie entsteht dann Fremdbestimmtheit? Oder warum lassen wir dies zu? Sie ist immer erst möglich mit dem Glauben an die eigene Schwäche, Unzulänglichkeit und Unvollkommenheit und stets damit verbunden, auch wenn dies den meisten unbewusst bleibt. Einem Tier beispielsweise muss erst durch Schmerz oder Leid (Dressur) oder Abhängigkeit von Futter oder was auch immer klar gemacht werden, dass es letztlich dem Menschen oder dem Dompteur immer unterlegen oder von ihm abhängig ist, dann erst kann es fremdbestimmt werden. So wird sich beispielsweise ein Wildpferd nicht fremdbestimmen lassen, sondern wird zunächst immer wieder dagegen aufbegehren. Erst wenn es nach Zureiten und Zähmung – beispielsweise durch Geben oder Verweigern von Futter – die eigene Unterlegenheit und Abhängigkeit akzeptiert, kann es fremdbestimmt und schließlich ganz leicht gesteuert werden.

Dies hat, wie klar zu sehen ist, mit der Realität der wirklichen Kräfteverteilung nichts zu tun, wie es am deutlichsten bei Elefanten zu sehen ist, die an Stärke ihrem Lenker weit überlegen sind. Aber der Glaube an die Überlegenheit eines anderen, eines Systems, eines Menschen usw. und die darauf basierende Überzeugung, davon abhängig und unfrei zu sein, dies ist das Wesentliche. Die meisten Tiere müssten sich keineswegs durch den Menschen fremdbestimmen lassen, zumal sie physisch viel stärker sind, und doch lassen sie sich zeitlebens von einem kleinen Menschen lenken und herumkommandieren, wie übrigens auch Hunderte von Schäfchen von einem einzigen Schäferhund, und dies nur aufgrund des wie auch immer erzeugten Unterlegenheitsgefühls.

Ähnlich geschieht dies aber auch beim Menschen, falls ihm Erziehung, Religion, Priester, Politik, Tradition usw. glaubhaft machen können, dass er mangelhaft, dass er wenig wert, zumindest teilweise unzureichend, schwach und abhängig ist (beispielsweise von Geld, Status, Titel), dass er dies aber brauche oder es ausgleichen und kompensieren müsse, beispielsweise durch bestimmte Opfer oder Wohlverhalten. Werbung und Manipulation brauchen Unzufriedenheit, Mangel- oder Unterlegenheitsgefühl. Bei einem absolut glücklichen und zufriedenen Menschen im Gefühl seiner Vollkommenheit hat man wohl kaum einen Ansatzpunkt. Daher ist die Methode, die Menschen glauben zu machen, wie schwach, unvollkommen, unrein, sündig, schlecht, mangelhaft oder fehlerhaft sie sind, ein häufig und seit alters benutztes Machtinstrument, heute noch am besten zu erkennen in der Ausbildung von Soldaten, aber ebenso – wenn auch subtiler – in der Werbung. Demzufolge ist es andererseits so wichtig zum Erlangen persönlicher Freiheit, die Reinheit, Unschuld und Göttlichkeit unseres inneren Wesens, unserer Gotteskindschaft wiederzuentdecken, dann ist man dagegen immun.

Denn stets gilt: Erst wenn jemand daran glaubt und sich diese Unzulänglichkeit, diesen Mangel zu eigen macht – und jede Werbung geht immer dahin, jemanden zu überzeugen, dass er etwas braucht und dessen bedürftig ist –, wird er sich aus diesem Glauben seines Mangels, seiner Unzulänglichkeit, seiner Bedürftigkeit oder Abhängigkeit heraus leicht fremdbestimmen bzw. zu etwas verführen lassen. Er wird so nicht mehr seiner inneren Stimme und Intuition, seiner natürlichen Veranlagung folgen, sondern sogar gegen seine Bestimmung und auch gegen sein Lebensglück handeln und von seinem Lebensweg abkommen. Durch die fremdbestimmte Handlung, die gekauften Waren, die Orden, die Belohnungen, Anerkennungen kann er zwar zeitweise sein Gefühl der Mangelhaftigkeit und Unzulänglichkeit kompensieren und fühlt sich in seinem Verhalten vielleicht sogar bestätigt, *kann damit aber nie glücklich oder zufrieden werden.* Denn alle seine „Belohnung" kommt ja von außerhalb und ist einerseits von seiner ständigen Unterwerfung und Leistung, andererseits vom Wohlwollen seiner Beherrscher und weiterer ungewisser Faktoren abhängig.

Die eigentliche Ursache sind aber nicht die Faktoren oder Personen, wenn ein Mensch sich fremdbestimmen lässt, sondern einzig und allein er selbst. Damit ist auch *niemand sonst schuld,* denn er hat sich ja selbst irgendwann einmal dafür entschieden, diesen Glaubenssatz seiner Unterlegenheit, Abhängigkeit oder Bedürftigkeit anzunehmen, statt seines eigenen Willens einen fremden Willen zu akzeptieren, beispielsweise im Hinblick darauf, was er tun oder kaufen oder wie er etwas tun soll. In Wirklichkeit aber kann prinzipiell nichts und niemand einen Menschen zu etwas zwingen und veranlassen, was er es nicht selbst will. Man könnte ihn foltern, sogar sein Leben nehmen, aber nicht seine Entscheidung oder seinen Glauben ändern, wenn er dies nicht selbst will. Nun muss man heutzutage nicht gleich zum Märtyrer werden, wenn man eine Willensentscheidung trifft und durchsetzt. Es ist allenfalls mit einigen Unannehmlichkeiten zu rechnen, wenn diejenigen, die jemandem bisher ihren Willen aufgezwungen haben, dadurch an Macht und Einfluss verlieren. Fazit ist also:

Ich bin nur dann fremdbestimmt, wenn ich es selbst zulasse und mich dafür entscheide, und dies tue ich, wenn ich an eigenen Mangel, Unzulänglichkeit, Abhängigkeit, Erniedrigung glaube und mich zum Ausgleich dafür oder für eine versprochene Kompensation oder Absolution dem fremdem Willen unterwerfe. Dies ist aber immer meine eigene Entscheidung, und somit kann diese auch immer von mir verändert bzw. neu getroffen werden.

Das wichtigste Heilmittel erscheint mir auch hier Bewusstheit, und diese ist durch verstärkte Achtsamkeit und Aufmerksamkeit zu erreichen. Sie müssen zumindest für die wichtigsten Aktivitäten in Ihrem Leben herausfinden, was und warum Sie etwas tun, kaufen, handeln, ob Sie es wirklich selbst so wollen, ob es für Sie richtig und stimmig ist oder ob Sie es nur tun, weil jemand es Ihnen eingeredet oder aufgezwungen hat. Oft sind die Einflüsse so subtil oder schon so alt und festgefahren, dass es ein aufmerksames Unterscheidungsvermögen braucht.

ÜBUNG 4: Fremdbestimmung erkennen

Zweck: Eigene Ziele nach Selbst- oder Fremdbestimmung unterscheiden lernen
Durchführung:
*Nehmen Sie entweder die bereits angefertigte Prioritätenliste Ihrer zu erledigenden **Aufgaben und Aktivitäten** als Grundlage, oder erstellen Sie eine neue Liste mit a) allen für Sie wichtigen **Tätigkeiten und Beschäftigungen**, b) **Zielen**, auf die Sie damit hinarbeiten und die Sie damit erreichen wollen, und c) mit **Lebensgewohnheiten**, die Ihr jetziges Leben bestimmen und prägen.*

Notieren Sie dann in einer Spalte dahinter, ob dies wirklich von Ihnen bewusst gewollt oder initiiert ist (S = Selbst); ob es nicht von Ihnen stammt, aber mit den von Ihnen gesetzten Zielen und Überzeugungen übereinstimmt (B = Neutral); oder ob es nicht von Ihnen stammt und Sie es auch nicht gerne machen oder es nicht wirklich mit Ihren Zielen übereinstimmt (F = Fremd). Letzeres betrifft vor allem jene Tätigkeiten und Pflichten, wo Sie sich also eher verführt, überredet, gezwungen, genötigt fühlen oder wo Sie nach äußeren „Sachzwängen" oder Vorschriften handeln, ohne es von sich aus zu wollen.

Beispiel:

	Selbstbest.	Neutral	Fremdbest.
Musik machen	*(S)*		
Englisch lernen		*(B)*	
In Verein gehen			*(F)*
Ein Buch schreiben	*(S)*		
Das neueste Automodell kaufen			*(F)*

Hinweis: Seien Sie absolut ehrlich bei dieser Inventur, nur dann profitieren Sie davon. Werden Sie sich zunächst über die Verteilung und den Anteil an fremdbestimmten Zielen und Tätigkeiten klar. Wenn Sie je dabei Zweifel haben, dann fragen Sie sich: Macht es mir Freude, motiviert es mich, selbst wenn ich dafür etwas leisten oder ganz früh aufstehen muss? (dann eher S). Oder macht es mir Mühe, drücke ich mich gern davor, erschöpft es mich? (eher F). Beschließen Sie dann, (F) möglichst zu reduzieren bzw. aufzugeben, Schritt für Schritt, nicht alles auf einmal.

„Jedes Wesen findet sein Glück in dem, für das es geschaffen ist", erklärte treffend der größte deutsche Mystiker Meister Eckhart, und dies gilt es insbesondere in einer Welt zu berücksichtigen, in der Manipulation und Fremdbestimmung ständig mit immer neuen und immer subtileren Methoden erprobt und ausgeübt werden. Daher sind auch noch so gut gemeinte Ratschläge, Vorschriften, Gebote, Erziehung, überhaupt Einflüsse Dritter, wenn Sie nicht mit unserem Wesen und Lebensziel übereinstimmen, störende Hindernisse sowohl für unsere Lebensaufgabe wie die damit verknüpfte Lebensfreude. Denn niemand kann einem Wesen vorschreiben, was für es das Beste ist, da *jedes* Wesen seine *eigene* Lebensaufgabe und eine genau dafür entwickelte Individualität und Persönlichkeit in die Existenz gebracht hat, mit ganz unterschiedlichen Bedürfnissen. Alle Systeme und Ideologien, die dies missachtet haben, sind bislang in der Geschichte gescheitert. Diese Aufgabe muss es selbst in sich finden sowie den dazugehörigen Lebensstil entwickeln. Sonst ist das Leben umsonst gelebt oder verläuft zumindest nicht glücklich. Einem Birnbaumsamen ist es bestimmt, ein Birnbaum zu werden, einem Adlerjungen, einst durch die Lüfte zu schweben, und einer Raupe, zum Schmetterling zu werden. Wenn der Adler aber im Hühnerstall aufwächst und ein noch so gutes Huhn sein will, dann wird er damit nicht glücklich werden, vielmehr scheitern und unglücklich sein.

Daher ist es auch ein Etappenziel aller mystischen, esoterischen Schulungen, aller wahren Wege zur Selbstverwirklichung und Bewusstseinsentwicklung, den Menschen beizustehen, sich von jedweder Fremdbestimmung zu lösen und zu befreien.

(*Fußnote*: Hinweis: Viele praktische Übungen sind auch in meinem Buch „Geh den Weg der Mystiker", Bauer-Verlag, 2001, zu finden. Ferner ist diese Befreiung ein Hauptziel des auch von mir angebotenen Avatar-Kurses.)

Dies ist heute wichtiger denn je, und die Zeit ist zugleich –„welch ein Zufall" – reifer denn je. Eine solche Schulung, mit welchem Verfahren auch immer, ist also dringend zu empfehlen, denn nur in Freiheit und freier Selbstbestimmung kann ich wieder dauernde Lebensfreude finden und mein Lebensziel und -glück erreichen.

Wenn es also zukünftig noch irgendeinem Umstand oder Menschen gelingt, Ihnen durch Überredung, Indoktrination, Zwang, Verführung seinen Willen aufzuerlegen bzw. Sie zu manipulieren, so ist es nun nicht mehr ein Problem mangelnder Bewusstheit, sondern Ihr Wille ist dann noch nicht frei und stark genug, dies umzusetzen. Daher ist die im nächsten Abschnitt besprochene Willensschulung hilfreich. Versäumen Sie dies, werden Sie vielleicht an dem mit dieser Verhaftung und Beeinflussung Dritter verbundenen Leid reifen müssen, kommen dann hierüber schließlich auch zur eigenen Stärke, Freiheit und Selbstbestimmung. Letztlich können wir auch bei ungünstiger Entscheidung dieses Ziel gar nicht verfehlen, denn darauf läuft die ganze Evolution hinaus, und Fortschritt ist immer nur „Fortschritt im Bewusstsein der Freiheit", wie Hegel es treffend ausdrückte. Doch warum dieses Leidvolle durchleben, wenn Sie jetzt lernen können, davon frei zu werden und über Ihr Leben selbst zu bestimmen?

Somit ist die Entwicklung und Stärkung des freien Willens, der Weg zur eigenen Freiheit nicht nur ein uns allen bestimmtes Ziel der Evolution unseres Bewusstseins, sondern auch in unserem individuellen Leben essentiell zur Wiedererlangung von Glück und Lebensfreude. Nicht so, dass jemand nicht ohne Willen glücklich sein kann – wir sehen dies sogar bei Babys. Aber ist die Lebensfreude erst einmal verloren und verdeckt, so braucht es diesen freien und starken Willen, um sie wiederzufinden, aufzudecken und die Hindernisse zu beseitigen.

Ohnmacht und Ausgeliefertsein

Insofern hängt das Annehmen und Akzeptieren von Fremdbestimmung neben dem Glauben an eigenen Mangel und Minderwertigkeit auch mit Willensschwäche und einem gewissen Ohnmachtsgefühl zusammen. Denn sonst hätte man gar keinen Anlass dazu, fremdem Willen nachzugeben und ihn zu übernehmen. Dieser Mangel an Souveränität, eigenem Machtgefühl und eigener Kreativität, also der Glauben, selbst nichts Entscheidendes ausrichten zu können, ist ein Verlust von Ursprungsbewusstsein, von Schöpfungsbewusstsein, ist ein Vergessen unserer wahren Natur. Dies geschieht – vielleicht über viele Leben hindurch – durch „Sünde" oder „Sonderung" von unserem wahren geistigen Wesen und Ursprungsein. Es ist ein durch viele Verschattungen, also durch Begierden, Ab-ur-*teilungen*, Ab-*trennungen* verursachtes *Getrenntsein von anderem sowie von der Quelle des Lebens*, von der göttlichen Ganzheit, vom Allbewusstsein, ist – anders ausgedrückt – Ferne von Gott. So wie im unglaublich tiefsinnigen „Gleichnis vom verlorenen Sohn" dieser Sohn sich „in der Fremde" nicht mehr als wahrer Erbe eines vermögenden Mannes mit Machtfülle und Reichtum empfindet und es ja auch tatsächlich nicht mehr ist, vielmehr nach dem Verprassen des väterlichen Erbes ein armer und dem Schicksal wie der Willkür anderer ausgelieferter Schweinehirte ist, der nun fern von der einstigen Fülle im Leben Mangel erleidet. Dieses Gleichnis bedeutet u. a.: Je mehr ich mich mit der Materie und der Kreatur identifiziere (Fremde = Ferne vom Geist) und mich auf sie einlasse und darin verwickle, umso mehr verliere ich die geistige Dimension und damit meine Macht, verspiele ich mein geistiges Erbe, bis ich Mangel leide und den Dingen und dem Schicksal scheinbar ausgeliefert bin. Doch ich selber habe mich ausgeliefert, ich selber habe mein Erbe verbraucht. Die

Materie ist unfrei, dem Ursache-Wirkungsprinzip und zahlreichen Naturgesetzen unterworfen, der Geist aber nicht, sowenig wie der wahre Wille, der ein Wesensmerkmal des Geistes ist.

Unser geistiger Wesenskern, unsere Geistseele trägt zunächst – wie ein Schauspieler vor einem Spiel viele Rollen zur Auswahl hat –, alle Alternativen und Wahlmöglichkeiten in sich, ist insofern nicht von vornherein gebunden oder festgelegt. Wir sind ursprünglich reines, undefiniertes „Ich Bin" und können so lange frei entscheiden, bis wir uns freiwillig in die Ursache-Wirkungs-Ketten hineinbegeben haben und beispielsweise entschieden haben: Ich bin ein smarter Finanzberater mit den und jenen Eigenschaften. Dann sind wir begrenzt und definiert und müssen diese Rolle erleben. Als freie Wesen brauchen wir keinen Grund oder Anlass, um etwas zu machen oder zu werden, sondern es genügt eine Entscheidung. Wir sind hier noch unbegrenzt schöpferisch und innovativ und können alles spielen, was wir wollen. Je mehr wir uns aber für etwas entschieden, uns definiert haben, desto mehr begrenzen wir uns selbst. Denn das andere der gewählten Form bin ich ja dann nicht mehr, ich habe es von mir abgegrenzt oder ausgegrenzt. Dies ist an sich noch kein Problem, denn auch Kinder definieren sich beim Spiel, können frei aus sich heraus Rollen spielen, Welten in ihrer Phantasie erschaffen und doch dabei Spaß haben.

Das Problem entsteht erst, wenn ein Wesen eben aus Begierden oder Widerständen an dieser Form festhält, etwas dauerhaft zu befestigen sucht und sich beständig identifiziert mit bestimmten Formen, Zeit, Ort, zahlreichen Definitionen und Grenzen. Dann ist es darin gebunden, verhaftet oder verwickelt und damit auch von diesen Dingen abhängig und mit ihnen verbunden. Demzufolge leidet es *an* und *mit* den Dingen und ihrer Vergänglichkeit und erlebt zugleich die Ohnmacht der Dinge, die ja ständig äußeren Kräften (Ursache-Wirkung) ausgesetzt sind, und es erleidet Mangel in einer Welt der Fülle wie der zum Schweinehirten gewordene verlorene Sohn. Das Schlimmste aber daran ist, dass das Wesen als ein Objekt und bloße Kreatur damit zugleich von seiner schöpferischen Quelle abgeschnitten ist, ja es weiß nicht einmal mehr, dass es diese Quelle des Lebens wie der Freiheit in sich trägt oder wesenhaft selbst ist.

Ohnmachtsgefühl ist also ein klares Zeichen für starke Abtrennung und Ferne von der Quelle des Lebens, für Ferne von Gott oder vom kosmischen Geist, der wesenhaft selbstbestimmt, der Freiheit, Allmacht und Liebe ist, und dies bedeutet zugleich auch Ferne von seinem wahren mit Gott verbundenen Selbst.

Daher ist es so wichtig, wieder zu unserem geistigen Sein zurückzufinden, zu unserer geistigen Freiheit zu gelangen, von der aus wir überhaupt wieder schöpferisch handeln können, und damit wieder zur Selbstbestimmung und -verwirklichung zu finden, ohne die – wie gezeigt – Lebensfreude nicht möglich ist. So wie im Traum der Geist eine Welt erschafft, in der er dann Freude und Leid erfährt, in der er sich in einer Kreation und auch in seinem Handeln begrenzt fühlt und sich abhängig glaubt, bis er wieder aufwacht und erkennt, dass alles nur seine eigene Schöpfung ist. Erst dann unterliegt er nicht mehr dieser Schöpfung.

Es ist also für Sie wichtig, das oben erwähnte, hinter der Ohnmacht und Hilflosigkeit des Menschen stehende Prinzip zu erkennen, um es aufheben zu können. Solche Gefühle von Abhängigkeit und Ausgeliefertsein, von eigener Unbedeutendheit, Schwäche und Ohnmacht sind also eng damit verknüpft, inwiefern Sie sich als geistiges oder materielles Wesen empfinden und wie sehr Sie sich mit dem göttlichen Geist oder Ihrem „Höheren Selbst" verbunden fühlen, oder inwieweit Sie davon noch entfernt sind bzw. sich durch viele Identifikationen mit ihren Rollen, Mustern, Schöpfungen noch davon abgrenzen. Ähnlich sagt es auch die christliche Religion: Wer sich beispielsweise, wie von Christus gefordert, als ein Kind Gottes erkennt und in Einheit mit Christus, also mit Gott und damit mit dem Ganzen lebt, der kann sich nicht zugleich abhängig, ohnmächtig oder unvollkommen fühlen, denn das Göttliche fühlt sich nicht ohnmächtig oder unvollkommen. Das eine schließt das andere aus.

So weit Sie also im Geist sind, so weit sind Sie in Gott, und so weit sind Sie mächtig und frei. Soweit in der Kreatur oder in der Materie, sozusagen als überflüssiges, winziges Staubkorn im sinn- und gottlosen Universum, insoweit sind Sie dessen Schranken, Gesetzen und damit Abhängigkeiten unterworfen.

Man muss sich klarmachen, dass ein materielles Objekt keine Freiheit und keine Kreativität, daher auch *keinerlei eigene Macht* über etwas hat, wie groß und gewaltig es immer sein mag, allenfalls eine Wirkung. Daher gestehen wir auch einem Stein, der uns trifft und verletzt, keine eigene Macht oder Verantwortung zu, bei einem Menschen postulieren wir dies aber sehr wohl. Würden wir wirklich glauben, er sei ebenso nur ein materielles Objekt, nur ein materieller Körper – wie dies die Materialisten ja behaupten –, so wäre das Zusprechen von Freiheit und Verantwortung völlig unlogisch und unsinnig, denn er unterscheidet sich in seiner Materialität nicht von einem Stein und schon gar nicht von einem anderen tierischen Lebewesen, denen wir doch auch keine Verantwortung zuschreiben. Doch unbewusst wissen die Menschen aus allen Kulturen schon seit Menschengedenken sehr wohl, dass einem bewussten Menschen als geistigem Wesen prinzipiell Freiheit, eigene Entscheidung und Macht zukommt und er eben nicht nur Körper ist, und so wird ihm Verantwortung und Strafe zugesprochen. Wie unsinnig es wäre, einen Stein zu bestrafen, leuchtet jedem unmittelbar ein, und daraus können wir einzig folgern, dass das Gefühl und das intuitive Wissen um unser geistiges, freies und selbst bestimmendes Wesen bereits untrüglich in uns ist, dass wir schon nach unserem alltäglichen Verständnis klar wissen, dass eigene, freie Macht und Entscheidung ausschließlich aus diesem geistigen Teil des Menschen kommt. Umgekehrt wird aber nun auch klar, dass, insoweit ein Wesen sich als Kreatur, als Geschaffenes und Materielles fühlt und sich darin verwickelt, es sich so weit den Gesetzen dieser materiellen Welt unterwirft und ihnen dann auch ausgeliefert ist. Wir können also als Fazit festhalten:

Kennzeichen des materiellen Bewusstseins ist also Unterworfensein unter Ursache-Wirkungs-Gesetze, Ausgeliefertsein und Abhängigsein von äußeren Bedingungen, daher Ohnmachtsgefühl und alle daraus resultierenden Ängste.

Kennzeichen des eher geistigen Bewusstseins ist das Gefühl, eigene Entscheidungen frei treffen zu können, frei wählen zu können, unabhängig von äußeren Bedingungen. Diese verändern zu können ist somit das Gefühl des Ursprung-Seins, des Schöpferseins, das Gefühl von Souveränität, von Macht und Freiheit bzw. Unabhängigkeit von Dingen.

Wenden wir uns nach der Diagnose nun der Therapie zu. Wie uns das unausschöpfliche Gleichnis vom verlorenen Sohn zeigt – und dieses Gleichnis existiert in Abwandlungen auch in vielen anderen Kulturen (vgl. das Gleichnis vom Prinzen und der Perle) –, ist das wichtigste Heilmittel gegen diese Ohnmacht und Gottferne die *Umkehr*, die *Entscheidung* für die *Ent*-Wicklung aus den Verhaftungen heraus und für die Rückkehr zum geistigen Sein. Die Auflösung dieser Identifizierungen und Anhaftungen ist sicher ein Prozess, der einige Zeit dauern und sich über zahlreiche Stadien erstrecken kann und üblicherweise nicht auf einmal, sondern Schritt für Schritt geschieht, gemäß der jeweiligen Fassungskraft. Doch jede Reise beginnt mit dem ersten Schritt. Das Wichtigste aber ist, nach der Erkenntnis, wo man steht und wo man eigentlich zu Hause ist und hin will, dass die Rückkehr stets mit einer *freien* und *eigenen* Willensentscheidung beginnt, so wie einst die Reise in die Schöpfung und Materie hinein auch mit einer Willensentscheidung begonnen hat. Daher kommt im Gleichnis der „Vater", also der göttliche Geist, nicht selbst zum verlorenen Sohn und zwingt ihn nach Hause, denn dann würde der Sohn fortan Knecht sein, sondern respektiert eben diese geistige Freiheit des Sohnes, der ja sein Ebenbild ist und bleiben soll. Der Vater wartet vielmehr geduldig und liebevoll, bis jener *selbst* wieder umkehrt, *selbst* sich für die Heimreise entscheidet und auf den Heimweg macht, um ihm erst dann entgegenzugehen.

Die Entscheidung für die Umkehr und Befreiung aus unseren Verwicklungen und unserer Ohnmacht liegt also bei uns selbst und muss von jedem selbst verwirklicht werden. Auch wenn wir sonst keine Wahlfreiheit mehr haben sollten, diese haben wir immer. Oder wie es der Philosoph J. P. Sartre einmal ausgedrückt hat, wir sind verdammt zur Entscheidung. Die Verwirklichung dieser Entscheidung für die Umkehr und Heimkehr ist dann eine Bewegung aus den physischen und psychischen Mustern und Strukturen heraus zum in sich freien Geist und daher zugleich ein Weg der Befreiung. Es ist im Wesentlichen ein Weg des Auflösens von Hindernissen und einst selbst gewählten Begrenzungen, denn in sich selbst ist der Geist immer schon frei und unbegrenzt. Er ist also auch ein Weg der Befreiung aus einer Illusion, das Erwachen aus einem langen Traum, und so haben es die mystischen Lehren immer dargestellt. Viele Philosophen bezeichneten diese Welt immer als eine Lebensschule, die es uns durch ihre zahlreichen Lernaufgaben ermöglichen soll, uns wieder Stück für Stück von der erwähnten Verwicklung in die halb-materiellen, astralen wie materiellen Strukturen zu befreien und bewusst das göttliche Schöpfertum und Ursprungssein zu ent-wickeln, also auszupacken. Wir müssen es also nur auspacken, entdecken, zum Vorschein bringen und nicht etwa neu schaffen, da wir es in unserem Geist immer schon sind und immer sein werden, da (glücklicherweise) der Geist nicht der Zeit unterliegt, daher der durch die Zeit Reisende (Sohn) immer schon angekommen ist – ein altes Paradox und doch keines. Daher ist, wenn man von der Zeit absieht, mit dem Entschluss auch das Ziel prinzipiell schon erreicht.

Für unseren Alltag aber müssen wir zunächst nur erkennen, dass die heute auch kollektiv so oft empfundenen Gefühle von Ohnmacht, Überforderung, Machtlosigkeit und die dadurch zunehmenden Ängste ihre Wurzel haben in einer Identifikation, Anhaftung und Verwicklung mit bestimmten Objekten, Daseinsfaktoren, Verhaltensmustern, Persönlichkeitsstrukturen oder Emotionen, an denen man festhält, ja überhaupt durch jedwede Verwicklung mit zeitlich-räumlichen Kreationen und Dingen – *wohlgemerkt an der Verwicklung, nicht an den Dingen selbst*. Nach der prinzipiellen Entscheidung für eine Richtungsumkehr begeben wir uns daher auf einen Weg zur Befreiung von der Verwicklung in all diese Dinge – *wohlgemerkt von der Verwicklung, nicht notwendig von den Dingen selbst*. Dafür werden wir im weiteren Verlauf noch unseren Willen schulen und stärken, aber Sie sollten bereits jetzt als *tägliche Übung* Ihren Willen trainieren, indem Sie jede Ihrer alltäglichen Entscheidungen bewusst und selbstständig fällen, diese dann aber auch realisieren und durchsetzen.

Wenn Sie dies tun, werden Sie wieder mehr und mehr zum Schöpfer und Ursprung über Ihr Leben und begeben sich damit zugleich auf eine

Abenteuerreise zu ihrer geistigen Heimat und Lebensquelle, zu ihrer Geist-Seele und zugleich dem damit verbundenen kosmischen Bewusstsein, wobei jedes Wesen diesen Prozess auf seine Weise und in seinem Tempo gehen muss. Hier werden Sie die so oft vermisste Freiheit und Stärke wiederfinden. Im Prinzip ist es also ganz einfach: **Je mehr im Geist, desto mehr frei**, und je mehr wir wieder dort verankert sind oder dort ankommen, **desto mehr sind wir auch mächtig, souverän und unabhängig**; frei von den Erscheinungen, die dann nur noch wie Bilder im Spiegel sind, mit denen wir spielen und in denen wir uns erkennen können. Nur in dieser aufdämmernden Freiheit des Geistes wird sich Lebensfreude dauerhaft einstellen; ein Grund, warum die Menschen sie so sehr suchen.

Verbissenheit und Ernst

Je mehr nun jemand an Dingen haftet oder in Tätigkeiten, Emotionen usw. verwickelt ist, und je mehr er die Bedingungen und Ursachen seines Glücks und Erfolgs, seiner Freude und Zufriedenheit im Äußeren sucht und sich davon abhängig glaubt, desto mehr wird er logischerweise dann auch um diese materiellen Dinge, um Partner, Gefolgsleute, bestimmte für ihn angenehme Emotionen, aber auch um Strukturen, Ideologien oder Glaubenssätze kämpfen, und umso ernster und verbissener wird seine Erscheinung. Daran kann man ganz gut erkennen, wie weit jemand noch in Dinge und Erscheinungen verwickelt und daran gebunden ist, ganz egal, wie hochtönend auch seine Aussagen sein mögen. Man muss einfach nur beobachten, wie ernst er sich und seine Person, seinen Besitz usw. nimmt, wo bei ihm „der Spaß aufhört", inwieweit er in Bezug auf sich oder die Welt ernst bzw. in der Steigerungsform fanatisch ist oder inwieweit er humorvoll bzw. in der Steigerungsform ganz gelassen ist, da er eben die Dinge (los)gelassen hat.

Der *Humor* ist meiner Erfahrung nach neben der *Liebe* und dem *Mitgefühl* eines der wichtigsten Merkmale des Weisen und damit ein deutliches Kennzeichen (Indikator), wie weit jemand schon die Anhaftung an die Dinge überwunden hat, spirituell entwickelt ist bzw. schon aus seinem geistigen Ursprung heraus lebt und handelt. Dies muss auch notwendig so sein und ist nicht vielleicht zufällig so, denn wenn ich mich von materiellen wie emotionalen Bezügen gelöst habe und nun weiß, dass nicht sie, sondern der Geist – der auch in mir ist – die Quelle allen Reichtums, Erfolges, Glücks und Erfüllung ist, ja sogar der Ursprung allen Seins, aller Gefühle und Gedanken, und dass ich selbst in meinem Ursprung Geist vom Geist und somit Mit-

Schöpfer bin, dann kann ich sie im Äußeren loslassen, zumal ich sie ja im Inneren ewig besitze und auch jederzeit wieder materialisieren oder „beim Universum bestellen" kann, um einen gängigen zeitgenössischen Ausdruck zu benutzen. Als Ursprung kann ich sie auch selbst wieder auflösen, muss sie weder begehren noch bekämpfen. Sie sind dann nicht mehr bedrohlich, daher muss ich sie auch nicht mehr so ernst nehmen. Sie sind einfach nur ein Spiel, sind die Ausstattung und Kostüme der Bühne des Lebens, aber für das gespielte Stück nicht von ausschlaggebender Bedeutung. Daher kann und wird ein Weiser oder im Geist verankerter Mensch vielleicht darüber lächeln, vielleicht es humorvoll kommentieren, wird sich aber nicht davon abhängig machen, selbst wenn er daraus Freude oder Leid erfahren sollte. Er weiß, dass dies alles nur vorübergehend ist, bleibend aber sind die eigene Fülle, die eigene Schöpferkraft und das eigene Potential zu allem, die in uns schlummernde Wahrheit allen Seins, wie es bei den Alten schon der große Philosoph Platon gelehrt hat, als er im „Menon" aufzeigte, wie alles Wissen bereits in uns enthalten ist.

Diese humorvolle Gelassenheit gegenüber den Dingen zu haben ist so wie bei Kindern, wenn sie ein Spiel spielen und in bestimmte Rollen schlüpfen, wobei sie diese zeitweise durchaus mit allem Ernst und Nachdruck ausfüllen und ausagieren, oder wie Schauspieler, wenn sie bestimmte Charaktere mit aller Intensität darstellen, aber dabei dennoch stets wissen, dass sie nicht der „Macbeth" oder „Hamlet" sind, sondern diese Rolle nur spielen. Sie können sich daher auch stets selbstkritisch und mit Abstand betrachten und dabei über sich oder die Geschehnisse lachen. Insofern ist es ein Zeichen wachsender Geistigkeit und Freiheit von Anhaftung, den stillen Beobachter in sich entwickelt zu haben und sich und seine Muster selbstkritisch, aber liebevoll und mit Humor betrachten zu können in dem Wissen, dass weder die jeweils gewählte Rolle, das zeitweilige Kostüm noch die uns umgebende Ausstattung über unser Glück und unsere Zufriedenheit entscheidet, sondern allenfalls die Art und Weise, wie wir sie ausfüllen und wie schöpferisch-kreativ wir damit umgehen.

Humor resultiert also aus dem Abstand von den Dingen und ist nur so überhaupt möglich. Daher ist er auch nur bewussten Wesen wie dem Menschen möglich, die sich von sich distanzieren, sich beobachten und erkennen können. *Ernst resultiert dagegen immer aus der Bindung und dem Haften an die Dinge* und basiert auf der festen Überzeugung, dass unsere Existenz, unser Erfolg und Wohlergehen von äußeren Dingen und Bedingungen, also von irgendwelchen Kreationen abhängig sind, über die wir meistens keine Macht haben. Dies ist dann bedrohlich, und wir nehmen es bitter ernst, versuchen im übrigen dann auch zu kontrollieren und zu manipulieren. Solche Kreationen können sowohl materielle Dinge wie auch andere Personen sein; oder Emotionen, psychische Strukturen und Muster wie bestimmte Rollen, die man spielen zu müssen glaubt; oder bestimmte Verhaltensweisen, die man unbedingt für nötig erachtet, um Anerkennung, Belohnung, Erfolg oder was auch immer zu bekommen; oder Befehle, denen man folgen zu müssen glaubt, aus Angst, andernfalls etwas entzogen zu bekommen; oder religiöse Rituale, die man vollziehen zu müssen glaubt, um dies oder jenes oder letztlich ewiges Glück zu erreichen. Es ist relativ leicht, bei neutraler Betrachtung seiner selbst zu erkennen, was wir alles dafür tun oder opfern, um anderen oder anderem zu gefallen und um einerseits Anerkennung und Wertschätzung, letztlich um Freude daraus zu bekommen, und um andererseits Bestrafung und Leid zu vermeiden.

Besonders deutlich zu sehen ist dies am Beispiel unserer Partnerbeziehungen, von deren Verwicklungen kaum einer von uns frei sein dürfte und die deshalb den allerbesten Stoff für Komödien liefern, da wir zumindest schon über andere lachen können. Wenn jemand in einer Beziehung beispielsweise glaubt, Glück, Zufriedenheit, Befriedigung aus und durch Äußeres zu bekommen, entweder durch materielle Gegenleistungen oder opportune Verhaltensweisen, dann tut er also ständig etwas für einen Zweck oder um eine Erwartung zu befriedigen. Doch dieses Tun um etwas und der damit verknüpfte Zweck ist immer ein Zwang und eine Bedingung an andere, wie subtil sie auch sein mag. Dies führt im ungünstigen Fall zu einem endlosen Kampf der Geschlechter, einem ständigen gegenseitigen Erpressen, um die jeweiligen Erwartungen durchzusetzen und die eigenen Bedürfnisse befriedigen zu lassen. Im günstigen Fall führt es zu einem zeitweiligen Gleichgewicht und einer Symbiose zweier Partner, einer Zweckgemeinschaft, in der ich aber immer das Bewusstsein meiner Abhängigkeit klar behalte, fühle und auch vor Augen geführt bekomme. Wegen dieser vermeintlichen Abhängigkeit muss ich die Beziehung dann unter allen Umständen aufrechterhalten und schützen, festhalten und verteidigen. Dies bringt mir letztlich doch wieder Leid, wenn diese Verbindung durch den unvermeidlichen Wandel der Dinge schließlich doch aufgehoben wird. Es ist also ein Kampf mit einer sicheren Niederlage. Somit gilt für die Partnerbeziehung wie auch für alles andere, dass durch Klammern, Anhaftung und Besitzstreben früher oder später Leid und nur durch Loslassen und Gelassenheit, durch Abstand und Humor wahres Glück zu finden ist.

Wenn ich aber diesen Humor und die damit verbundene Gelassenheit noch nicht habe, wenn ich mich also von äußeren Dingen, Personen, Emotionen abhängig fühle, dann werden diese äußerst wichtig für mich, vermeintlich sogar existenziell wichtig, und somit entsteht aus diesem Glauben folgerichtig immer eine Tendenz, um diese Dinge, Gefühle usw. zu kämpfen oder den natürlichen Wandel der Dinge, ihr Vergehen verbissen zu bekämpfen, am einmal erreichten Status – und sei er noch so mickrig – festzuhalten, schon aus Angst, es kommt vielleicht nichts Besseres mehr. Habe ich also daraus einmal eine gewisse Befriedigung erreicht, so muss ich diesen Zustand nun fortan schützen, mich gegen alle Veränderung wehren und alle diese gefährdenden Faktoren und Menschen bekämpfen. Somit führt dies zu fortlaufendem Kampf mit geradezu unausweichlichem Leid, wie am Phänomen „Eifersucht" sehr schön zu sehen ist, einer Emotion, die geradezu typisch ist für materiell oder in Äußeres verwickelte Personen. Stets gehen solche Verhaftung und Verwicklung mit Ernst und Verbissenheit einher und führen schließlich zu mehr oder weniger Erschöpfung bis zum Burn-Out-Syndrom, da *prinzipiell* nie gewonnen werden kann, oder aber in die Katastrophe.

Ein solches ernsthaftes und verbissenes Leben – selbst wenn dieser Ernst und diese Strenge nur gegen sich selbst gerichtet sind – ist also immer sehr mühevoll und meist voller Feinde und Unfälle, da es immer auch Verblendung sowie mangelnde Einsicht und Intuition erzeugt. Hier ist das Leben ein Lebenskampf. Es verbraucht viel Lebens-Energie und führt schließlich zur Erschöpfung und Resignation, chronisch geworden zur Depression. Wohingegen sich das Leben aus dem Geiste, das Leben mit gelassenem Abstand zu den Dingen und mit viel Humor und Lachen, selbst empirisch betrachtet, als eher mühelos, heiter, fließend und energievoll darstellt, da eigentlich nichts bekämpft oder begehrt werden muss, sondern die Dinge, Personen, Emotionen usw. zunächst so, wie sie sind, angenommen werden können. Sie haben dann nicht mehr diese absolute Wichtigkeit und Bedeutung, sind eher relativ, und man kann auch darauf verzichten. Auch können sie aus einem kreativen und humorvollen Geist heraus, der sich selbst als freien Schöpfer und Gestalter, als schöpferischen Ursprung erkennt und weiß, leicht umgestaltet und verändert werden. Daher sollen Humor und Lachen auch gesund sein und sogar körperliche Symptome verändern und heilen, die beste Medizin gegen Depression und Verspannung sein, vor allem aber Heilmittel gegen seinen Gegenpol: Verbissenheit und Ernst. Unser Fazit daraus lautet also:

Je mehr ich in die Dinge verwickelt und an sie verhaftet bin, je mehr ich ihnen daher absolute Bedeutung für mich und mein Lebensglück zuspreche, umso mehr muss ich um sie kämpfen, sie begehren und zugleich gegensätzlichen Faktoren Widerstand leisten und sie bekämpfen. Umso mehr ist das Leben ernst, mühevoll, verbissen. Anhaftung führt eben zu Leid – eine alte Weisheit und die Grundlehre des Buddha.

Je mehr ich mich von den Dingen frei mache, sie loslassen kann, ihrer „ledig bin" und im und aus dem Geistigen lebe, je weniger absolute Bedeutung sie daher für mich haben, umso weniger wichtig werden sie

mir, umso mehr kann ich sie wie ein Spiel betrachten und über sie lächeln, kann sie humorvoll annehmen, aber auch durch meinen nunmehr freien Willen umgestalten, ohne Zwang und ohne Mühe.

Dies nennt man daher auch die Leichtigkeit des Seins, eine wichtige Voraussetzung zu grundlegender Lebensfreude. Als Übung gegen den Ernst des Lebens ist empfehlenswert, mehr Gelegenheiten für Humor zu schaffen oder zu nützen. Sie könnten sich angewöhnen, allein oder gemeinsam mit Freunden mehr zu lachen, einen Lachkreis gründen und lustige Filme anschauen, humorvolle Bücher lesen, Karikaturen malen, oder was immer Sie zu mehr Lachen und Freude inspiriert. Wenn es in Ihrem persönlichen Leben mal wieder zu ernst wird, kann ich folgende Übung empfehlen:

ÜBUNG 5: Die Dinge mit Humor nehmen

Wenn Sie sich bezüglich einer Sache, Verhaltensweise, Emotion oder was auch immer zu ernst fühlen oder merken, dass sie diesbezüglich gar keinen Spaß verstehen oder sich ernst und verbissen verhalten, dann gehen Sie allein oder mit Freunden als Zuschauer oder auch mit Hilfe eines Spiegels folgendermaßen vor:

Vorbereitung: An einem ungestörten, allein oder mit Freunden, eventuell vor einem Spiegel

Durchführung:

a) *Stellen Sie sich vor, Sie sind jetzt ein berühmter Komödien-Schauspieler, der es mühelos schafft, alle gewünschten Rollen auf Wunsch zu spielen, und zwar so, dass man einfach lachen muss. Dann stellen Sie sich vor, Sie wollen eine bestimmte Rolle proben, und schlüpfen jetzt bewusst in die bestimmte Rolle Ihrer Persönlichkeit oder in das Muster, das Sie loswerden wollen. Spielen Sie sich selbst, und zwar jenen Moment, wo Sie ernst und verbissen sind. Nehmen Sie das zugehörige Gefühl des Ernstes, der Tragik, der Eifersucht wahr oder was auch immer diesen Ernst hervorruft.*

b) *Nun **übertreiben Sie es gründlich** und agieren Sie es nach Wunsch aus, aber mit immer stärkerem Gefühl. Sprechen Sie oder schreien Sie, wie so jemand sprechen würde, und überzeichnen Sie es zugleich. Schneiden Sie entsprechende Grimassen, zeigen Sie Mimik und Gestik wie in einem Bauerntheater. Denken Sie daran: Sie sind ein Komödienschauspieler, der alles wirklich übertreiben und andere damit zum Lachen bringen kann. Steigern Sie sich hinein, spielen und improvisieren Sie, ohne zu überlegen – oft kommen dann viele spontane und lustige Dinge hoch –, bis Sie selbst lachen müssen. Wenn Freunde dabei sind, werden diese sicher zuerst zu lachen anfangen. Nichts wird danach mehr so ernst sein, wie es war, und*

Sie können das Muster oder das Problem nun leichter (los)lassen, denn es hat an Anhaftung verloren.

Beispiel:

Ich wähle ein Thema aus: Ich bin traurig, weil meine Freundin mich verlassen hat. Das ist eine sehr ernste Sache für mich, da ich so eine Freundin nie mehr bekommen kann. Es ist für immer aus und alles ist sehr traurig.

a) *Ich schlüpfe also jetzt in die Rolle des verlassenen Liebhabers und fühle den Schmerz und die Trauer voll und ganz.*

b) *Nun übertreibe ich es ganz bewusst und durch Willensentscheidung, selbst wenn ich es zu Beginn überhaupt nicht lustig finde und denke, darüber könne man nicht lachen. Ich jammere also, erfinde tragische Monologe über Sein und Nichtsein, setze eine Trauermiene auf, schluchze herzzerreißend, krieche mit letzter Kraft durch die Wohnung usw., und übertreibe es immer stärker (nicht in der Lautstärke, sondern im Gefühl und in der Überzeichnung), bis es wirklich absurd und lächerlich wird und ich zu lächeln anfange. Dies mache ich so lange weiter, bis das Thema an Ladung verliert, bis ich darüber herzhaft lachen kann und es nicht mehr ernst nehme.*

Bleibt bezüglich des Ausgangsproblems danach noch etwas im Äußeren zu lösen oder zu bewältigen, dann kann dies nun viel leichter, neutraler und souveräner gehandhabt werden, denn man ist nicht mehr durch Trauer, Leid, Schmerz blockiert.

Hinweis für Einzelkämpfer: Das Schwierigste ist damit anzufangen und es anfänglich durchzuhalten, denn gerade durch die Verhaftung findet man es zunächst gar nicht lustig und auch so nicht lösbar. Probieren Sie es aber dennoch aus – was haben Sie zu verlieren?

Hinweis für eine Gruppe: Wenn man dies mit Freunden macht, dann können alle bestimmte Einzelaspekte des Problems spielen und verkörpern, wie beispielsweise einer die Angst, der andere die Wut, ein anderer die Sorge usw., und Sie können dann gleichzeitig losagieren, auch miteinander. Dies kann unglaublich kreativ und lustig werden. Nicht vorschnell beenden, sonst könnte ein bitterer Nachgeschmack beim „Patienten" zurückbleiben. Erst aufhören, wenn alle herzlich lachen müssen.

Rechthaben, Verurteilen, Bekämpfen

Ganz im Gegensatz zu dieser humorvollen Leichtigkeit des Seins, die dem fortgeschrittenen spirituellen Bewusstseinszustand entspricht (3), steht die Lebensweise des darwinistischen und auf das Materielle fixierten Kampfs ums Dasein, die eher dem Zustand eines noch tierischen oder bloß sinnlichen Bewusstseins entspricht (1). Dazwischen befindet sich der Zustand des Verstandes, zugleich des Selbstbewusstseins (2), wo zwar auch noch wie im animalisch-materiellen Zustand ein Kampf jeder gegen jeden ausgetragen wird, aber nicht mehr mit körperlicher Aggression und Gewalt, sondern mit Worten und Ideologien, Überzeugung und Überredung. Hier geht es auch nicht mehr um Beute und Lust, sondern um Glaubenssysteme und Macht an sich. Während Militärs üblicherweise noch aus dem tierisch-animalischen Bewusstseinszustand operieren und körperliche Gewalt anwenden (1), dominieren und unterwerfen wollen, werden Intellektuelle eher aus dem Zustand des Verstandesbewusstseins (2) operieren, aus dem Zustand eines alles analysierenden oder spaltenden Bewusstseins, das nach Hegel deshalb auch unglückliches Bewusstsein genannt wird, da es die Ganzheit verloren hat. Hier wird der Kampf mit Argumenten und Logik geführt und durch Überredung bzw. Überzeugung gewonnen (mehr dazu in Kap. 2.4).

Wenn ich nun im Gegensatz zum humorvollen, spirituellen Bewusstseinszustand noch in diesen anderen beiden Bewusstseinsebenen bin und daraus agiere, wenn ich also entweder noch in dem auf das Materielle und Körperliche fixierten animalischen Bewusstseinzustand bin (1) und Befriedigung und Glück ausschließlich darin zu erlangen glaube; oder wenn ich noch im Zustand des intellektuellen Bewusstseins bin (2), mich in diesem Zustand von anderen abgrenze, mich als etwas Besonderes ansehe und somit zugleich getrennt fühle, daher Befriedigung und Glück durch Anerkennung, Ehre, geistige Macht über andere und im Durchsetzen von politischen, religiösen oder sozialen Glaubenssystemen suche, so muss ich in beiden Fällen im Äußeren darum kämpfen und mich gegen andere durchsetzen, muss missionieren, Anhänger gewinnen und zugleich Andersgläubige bzw. Feinde bekämpfen. Ob ich dies wie im animalischen Bereich mit Gewalt und Unterwerfung oder im intellektuellen Bereich mit Überredung tue, spielt keine Rolle. Ich muss um dieses vermeintliche Glück und diese Befriedigung unter großer Anstrengung mit allen Mitteln kämpfen und zugleich das verurteilen und bekämpfen, was dem entgegen steht.

In beiden Fällen folgt daraus logischerweise kein leichtes Leben. Ist es im animalischen Zustand noch die Begierde, die die Menschen antreibt, so ist es im intellektuellen Zustand eher das „Recht-haben-Wollen", das „Besser-sein-wollen", das „Urteilen und Verurteilen", das daraus folgende „Sich-durchsetzen-Wollen", das „Missionieren". Dieser Zustand lässt dem Wesen keine Ruhe, treibt sie ständig um, verursacht somit noch mehr Leid als der erste. Denn hier wird nicht mehr um Beute, Belohnung, Güter, körperliche Annehmlichkeiten gekämpft, sondern es werden ganze Völker für eine bloße

Idee hingeschlachtet, werden Glaubensgruppierungen unbarmherzig bis auf das letzte Kind ausgelöscht, werden Kreuzzüge, „heilige Kriege" oder gar Weltkriege wegen bloßer Überzeugungen geführt. Ganz im Gegenteil zum animalischen Bewusstseinszustand (1) werden hier im Verstandesbewusstsein (2) geradezu alle Güter und Annehmlichkeiten, oft sogar das Leben radikal geopfert um einer „höheren Sache willen". Nirgends quält und schindet der Mensch sich mehr als hier, und anders als im animalischen Bewusstsein, dem normalerweise die Flucht des Rivalen genügt, wird hier unerbittlich bis zum Tode des Gegners gekämpft. Hier geht es einzig um das „Rechthaben", um die „einzig wahre Wahrheit", um Ideen wie „Gerechtigkeit" oder den „wahren Glauben" durchsetzen. Was auch immer der Inhalt ist – und hier im Verstand gibt es äußerst bizarre Inhalte –, es geht prinzipiell stets darum, die selbst gewählten Glaubenssätze allen anderen aufzuzwingen, um sie übrigens damit erst für sich wahr zu machen, und sei dies mit noch so großer Mühe verbunden.

Mit diesem „Rechthaben" als Hindernis für die wahre Lebensfreude wollen wir uns nun hier beschäftigen, denn wir agieren in der westlichen Welt auch im Alltag oft aus diesem intellektuellen Bewusstseinszustand (2). Es ist leicht einzusehen, auch am historischen Beispiel, dass aus solchem „Rechthaben" und „Glaubenskrieg" wenig Lebensfreude entstehen kann, ja noch nicht einmal körperliche Lust und Befriedigung wie im sinnlich-animalischen Bewusstsein (1), sondern ganz im Gegenteil erhebliches Leid und Mühsal resultiert, da *der Kampf nie zu gewinnen* ist. Denn selbst wenn ich mittels Arbeit und Kampf einer Anzahl von Menschen bestimmte Glaubenssätze aufgezwungen habe, so bleiben doch stets genügend Ungläubige oder Ketzer und Abweichler innerhalb einer Bewegung übrig, die dann pausenlos verfolgt werden müssen. Der Endsieg des Kommunismus, einer bestimmten Religion, der Sieg der Guten über die Bösen, einer bestimmten Partei, der gerechten Märtyrer wird dann in die Zukunft oder auf den Jüngsten Tag verlegt. Ob es sich dabei um ideologische, politische, nationale, religiöse, soziale, weltverbessernde Bewegungen handelt, das Prinzip bleibt erstaunlicherweise immer dasselbe. Es ist faszinierend, dies zu durchschauen. Ausnahmslos wollen sie alle zum Lebensglück der Menschen beitragen, stellen Glaubenssätze auf, die sie für Recht halten und dabei andere für Unrecht erklären, bewerten folgerichtig dann Menschen und Situationen nach diesen Glaubenssätzen und (Vor)urteilen und müssen dann notwendigerweise die abgelehnten Teile bekämpfen. Doch das Paradoxon bleibt und ist historisch aufzuzeigen, dass dieser Kampf niemals anders endet als durch Erschöpfung oder Ausrottung der Mitglieder, und es kann auch nicht anders sein, denn die Wahrheit ist das Ganze, wie schon Hegel zutreffend bemerkte. Bei Ausgrenzung und

Verurteilung eines Teils des Ganzen aber werden eben dadurch ständig andere Meinungen, Abweichler, Ketzer, Feinde, Gegner auftauchen, und so können das solcherart gesuchte Lebensglück und die Erfüllung niemals erreicht werden.

Doch wie im Makrokosmos, wo wir es historisch leicht erkennen können, so ist es auch im Mikrokosmos bei einem jeden von uns, wo wir es nicht so leicht erkennen, aber wo allein wir ansetzen können. So geschieht es uns, insofern wir in jenem Bewusstseinszustand über andere urteilen, sie verurteilen und indem wir uns so von anderen und der Welt abtrennen, dass die irgendwann und irgendwie einmal angenommenen Grundsätze und Glaubenssysteme, dass die für unseren Erfolg und Lebensglück für so wichtig erachteten Überzeugungen von uns nun für absolut, für grundsätzlich richtig und wahr gehalten werden. Nicht nur für uns, was wirklich unser Recht wäre, sondern für alle. Wenn aber für alle, *dann können wir überhaupt keine Toleranz haben, auch keine Neutralität*, denn dies hieße ja, nur das Ausgegrenzte, Böse, Falsche gewähren zu lassen, ja zu unterstützen. Daraus folgt die fatale Konsequenz: wer nicht für uns ist, ist gegen uns. (Parallelen zu real existierenden Politikern sind rein zufällig.) Folgerichtig werden jene anderen bestenfalls als unvollkommen, idiotisch, schlimmstenfalls als falsch, böse und gefährlich verurteilt und nach Möglichkeit bestraft, verleumdet, verspottet oder gar beseitigt, je nachdem, was gerade in unserer Macht steht. Aus Rechthaben und Verurteilung entstehen somit immer Auseinandersetzung und Kampf, im Kleinen wie im Großen, der sich wiederum in vielerlei Formen und unterschiedlicher Intensität manifestieren kann, von Nachbarschaftskriegen bis hin zu politisch motivierter Gewalt. Sicher haben wir das alle schon erlebt und „für unser Recht gekämpft", „für eine gerechte Idee", für eine Heilslehre oder auch für ganz banale Dinge, beispielsweise wie man seinen Garten pflegen, wie man sich anziehen oder welche Haarlänge man haben sollte oder wie die Leute mit Geld umgehen müssten. Neben dem mühevollen Bekämpfen der Gegner versucht man zugleich mit meist ebenso großem Aufwand ständig die eigene Position zu stützen und zu rechtfertigen, aufzuwerten und vor allem Anerkennung zu bekommen. Daher gehen Verurteilen und Rechthaben Hand in Hand, zugleich mit all dieser Mühe, all diesem Streit mit Nachbarn, Verwandten, Andersgläubigen, Anders-sich-Verhaltenden, Andersdenkenden. Alles letztlich nur vom Verstand ausgedachte Überzeugungen, Meinungen, Ideen.

Alle diese oft jahrelangen oder zum Teil lebenslänglichen Aktionen, die verbissene Verteidigung von einmal eingenommenen Standpunkten, das Kämpfen und Recht-Haben, das Prozessieren und Streiten verbrauchen eine Unmenge von kreativer Energie, auch und vor allem, wenn dies unbewusst geschieht. Sie schwächen damit die eigene Entwicklung bis hin zu Stillstand und Starrheit, wie man es bei alten Leuten häufig bemerken kann. Sowohl steht uns bei dieser ständigen „Verteidigungsbereitschaft" körperlich weniger Energie für die jeweilige Gesunderhaltung und körperliche Regeneration zur Verfügung als auch seelisch für die Gestaltung unserer Lebensaufgabe. Aber umso weniger haben wir dann auch übrig für Spiel, Kreativität, Kommunikation und Freude. Solche „unproduktiven Dinge" werden dann eher als nutzlos und überflüssig erachtet, da sie speziell zu diesem Lebenskampf, der Verteidigung der eigenen Position, diesem „Ernst des Lebens" wenig beitragen. Wir haben schon gezeigt, wie aus Festhalten und Verhaftet-Sein immer Ernst resultiert, nur dass es diesmal ein Festhalten an intellektuellen Positionen, Standpunkten und Glaubenssätzen, an bestimmten Überzeugungen und Verhaltensmustern ist. Diese Verbissenheit wiederum verhindert die sonst gerade aus Spiel und Kreativität zu gewinnende Entfaltung des eigenen Selbst und erst recht die damit verbundene Lebensfreude.

Es ist also an der Zeit und für unser Ziel entscheidend wichtig, dieses Rechthaben, Verurteilen und Bewerten in unserem Leben zu erkennen und loszulassen, andere und anderes sein zu lassen, wie es ist, und einen Standpunkt absoluter Toleranz zu entwickeln, in dem keiner mehr Recht, sondern nur einen weiteren interessanten Standpunkt hat. Nicht dass wir all unsere bisherigen Überzeugungen, Standpunkte und Positionen nicht mehr haben sollten, sondern auf die Weise, dass wir sie wieder als das sehen, was sie sind: zeitweilig nützliche und relative Hilfsmittel, um eine Rolle, ein Spiel zu spielen bzw. eine bestimmte Erfahrung zu machen, daher *gleich-gültig* und *gleich-wertig* gegenüber anderen Standpunkten und Meinungen. Kein Problem, wenn man sie auf diese Weise als zeitweilige Hilfsmittel benützen kann, denn dann haftet man nicht daran, braucht sie nicht um jeden Preis, muss nicht um oder für sie kämpfen und kann sie somit jederzeit auch wieder ändern oder loslassen, auch problemlos Neues annehmen. In diese Richtung sollten wir uns entwickeln, denn dies ist der Standpunkt des nächsthöheren, des spirituellen Bewusstseins: völlige Toleranz und Wertschätzung gegenüber allen Wesen und Standpunkten.

Ein Hinweis: Wenn es für Sie noch ein ungewohnter Standpunkt ist, dass Überzeugungen letztlich immer temporär und relativ sind, so können Sie auch Ihre eigene geistige Entwicklung seit Ihrer Kindheit und Jugend betrachten. Sie werden sehen, dass die meisten der damals gehegten Überzeugungen und Positionen vermutlich nicht mehr die jetzigen sind, obwohl Sie damals sicher von deren Wahrheit fest überzeugt waren. Sie haben sich natürlich gewandelt, ohne dass sie deshalb früher falsch gewesen wären. Wie es der deutsche Philosoph Hegel anhand der Entwicklung von Philosophie und Geschichte, von Völkern und Kulturen grundsätzlich aufgezeigt hat, so sind analog auch bei der Entwicklung des individuellen Menschen bestimmte Überzeugungen und Positionen auf je einem bestimmten Entwicklungsniveau notwendig, spiegeln darin sozusagen die Entwicklung seines Geistes im Äußeren und prägen dadurch seine Lebenserfahrungen. Sind diese gemacht, sind sie überflüssig und aufzulösen, werden sie negiert oder sie wandeln sich in neue und umfassendere. Der kollektive wie individuelle Geist schreitet stetig weiter und kann so nie bei bestimmten Standpunkten bleiben. So wie wir zu bestimmten Anlässen unsere Kleider wechseln und zum Theaterbesuch etwas anderes anziehen als zum Tennisspielen, so sollten wir auch unsere Standpunkte und Meinungen entsprechend entwickeln und wechseln können, jeweils angepasst an Zeit, Umgebung und Entwicklungsniveau unseres Geistes. Dies zugleich in dem Bewusstsein, dass in diesem Maskenspiel alle Masken prinzipiell gleich-wertig und gleich-gültig sind, wenn auch manchmal eher behindernd, manchmal eher fördernd.

Können wir einst alles Erscheinende nicht nur tolerieren, sondern als Eines sehen und alles und jedes liebevoll annehmen, erreichen wir das alles umfassende kosmische Bewusstsein.

Dann kann alles Bewerten aufhören, auch das der Situationen, Muster und Verhaltensweisen der eigenen Vergangenheit, und mit dem Aufhören von Verurteilen hört auch das Bestrafen-wollen und Bekämpfen auf, damit zugleich auch die eigene Selbstverurteilung und Selbstbestrafung, die uns bisher oft unbewusst geblieben ist. Denn was wir im Äußeren antun, das tun wir auch uns selbst an. Auf dem Weg zu mehr Toleranz und Akzeptanz gibt es viele Verfahren und Wege; eine kleine Hilfe bei hartnäckigen Fällen kann folgende Übung sein:

ÜBUNG 6: Den Standpunkt des anderen einnehmen

Voraussetzung: Bereitschaft zu Toleranz / Fähigkeit zu fühlen, Einfühlungsvermögen
Dauer, Ort: beliebig
Zweck: gegensätzliche Standpunkte und Meinungen verstehen und tolerieren können
Durchführung:
a) *Wählen Sie einen Feind, Gegner oder Menschen, der eine gegenteilige und für Sie unverständliche, falsche, böse Meinung vertritt oder ebensolche Eigenschaften hat.*
   Spielen Sie nun wieder den souveränen Schauspieler, der alle Rollen spielen kann, auch die des Schurken. Stellen Sie sich vor, Sie müssen in einem

Film diese Person darstellen und spielen. Jetzt schlüpfen Sie in die Rolle dieses Menschen hinein, und fühlen Sie – lassen Sie sich dabei Zeit – mit viel Neugierde und Interesse, wie es wäre, dieser Mensch zu sein. Versuchen Sie, das entsprechende Lebensgefühl zu entdecken und zu erspüren. Nehmen Sie notfalls seine Gestik und Mimik zu Hilfe, und fühlen Sie nun, wie er sich fühlt, welche Gefühle und Emotionen hochkommen.

b) *Nun nehmen Sie genau Überzeugung, Standpunkt oder Handlung von ihm ein, die Sie sonst stören, und zwar zu dem Zeitpunkt, wo er sie ausagiert, tut oder erlebt. Fühlen Sie sich hinein, und fühlen Sie zugleich den Grund, warum er/sie so etwas tut, was ihn dazu treibt, bis Sie die entsprechenden Gefühle fühlen. Sie müssen nur ganz neutral sein wie ein großer Forscher, der völlig offen dafür ist, was bei dem Experiment herauskommt. Fragen Sie sich: Warum tue ich das? Was will ich damit? Was habe ich erlebt, um so zu werden? Aber dann nicht analysieren, sondern einfach nachfühlen und lauschen. Glauben Sie zunächst einfach, Sie können das über das Gefühl herausfinden, später werden Sie es sowieso wissen. Denn im Geist gibt es keinen Datenschutz. Haben Sie Geduld und Feingefühl, vielleicht müssen Sie auch mehrere Anläufe nehmen oder bei Blockade um geistige Hilfe bitten. Jedenfalls machen Sie dies so lange, bis neue Gefühle und Erkenntnisse auftauchen und Sie zumindest ahnen, was zu diesem Standpunkt oder Verhalten geführt hat. Begabtere Menschen können hiermit leicht Gedanken lesen, den Charakter erforschen und Reaktionen vorhersagen.*

c) *Haben Sie dies gefühlt und erkannt, warum er auf eine bestimmte Weise denkt oder handelt, dann fühlen Sie Verständnis und Mitgefühl. Auch dieser Mensch versucht damit nur irgendwie glücklich zu werden. Bedenken Sie, dass Sie in solcher Situation vielleicht ähnlich gehandelt hätten, dass es möglicherweise ein Wesen ist, das noch in Verblendung lebt, dass es nicht das Glück gehabt hat, bislang solche Übungen zu finden und zu machen, dass es aber bei all seinem vielleicht seltsamen Streben doch nur Liebe und Wertschätzung sucht. Sehen Sie dann jenen Teil als etwas, dass Sie noch verurteilen, ausgrenzen, nicht akzeptiert oder integriert haben. Beschließen Sie dann, es völlig zu tolerieren, anzunehmen, und lieben Sie es.*

Hinweis: Falls Sie Probleme damit haben, andere Menschen und andere Standpunkte zu erfühlen, so ist dies ein Hinweis darauf, dass Sie noch sehr stark in der Ablehnung und Verurteilung befangen sind, ob Ihnen dies nun bewusst ist oder nicht. Dann müssen Sie erst lernen, diese Schranken abzubauen, und je mehr Sie dies tun und Ihre harten Ansichten und Schale aufweichen, umso besser und umso leichter werden Sie fühlen können. Hilfreich sind in diesem Fall Übungen zur Vergebung oder die folgende Mitgefühls-übung (Übung 7), wie auch alle anderen Übungen zur Verstärkung von Liebe und Mitgefühl.

Auch in Ihrem alltäglichen Leben sollten Sie von nun an diesen „Killer" der Lebensfreude bewusst erkennen und wieder frei davon werden, indem Sie bewusst immer weniger verurteilen und bewerten, so wie es folgerichtig auch alle wichtigen religiösen und mystischen Schulen fordern. In der urchrist-lichen Lehre beispielsweise wird diese universale Weisheit ausgedrückt mit dem Hinweis: „Richtet nicht, damit ihr nicht gerichtet werdet, denn mit dem Maß, mit dem ihr messt, werdet ihr gemessen werden." **Üben Sie sich daher täglich im Vergeben** mit mindestens der gleichen Energie, die Sie bislang für das Verurteilen aufgewendet haben, ob Sie dies nun mit einem Ritual machen oder nur formlos in Ihrem Geiste. *Vergeben Sie anderen, aber auch sich selbst.* Tun Sie dies ausdrücklich und ohne einen Grund dafür zu benötigen und werden Sie somit frei davon, denn es ist sowohl für Ihre Lebensenergie wie auch für Ihr Lebensglück essentiell notwendig, dieses große Hindernis auf dem spirituellen Weg, das Rechthaben, Bewerten und Verurteilen schritt-weise abzubauen und loszulassen, immer gelassener zu werden, bis wir schließlich den göttlichen Standpunkt erreichen mögen, von dem aus alles gut ist, wie es ist, und deshalb auch alles geliebt werden kann, selbst „der Mensch in seinem dunklen Drange".

Abgrenzung von anderen; Ängste und Depressionen

Ängste sind eigentlich nur eine der Folgeerscheinungen der bisher darge-legten Umstände, dem Abur*teilen*, Ab*grenzen* und Ausgrenzen von anderem, der Verwicklung der Seele in Abhängigkeit von Geschaffenem, sowohl mate-riellen Dingen wie innerpsychischen Mustern und Identitäten. Man grenzt sich dadurch immer mehr ein oder – wörtlich – man engt sich seelisch ein (vgl. lat.: angus = eng) und entwickelt demzufolge Angst gegenüber dem Aus-gegrenzten, da dieses nun fremd und unbekannt ist und man folgerichtig auch keine Macht mehr darüber hat, weshalb es also auch bedrohlich erscheint. Hinzu kommt – nach einiger Zeit wechselnder Siege und Niederlagen, Freuden und Ängste im Kampf mit den ausgegrenzten Dingen – zunehmende Erschöpfung und Energiemangel, denn diese Abgrenzung von immer mehr Bereichen des Lebens führt letztlich zu einem Abgeschnittensein von der Quelle des Lebens, von der Lebenskraft wie der Lebensfreude. Dieser Zustand entspricht im schon erwähnten Gleichnis vom verlorenen Sohn dem Zustand des Schweinehirten, der nach Verlust seines Erbes Mangel leidet und somit auch Ängste entwickelt, beispielsweise wovon er leben und wie er sich ernähren soll, wie er auch zunehmende Depression und Traurigkeit erfährt.

Wenn nun ein solcher Zustand von Ohnmacht, Ausgeliefertsein, Trennung, Mangel oder Sorgen chronisch geworden ist, was wiederum aus einem chronisch gewordenen Festhalten an einer solchen Situation resultiert, am Nicht-Loslassen-Können, so führt dies schließlich zu Depression, dem Fehlen von Lebensmut und Lebenskraft überhaupt, in welcher Form auch immer sie sich zeigt. Wenn Ängste einzeln oder angesammelt chronisch werden und zuviel Lebensenergie binden, blockieren oder aufgrund des ständigen Kampfes gegen das Objekt der Angst zuviel Energie und Willenskraft verbraucht haben, so entsteht schließlich Depression. Während Ängste sich noch gegen Bestimmtes und Konkretes richten (Angst vor...) und so noch Flucht oder Verdrängung möglich ist, so ist die De-pression (= „die Luft ist raus") eher eine grundsätzliche Lebenskrise, ein durch chronisches Abschneiden von der eigenen Quelle herbeigeführter grundsätzlicher Energiemangel. Wenn man Ängste mit Schatten in unserem Leben vergleichen kann, so ist die Depression das Fehlen von Licht, ist Dunkelheit überhaupt. Es ist ein grundsätzlicher Überdruss gegen Teile des Lebens oder gegen das Leben überhaupt und somit der krasse Gegenpol zur Lebensfreude, wobei es eigentlich kein Überdruss gegen das Leben, sondern gegen das Leben als sinnlosen und vergeblichen Lebenskampf ist, wie es bislang subjektiv erlebt wurde. Doch jede Krise ist auch eine Chance, wird ihre Botschaft erkannt, und diese lautet, dass es ein Leben jenseits dieses Kampfes gibt. Diese Erkenntnis ist das Tor für den Entwicklungsschritt des Bewusstseins vom bisher alles trennenden und auch selbst von allem getrennten Selbstbewusstsein hin zum spirituellen Ganzheitsbewusstsein.

Die Depression ist so einerseits das Ende dieses Weges von Enge, Angst und Sorge, ist aber andererseits auch wiederum (paradoxerweise) das Ende des Endes und damit ein Übergang und neuer Anfang; so wie im Gleichnis vom verlorenen Sohn jener genau an diesem Punkt zu dem Entschluss kommt, umzukehren und nach Hause zu gehen. Die Depression ist also (wie übrigens jede Krisis) Ende und Neuanfang zugleich, und dies ist notwendig so, denn der Geist als ewig-lebendiger kennt kein Ende, und wenn eine Form in eine Sackgasse oder Stillstand gerät, wird sie transformiert oder aufgelöst.

Hinter allen Ängsten, ob sie nun aus Verurteilungen, Abgrenzungen oder Verwicklungen stammen, stecken stets Überzeugungen, denn sonst müsste ich mich ja nicht abgrenzen oder „eng machen". Ängste setzen nun speziell da ein, wo jemand sich unterlegen, nicht stark genug, überfordert, Mangel erleidend, minderwertig oder unzulänglich glaubt. Wohlgemerkt *glaubt*, denn wenn ich jemandem beispielsweise in Hypnose suggeriere, er sei so schwach, dass er nicht einmal mehr eine Tasse oder einen Bleistift hochheben kann, und er diese Suggestion annimmt und es *glaubt*, dann kann er es auch nicht mehr, völlig unabhängig von seinem physischen Vermögen oder bewusstem Wollen. Umgekehrt handle ich mutig und stark, wenn ich absolut davon überzeugt bin, also *glaube*, dass ich stärker als etwas bin. Ich habe demzufolge auch keine Angst, wie David vor Goliath. Alle unsere Ängste basieren also auf solchen Überzeugungen, unabhängig von der physischen Realität, und dies sehen wir auch daran, dass Menschen vor allem und jedem Angst haben können, selbst vor Dingen, die anderen lächerlich erscheinen, etwa so wie der Elefant vor der Maus. Dies ist eigentlich eine gute Nachricht, denn Überzeugungen lassen sich leichter und schneller ändern als die physische Realität, die erst am Ende der Kette Überzeugungen-Energie-Realität steht. Es ist im übrigen sehr wichtig für die Lebensgestaltung, sich diese Kette einmal bewusst zu machen, da wir sie ständig bewusst oder unbewusst anwenden und daher ständig Realität erschaffen, die wir dann wieder erleben und erleiden müssen. Sehr einfach und zugleich prägnant formuliert es eine englische Klosterschrift, die besagt:

Achte auf deine Gedanken, denn sie werden deine Worte.

Achte auf deine Worte, denn sie werden deine Handlungen.

Achte auf deine Handlungen, denn sie werden Gewohnheit.

Achte auf deine Gewohnheiten, denn sie werden dein Charakter.

Achte auf deinen Charakter, denn er wird dein Schicksal.

Diese Zusammenhänge sind also nicht nur in den mystischen und philosophischen Schulen schon seit alters her bekannt. Veränderungen sind nun einfacher am Anfang dieser Kette zu erzielen, in unseren Gedanken, Überzeugungen und Glaubenssätzen als später im Charakter und der Realität, und daher müssen wir hier ansetzen, und es gibt heutzutage viele moderne Bewusstseinstechniken für diesen Zweck, wobei ich die Avatarmethode bevorzuge. Aber letztlich basieren Überzeugungen immer auf einer Entscheidung, und die können Sie selbst auch jetzt und jederzeit ändern, auch ohne Methode, nur durch Ihren Willen.

Sie müssen sich also zukünftig darüber im Klaren sein, dass alle Zustände einer Sonderung von der Ganzheit, einer Fixierung auf ein bestimmtes Muster und eine Rolle, jede Fremd-Indoktrination, jedes Ohnmachtsgefühl, Rechthaben, Verurteilen, Ausgrenzen und Bewerten und jeder Angriff gegen andere letztlich Angst in Ihnen erzeugen, da dieses Verhalten Sie von der Ganzheit des Lebens, der Lebenskraft und Fülle absondert, einengt und abschneidet sowie zugleich immer Überzeugungen eigene Schwäche und Unzulänglichkeit in der Seele erzeugen wird.

Das Grundprinzip von Angst ist also die – selbstgewählte – Verengung des Bewusstseins, verursacht durch die sich mit jeder Verurteilung und Bewertung vermehrende Ausgrenzung und Abgrenzung von anderem, wobei dann das Ausgegrenzte bzw. Bewertete zum Feind oder zur Bedrohung wird, zum äußeren Objekt der Angst.

Diese nun scheinbar von außen kommende Bedrohung verursacht dann in Ihrem Bewusstsein Ihre Ängste. Sie können zwar jetzt das Ausgegrenzte mutig bekämpfen oder von sich fern halten, solange Sie sich stark fühlen, oder Sie werden sich davor fürchten, wenn Sie sich schwach und unzulänglich fühlen, oder wie die meisten Menschen beides zugleich tun. Doch dadurch kommt dieser Prozess nun leider nicht zum Stillstand. Ein verengtes Bewusstsein erzeugt Ängste, und die Ängste erzeugen und verstärken wiederum verengtes Bewusstsein. Denn ein solches tendiert dazu, sich eben aufgrund dieser jetzt bewusst wahrgenommenen Ängste und der angeblich äußeren Bedrohung noch mehr abzuschotten, sich zu schützen und mit Mauern zu umgeben, da es ja nicht verletzt werden will. Es wird sich also immer weiter begrenzen und verengen, und es entsteht ein typischer Teufelskreis mit den Symptomen einer zunehmenden Allergie gegenüber dem Leben, ein zunehmender Rückzug vom Leben, verbunden mit einer wachsenden Todessehnsucht. Die einzig sinnvolle Alternative ist daher – gegen allen Verstandesgründen und bisherigen Erfahrungen –, wieder mutig auf das Leben zuzugehen, die Grenzen und Mauern mehr und mehr aufzulösen, auch mutig wieder verletzlich zu werden im Bewusstsein der eigenen inneren Unverletzlichkeit und vor allem *die Abgrenzung gegenüber anderen Wesen aufzulösen*, auf sie offen zuzugehen, sie als gleich zu betrachten. Die folgende Übung ist speziell dafür sehr hilfreich und sollte wegen ihrer großartigen Ergebnisse öfter durchgeführt werden:

ÜBUNG 7: Mitgefühl entwickeln
(Quelle: „Resurfacing", Kamphausen 1999, S. 82/83)

Ziel: Das Mitgefühl in der Welt (und mit anderen Menschen) zu vermehren
Erwartete Resultate: Freiwerden von Ängsten, ein Gefühl des inneren Friedens, Toleranz
Ort, Zeit, Vorbereitung: Die Übung kann man überall ausführen, wo Menschen sind (Parks, Einkaufszentren, Flughafen, Strände usw.), auch in einer Gruppe oder in einer Familie
Durchführung: Wählen Sie einen Menschen aus, und vollziehen Sie die folgenden 5 Schritte mit derselben Person. Dann wählen Sie auf Wunsch eine

weitere Person. Bei fremden Menschen führen Sie die Übung unaufdringlich aus einiger Entfernung aus. Probieren Sie diese Übung mit Familienmitgliedern aus, um das gegenseitige Verstehen zu fördern; später auch mit Ihren Gegnern und Feinden, auch aus der Vergangenheit. Die Betreffenden müssen nichts davon wissen, es ist ein innerpsychischer Prozess, der aber Auswirkungen haben wird.

Sie haben also eine physisch anwesende oder eine vorgestellte Person gewählt:

Schritt 1 – Richten Sie Ihre Aufmerksamkeit auf die Person, und sagen Sie zu sich: „Genau wie ich strebt dieser Mensch nach Glück im Leben."

Schritt 2 – Bleiben Sie mit Ihrer Aufmerksamkeit bei dieser Person, und sagen Sie zu sich: „Genau wie ich versucht dieser Mensch, im Leben Leid zu vermeiden."

Schritt 3 – Bleiben Sie mit Ihrer Aufmerksamkeit bei dieser Person, und sagen Sie sich: „Genau wie ich hat dieser Mensch schon Trauer, Einsamkeit und Verzweiflung erfahren."

Schritt 4 – Bleiben Sie mit Ihrer Aufmerksamkeit bei dieser Person, und sagen Sie zu sich: "Genau wie ich versucht dieser Mensch, die eigenen Bedürfnisse zu erfüllen."

Schritt 5 – Bleiben Sie mit Ihrer Aufmerksamkeit bei dieser Person, und sagen Sie zu sich: „Genau wie ich lernt dieser Mensch über das Leben."

Hinweis: Beginnen Sie diese Übung zunächst mit Freunden oder Fremden, erst später dann mit Ihren Feinden. Hier können Sie das meiste Mitgefühl entwickeln und die sichtbarsten Resultate erzielen und zugleich das Christuswort erfüllen: Liebet Eure Feinde. Es wird das gegenseitige Verstehen fördern, Angst und Abgrenzungen abbauen und Nähe herstellen.

Vorschlag: Therapeuten können dies auch am Beginn von jeder Gruppenarbeit einsetzen.

Wenn diese Übung auch einfach aussieht, so ist sie gemäß der Erfahrung aus der Praxis sehr effizient, vor allem wenn Sie diese Schritte wirklich nachfühlen, also in das Gefühl einsteigen. Oft kommen schnell Tränen und Emotionen hoch und Mauern schmelzen. Hier wird auch deutlich, dass Menschen eigentlich nichts anderes suchen als Verbindung, Liebe und Mitgefühl und es auch gern geben, sobald Sie einen Weg dazu gefunden haben.

Suchen Sie nun auch wahre Lebensfreude und Glück nicht mehr in Äußerem, denn auch Begierden oder die Projektion seines Glücks auf bestimmte Umstände oder Personen können, wenn dies nicht erreichbar *oder* vergänglich ist, Ängste auslösen. Dann fürchtet man entweder, es nicht bekommen zu können (die Mehrzahl), *oder* aber man bekommt es und fürchtet dann, es zu verlieren (die Minderheit). Doch selbst dann, wenn man die begehrten Dinge erreicht *und* ihren Verlust nicht fürchtet (was zwar selten, aber doch bei einigen Menschen vorkommt, die sich alles leisten können), so kann ironischerweise gerade dadurch wiederum Lebensüberdruss und Depression entstehen, indem sie nun sozusagen am eigenen Leib die Nutzlosigkeit dieser Dinge in Bezug auf das Erlangen von Lebensfreude erfahren und erleben müssen. Denn sie können letztlich nicht halten, was sie zu versprechen scheinen.

Ist diese Erkenntnis gereift, ist es nur ein kleiner Schritt hin zu dem Entschluss, zu anderen, neuen, geistigen Ufern aufzubrechen und die Chance dieser „Krankheit" zu nutzen. Suchen Sie vielmehr die Freude da, wo sie Ihnen niemand mehr wegnehmen kann – in sich selbst. Bauen Sie Ihre Mauern gegenüber dem Leben und vor allem gegenüber anderen Menschen ab und genießen Sie das Leben, wie es in sich und aus sich selbst Freude ist. Nehmen Sie dazu auch andere Übungen zu Hilfe, die Ihnen zu mehr Wertschätzung, Liebe und Nähe verhelfen. Vor allem Licht- und Liebesimaginationsübungen sind hier zu empfehlen, und wir werden dazu auch noch weitere Übungen im Buch vorstellen.

Der Weg des Geistes – Verwicklung und Entwicklung

Wenn wir uns nun auf diesen Weg machen, um uns von den Begrenzungen der Lebensfreude und freien Lebensgestaltung freizumachen, wenn wir das trennende und abgrenzende intellektuelle Bewusstsein überwinden und uns in Richtung auf spirituelles, ganzheitliches Bewusstsein entwickeln wollen, so ist es nützlich, einmal von den einzelnen Stufen abzusehen und vorab die Gesamtkarte dieses Weges zu betrachten. Wir wollen also einmal eine „geistige Landkarte" entwerfen, um uns zu orientieren und um an einem vereinfachten Modell die gesamte Bewegung des Geistes anzuschauen. Erst durch einen solchen Gesamtüberblick können wir verstehen, wie wir in den jetzigen Zustand geraten sind, wo wir stehen, wie sich unser Bewusstsein weiterentwickeln wird und wohin wir uns bewegen, worin unser Ziel liegt und welche Perspektiven wir haben.

Als das hinter allen größeren Begrenzungen der Lebensfreude und geistigen Entfaltung stehende Grundproblem, als Haupthindernis für die Leichtigkeit des Seins und zugleich als Hauptursache von Ängsten und Leid hat sich das

Begehren gezeigt und die damit verbundene Verwicklung und Verstrickung in materielle und seelische Objekte, ebenso aber der Widerstand und die Ausgrenzung von anderem, von Nicht-Erwünschtem. Es ist nun wichtig zu erkennen, dass dies letztlich dasselbe ist, denn *jede Begierde ist ein Widerstand gegen etwas Vorhandenes und jeder Widerstand zugleich eine Begierde nach anderem.* Wenn ich etwas als „kalt" definiere, erschaffe ich damit automatisch auch das Gegenteil „heiß", und wenn ich Begierde nach etwas habe, habe ich damit zugleich Widerstand gegen sein Gegenteil. So ist *jeder Widerstand letztlich nur eine negative Form von Begierde,* nämlich etwas nicht oder etwas anderes haben bzw. sein zu wollen, und wir sind ihm deshalb genauso verhaftet wie einer positiven Begierde. Man kann also auch den Widerstand gegen etwas eine Begierde nennen. Dies ist wichtig zu erkennen, und wenn im weiteren Verlauf nur einer der beiden Aspekte hervorgehoben wird, dann ist es so zu verstehen, dass der andere Aspekt immer zugleich mit eingeschlossen ist.

Sowie ich etwas ablehne oder begehre, so muss ich darum kämpfen, es suchen, dafür arbeiten, dafür Opfer bringen, mir darum Sorgen machen, darüber trauern, streiten, mich rächen u.v.m. Könnte ich etwas geistig loslassen und die Anhaftung daran aufgeben, so würden alle diese Aktionen einfach wegfallen. Daher ist das Loslassen bis zur Gelassenheit so wichtig für die Bewusstseinsentwicklung wie auch für die Lebensqualität überhaupt. Dabei müsste ich das Objekt nicht einmal aufgeben, ich kann es auch als Ziel behalten, ich müsste nur die Begierde danach loslassen. Dies wäre eine unglaubliche Energieersparnis und immense Freiheit von Zwängen, Sorgen und Ängsten und daher die beste Grundlage für Lebensfreude. Schon Buddha erkannte vor 2500 Jahren, dass all unser Leid und damit das Haupthindernis, um Freude, Frieden und Glück zu erfahren, einzig aus dem „Durst" nach den Dingen bzw. der Anhaftung an sie entsteht, also aus Begehren von Erwünschtem und Ablehnen von Unerwünschtem. Wohlgemerkt sind das Problem nicht die Dinge selbst, und daher wäre es falsch und unnötig, sie – wie viele Asketen es tun – zu bekämpfen, sondern einzig das Verlangen bzw. der Widerstand. Warum also tun wir es dann und lassen uns verstricken?

Es scheint, dass diese Verwicklung und Verstrickung in Dinge und Prozesse und das daraus folgende Klammern, Festhalten oder Ablehnen dadurch entstehen, dass wir sie – irrtümlicherweise – als Ursache und Anlass für unser Glück, Wohlergehen oder Wohlgefühl betrachten, als notwendig für Lebensfreude und Lebensqualität, so dass wir uns zugleich davon abhängig und bedürftig fühlen. Wir wollen sie demzufolge erlangen, festhalten und möglichst dauerhaft an uns binden (Begierde) oder aber sie ablehnen, bekämpfen, dauerhaft ausgrenzen (Widerstand). Das Problem entsteht also *nicht* daher, dass es diese weltlichen oder geistigen Dinge, diese schönen Schöpfungen in unglaublicher Vielfalt überhaupt gibt, sondern dass wir unsere geistige Aufmerksamkeit nicht mehr *spielerisch* wie Kinder oder mit der *Gelassenheit* eines Weisen *neutral* auf Dinge, Menschen und Situationen richten, sie nur interessiert beobachten oder spielerisch benützen. Würden wir – wie es Christus auch forderte – wieder wie die Kinder sein und damit spielen, ohne zu haften, im Hier und Jetzt in sie hineingehen, sie erleben, dann aber auch ebenso leicht wieder hinausgehen und sie loslassen, dann könnten wir uns an ihnen erfreuen oder die jeweiligen Erfahrungen sammeln, ohne zu leiden. Wir aber lassen sie nicht so einfach wieder ziehen, den Fluss und den Wandel der Erscheinungswelt akzeptierend, sondern machen die vergänglichen Dinge und Phänomene zum Ursprung unseres Lebens und Wohlergehens, glauben uns demzufolge davon abhängig und begehren (oder bekämpfen) sie deshalb mit all den daraus entstehenden Konsequenzen. Anhaftung ist also ein *Haben-Müssen* statt *Haben-Können*.

Diese Überzeugung, Dinge haben zu müssen, kann ich wiederum nur entwickeln und haben, wenn ich davon überzeugt bin, dass mir etwas mangelt, dass ich also unzulänglich bin und etwas brauche, dass ich eben auf Äußeres, auf dies und das absolut angewiesen bin. Dies wiederum kann ich nur dann glauben, wenn ich meinen geistigen Ursprung und meine Schöpferkraft nicht mehr fühle, wenn ich nicht mehr wesentlich im Geist bin und mich eher als materielles Produkt verstehe, als Wirkung statt als Ursache. Denn der schöpferische und zugleich ganzheitliche Geist schließt ja alles in sich und *braucht* nichts von außen, sondern er erschafft es. Somit kann ich jene Überzeugung nur dann haben, wenn ich auch meine eigenen Seelenbereiche nicht mehr kenne, in denen ich Zufriedenheit, Freude, Mitgefühl, Liebe oder sonstige Zustände willentlich hervorrufen kann, sondern nur dann, wenn ich, bildlich gesprochen, in die Materie gefallen bzw. der Materie verfallen bin. Das Grundproblem ist also dieser Fall des Geistes in die Materie.

Dies nennt man auch den Zustand der Verblendung, vor allem deshalb, weil ich wie beim Eisberg, der bekanntlich nur mit einem Zehntel seiner Masse sichtbar aus dem Wasser ragt, nur noch den kleinen Teil meiner äußeren Erscheinung, doch die anderen, viel größeren und tieferen seelisch-geistigen Teile nicht mehr kenne und wahrnehme. Verblendung und Begierde/Widerstand hängen demnach direkt miteinander zusammen und bedingen einander. Je mehr Begierden also entstehen oder in mir vorhanden sind, umso größer ist auch die Verblendung und umso schwieriger die Heilung – und umgekehrt je weniger Begierden, umso einfacher die Heilung. Ein schönes indisches Sprichwort beschreibt es vereinfacht so:

Ein Mensch ohne Begierden ist Gott; und Gott mit Begierden ist ein Mensch.

Die Frage der Aufhebung von Begierden und Widerständen, des Auflösens dieses „Klebers", der uns an den Dingen haften und um sie kämpfen lässt, an denen wir uns sonst spielerisch erfreuen könnten, war deshalb für alle Geistesschulen und auch Religionen stets von entscheidender Bedeutung. Viele Wege sind dazu im Lauf der Zeiten ersonnen worden und noch heutzutage liegt hier der Schlüssel, ob ein Bewusstseinstraining effizient ist oder nicht.

Auch für Wiedererlangung von Lebensfreude ist dieses Loslassen und Freiwerden von Anhaftungen und Begierden von fundamentaler Bedeutung. Der Dichter und Lebenskünstler J. W. Goethe sagt im Faust: „Wer Gutes will, der sei erst gut; wer Freude will, besänftige sein Blut." Dies leuchtet schon aus jedermanns Lebenserfahrung ein, denn wenn jemand von einer starken Begierde getrieben ist und nach dem Objekt seiner Begierde lechzt wie ein Hund nach der Wurst, so kann er dabei wohl kaum die Landschaft, die schöne Musik, das gute Essen, die netten Menschen der Umgebung wirklich wahrnehmen und schon gar nicht genießen. Die Aufmerksamkeit ist dann fast völlig auf das Objekt der Begierde fixiert. Ihm entgeht so eine Unmenge schöner Erfahrung. Daher, ob wir uns nun geistig-spirituell entwickeln oder einfach nur mehr Lebensfreude genießen wollen, ist es klug und not-wendig (= wendet die Not), die eigenen Begierden zu zähmen und aufzulösen.

Der Abstieg des Geistes in seine Schöpfung – die „Involution"

Wir wollen nun zuerst das grundlegende Prinzip hinter diesem Abstieg verstehen, denn wenn man das Prinzip einer Sache versteht und durchschaut, ist sie viel leichter und geschickter zu handhaben. Wir haben dargelegt, wie das Leid und die grundlegenden Hindernisse für Lebensfreude aus Anhaftung und Verwicklung entstehen, diese wiederum aus Begierde resultieren, und diese wiederum aus Verblendung durch den Fall des Geistes in die Materie. In der Mythologie wird dieser Vorgang als „Fall" beschrieben, beispielsweise als „Fall aus der Traumzeit" bei den Aborigenes, in der christlichen Religion als „Engelssturz". In der mystischen Philosophie wird dieser Abstieg des Geistes in die Materie als „Involution" (wörtlich = Ein-wicklung, Verwicklung) bezeichnet, der folgende Aufstieg als „Evolution" (= Aus-wicklung, Entwicklung). Dies ist somit nicht nur ein individueller, sondern ein kollektiver Vorgang, der uns alle betrifft, und diese Verwicklung in die materielle Existenz und die notwendige Befreiung daraus geschieht wohl auch *nicht zufällig*, sozusagen als Fehler der Schöpfung, den es in einem sinnvollen, geistigen Universum auch nicht geben könnte, sondern dies scheint vielmehr der ewige und sinnvolle Gang des Geistes zu sein. Aus diesem Kreisprozess von Abstieg und Aufstieg ergibt sich vielmehr seine Unendlichkeit. Das schon erwähnte Gleichnis vom verlorenen Sohn ist lediglich eine vereinfachte sinnbildliche Darstellung dieses Vorgangs von Weggang und Heimkehr, von Involution und Evolution, von Abstieg und Aufstieg, und wir haben darin schon eine gute Idee dieser Wegbeschreibung. Dennoch wollen wir es noch etwas genauer und konkreter untersuchen.

Wie also können wir uns das vorstellen, diesen Abstieg des Geistes in Begrenzungen, diese daraus folgende Verhaftung an die Dinge, Muster, Identitäten? Das ist gar nicht so schwierig, da wir letztlich ein Abbild dieses Geistes sind, Geist vom Geiste. So können wir uns das Prinzip einfach an unserem eigenen Geist klarmachen und begreifen, wie dieser Prozess zustande kommt und noch heute abläuft. Nehmen wir also ein alltägliches Beispiel, um daran zu zeigen, wie der Geist als Beobachter in seine eigene Schöpfung hinabgestiegen ist:

Wir gehen eines Tages ins Theater (oder ins Kino), aus freier Entscheidung und ohne Zwang, rein aus Interesse, etwas zu erfahren, zu genießen. Das aufgeführte Stück haben wir selbst ausgewählt oder vielleicht selbst das Drehbuch mitentworfen. Nun wird es dunkel und still, der Vorhang hebt sich, das Drama beginnt. Noch sind wir unser selbst voll gewahr als das, was wir sind, bloßer Beobachter. Wir richten nun gespannt unsere Aufmerksamkeit ganz auf das beginnende Stück, *noch neutral* allen darin vorkommenden Personen gegenüber. Doch schon bald treffen wir bewusst oder unbewusst die Entscheidung, uns mit einem der Charaktere zu identifizieren, um mit ihm besser mitfühlen und ihn, seine Rolle, Reaktionen, Gefühle und Erfahrungen noch mehr und intensiver erleben zu können. Denn je mehr wir – bewusst oder unbewusst – mit einem Charakter, einer Persönlichkeit identifiziert sind, desto mehr *erleben wir auch die entsprechenden Gefühle*, was nichts anderes sind als E-motionen, Energie in Bewegung, und können daraus auch Erfahrungen sammeln, also lernen. Dies ist auch letztlich der Sinn von Identifikation, und wir erkennen und erfahren durch nichts mehr als durch Gefühle. Wir leiden also mit dem Helden, weinen mit ihm, erschrecken bei plötzlicher Gefahr, triumphieren mit ihm. Diese von uns vorgenommene Verbindung und somit zugleich *die Begrenzung unseres Geistes auf diese Rolle* hat nur einen Nachteil, dass wir *je nach Grad der Identifizierung* mehr oder weniger oder sogar ganz *vergessen, wer wir sind*; dass wir uns unserer selbst, also unseres eigentlichen „Selbst", nicht mehr bewusst sind. Damit nehmen wir aber die anderen Menschen um uns herum ebenfalls nicht mehr als solche wahr, sondern sehen sie nur noch als die Rollen, die sie spielen, reagieren dann auf diese Rollen und handeln aus einer Rolle heraus wie ein Schauspieler, aber nicht mehr wie ein neutraler Beobachter. Ich höre erst auf, wenn ich entweder daraus aufwache oder der Film zu Ende ist.

Genau in dieser Identifikation mit einer Rolle, einer Person und bestimmten Gefühlen liegt die erwähnte Versuchung und die „Gefahr" der Verblendung und Verhaftung, denn *je mehr ich mit etwas identifiziert bin, desto intensiver kann ich zwar etwas erleben, aber desto mehr vergesse ich mein eigentliches Sein*, schlüpfe statt dessen in die Projektion wie ein Schauspieler in seine Rolle. Dabei vergesse ich durch die selbstgewählte Begrenzung auf jene Identität und durch die daraus resultierenden Emotionen, dass dies nur ein selbstgewähltes Spiel, eine Projektion, eine Kreation, eine Aufführung ist und nicht ich selbst. Dennoch ist die Identifikation notwendig, dieses Herabsteigen vom Potential zur Wirklichkeit, ist die Begrenzung und Identifikation mit Einzelnem nötig, um überhaupt etwas unmittelbar erleben und erfahren zu können und um es intensiv auszukosten. Daher müssen wir in bestimmte Rollen schlüpfen, um am Leben überhaupt teilnehmen und um Erfahrungen sammeln zu können, wobei gilt: *Je konkreter, desto intensiver.* Wenn ich mich nur oberflächlich mit etwas identifiziere, kann ich es auch nur oberflächlich erleben. Um mich aber mit etwas voll identifizieren und es voll erleben zu können, ist der Ausschluss von anderem nötig. Der Geist muss also sich selbst täuschen und so tun, als ob er nur noch dies, nicht mehr aber das andere wäre. Hier gerät er aber stets in Gefahr, sich selbst zu vergessen, wie wir bei der Lektüre eines spannenden Buches.

Auch unser Spiel des Lebens beginnt mit solchen Identifikationen wie im Beispiel des Theaterstücks. Spätestens dann vergessen wir, wer wir eigentlich sind, und spielen ganz diese oder jene Rolle, die im Leben ja auch wechseln kann. Wir fühlen und denken wie die Rolle, die uns ganz ausfüllt, zum Beispiel der Missionar, der Finanzbeamte, der gute Lehrer oder der böse Machtpolitiker oder Erzschurke, und treffen dann leider auch Entscheidungen aus der begrenzten und emotionalen Sicht dieser Rolle heraus, statt aus der Sicht des Ganzen. Es macht uns Spaß, unsere Macht und unser Ego auszuleben, bis wir plötzlich mit den Folgen unserer kurzsichtigen Gedanken und Handlungen konfrontiert werden und von den anderen ebenso behandelt, verfolgt und verletzt werden. Nun leiden wir darunter, aber statt nachzugeben, dies zu ändern oder noch besser die Rolle aufzugeben, sinnen wir auf Rache. Wir können nicht mehr aufhören, wir sind bereits so identifiziert, dass wir vergessen haben, wer wir wirklich sind, und können nur noch aus dieser Rolle denken und handeln. Und so – wenn man es übertreibt oder zu ernst nimmt – entstehen letztlich Verblendung und Anhaftung, und diese erzeugen alle unsere *Re*aktionen, unsere Sorgen, Nöte, Ängste, Kämpfe, Feldzüge, und dies führt zu Opfern, Schmerzen und Leid, wie schon dargelegt.

Hier wird deutlich, dass es nicht darum gehen kann, Rollen und Identitäten überhaupt zu vermeiden, sondern vielmehr wie wichtig es ist, diese annehmen und auch wieder loslassen zu können. Wenn schon unser Geist in der Welt in Rollen oder Identifikationen schlüpfen muss, um etwas zu lernen oder zu erfahren, dann müssen wir einfach lernen, uns danach wieder von der Rolle zu lösen, aus der Rolle *auszuwickeln* oder uns daraus weiter zu *entwickeln*. Denn Entwicklung oder Evolution ist notwendig und nicht etwa nur optional. Das beste Beispiel dafür, wie man Verwickeln und Entwickeln optimal handhaben kann, sind wieder einmal natürliche Kinder. Sie wählen beim Spielen genau die Charaktere aus, die sie erleben und erfahren wollen („Ich bin der Harry Potter, wer bist du?" // „Ich spiele den Indianer, und du spielst den Cowboy!"). Wenn sie genügend Erfahrung und Gefühle und Spaß daraus geschöpft haben, und das merken sie daran, das es ihnen langweilig wird, dann lassen sie die Rolle, die Emotion, genau so schnell wieder los. Sie haften nicht daran, denn sie wissen ja, sie können es sich jederzeit wieder neu erschaffen, sie fühlen oder wissen noch instinktiv um die Macht ihres Geistes, ihrer Schöpferkraft.

Warum können wir Erwachsene nicht mehr so leicht aufhören oder loslassen? Weil wir es nicht mehr spielerisch, sondern bitter ernst nehmen. Denn wir glauben eben nicht mehr an die Macht unseres Geistes und unserer Phantasie und Schöpferkraft, glauben nicht mehr, unser Lebensspiel selbst mitgestalten zu können und alle dafür notwendigen Emotionen und Gefühle erschaffen zu können, sondern fühlen uns derart von Äußerem und Materiellem abhängig, dass wir daran wie festgekrallt (angekettet) festhängen. Würden wir diese Identifikationen wie Kinder oder kluge Philosophen nicht so furchtbar ernst nehmen, hätte es nicht diese immense Bedeutung von uns bekommen, dann könnten wir auch wie die Kinder leichter wieder aussteigen, ohne Probleme, und jederzeit ein neues Spiel spielen. Ernst ist ein sehr starker „Kleber", der uns an die Dinge mehr bindet, als uns lieb ist. Folgerichtig ist das beste Heilmittel dagegen „Humor", der ein universales Lösungsmittel für diesen Kleber ist. So beginnen wir zu begreifen, warum nach Christus gerade Kindern das Himmelreich offen stehen soll: Eben weil sie so leicht und humorvoll alles wieder loslassen können, denn das Himmelreich ist nichts anderes, als wieder die reine Natur des Geistes zu erfahren, und dies geschieht, wenn man sich von allen Erscheinungen lösen kann. Wichtiges Ergebnis für unser Leben:

Wir müssen lernen, den Grad der Identifizierung mit einer Sache, Persönlichkeit, Muster usw. mit Humor und Bewusstheit selbst bestimmen zu können, frei und spielerisch hinein- und wieder hinausgehen zu können und uns daraus zu ent-wickeln.

Das Leben in unserer Welt ist nun aber ein noch viel intensiveres Theaterstück oder ein viel mitreißenderer Film – zumal unsere Welterfahrung ja intensiv über viele Sinne zugleich sowie dreidimensional läuft, also eine perfekte „Virtual Reality" und damit eine noch größere Verführung darstellt, wobei die Gefahr der Identifikation mit dessen Erscheinungen, Mustern, Strukturen usw. noch viel größer ist als in unserem Theaterbeispiel. Dabei ist es aber nicht möglich oder erstrebenswert, sich ab jetzt von jeglicher Identifikation fernzuhalten, wie es manche Asketen im Sinne von „Spielverderbern" – letztlich vergeblich – versuchen. Deren vermeintlich geniale Lösung, das Leben überhaupt abzulehnen und nicht mehr mitzuspielen, wie es die Weltentsager aller Religionen oder Richtungen predigen, ist genauso ungünstig für das Bewusstsein, weil dann Erfahrungen nicht mehr gemacht und integriert werden können und es demzufolge stagniert, wie ein völliges Eintauchen und Anhaften, was zu ständigem Leid führt und die Entwicklung ebenso aufhält. Dies sind nur zwei Seiten derselben Medaille.

Wir können also die Involution, den Abstieg des Geistes, nicht einfach ablehnen oder gar das Leben dafür anklagen. Denn Identifikation ist der Anfang jeden Spiels, jeder Rolle, und ohne dies könnte niemand an der Schöpfung und all ihrer Vielheit teilnehmen, und somit könnte der Geist nichts mehr verwirklichen, ohne Schauspieler kein Spiel. Allerdings ist es durch unsere umfassende Freiheit leider auch möglich, sich derart und völlig von der Ganzheit abzusondern und eine bestimmte Identifikation so weit zu treiben, dass man seinen Ursprung ganz vergisst. Es macht also den perfekten Lebenskünstler aus, dabei stets im Bewusstsein zu behalten, dass wir auch noch etwas anderes jenseits der Rolle sind. Wir müssen beim Spiel des Lebens unbedingt die Fähigkeit behalten oder wiedererlangen, Schöpfer zu sein, jederzeit die Rolle ändern zu können und vor allem jederzeit wieder aussteigen und uns davon lösen zu können, voll bewusst und souverän wie große Schauspieler. Denn jene haben den Grad der Intensität des Spiels unter Kontrolle, und dies scheint die optimale Methode, das Spiel des Lebens zu spielen.

Über den Grad unserer Verhaftung und Identifikation mit den Dingen lassen wir uns gern täuschen. Daher kann die folgende recht lustige Übung uns einmal deutlich machen, wie sehr wir an bestimmten Rollen, Verhaltensmustern, Gewohnheiten, Überzeugungen, Erscheinungen verhaftet sind bzw. inwieweit wir die Kontrolle darüber haben und uns leicht davon lösen können.

ÜBUNG 8: Das Lebensspiel bewusst spielen

Zweck: Den Grad der Verhaftung prüfen und zugleich auflockern. Willensstärke schulen

Ziel: Entdecken hartnäckiger Anhaftungen, deren Bedeutung schmälern bzw. sie loslassen

Durchführung:

Listen Sie auf, was Ihre jetzige Persönlichkeit ausmacht, also die wichtigsten Eigenschaften, Gewohnheiten, Vorlieben, Verhaltensmuster. Notfalls fragen Sie Ihren Partner. Listen Sie dann dahinter jeweils auf, was das konkrete Gegenteil davon wäre.

Nun nehmen Sie nacheinander je einen Punkt, und leben Sie mindestens einen Tag lang intensiv dieses Gegenteil. Wenn Sie also ruhig sind, seien Sie sehr laut und hektisch; wenn sauber, dann einmal schmutzig; wenn ordentlich, dann einmal unordentlich; wenn Macho, dann Softie; wenn sanft, dann aggressiv. Kleiden Sie sich einmal völlig gegensätzlich usw.

Wichtig: Haben Sie Spaß daran, wie beim Theaterspielen, und fühlen Sie zugleich Ihre Willensstärke zunehmen und Ihre Macht und Souveränität über Ihre Lebensgestaltung.

Hinweis: Je nachdem, wie schwer Ihnen der Wechsel fällt oder wie viel Widerstand Sie haben, desto verhafteter sind Sie. Doch Sie befreien und heilen sich zugleich davon durch das Ausleben des Gegenteils. Die Rolle, das Muster, verliert an Bedeutung und wird relativ, und Sie werden sich zugleich Ihrer Macht darüber bewusst und haben nun zukünftig die Wahl.

Der Beobachter in uns

Um eine Kontrolle der Intensität der Verwicklung, des Sich-Einlassens überhaupt ausüben oder um sich von jenen Rollen, Dingen und Mustern überhaupt wieder lösen zu können und sich daraus zu ent-wickeln, ist es für uns wichtig, einen Standpunkt außerhalb von Kreation zu haben, denn wir können uns nicht an den eigenen Haaren aus dem Sumpf ziehen. Eigentlich müssen wir ihn nur wieder finden, denn dies ist der Standpunkt des neutralen Beobachters in uns, ein stilles Gewahrsein ohne weitere Definition, von dem aus wir uns übrigens selbst (als Erscheinung) betrachten können, das sogenannte „Höhere Selbst". Hätten wir diesen Standpunkt nicht bereits in uns, so könnten wir uns auch nicht selbst beobachten, nicht über uns reflektieren und hätten überhaupt kein Selbstbewusstsein. Wir können uns logisch nur selbst beobachten, wenn wir zugleich etwas außerhalb von uns sind, von wo aus wir beobachten, und dies sollten wir unbedingt zu erkennen trachten, wie schon die uralten Upanischaden fordern. Dieses sogenannte „Höhere Selbst", dieses höhere Gewahrsein ist selbst keine Schöpfung und kann es nicht sein, da es ja der Beobachter aller Schöpfung und Erscheinung ist, ähnlich wie es beim Traum einen Beobachter gibt, der sich auch später des Traums erinnert. Wir müssen also lediglich zu jenem höheren Bewusstsein, zu jenem in uns bereits verankerten geistigen Standpunkt jenseits von aller Erscheinung wieder erwachen und erkennen, dass wir nicht oder nicht nur Teil der Schöpfung sind, sondern auch Teil jenes Gewahrseins, das das Ganze betrachtet.

Erwachen ist dabei das passende Wort, und der Traum und das Erwachen galten daher zu allen Zeiten als das deutlichste Bild und beste Beispiel für diesen Prozess der Verwicklung (Involution) des Geistes in seine Erscheinung sowie für den Weg zu seiner Befreiung. Im Traum fühlen wir uns ebenso wie in der Welt *nur* als eine bestimmte Person, spielen eine bestimmte Rolle und handeln danach, sind aber in Wirklichkeit viel mehr. Wir sind diejenigen, die (a) diese Traumwelt projizieren und erst erschaffen, um uns (b) dann mit einer Hauptperson zu identifizieren, um diese Welt mit ihren Gestalten zu erleben, Freude und Leid zu erfahren, und sind c) das eigentliche Selbst oder der Beobachter, der den ganzen Traum betrachtet und der sich später daran erinnert. Solange wir träumen, wissen wir durch diese Identifikation mit einer Erscheinung des Traums nicht mehr, dass wir selbst der Träumer und Gestalter sind, fühlen uns somit machtlos und abhängig und können uns nicht mehr von der Rolle lösen, auch wenn wir es in einem Alptraum sehnlichst wünschten. *Dieses können wir erst durchs Aufwachen, was nichts anderes ist als eben jene Erkenntnis, etwas anderes zu sein als der Traum oder dessen Hauptfigur.* Wir müssen also nicht den Traum verändern, sondern in dem Moment des Erwachens steigen wir aus der Schöpfung aus, und dieses Erwachen ist nichts anderes als ein Erkennen eines Standpunktes außerhalb des Traums.

So ist es für uns Wesen, die wir noch in diese Welt und ihre Erscheinungen verwickelt sind, äußerst wichtig, jenen erwähnten Standpunkt, das neutrale Gewahrsein oder den reinen und zugleich wachen Geist außerhalb von Raum und Zeit zu finden, um dadurch selbst zu erwachen und uns durch dieses Wachwerden von bisherigen Abhängigkeiten an jegliche Kreation lösen zu können. Dies ist der Rückweg aus der Bindung und Verwicklung, denn mit dem Erwachen, mit dem Bewusstwerden eines Standpunkts außerhalb unseres Weltentraums fallen automatisch alle Begierden und Kämpfe für und gegen die Traumbilder weg. Selbst wenn ich mich dann nach dem Erwachen für ein bewusstes Weiterträumen entscheide, wie analog bei einem Wachtraum (luziden Träumen), auch dann bin ich nicht mehr verhaftet und jage nicht mehr den Dingen des Traums nach, sondern ich kann sie vielmehr ganz gelassen und humorvoll betrachten und mit ihnen spielen, somit mich auch an ihnen erfreuen. Ebenso kann der Weise oder Erwachte nach dem Erwachen das Spiel des Lebens durchaus weiterspielen, doch er ist zugleich frei davon.

Der Aufstieg des Geistes aus seiner Schöpfung – die „Evolution"

Diesen Vorgang des langsamen Erwachens, den oft langwierigen Prozess der Loslösung von den Erscheinungen oder auch der Vergeistigung nennen wir den Vorgang der Evolution, der Entwicklung. Auf diesem Weg geht es von den vereinzelten und abgegrenzten Teilen zu immer größerer Ganzheit, es ist also der schon angedeutete Weg vom analytischen, alles trennenden Verstandesbewusstsein zum ganzheitlichen, spirituellen Bewusstsein, das um die letzte Einheit aller Dinge weiß, das kein Ding, kein Wesen mehr ausgrenzen muss, sondern sie wie alle Erfahrungen in sich integrieren kann. So wird das Leben wieder zum Spiel, das ohne Anhaftung mit Lebensfreude gespielt werden kann.

Eine gute Frage wäre natürlich: Warum geschieht überhaupt diese Schöpfung und jener kollektive Abstieg des Geistes in seine Schöpfung, nur um sich dann wieder daraus zu lösen? Warum Abstieg, um dann wieder aufzusteigen wie das berühmte Symbol der Schlange, die sich in den Schwanz beißt? Wir wollen es nur kurz andeuten: Aus demselben Grund, aus dem auch unser individueller Geist in Schöpfungen hinein- und wieder hinausgeht, weshalb wir gern Filme schauen, Theater spielen, neugierig sind, auf Reisen gehen, Menschen treffen, Bilder malen, Kunstwerke erschaffen, alles zu erforschen suchen, ohne materiellen Grund und oft unter großen Strapazen. *Wir wollen* es einfach *erleben und erfahren*, und so will sich auch der kosmische Geist erleben und erfahren, auch über uns. Der Geist will sich ausdrücken, seinen Inhalt ans Licht bringen wie ein Künstler seine Werke, – sonst bliebe er ja immer das leblose, dunkle Eine, gleichbedeutend mit dem reinen Nichts –, und lebendiger *Geist ist er eben nur, indem er sich zeigt, erscheint und sich verwirklicht, also Wirklichkeit wird und wirkt.* Diese Notwendigkeit seines Erscheinens, seines Wirkens, ist eben das, was wir Leben nennen, und dies daher ewig, so wie der Geist ewig ist. Somit will der Geist nicht nur etwas erschaffen, sondern durch die Schöpfung selbst erfahren. Es ist sozusagen ein ewiger und doch ewig-neuer Selbsterfahrungsprozess, und dessen Erfüllung im Kleinen (Menschen) wie im Großen (kosmischer Geist) ist eben die wahre Lebensfreude, die *Erfüllung*, die wir suchen, da der Geist hier die in ihm liegende *Fülle* findet. Indem wir dieses Selbsterfahrungs-Spiel mitspielen, Erfahrungen machen, um sie dann aber auch wieder loszulassen, sie also geistig wieder integrieren, wieder „nach Hause" in den kosmischen Geist zurückbringen, erfüllen wir unsere Aufgabe und werden Meister im Spiel des Lebens.

Lebensfreude kommt aus der Erfüllung, Verwirklichung des im Geist liegenden Potentials, unabhängig von der Mühe und dem Aufwand, das ihn das kostet. Lebensfreude entsteht, wenn ich ohne Begierden und Verhaftungen mein Potential, meinen Lebenstraum, meine Fülle verwirkliche, aber ohne daran festzuhalten.

Obwohl wir uns im Leben sicher noch öfter in einzelne Aspekte verwickeln (neu verliebt sind) und wieder entwickeln werden, um eben noch bestimmte Erfahrungen zu machen, so geht die Haupttendenz doch dahin, die bisherigen Verwicklungen und somit auch das entstandene Leid mehr und mehr aufzulösen, sowohl individuell als auch kollektiv, und es zeigt sich weltweit ein Prozess des Erwachens und der Transformation. Zumindest ein Teil der Menschheit scheint langsam den dichtesten Punkt der Verhaftung hinter sich gelassen zu haben, das Stadium des sich von allem getrennt fühlenden Selbstbewusstseins, die absolute Trennung voneinander, den Kampf eines jeden gegen jeden oder, wie Hegel es einst ausdrückte, das Stadium des gespaltenen, unglücklichen Bewusstseins. Möglicherweise wird nun ein neues Zeitalter des Geistes anbrechen, und viele Anzeichen sprechen dafür. Doch wie dem auch sei, dies ist für unseren Weg nicht entscheidend, denn individuell können wir stets und jederzeit, unabhängig von allem zeitlichen und kulturellen Umfeld, diesen Weg gehen, und er ist in der Vergangenheit auch stets – wenn auch nur von wenigen – beschritten worden.

Ist die Verwicklung und Identifikation des Geistes mit den Dingen, bildlich gesehen, also ein Abstieg, so ist der umgekehrte Weg des Aufstiegs, die Evolution, ein Weg der Heilung, der Ganzwerdung. Dies scheint unsere *momentane* und vorrangige Aufgabe zu sein, da wir uns als Menschheit insgesamt innerhalb des Zeitenlaufs bereits auf dem Weg der Rückkehr zum Geist befinden. Anders formuliert: Wir sind bereits Meister im Verwickeln und haben dies ausgiebig durchgeführt, sind aber erst Anfänger im Loslassen, Befreien, Spielen, Entwickeln, und so ist dies jetzt unsere vorrangige Aufgabe. Während auf dem Weg der Involution, dem Abstieg, der Geist durch Auswahl, Definition, Identifikation mit Bestimmtem und durch Ausgrenzung von anderem sich an Erscheinung gebunden und damit Folgen (Karma) für sich geschaffen hat, so geht es im Gegensatz dazu bei der Evolution und beim Aufstieg um Auflösung der Bindungen und Verhaftungen, was man auch modern *Karmaauflösung* nennt. Es geht um *De-identifikation* oder um Loslösung und Loslassen, schließlich auch darum, zugleich mit dem Auflösen der

Muster und Grenzen die dadurch einst verlorene Ganzheit wiederherzustellen, also um Wiederhereinnehmen des Ausgegrenzten, was man auch als *Integrationsarbeit* bezeichnet (lat. integer = ganz).

Beispiel für Verwicklung:

Damit dies nicht zu abstrakt bleibt, wollen wir einmal anschaulich machen, wie diese Involution, dieser Abstieg des Bewusstseins praktisch vor sich gehen könnte, und dazu ein *sehr vereinfachtes (!) Beispiel* gebrauchen, nur einen einzigen Verwicklungsfaden aufgreifen und darstellen, ohne die zusätzliche Verwicklung mit zahlreichen anderen Fäden (= Karmafaktoren) zu berücksichtigen, und dessen mögliche Auflösung aufzeigen, um das Prinzip klarzumachen. Wir nehmen als Beispiel die Identifizierung mit einer religiösen Rolle/Person/Muster:

Als noch offenes Bewusstsein, als noch reines „Ich bin" entscheide ich mich wie ein Filmschauspieler zunächst einmal für eine bestimmte Geburt und ein bestimmtes Umfeld, für einen bestimmten Menschen, mit dem ich mich dann identifiziere: Ich bin Herr/Frau Soundso. Als dieser entschied ich mich schon früh, religiöser Mensch zu sein, wählte aus den Möglichkeiten weiter katholisch-religiöser Mensch zu sein, war ferner aus Interesse an der Mystik vielleicht mystisch-katholisch-religiöser Mensch.

Also waren damit schon die nicht-religiösen, nicht-katholischen und nicht-mystischen Menschen ausgegrenzt, *denn jede Bestimmung ist immer zugleich eine Negation, eine Ausgrenzung*, wie schon der Philosoph Spinoza klar formulierte. Bis hierher ist die Verwicklung noch ohne große Anhaftung oder karmische Konsequenz und könnte recht leicht wieder aufgehoben werden. Doch meist geht der Abstieg des Bewusstseins weiter wie in unserem Beispiel:

Eines Tages definierte ich mich vielleicht wegen der großen Vorbilder jenes Ordens weiter als Dominikaner und kam dadurch in Konflikt mit den vielleicht ebenso mystisch-katholisch-religiösen Franziskanern. Es gab also eine weitere Unter-Definition und Spaltung, worauf natürlich Auseinandersetzungen folgten, mit entsprechenden karmischen Konsequenzen, wobei ich mich durch Bewertung und Verurteilung noch weiter verwickelte und mich zu den „guten" Dominikanern zählte, im Gegensatz zu den „bösen" oder „feigen", die Auseinandersetzungen scheuen. Also musste ich viel Aufwand und Mühe darauf verwenden, Recht zu haben und dies den Bösen zu beweisen, wobei ich jene und deren Freunde bis heute von mir abgrenzen, ausgrenzen, kritisieren, bekämpfen muss.

Der Lebenskampf begann. Im Dienst der „gerechten Sache" musste ich dann leider auch unlautere, unreligiöse Mittel gebrauchen, wurde deshalb verurteilt und sinne nun bei nächster Gelegenheit auf Rache, und so weiter und so weiter, und hier stehe ich nun voll verwickelt im richtigen Leben, *wobei es noch Tausende weiterer solcher Verwicklungsstränge und Schicksalsfäden gibt.*

Das griechische Theaterspiel wurde meines Erachtens deshalb erfunden, um den Menschen solche Verwicklungen vor Augen zu führen und sie zu läutern, das heißt sie aufzuwecken, bewusst zu machen und ihnen so die Chance zu geben, sich davon zu lösen. Denn sollte ich von diesem Spiel genug haben und aussteigen wollen, dann muss ich mich zuerst von meiner Rolle lösen und meine Identifikation auflösen, wozu erst einmal gehört, sie zu erkennen und die Verantwortung dafür zu übernehmen. (Ja, ich tat es /Ja, ich bin so). Dann müssen wir sie relativieren, ihre Bedeutung mindern (nun gut, es ist nur eine Rolle, eine Möglichkeit) und sie schließlich loslassen, möglichst indem wir einen höheren Standpunkt einnehmen, denn sonst fallen wir gleich in die nächste Rolle. Dann müssen wir durch Liebe und Wertschätzung die vorher ausgegrenzten Anteile wieder annehmen und integrieren (Integration/Liebe). Am einfachsten hat dies Christus ausgedrückt mit dem Gebot: Liebe deine „Feinde" *ebenso* wie dich selbst, das heißt akzeptiere und liebe sowohl ausgegrenzte wie angenommene Anteile, und sei dann wieder ganz und heil. In unserem Beispiel könnte die Evolution, die Entwicklung und Lösung, etwa so aussehen:

Beispiel für Entwicklung und Auflösung:

Zunächst sehe ich ein, was ich getan habe, und übernehme dafür die Verantwortung und eine Art von Wiedergutmachung. Ich akzeptiere und vergebe den bislang „bösen" Dominikanern, bitte auch um Vergebung, nun gut, es sind ja meine Brüder, und fühle mich nicht mehr getrennt. In weiteren Schritten kann ich auch alle nicht-mystischen Katholiken wie beispielsweise die Dogmatiker und Theologen annehmen und lieben: „Nun gut, eine Kirche, was soll's." Später vielleicht auch noch die evangelischen Christen, ein großer Schritt der Versöhnung: „Okay, in Ordnung, wir folgen ja alle Christus." Ich kann dies noch weitertreiben und auch die schmerzhaften Auseinandersetzungen und Spaltungen mit anderen Religionsgemeinschaften heilen und überwinden, kann nunmehr nicht mehr nur christlicher, sondern überhaupt religiöser Mensch sein und damit auch alle anderen religiösen Menschen und Glaubenssysteme als gleich-wertig akzeptieren und integrieren: „Nun gut, wir sind ja Kinder desselben Gottes." Wenn ich dann auch noch jene Menschen verstehen und lieben kann, die nicht-religiös sind – „Es sind ja auch Menschen wie wir, mit denselben Sehnsüchten und Leiden" –, dann kann ich mich wieder mit der ganzen Gattung Mensch versöhnen, mich als Mensch unter Menschen definieren und erst dann alle wirklich akzeptieren und lieben – vorher bleibt dies frommer Wunsch. Später, wenn der Prozess noch weiterschreitet, kann ich wie die Bodhisattvas auch alle anderen Lebewesen (Tiere, Pflanzen, Engel, Außerirdische) integrieren, bis ich – wenn auch alle anderen Verwicklungen aufgelöst sind – letztlich wieder völlig ganz und heil bzw. heilig geworden bin.

Dann habe ich nichts mehr außer mir, sondern alles in mir, mein geistiges Sein umfasst alle jene Dinge, Masken, Rollen. Denn sie sind nicht zerstört, aufgelöst oder untergegangen, sondern sie sind jetzt in mir und daher nicht verloren, ich kann sie bei Bedarf jederzeit wieder hervorholen und benutzen, aber nun ohne Anhaftung, vielmehr als gleich-gültige und gleich-wertige Teile von mir selbst. Dies ist übrigens die Essenz der Weisheitslehre der alten indischen Upanischaden und deren Ausspruch: „Tat tvam asi" – „Das bist du".

Wann entscheidet sich ein Mensch zur prinzipiellen Umkehr und zur prinzipiellen Befreiung aus der Verwicklung, so dass wir es zu einem Lebensziel machen und bewusst nach Hause streben? Üblicherweise geschieht die Umkehr an demjenigen Punkt und Zeitpunkt, an dem das Leid, das durch die Entscheidungen aus sehr begrenzten Standpunkten (Egorolle/Muster) gegen die Ordnung und Harmonie des Ganzen entstanden ist (Karma), so groß geworden ist, dass das aus Eigenwillen geschaffene Ego daran zerbricht. Im Mythos, im Gleichnis vom verlorenen Sohn, ist es leider erst das existentielle Leid, dargestellt durch das Hungerleiden des Schweinehirten, welches den Entschluss der Umkehr einleitet, und bei den meisten Menschen dürfte dies ebenso der Auslöser sein. Kluge Leute hingegen werden nicht so lange warten, sondern wandeln sich, wenn sie durch Erkenntnis, Gebet, Bemühen um Wahrheit, Philosophie und Mystik, also durch Verständnis oder Intuition, Eingebung zu grundlegender Einsicht in die Natur der Dinge und Erscheinungen gekommen sind: Die Einsicht nämlich, dass ein solches Identifiziertsein und Verhaftetsein an Dinge, Muster, Identitäten, Situationen immer nur Leid erzeugt, weshalb solches Leben Leid ist und somit eine Änderung, eine Umkehr not-wendig ist (zum Wenden der Not).

Ist der Entschluss zur Umkehr gefasst, so ist der Aufstieg damit noch nicht erledigt, sondern meistens erst der Anfang einer langen Reise. Oft ist noch ein langer Weg zurückzulegen, je nachdem, wie viel karmische Verwicklungen und Verhaftungen sich angesammelt haben, und es gibt vieles auf dieser Heldenreise zu berücksichtigen und zu bewältigen. Hier macht es auch Sinn, sich Hilfe, Unterstützung, gleichgesinnte Weggefährten, sogar einen geistigen oder leiblichen Meister zu suchen. Aber ein Meister muss nicht sein, und Buddha hatte auch keinen, denn es gibt so viele Wege dahin, wie es auch Wege in die Verwicklung gegeben hat. Es gibt daher so viele Wege, wie es Menschen gibt, und der Erleuchtung (= Synonym für völlige Befreiung) ist es bekanntlich egal, wie man sie bekommt.

Den Standpunkt des Höheren Selbst entwickeln

Das Erste und Wichtigste bei diesem Prozess der Ablösung, (Karma-)Auflösung und des Loslassens ist es, wie schon erwähnt, die Erfahrung zu machen, dass es hinter all den Rollen und Mustern noch einen undefinierten Standpunkt gibt, auf den ich mich zurückziehen kann, wenn jene wegfallen, ohne selbst vernichtet zu sein. Dies ist der Standpunkt des stillen Beobachters, mit dem wir uns in unseren sich wandelnden Formen als Kind, Jugendlicher, Mann, Greis und in allen unseren Rollen selbst betrachten können, oder das sogenannte Höhere Selbst. Erst wenn ich hier wieder Fuß gefasst habe, kann ich ohne Angst diese oder jene Rolle loslassen, denn ich bin ja in Wirklichkeit etwas ganz anderes. Diese reine Position ohne weitere Definition können wir auch den Standpunkt des reinen „ICH BIN" nennen, da es zwar ein Standpunkt, aber nicht mehr ein konkreter, bestimmter ist, also nicht mehr „Ich bin Person Maier oder Müller, ich bin Lehrer, ich bin guter Vater, fleißiger Arbeiter, glücklicher Freizeitkapitän usw., habe diese Interessen, Vorlieben und jene Abneigungen". Vielmehr ist dieser Standpunkt jenseits von Definition unser Mittelpunkt, unser Kern, das reine Ich, unsere trotz vielfacher Erneuerung des Körpers von Jugend bis zum Alter gleichbleibende Identität, zu der wir immer „Ich" sagen, auch wenn wir uns inzwischen schon vielfach körperlich wie seelisch gewandelt haben. Es ist dieses reine „ICH BIN", an das wir die jeweiligen von uns ausgewählten Eigenschaften erst heften können, und es ist zugleich der neutrale Beobachter.

Wir nehmen dies als selbstverständlich hin, doch haben Sie sich schon einmal gefragt, woher dieses gleichbleibende „Ich bin" in einer Welt ständigen Wandels kommt? Ist dieses sich gleichbleibende Bewusstsein von sich selbst, von seiner kontinuierlichen Identität, nicht ein Wunder? Ferner, wer sieht und betrachtet denn diese Person, die wir momentan sind, und wie könnten wir sonst uns selbst beobachten oder lieben oder gar über uns lachen? Zu einer

Beobachtung gehören immer Objekt und Subjekt, und wenn wir also unsere Person als Objekt anschauen können, dann muss es ein vom Objekt getrenntes Subjekt geben, also ein darüber hinausgehendes und daher höheres Selbst.

Dieses Selbst haben wir vielleicht vergessen, aber es ist immer da und keineswegs fern von uns. Wir können es ansatzweise immer dann erfahren, wenn wir uns oder die Welt *neutral* und *von außen* betrachten. Es erscheint, wenn der Lärm der Welt leiser wird, da es unsere eigene innere Natur ist. Wir müssen es nicht erst aufbauen, sondern sind, bildlich gesprochen, im Moment nur zu abgelenkt, haben unsere Aufmerksamkeit zu sehr auf den Film der Welt gelenkt, so dass wir den Beobachter im Theater/Kino, d. h. uns als den Zuschauer vergessen haben. Aber ohne Zuschauer könnte keine Welt existieren, wie nun auch die moderne Physik weiß! Daher muss er immer präsent sein. Wenn wir also dieses in uns befindliche „Höhere Selbst" wieder erfahren wollen, müssen wir entweder die Erscheinungen ausschalten, völlig still werden und dort hinein sinken, wie es viele Mystiker praktizieren, oder die Aufmerksamkeit wieder ganz auf neutrales Beobachten der Welt und von uns selbst lenken. Damit werden wir mehr und mehr in diese Position eintauchen, die ja schon immer in uns ist, und diesen stillen Standpunkt ohne Anhaftung und außerhalb der Welt von Zeit und Raum mehr und mehr erfahren und erleben. Damit verbunden ist nicht nur eine große Zunahme von Wertschätzung und Liebe zu aller Kreatur, auch der eigenen, sondern auch von reiner Lebensfreude.

ÜBUNG 9: Den Standpunkt des höheren Selbst einnehmen

Zweck: Abstand bekommen, lösen und freiwerden von Mustern und Anhaftungen

Erwartetes Resultat: Innerer Frieden, mehr Toleranz und Mitgefühl, zunehmende Bewusstheit

Ort, Zeit: Überall, bei allen Ihren Tätigkeiten, Arbeiten, Essen, Reden, Freizeit usw., jederzeit

Durchführung:

a) *Beginnen Sie, sich und Ihr Verhalten immer öfter bewusst zu beobachten. Nehmen Sie sich – ohne die äußere Aktivität zu unterbrechen – geistig aus Ihrer Rolle zurück und betrachten Sie sich und Ihre Tätigkeit oder Ihr Verhalten wie etwas Fremdes. „Aha, der Peter, was macht er denn...?" Einfach neutral zuschauen und* **wahr***nehmen, möglichst ohne Emotionen, mit dem Blick eines neugeborenen Kindes. Bemerken Sie bewusst, was Sie da machen, aber ohne darauf zu reagieren, bis Sie ganz von selbst ständige Achtsamkeit entwickeln.*

b) Wenn Sie etwas geübt sind, betrachten Sie mit demselben neutralen Blick die Welt, die Umwelt, die Mitmenschen, aber unbedingt ohne zu beurteilen. Nehmen Sie willentlich einen rein beobachtenden, wohlwollenden Standpunkt ein, von dem aus alles gleich-wertig und gleich-gültig ist. Bemerken Sie nach einiger Zeit, wie zuerst Ihre Wahrnehmung, dann Ihr Verständnis, Ihr Mitgefühl und Ihre Offenheit zunimmt.
Hinweis: Mit dieser Übung sollten Sie im Leben nie mehr aufhören.

Von diesem Standpunkt aus, wo ich keine Maske mehr, sondern fast reines Gewahrsein bin, mich davon nur noch durch Innehaben eines Standpunktes, einer bestimmten Perspektive unterscheide, von hier aus kann ich nun die angenommenen Rollen und Muster als ausschließlich relativ und zeitweilig sehen, als Masken in einer Theatergarderobe, die ich zeitweise angenommen oder abgelehnt habe. Auch die anderen Menschen mit ihren Masken kann ich nun als gleich-wertige „Schauspieler" und Mitspieler annehmen und akzeptieren. Keine Person (und persona von lat. per-sonare bedeutet wörtlich Maske!) oder Persönlichkeit hat mehr absolute Bedeutung, an der festgehalten oder für die gekämpft werden müsste. Das ganze Leben wandelt sich zum Spiel, zu einer göttlichen Komödie, einer „Divina Comedia", wie es Dante formulierte. Wie schon bei den alten Griechen dient eine Komödie zugleich der Erkenntnis wie auch der Reinigung (Katharsis), um sich von den Dingen zu lösen, indem man über sie lacht. Auch vom Standpunkt des höheren Selbst darf gelächelt werden, vor allem über unsere alltäglichen Rollenspiele, Muster und Verwicklungen. Doch das Ganze ist zugleich kein sinnloses oder überflüssiges, sondern eben göttliches Spiel, und daher für uns Spieler immer auch eine Art Schule, die sogenannte „Schule des Lebens", deren Aufgaben gelöst werden müssen. Man kann dies auf die harte, leidvolle Methode oder aber mit Einsicht und Kunst, der „Kunst der Lebensfreude", auf die leichte Art machen, wodurch die einst harte Lebensschule zur freien Universität wird, in der Lernen sogar Spaß macht.

Denn das größte Hindernis auf dem Weg zur Leichtigkeit des Seins und Befreiung waren und sind die aus dem Ego bzw. aus einer angenommenen Rolle stammenden Begierden und Widerstände. Darin verstrickt, nehmen die Menschen nur noch selektiv und eingeschränkt wahr, jagen getrieben und gehetzt durchs Leben und sind ständig in Kämpfe verwickelt. Die Auflösung der Verwicklung und der damit verbundenen Begierden, Anhaftungen und Widerstände bringt uns nicht nur mehr Gelassenheit, feinere Wahrnehmung, mehr Ruhe und Frieden, sondern auch unmittelbar mehr Lebensenergie und Lebensfreude in unser Leben, da wir unsere Energie nicht mehr in Kämpfen und Sorgen verschwenden. Lebensfreude erscheint ganz von selbst wie die

Sonne, sobald die Wolken sich auflösen oder verschwinden. Sie war immer schon da, kann aber erst leuchten, wenn unsere „Wolken" an Gedanken und Gefühlen, an Begierden und Emotionen, wenn all diese Begrenzungen und Hindernisse beseitigt sind. Doch selbst im verwickelten, „normalen" Leben reißt die Wolkendecke ab und zu auf, und es scheint die Sonne, zumindest für kurze Zeit. Wir alle hatten wohl schon kurze Augenblicke in unserem Leben, in denen wir diese ganz andere Qualität des Seins gespürt haben. Es liegt also nun an uns, dies auszuweiten, uns mehr und mehr wieder unserer inneren Sonne bewusst zu werden, auch wenn wir sie anfangs noch nicht richtig sehen und fühlen können, denn ohne diese Zuversicht hat es sicher wenig Sinn, sich auf den Weg zu machen.

Haben wir dort erst einmal „Anker geworfen", diesen archimedischen Bezugspunkt für uns entdeckt und stabilisiert, können wir nun von jenem sicheren Punkt aus „den Hebel ansetzen" und uns Schritt für Schritt daran machen, die „Stürme" in unserer Seele zu beruhigen und die „Wolken" der uns bedrängenden Gedanken und Emotionen nach und nach aufzulösen, bis nur noch wenige weiße Wölkchen da sind, die uns dann nicht weiter stören. Übrigens ist der beste Indikator dafür, wie viele „Wolken" noch in uns vorhanden sind, die Tiefe und die Zeit, die wir in Gedankenstille oder in völliger Ruhe und Gelassenheit verbringen können. Auf dem Weg dahin können wir noch viele weitere Methoden der Bewusstseinsschulung zu Hilfe nehmen und anwenden. Doch in jedem Fall ist es schon einmal sehr beruhigend zu wissen und vielleicht schon erfahren zu haben, dass es in uns einen Standpunkt jenseits von Zeit und Raum gibt, von dem aus wir Zeit und Raum und alle Dinge darin, auch uns selbst als Person beobachten können, auf den wir uns gerade in schwierigen Situationen jederzeit zurückziehen können. Sehr beruhigend zu wissen, dass wir nicht nur Kreatur sind, sondern solch eine unglaubliche, die ganze Raum-Zeit umfassende geistige Dimension in uns haben.

Die drei Hauptstufen menschlichen Bewusstseins

Nachdem wir kurz das generelle Prinzip der Entwicklung des Geistes skizziert haben, einen Weg zunehmender Freiheit von Anhaftung und Verwicklung, der zugleich ein Weg zu immer größerer Bewusstheit, Wachheit und damit zu mehr Lebensfreude ist, wollen wir nun erkennen, wo wir selbst uns in dieser Evolution des Bewusstseins befinden, auf welcher Stufe unserer geistigen Entwicklung wir stehen, von welcher Ebene aus wir oder auch unsere Mitmenschen denken und handeln. Wir werden daher jetzt konkret die drei wichtigsten Stufen *menschlichen* Bewusstseins betrachten und voneinander unterscheiden lernen, die Ebenen, die jeder Mensch in seinem Bewusstwerdungsprozess durchläuft und erlebt, und dabei erkennen, welche Verhaltensmuster und Begrenzungen darin zu finden sind. Dadurch können wir uns darüber klar werden, aus welchem Bewussteinszustand heraus wir üblicherweise handeln, wo gegenwärtig unsere wichtigsten Aufgaben und Probleme liegen, wie sie zu überwinden sind und wie unsere nächsten Schritte auf dem Weg zu mehr Spiritualität und Lebensfreude aussehen könnten.

Ferner verhilft uns dies auch zu besserer Menschenkenntnis. Wir werden fortan viel leichter erkennen, auf welchem Bewusstseinsniveau sich ein Mensch (hauptsächlich) befindet und aus welchem er üblicherweise handelt und welche direkten Folgen dies jeweils nach sich zieht. Nun kann sicher jeder Weg verschieden eingeteilt und unterteilt werden, je nach Nützlichkeit für den Betrachter. Daher ist unsere Unterteilung in drei Hauptbereiche nur *eine* Möglichkeit, Bewusstseinsniveaus zu strukturieren und zu betrachten. Wir folgen hier der klassischen Gliederung der hegelschen Philosophie, die eine grundsätzliche Einteilung vornimmt in drei aufeinanderfolgende, aber grundsätzlich klar voneinander abgrenzbare Bewusstseinsebenen.

Dabei ist es nicht so, dass wir stets nur an einen Zustand gebunden oder darauf fixiert wären, es sei denn, wir wollten es. Es ist eher so, dass die wenigsten Menschen nur aus *einem* dieser drei Bereiche denken und handeln, denn es ist aufgrund der Freiheit des Menschen prinzipiell immer möglich, den Bewusstseinszustand zu wechseln und beispielsweise als spiritueller Mensch wieder animalisch und als intellektueller auch manchmal spirituell zu handeln und zu empfinden. Bei den meisten Menschen dürften sich also diese Ebenen überlappen, und sicher haben die meisten von uns noch Anteile an allen drei Bereichen. Entscheidend für unsere Klassifizierung aber ist, wo der jeweilige Hauptanteil unseres Denkens und Handelns liegt. Jede Ebene enthält Ansätze und Wege zur Höherentwicklung auf die nächsthöhere oder auch nächsttiefere. Wir teilen nun menschliches Bewusstsein, wie wir es kennen, in folgende drei Bereiche ein, die sich in der Evolution des Menschen üblicherweise nacheinander entfalten, sowohl in der Menschheitsgeschichte wie beim Einzelwesen:

A) Sinnliches Bewusstsein   (= animalisches = instinktives Bewusstsein)

B) Verstandesbewusstsein   (= intellektuelles Bewusstsein = Selbstbewusstsein = Ego)

C) Spirituelles Bewusstsein (= Allbewusstsein als Einheit der Gegensätze)

Letzteres führt in seiner Vollendung zum sogenannten kosmischen Bewusstsein oder „absoluten Wissen", während die sinnlich-animalische Stufe auch noch in weiten Bereichen für das höhere Tierreich gilt. Wir Menschen stehen somit bewusstseinsmäßig noch mit einem Bein im Tierreich, mit einem Bein in geistigen Sphären, haben nach Goethe also „zwei Seelen in unserer Brust, die eine schwebt zum Geiste hoher Ahnen, die andere zum Dust (= Staub)". Doch auch wenn unser Bewusstsein noch Anteil an mehreren Ebenen zugleich hat, lassen sich die Kennzeichen der drei Stufen klar voneinander unterscheiden.

Interessant dürfte für manche der Hinweis sein, und dies ist jederzeit empirisch zu beobachten und nachzuvollziehen, dass die generelle Entwicklung des Lebens und des Bewusstseins in eben der Reihenfolge, wie sie vermutlich in Jahrmillionen der Evolution in Erscheinung trat, bei jedem neugeborenen Menschen komplett noch einmal im Zeitraffer verläuft bis zu dem Punkt, von dem aus er sich nun weiterzuentwickeln hat. Jeder Mensch durchläuft so nach seiner Zeugung noch einmal alle Stadien der Evolution, ist zunächst Einzeller, dann Vielzeller, erlebt in den ersten Wachstumsphasen das Pflanzenreich und dessen fühlendes Bewusstsein, später beispielsweise das Fischbewusstsein in der Fruchtblase im Mutterleib, das höhere Tierreich im Säuglings- und frühen Kindesalter (Vierbeiner, Krabbeln). Schließlich erhebt sich das Kind auf zwei Beine und erlebt menschliches Bewusstsein vom instinktiv-sinnlichen Verhalten bis zur späteren Ego- und Verstandesentwicklung des Jugendlichen und Erwachsenen bis zur Stufe, auf der er nun weiterzuarbeiten hat.

Noch erstaunlicher ist, dass sich analog wie im Mikrokosmos des einzelnen Menschen sich diese Entwicklung auch im Makrokosmos zu vollziehen scheint, also im Menschheitsgeist oder Weltgeist, so dass wir uns hier kollektiv vom Naturmenschen (sinnliches Bewusstsein) zum Zivilisations- und Stadtmenschen (Verstandesbewusstsein) bis hin zum spirituellen Menschen des neuen Zeitalters entwickeln (spirituelles Bewusstsein), wie es jetzt in Ansätzen erkennbar wird. Eine wunderbare Parallele, die zeigt, wie doch alles mit allem verbunden und ineinander verschränkt ist, alles seine Entsprechung hat und sich so auch jede individuelle Entwicklung jedes Einzelnen auf die Entwicklung der ganzen Menschheit auswirken muss. Dies gilt natürlich auch umgekehrt: Auch der kollektive Zeitgeist wirkt auf den Einzelnen, und daher – durch die jetzige kollektive Bewusstseinserweiterung der Menschheit – war der Weg für den Einzelnen noch nie so offen wie heute.

Sinnliches Bewusstsein

Das sinnliche Bewusstsein erlebt die Welt hauptsächlich über die Sinne. Dies ist die unterste Stufe *menschlichen* Bewusstseins, die noch in vielen Punkten dem tierischen Bewusstsein ähnlich ist und daher auch als animalisches Bewusstsein bezeichnet werden kann. Es ist die Stufe des Naturmenschen, der noch unmittelbar wahrnimmt, ohne sich in Konzepte und Gedanken zu verlieren und, auch ohne überlegen zu müssen, unmittelbar und instinktiv handelt. Das Ich definiert sich auf dieser Stufe vor allem als Körper, und somit ist der Fokus der Aufmerksamkeit auch sehr stark auf körperliche Bedürfnisse und Empfindungen gerichtet. Somit stehen Befriedigung, Lustempfinden und Schmerzvermeidung sowie durch Reize ausgelöste Reaktionsmuster hier an erster Stelle und sind neben dem Instinktverhalten Verursacher seiner Handlungen. Seine Kräfte dienen vorrangig dem Ziel der Erhaltung, Stärkung und Bequemlichkeit des Körpers. Wir alle erleben diese Phase nochmals in unserer Kindheit und Jugend, speziell in der Pubertät, und wissen genau, wie sich diese „wilde" Phase anfühlt, in der nicht viel überlegt, sondern gehandelt und (körperlich) erlebt wird.

Diese Bewusstseinsebene zeichnet sich durch *große Empfindungsfähigkeit* aus, da man hier noch nicht die intellektuellen Blockaden und selektiven Wahrnehmungsfilter entwickelt hat. Sie verfügt so einerseits über die reichste, elementarste und wahrhaftigste Erkenntnis, da man hier die ganze Vielfalt der Erscheinungen offen und unhinterfragt annimmt, ähnlich wie ein Kind, und das Verhalten mancher Naturvölker in dieser Phase erinnert uns auch an Kinder. Auf der anderen Seite ist es aber zugleich die einfachste oder ärmste Erkenntnis, da sie die Dinge nicht hinterfragt, einordnet, ihre Gesetze und ihren Zusammenhang nicht versteht, sondern einfach nur begreift, dass sie *sind*, also ihr bloßes Sein feststellt, ohne zu wissen, warum und wieso. Zwar kann die Wahrnehmung hier wie auch bei Tieren noch viel deutlicher, umfangreicher, subtiler, geschärfter, weitreichender sein, wird aber nicht mehr, als für das praktische Leben notwendig ist, verarbeitet und geordnet. So bleibt der Fokus stets bei den neuen, jetzt vorhandenen Wahrnehmungen, bei dem „Dies und Das" der Gegenwart, es gibt hier eigentlich keine Geschichte. Das sinnliche Bewusstsein zeichnet sich durch *starken Gegenwartsbezug* aus, es *lebt vorrangig im Hier und Jetzt*. Probleme werden erst gelöst, wenn sie unmittelbar auftreten, theoretische Fragen wie „was wäre, wenn...." werden hier nicht gestellt.

Gesteuert wird der Mensch auf dieser Ebene noch nicht durch den Verstand, sondern vor allem durch den noch unverdorbenen, natürlichen Instinkt, aber auch durch Trieb und Begierde. Da der Mensch hier stark auf den Körper und Materielles fixiert ist, treten *die körperlichen Bedürfnisse und Begierden stärker* in den Vordergrund, deren Befriedigung noch völlig natürlich und unreflektiert geschieht. Somit gibt es hier ein spontanes, ungebrochenes Freude- und Lustempfinden, um das sie Menschen im intellektuellen Bewusstsein beneiden. Diese Begierden und Instinkte bestimmen daher wesentlich seine Handlungen und Aktivitäten, und so ist auch die Verfolgung von körperlichen Befriedigungen und die Vermeidung von Schmerz der wesentliche Lebensinhalt. Dominanz gegenüber anderen wird folgerichtig durch körperliche Stärke hergestellt, und diese ist auch das anzustrebende Ideal in diesem Zustand.

Durch das unmittelbare Leben im Hier und Jetzt, bei gleichzeitig starker Fixiertheit auf Äußeres, werden die Gedanken und Empfindungen des animalisch-sinnlichen Menschen sehr stark durch äußere Dinge ausgelöst und beeinflusst, sein inneres Empfinden von noch unkontrollierten und daher starken *Gefühlen* geprägt und aufgewühlt, die sich je nach Wechsel der Dinge ebenso schnell verändern können. Das Verhalten ist neben dem Instinkt, der einzig zur Stabilität beiträgt, zumeist von natürlich wechselnden Gefühlen wie auch ständigen Reaktionen auf Äußeres bestimmt. Der Mensch befindet sich hier wesentlich im *Reaktionsmodus*, reagiert sehr leicht und schnell auf Umwelt und Einflüsse, auf bestimmte Schlüsselreize, und hat deshalb wenig Stabilität und Ruhe.

Durch die wenig reflektierte Wahrnehmung und die damit auch noch nicht vorhandene intellektuelle Abgrenzung gegen die Natur und andere Wesen ist der Mensch auf dieser Stufe noch sehr intensiv und innig mit der Natur und seiner Umwelt verbunden. Er ist somit noch nicht von Natur und Welt enfremdet und lebt – auch mit Hilfe des natürlichen Instinkts – dadurch viel natürlicher und gesünder als ein Mensch im intellektuellen Bewusstsein. Auch ist er seiner Gruppe bzw. Sippe sehr nahe verbunden, er hat noch Familiensinn und Stammesbewusstsein. Somit lebt er eher kollektiv, hat sich noch kaum als individuelles Ego/Persönlichkeit entfaltet, denn dafür wären Analyse und Dominanz des Verstandes notwendig. Wegen der hier noch unbewussten Einheit der Welt, der noch nicht eingesetzten Trennung von Ich und Natur, der noch nicht erfolgten Entgegensetzung von Ich und Welt ist sein Selbstbewusstsein – nicht sein Selbstgefühl – erst wenig ausgeprägt. Solch ein Mensch fühlt sich daher mit seinesgleichen mehr verbunden und tendiert zu kollektivem Verhalten, neigt automatisch zum Gruppenverhalten, ob dies nun eine Sippe oder eine Motorrad-Gang oder seine „Einheit" in der Armee ist, und kann wenig mit sich selbst oder „mit seinem Selbst" anfangen. Er braucht dies auch nicht, vielmehr allein das, was seine Bedürfnisse ihm vorschreiben.

Fazit des Lebens in diesem Bewusstseinszustand:

Ein Wesen auf dieser Stufe stellt sich vor, ein Körper zu sein, und ist damit voll identifiziert, ist auf die vorhandene physische Realität fixiert (auf das Dies und Das) und auf die Gegenwart (auf das Hier und Jetzt). Diese physische Realität macht ein solcher Mensch zum Ursprung seines Wohlergehens, und er ist damit auch den physikalischen Gesetzen der Natur unterworfen und ausgeliefert. Die Natur wird noch nicht beherrscht, sondern er folgt ihr. Sein vorrangiges Ziel ist es daher, die Bedürfnisse und Wünsche seines Körpers, seine Leidenschaften und Gelüste zu erfüllen, deren Befriedigung er im Äußeren noch unschuldig, da unreflektiert und ohne moralische Skrupel findet. Seine Aktivitäten sind geprägt von Lustgewinn, roher Kraft, physischer Überwältigung, Kampf ums Überleben, auch mittels Nachkommenschaft. Der Tod ist ihm natürlich und kein prinzipielles Problem. Das tägliche Leben und Handeln ist vor allem gegenwartsbezogen, ein instinktives Leben im Hier und Jetzt, denn eine imaginative Zukunft, wie sie ein Verstand ausdenkt, existiert nicht, und die Vergangenheit wird schnell vergessen. Daher gibt es hier auch keine Geschichte oder Geschichtsschreibung. Ein solches auf Körper, Äußeres, Umwelt fixiertes Bewusstsein wechselt sehr stark in seinen Inhalten und Gefühlen und findet keine Stabilität. Seine Handlungen sind meist *Re-aktionen* und daher meist fremdbedingt, von außen verursacht. Damit wird er über Belohnung und Schmerz auch wie ein Tier zähmbar und manipulierbar, wie es ja in den Armeen dieser Welt bis heute ständig praktiziert wird. Wer dieses Wissen hat, kann solche Menschen leicht steuern.

Dieser endlos sich wiederholende Zyklus von Schmerz und Lust, Hunger und Sättigung, Freude und Leid, Geburt und Tod, ohne je zu Ruhe oder endgültiger Be-friedigung, also zum Frieden zu kommen, ist schließlich der Ansporn für ein solches Wesen, sich aus dieser Ebene heraus zum nächsthöheren Bewusstseinszustand weiterzuentwickeln. Es beginnt, sich über all das Gedanken zu machen, darüber zu reflektieren, den Verstand zu gebrauchen und damit zum folgenden intellektuellen Bewusstseinszustand weiterzugehen. Man findet hier zwar elementare Lebenskraft und Lebensfreude, aber sie ist hier äußerst flüchtig und vergänglich, und aus diesem Grund ist es nicht ratsam, wahre Lebensfreude hier zu suchen.

Verstandesbewusstsein – Selbstbewusstsein

Das Wesen kommt nun dazu, die Wahrheit und Erfüllung nicht mehr im Äußeren, im wechselnden „Dies und Das" der Erscheinungen zu suchen, wo sie ja nicht zu finden war, sondern anderswo, und das einzige Andere gegen die Natur und die sinnlichen Erscheinungen findet es bei sich selbst, als *es selbst*. Es erkennt sich auf dieser Stufe als ein der Welt gegenüberstehendes und vom Äußeren unabhängiges und selbstständiges Wesen. Es kann von diesem Standpunkt des neuerwachenden Ego aus das Äußere beobachten, erkennen, ordnen, klassifizieren, mit Namen versehen, *bearbeiten* und letztlich auch beherrschen. Hier entstehen schließlich Technik und Wissenschaften. Der Mensch wird sich hier plötzlich der Kraft und Überlegenheit seines Verstandes, seines Intellekts und dessen Vermögen bewusst. Er wird sich somit *seiner selbst als Verstandeswesen bewusst*, nicht mehr nur als körperliche Erscheinung, und er entwickelt damit ein ausgeprägtes Bewusstsein *von sich selbst*, ein der Welt entgegengesetztes Selbstbewusstsein, das er früher nicht hatte. Daher nennen wir diese Stufe des Verstandes oder des intellektuellen Bewusstseins zugleich die Stufe des Selbstbewusstseins, des Ego, und dies ist auch die Stufe, die den meisten Menschen unserer Zivilisation am vertrautesten sein dürfte.

Aus diesem Selbstbewusstsein entsteht Auseinandersetzung mit der Welt. Sie wird nicht mehr so belassen, sondern nach eigenem Ermessen verändert und ggf. auch ausgebeutet. Alles ist nicht mehr um seiner selbst willen da, und man nimmt nicht nur, um die körperlichen Bedürfnisse zu befriedigen, sondern alles ist jetzt auf das Ego bezogen, das nun Land, Wasser, Tiere, Bodenschätze besitzen und ausbeuten will. Hier entstehen Arbeit, Technik, Wissenschaft sowie auch Besitztümer um des Besitzens willen. Doch das Wichtigste auf dieser Stufe ist die Abgrenzung gegen andere, der Kampf der Individuen nicht mehr um Beute oder Lustgewinn, sondern nun um Herrschaft und Macht an sich, um der eigenen Bedeutung willen. Status, Macht und Anerkennung sind die wichtigsten Bedürfnisse des Ego. Es entsteht ein Kampf der Überzeugungen und Glaubenssysteme, wie er dem sinnlichen Bewusstsein völlig fremd war. Denn das Ich entwickelt über seinen Verstand nun Vorstellungen, Konzepte von sich selbst und versucht dann seine Konzepte durch Anerkennung von anderen bestätigen zu lassen. Anders als im sinnlichen Bewusstsein, in dem sich das Ich als Körper definierte, sieht es sich auf dieser Stufe hauptsächlich als Identität, Persönlichkeit, glaubt, eine einzigartige Ansammlung von Überzeugungen, Merkmalen und Mustern, also ein ganz besonderes Ego zu sein, getrennt von allen anderen, und je besonderer und je abgehobener von der Masse, desto besser. Ganz im Unterschied zum animalischen Bewusstsein, für das beispielsweise körperliche Kraft und materielle Dinge, Essen, Sex usw. das Wesentliche waren, definiert sich das intellektuelle Bewusstsein vor allem durch Wissen, Verstand, Überzeugungen, Macht seines Wortes, Persönlichkeit, Schlauheit, überhaupt durch seine besonderen Fähigkeiten und Persönlichkeitsmerkmale, insbesondere aber durch seinen Rang und Status und seine Bedeutung im sozialen Umfeld oder in der Geschichte (Ruhm). Es glaubt also ein besonderes, einzigartiges Wesen zu sein, das bei anderen Bestätigung sucht und demzufolge konkurrieren muss, eine individuelle Persönlichkeit mit ganz speziellen Vorstellungen, Neigungen und Abneigungen, die es allerdings noch nicht als seine

Schöpfung bzw. Masken erkennt; vielmehr glaubt es, dies sei eben seine Natur, dies mache sein grundlegendes Wesen aus. Es ist ein starkes Ego entstanden, als Gegenpol zur Welt.

Hiermit setzt in vielerlei Hinsicht *Trennung* ein. Durch Erkenntnis seiner Einzigartigkeit, durch die Entwicklung des Ego und den Gebrauch des Verstandes (Analyse=Trennung) setzt es sich nun anderem entgegen, trennt sich von allem und fühlt sich auch getrennt: „Hier bin ich, dort die mir fremde Umwelt, die konkurrierenden Menschen." *Es setzt sich der Natur gegenüber*, die ihm daher fremd und feindlich geworden ist, versucht sie zu beeinflussen oder zu überwältigen, und dies begünstigt das Aufkommen der empirischen Wissenschaften, der Technik, der Wissensanhäufung um der Beherrschung willen, der Eroberungen und Expeditionen, der Gipfelbesteigungen und des Bezwingens der Natur, für das der sinnliche Mensch noch keine Notwendigkeit sah. *Es setzt sich als Persönlichkeit auch seinem Körper gegenüber*, der ihm nun ebenfalls eher als etwas Fremdes, Unzulängliches gegenübersteht, und *es setzt sich den Dingen gegenüber*, die man nun handhaben, sich zu Diensten machen muss. Der Verstand ist ja das Werkzeug des Ur-Teilens, des digitalen Aufspaltens. Alles wird in eine Ja-Nein-Struktur aufgetrennt und aufgespalten, ein Drittes oder eine Einheit – außer der quantitativen Menge – gibt es für ihn nicht. „Hier bin ich, dort die Welt, ich bin vernünftig, die Welt ist unvernünftig. Ich bin eine Persönlichkeit oder eine Seele, dort ist die leblose Materie." So fällt hier alles auseinander, der Mensch wird durch den Verstand von allem getrennt, von der Einheit mit der Natur wie auch vom Göttlichen, das er früher als Naturmensch noch instinktiv anbetete und mit dem er sich verbunden wusste. *Gott wird nun ein Konstrukt des Verstandes*, und *Gott ist jetzt fern* und unvereinbar mit dem Dasein, da auch Gott und Welt auseinanderfallen. Alles wird vom Verstand analysiert, zerteilt, gemessen, eingeordnet, kategorisiert, und dies führt schließlich zum Zustand größtmöglicher Vereinzelung, ein Zustand, den man humorvoll mit der Phrase beschreiben könnte: „Jeder gegen jeden und Gott gegen alle." Das Leben ist Mühe und Kampf, es ist zweifellos die leidvollste Phase des Bewusstseins, und daher nannte Hegel diesen Zustand auch sehr treffend das „unglückliche Bewusstsein".

Der Mensch auf dieser Bewusstseinsstufe fühlt sich nun auch von den anderen Lebewesen wie den Tieren getrennt und durch seinen Verstand ihnen überlegen und beginnt sie nicht nur zu beherrschen, wie schon im sinnlichen Bewusstsein, sondern sie unbegrenzt auszubeuten, da er durch die Trennung das von ihm angerichtete Leid nicht mehr fühlt. Tiere werden zur Sache. Ebenso verfährt er aber auch mit seinen Artgenossen, tut Leid und Ausbeutung immer mehr anderen Menschen an (vgl. industrielles und imperialistisches Zeitalter), von denen er sich ebenfalls getrennt und denen er sich dazu noch überlegen fühlt. Da von diesem Standpunkt aus jeder Mensch absolut individuell ist, sich individuell behaupten und im *Daseinskampf* bestehen muss, entstehen hier diejenige *Isolierung und Einsamkeit* des verstandesbetonten Ego-Menschen, der das Selbstbewusstsein auf die Spitze treibt, alles zerlegt und sich von allem sondert – wie wir ihn heutzutage real erleben können, als *Mensch des industriellen und des modernen Zeitalters*. Alle werden immer mehr voneinander isoliert, die Großfamilie wird zur Kleinfamilie und endet schließlich beim Singledasein. Trotz Überbevölkerung entstehen Einsamkeit und emotionale Kälte, die Menschen entfremden sich. Es ist ein sehr unglücklicher Zustand, an dem heute trotz Überfluss viele Menschen kranken, und daher der wahren Lebensfreude noch mehr entgegengesetzt und weiter entfernt von ihr als das sinnliche Bewusstsein, das wenigstens unmittelbare Lust, spontane Freude und sinnliche Befriedigung kennt.

Das Ego als Karikatur des Selbst ist hingegen kaum je zu befriedigen. Als Hauptakteur dieser Stufe muss es sich ständig behaupten, beweisen und rechtfertigen. So ist der Fokus seiner Aufmerksamkeit vor allem auf *Selbstbehauptung*, auf Status, Macht und Einfluss gerichtet sowie die Mittel (wie Geld), um dies zu bekommen. Zur *Selbstbestätigung* braucht das Ego nun die Zustimmung anderer und möglichst vieler Menschen, die mit allen möglichen Mitteln und unter großen Opfern durchgesetzt wird. Auch sieht es die Wahrheit nur bei sich selbst und den Anhängern, da es beim Verstand nur richtig und falsch gibt und daher die eigene, einmal angenommene Wahrheit die richtige sein muss –, es drängt daher auf Durchsetzung seiner Ideen und Überzeugungen, also Missionierung. Alle diese Dinge hatten im noch animalischen Bewusstsein, das auf Lustgewinn, Körper und materielle Objekte um ihrer selbst willen gerichtet war, wenig Bedeutung. Im Verstandesbewusstsein hingegen wird auf den Körper und dessen Bedürfnisse keine Rücksicht genommen, sie sind nur Mittel zum Zweck, sie werden geopfert für abstrakte Ideen und Inhalte, für Ideologien und Überzeugungen. Jeder Schmerz wird auf dem Weg zum Ruhm oder zur Macht ertragen und jede Pein auf sich genommen, und ganze Völker werden hingeschlachtet für die Konzepte und Vorstellungen des Verstandes wie Ruhm und Ehre, Gottesvorstellungen und religiöse Überzeugungen, politische Utopien, soziale Ideen – allesamt bloße Konstrukte des Verstandes, der in seiner Ja-Nein-Struktur nur die Möglichkeit wahr-falsch hat, und so sind alle entgegengesetzten oder anderslautenden Überzeugungen „logischerweise" falsch oder zumindest unzureichend. Der Schlüsselsatz lautet hier: „Wer nicht für mich ist, ist gegen mich." Diese anderen müssen dann bestraft, gebessert, missioniert, indoktriniert, bekämpft werden, ein Kampf ohne Ende.

Überhaupt muss in diesem Zustand *viel gekämpft und gearbeitet, geleistet* werden. Es muss gekämpft werden, um die eigenen Ansichten und Vorstellungen durchzusetzen; gearbeitet werden , um die ihm nun feindliche und unberechenbare Umwelt und Natur, ja selbst den eigenen Körper zu überwältigen, sich die Natur untertan zu machen, sie zu bezwingen und mittels ihrer Kräfte und Rohstoffe dann Macht auszuüben. Der Verstand denkt nur linear und quantitativ (je mehr, desto besser), und so wird folgerichtig weit jenseits dessen gearbeitet und produziert, was der Mensch eigentlich braucht oder was ihm Freude bereiten würde. Schließlich wird gar eine gigantische Überproduktion ausgelöst, die dann wieder mit viel weiterer Arbeit vernichtet oder beseitigt werden muss. Nach diesem Denken ist dies logisch und folgerichtig. Hier geht es eben nicht um Werte wie Lebensfreude, Ruhe oder Kreativität, sondern um Menge, Macht und Beherrschung, letztlich immer um Selbstbestätigung und Befriedigung des Ego. Da der Verstand sagt: je mehr, desto besser, gilt es also immer mehr, immer schneller, immer größer zu produzieren und zu gestalten, sogar wenn dies völlig kontraproduktiv ist und dadurch immer mehr (Natur, Umwelt) zerstört wird. Dies ist zwar nicht vernünftig, gibt keinen Sinn, ist aber sehr wohl dem Verstand gemäß, der Sinn und Vernunft – das ganzheitliche Geistige – nicht kennt. Somit ist dieses Bewusstseinsniveau auch die Ebene der Macher, des grenzenlosen Wachstums oder Fortschritts, der ausufernden Konzerne und Fusionen, der Nützlichkeits- und Leistungsgesellschaft, der steten Produktionssteigerung, selbst wenn sie dann – wie in der modernen Agrarwirtschaft – mit viel Aufwand und Geld wieder vernichtet werden muss und dabei noch ihre eigenen Grundlagen zerstört. Es ist ein Bewusstsein, in dem unglaublich viel gearbeitet und geleistet werden muss, bis zur völligen Erschöpfung (Burn-Out-Syndrom) des Einzelnen. Alles nur, weil das Ego sich nur dadurch bestätigt sieht und sein Werkzeug, der Verstand, nur in Kategorien von Quantität, nicht aber von *Sinn* und *Qualität*, *Wert* und *Glück* denken kann, und daher – von einer höheren Bewusstseinsperspektive aus gesehen – *sinn*-los, *qualitäts*-los und *wert*-los ist, zumindest für unser wahres Lebensglück.

Ein großes Problem ist hier, dass die *Wahrnehmungsfähigkeit in diesem Zustand stark eingeschränkt ist.* Die neutrale Wahrnehmung wird verfälscht und verzerrt, da der Verstand eine Unmenge von Konzepten und Vorstellungen von richtig und falsch, von Mustern, Überzeugungen, Anzunehmendem und Abzulehnendem dazwischen oder davor schiebt. Durch diese mentalen Filter, was sein darf und was nicht, was wissenschaftlich ist und was nicht, was moralisch ist und was nicht, was bestraft und was belohnt wird, wird stark selektiv wahrgenommen, Unpassendes von vornherein herausgefiltert, anderes in einen künstlichen Zusammenhang gebracht. Der Mensch denkt hier so sehr in Konzepten und Vorstellungen, in mentalen Konstrukten, wie beispielsweise in der Wahnvorstellung eines „heiligen Krieges", dass alle Wahrnehmung nur noch in eigene Schemata und Kategorien eingeteilt und die Welt so strukturiert wird, dass neue Inhalte nur noch nach diesen Konzepten bewertet und ausgewählt werden. *Dadurch verliert die Wirklichkeit an Bedeutung*, und es wird dadurch manches gar nicht mehr wahrgenommen oder sogar geleugnet und verdrängt, vor allem solche Inhalte, die nicht in das jeweils angenommene, momentane Konzept passen und damit als „falsch" oder als „unmöglich" klassifiziert werden. Es findet eine selektive Wahrnehmung statt, selbst in der angeblich „objektiven Wissenschaft", in der es – wenn sie wirklich neutral und objektiv wäre – Gutachten und Gegengutachten gar nicht geben dürfte.

Somit gibt es im Verstandesbewusstsein viele intellektuelle Sackgassen, also mentale Konzepte, Überzeugungen und Konstrukte, aus denen der Mensch wie in einem Labyrinth kaum noch herauskommt, da diese Konzepte, die er geschaffen hat, nun ihn und seine gesamte Wahrnehmung wiederum bestimmen und weder die Wirklichkeit noch sein inneres Gefühl ihn mehr zu korrigieren vermag. Denn Gefühle und Emotionen werden im Unterschied zum sinnlichen Bewusstsein hier als eher hinderlich empfunden oder vom Verstand abgewertet als noch zum animalischen Bewusstsein gehörend oder als unwesentlich und belanglos abgetan. So entstehen auf dieser Stufe *Ängste* ohne äußere Ursache oder realen Hintergrund, rein aufgrund von Vorstellungen, und es gibt nichts, was sich ein Verstand nicht alles ausdenken könnte, ob es Angst vor den Dämonen, gefährlichen Bakterien oder Mitmenschen bestimmten Glaubens sind, vor Cholesterin, vor dem Fliegen, vor der Zukunft, ja sogar vor Gott! Hier ist der Verstand sehr kreativ, und er kann Ängste auch beliebig vergrößern.

So kommt es einzig auf dieser Stufe zu dem Phänomen der Selbsttötung, nicht etwa weil der Körper unheilbar krank wäre, sondern aus Überzeugungen und Vorstellungen des Verstandes, die das einzelne Ego gesammelt hat: zum Beispiel Unrecht erlitten zu haben, zu klein, zu groß, zu wenig geliebt zu sein, keine Anhänger, kein Geld oder keine Macht mehr zu haben. Oder der eigene Status ist negiert oder beleidigt worden (sehr beliebt), oder die Vorstellungen des Verstandes über die Welt waren anders, als diese sich zeigt, und so ist *der Selbstmord* der vermeintlich *letzte Triumph des Ego über das Leben* und dessen Trieb zur Lebenserhaltung. *Einzig hier plant der Mensch gezielt seine Selbstzerstörung, sowohl individuell wie kollektiv durch Atomwaffen.* Kein Tier würde je so etwas tun, und ein spirituelles Wesen schon gar nicht. Das vereinzelte Ego aber meint, wenn es in seinen Vorstellungen und in seinem Machertum oder Machtwahn an unüberwindliche Grenzen des Lebens und der Wirklichkeit stößt, nicht etwa sich oder seine Vorstellungen, sondern jenes Leben zerstören zu müssen und dadurch doch noch zu triumphieren, indem es dem Leben die Grundlage nimmt. Es hat dann „Recht behalten", und das ist ihm das Wichtigste. Doch auch wenn es nicht gleich so weit kommt, so lässt doch der Verstand oft durch seine vermeintliche Besserwisserei die Seele und den Körper leiden, und sei es beispielsweise nur dadurch, dass er dem Körper vorschreibt, welche Diät und Ernährung für ihn das Beste ist, und diese ihm aufzwingt, anstatt auf dessen Bedürfnisse zu hören.

Der *Zeitbegriff* ist hier im Gegensatz zur Stufe des sinnlichen Bewusstseins kaum noch auf Gegenwart, auf das Hier und Jetzt bezogen, sondern vielmehr stark auf Vergangenheit und Zukunft ausgerichtet, welche wiederum – welch Zufall – natürlich Kategorien des Verstandes sind. Da es dem Verstandesmenschen sowohl an Instinkt (wie im sinnlichen Bewusstsein.) als auch an geistiger Intuition und Führung fehlt (wie im spirituellen Bewusstsein), bezieht er die Muster seines Handelns und Denkens vor allem aus der Erinnerung und somit der Vergangenheit oder bewertet und urteilt aufgrund früherer Erfahrungen. Allerdings kann er auch mittels seines Denkens wie beim Schachspiel linear vorausberechnen. Hinsichtlich der Zukunft macht er sich Sorgen, berechnet, plant und extrapoliert vorhandene Daten zur Zukunftsberechnung, nur um meistens erkennen zu müssen, dass es anderes kommt, als er denkt. Da das Leben und die Zukunft also unberechenbar bleiben, macht er sich umso mehr Sorgen nach dem Motto: „Was wäre, wenn...", und berechnet umso mehr mögliche Szenarien und Möglichkeiten. Der Mangel an Gegenwartsbezug und Wirklichkeitsnähe ist neben dem Verhaftetsein in Vorstellungen und mentalen Konzepten ein weiterer Grund, dass in diesem Bewusstseinsbereich selbst unmittelbare und natürliche Lebensfreude, beispielsweise aus den kleinen Dingen des Alltags, aus der Gegenwart und den Mitmenschen, kaum aufkommen kann. Die Gegenwart ist für ihn belanglos, verglichen mit seinen Zwecken und Konzepten, und allenfalls als Pause für spätere Leistungssteigerung akzeptabel.

Aufgrund des Vergangenheitsbezugs wird auch das Verhalten hier erheblich vom Gedächtnis, von früheren Erfahrungen und vom erlernten, gesammelten Wissen bestimmt, da der Verstand hauptsächlich auf sein Wissen als Quelle seiner Macht zurückgreift, auf tradiertes Fremdwissen aus Büchereien oder auf indoktriniertes Wissen und frühere Muster, die sich als nützlich und erfolgreich erwiesen haben. Das Handeln wird hauptsächlich durch das Denken bestimmt, ganz im Gegensatz zum sinnlichen Bewusstsein wird nicht einfach reagiert, sondern die Handlungen werden bedacht und durchdacht, mit Mustern der Vergangenheit verglichen, Alternativen werden entwickelt und die Konsequenzen für die Zukunft überlegt. Das typische Verhalten auf dieser Ebene entspricht also dem eines Schachspielers. So sind die Handlungen des linear denkenden Verstandes aus Vergangenem abgeleitet, bestenfalls brillant durchdacht, niemals aber innovativ, kreativ und wirklich überraschend. Große Ideen, Neuerungen oder Erfindungen sind aus diesem Bewusstseinszustand nicht zu erwarten.

Fazit des Lebens in diesem Bewusstseinszustand:

Das Ich glaubt hier nicht mehr ein Körper, sondern eine dem Körper entgegengesetzte, eigene Persönlichkeit, also ein Ego zu sein. Es definiert sich daher nicht mehr so sehr durch seine körperlichen, sondern durch seine Persönlichkeitsmerkmale, worin es sich von allen Lebewesen, aber auch von anderen Wesen seiner eigenen Gattung zu unterscheiden sucht. Das Ego wird hier enorm gestärkt, und dadurch entsteht zugleich eine grundlegende Vereinzelung der Wesen, welche durch Unterscheidungsvermögen und Urteilsfähigkeit, durch scharfe Analyse sowie ausgiebiges Bewerten und Verurteilen noch weiter verschärft wird. Da durch die Abgrenzung voneinander hier nun jeder gegen jeden steht, versuchen sich die einzelnen Egos gegeneinander zu behaupten und Macht zu erringen rein um der Anerkennung und Selbstbehauptung willen. Drang nach Ruhm und Macht entsteht, und dafür werden Materielles und Körperliches geopfert. Durch Zunahme des Eigenwillens gegen die Interessen des Ganzen entstehen hier Hass und Konflikte nicht mehr so sehr um vorhandenes Materielles, um Frauen, Beute, Nahrung oder Annehmlichkeiten wie im sinnlichen Bewusstsein – solches wird jetzt eher „für die gerechte oder heilige Sache aufgeopfert" –, sondern es geht um Vorstellungen, mentale Konzepte, Glaubenssätze und die dadurch notwendige Beurteilung, Verurteilung und Vernichtung anderer. Dadurch entsteht Kampf um die Durchsetzung der „richtigen" Lehre oder des „richtigen" Glaubens oder um die Anerkennung der eigenen Persönlichkeit, also ein Kampf nicht um materielle, sondern um intellektuelle Vorherrschaft und Superiorität. Denn wer diese innehat, kann indoktrinieren und erziehen, kann Recht sprechen und Paradigmen vorgeben. So streiten, kämpfen, foltern und töten die Menschen auf dieser Ebene einander um bloßer Ideen und Überzeugungen willen, mit großem Aufwand und entsprechendem Leid und Verlusten. Die Weltkriege sind ein Beispiel dafür.

Auf dieser Ebene herrscht nicht der physisch stärkere, sondern der intelligentere Macher, der wortgewandte Redner und Demagoge, überhaupt derjenige, der anderen seine Überzeugungen aufzwingen, der damit ganze Armeen indoktrinieren, ganze Völker sich gefügig machen kann, die dann jene Überzeugungen ausführen müssen, selbst wenn sie ihnen faktisch viel Leid bringen und Opfer abverlangen. Hier werden Menschen „um der Idee willen" alle körperlichen Strapazen auf sich nehmen, grausam gegenüber sich selbst und anderen sein, werden versuchen andere zu missionieren und zu kontrollieren und gegen die nichtbekehrbaren „Ungläubigen" zu kämpfen. Da es aber nie gelingen wird, alle anderen Egos zu überzeugen oder zu töten, so hat der Kampf nie ein Ende, so wenig wie die Arbeit und Leistung, die man zur Natur- und Weltbewältigung aufgrund dieser Überzeugungen erbringen zu müssen glaubt. Die nicht vorhandene Belohnung oder Lebensfreude wird in die Zukunft projiziert, und dies ist nicht nur in Ideologien und Religionen so, sondern überhaupt bei Glaubenssystemen aller Art.

Da dem Werkzeug des Ego, dem Verstand, ferner die Vernunft oder die Fähigkeit mangelt, Geist und Sinn zu begreifen, schon gar nicht den Sinn des Ganzen, so ergeben seine Handlungen für sich keinen Sinn, sind also sinn-los. So wird beispielsweise in diesem Zustand zur Selbstbehauptung globale atomare Vernichtung angedroht, obwohl gerade dadurch auch das eigene Selbst für immer vernichtet würde. Oder es wird ständig mehr produziert, obwohl dadurch die Lebensgrundlagen für jegliche Produktion immer mehr zerstört werden. Daher laufen die Aktivitäten nur auf ein sinnloses Mehr, Schneller, Größer hinaus, bis der Einzelne (Burn-Out) oder das System auch hier an der eigenen Überforderung oder Erschöpfung oder einfach am eigenen Wachstum zugrunde geht wie eine Krebskrankheit, die sich ebenfalls durch ihr eigenes *sinn-loses*, da lineares und grenzenloses Wachstum selbst tötet. An diesem inneren Widerspruch, der Erschöpfung durch endlosen, mühevollen Kampf der Meinungen und Egos und seiner Sinn-losigkeit geht das Verstandesbewusstsein zugrunde und gelangt damit über sich hinaus. Irgendwann wird nach dem Sinn all der Mühe und des Kampfes gefragt, und so gelangt der Geist durch die einsetzende Sinnsuche zu einer höheren Stufe, der spirituellen Bewusstseinsebene.

Spirituelles Bewusstsein – ganzheitliches Bewusstsein

Während nun das sinnliche und das intellektuelle Bewusstsein einander entgegengesetzt und daher gegensätzliche Zustände sind wie Pol und Gegenpol, so ist das spirituelle Bewusstsein mehr als eine umfassende und übergeordnete Synthese zu betrachten, ein ganzheitlicher Zustand, in dem die bisher entwickelten Fähigkeiten wie überhaupt alle Dinge und Erscheinungen wieder in eine Einheit verschmolzen werden. Diese Ebene enthält darum zwar alle bisherigen Möglichkeiten in sich, beispielsweise auch die des Verstandes – hier aber als Werkzeug, nicht Herrscher –, geht aber zugleich darüber hinaus und weist völlig neue Qualitäten auf. Insofern ist es auch kein Rückschritt wieder zurück zum sinnlichen Bewusstsein, sondern ein Fortschritt. Zwar fordern und sehnen sich Menschen im Zustand des unglücklichen, intellektuellen Bewusteins (wie Rousseau) wieder „zurück zur Natur", zurück zum Naturmenschen, auch versucht man gelegentlich alte magische und mythische, schamanistische Verhaltensweisen wieder zu aktivieren, doch ist solch ein Rückschritt so wenig möglich wie ein Erwachsener wieder Kleinkind werden kann. Er kann dies nur im übertragenen Sinne und kann weise werden wie die Kinder, aber mit Bewusstheit, und dies macht eben den Fortschritt aus. So ist auch der Versuch, zum archaischen, mythisch-magischen, sinnlichen Bewusstsein zurückzukehren von vornherein zum Scheitern verurteilt. Wenn wir des Ego und der Auseinandersetzungen des *sinn*losen intellektuellen Verstandesbewusstseins müde sind, dann können wir einzig zum *Sinn*, zur *Vernunft*, zum spirituellen Bewusstsein weiterschreiten, und somit erscheinen hier neue Qualitäten wie vernünftig, sinnvoll, harmonisch, alles in ihm enthaltend und aufeinander bezogen, daher ist nichts mehr vereinzelt, sondern alles in Einheit. Die bisher gewonnenen Fähigkeiten und Talente, auch die jetzt wiederentdeckten des sinnlichen Bewusstseins, sind nun lediglich Instrumente, dessen sich das Wesen nach Wunsch bedienen kann, von denen es aber nicht mehr dominiert wird.

Im spirituellen Bewusstseinszustand glaubt ein Ich nicht mehr, nur ein Körper oder nur ein Ego, also eine Persönlichkeit zu sein, sondern *es sieht sich hier als ein ewiges Geistwesen,* welches sich nur eines Körpers oder einer Persönlichkeit bedient, um sich auszudrücken, um zu erscheinen, wie ein Schauspieler mittels eines Kostüms (Körper) und einer Rolle (Person). Es ist aber nicht mehr davon abhängig, sondern kann – im Idealfall – seine Rollen leicht wechseln. Es erfährt daher kein oder allenfalls nur kurzfristig Leid aus einer Kreation, aus einer Rolle, da es sich jederzeit daraus zurückziehen und davon lösen kann. Denn es hat den Standpunkt des zeitlosen Beobachters entdeckt und ist sich inzwischen seiner als eines Wesens außerhalb von Kreation, Raum und Zeit bewusst geworden, das heißt, sein Selbst ist nicht mehr durch physische oder psychische Kreationen definiert und davon abhängig. Es erfährt sich vielmehr als reines „Ich Bin", ein neutraler Standpunkt im Gewahrsein des Geistes. Von diesem Standpunkt dieses *höheren Selbst* aus werden Körper und Persönlichkeit nicht mehr als absolut oder absolut notwendig angesehen, sondern als relativ und vorübergehend, als Erscheinungen des Geistes in Raum und Zeit. Ebenso werden die damit verknüpften Überzeugungen, Rollen, Muster, Einstellungen nur mehr als zeitweilige Standpunkte des Geistes angesehen, die er einnimmt, um bestimmte Erfahrungen zu machen, die er danach aber genauso leicht wieder loslassen kann.

Nichts, wofür noch gekämpft, gelitten und gestorben werden müsste – es sei denn, aus freier Entscheidung, um diese Erfahrung zu machen – und *daher ist erst in diesem Bewusstseinszustand ein Leben in dauerhafter Lebensfreude und Gelassenheit möglich!!*

Da hier die durch den Verstand einst verursachte Spaltung in Gegensätze wieder aufgehoben ist, indem wieder die höhere Einheit von Ich und Nicht-Ich, von Ich und Welt, von Geist und Materie, von Innerem und Äußerem, von Ich und Du, von Mensch und Gott *in einem Geist vereint* gesehen wird, der somit die Ganzheit aller Erscheinungen umfasst, kann man diesen Zustand auch als *ganzheitliches Bewusstsein* bezeichnen. Da ferner die Wahrheit das Ganze ist und nie irgendwelche isolierten Teile, kann es auch *wahres Bewusstsein* genannt werden. Indem alles in eine Einheit integriert ist, macht nun alles *Sinn* und ist damit vernünftig. Somit herrscht hier die Vernunft, wie sie auch im göttlichen Geist herrscht (Logos), und es zeigt sich bei näherer Betrachtung (vgl. ausführlich in meinem Buch „Der Seele Grund"), dass dieses dem Bewusstsein, der Vernunft oder dem Geist insgesamt zugrundeliegende reine Gewahrsein sowohl Seelengrund wie Gottesgrund ist. Da nun alles Sinn macht, entsteht hier das Gefühl von Harmonie und Übereinstimmung, *nichts ist überflüssig, nichts ist zufällig*. Alles ist gut so, wie es ist. Jede Note, um es bildlich auszudrücken, auch die dissonante Note bzw. der dissonante Akkord, ist nun eingebettet in eine universelle Symphonie und ist in dieser lebendigen Beziehung auf anderes nicht mehr dissonant, sondern eine harmonische Bereicherung und damit sinnvoll und wertvoll. *Einheit, Sinn, Harmonie* sind also die wesentlichen Elemente dieses Zustandes.

Die Wahrnehmung geschieht nicht mehr nur aus unmittelbar sinnlicher oder nur mental vermittelter Anschauung, sondern kommt immer mehr aus einer tieferen Quelle, dem Fühlen. Es ist ein direktes Wahrnehmen ohne zu Hilfe-nahme der Sinne, ein Einfühlen oder Einschwingen in das jeweilige Objekt oder sogar in das sogenannte universale Wissen, in das universelle „Skalarfeld", wie es einige moderne Physiker nennen. Dies ist nur merkwürdig für jemanden, der dies noch nicht erfahren hat. Doch wenn der Geist Raum und Zeit und alle Erscheinungen enthält und wenn wir ferner mit unserer Geist-Seele Anteil an diesem Geist haben, so müssen wir auch prinzipiell zu dem gesamten Wissen Zugang haben. Selbst in den unteren Bewusstseinsebenen bricht diese Fähigkeit manchmal durch, im sinnlichen Bewusstsein durch instinktive Impulse, im Verstandesbewusstein durch plötzliche Einfälle oder Gefühle, beispielsweise in Not-Situationen, in denen eine Mutter plötzlich Informationen hat oder aus dem Gefühl für ihr Kind intuitiv Dinge weiß, die sie aus herkömmlicher raum-zeitlicher Wahrnehmung noch gar nicht hätte wissen können. Diese neue Qualität der Wahrnehmung des direkten Fühlens, des direkten Wissens durch Wesensverbindung im Geist wird im spirituellen Bewusstseinszustand mehr und mehr kultiviert und macht andere Weisen der Erforschung und auch Diagnose, auch technische Hilfsmittel überflüssig. Doch können die bisherigen Quellen der Wahrnehmung beliebig weiter genutzt werden, sind – wie gezeigt – nun Instrumente, die zur Verfügung stehen und wahlweise einsetzbar sind. Dadurch können auch zu Beginn Ergebnisse aus dieser neuen geistigen Wahrnehmung verifiziert und abgesichert werden, bis man genügend damit vertraut ist. Das geistige Fühlen ist – wie das sinnliche – wieder ein unmittelbares und unreflektiertes Wissen, doch nun kommt es eben nicht mehr aus den Sinnen, sondern aus der Einheit des Geistes selbst, ohne Vermittlung. Auch erkenne ich hier sofort das Ganze als solches und nicht erst Stück für Stück oder aus den Teilen. Da der Geist ganzheitlich strukturiert ist, ist dieses Erkennen ebenso ganzheitlich, und im Erfühlen eines Wesens oder Objekts erkenne ich (im Idealfall) seine ganze Struktur im Jetzt, ohne Zeit zu brauchen. Dies geschieht etwa so, wie ich um meinen Körper weiß, indem ich mich darin fühle. Da brauche ich keinen weiteren Beweis, denn ich weiß es unmittelbar und vollständig.

Die Steuerung der Aktivitäten geschieht im ganzheitlichen Bewusstseinszustand nicht mehr aus *Re*aktion, ist auch nicht bestimmt durch im Verstand gespeicherte Erinnerungsmuster oder Denken, sondern geschieht aus freier *Aktion*, indem ich mich dafür entscheide, oder sie kommt aus Intuition oder spontan aus innerer Führung, die ich freiwillig zulasse. Hier geschieht übrigens alles freiwillig, Überwältigung wie im sinnlichen und Überredung und Indoktrination wie im Verstandesbewusstsein gibt es hier nicht mehr, da man einem Wesen mit dem Wissen um Unsterblichkeit keine Angst mehr machen bzw. es nicht mehr bedrohen kann. Dominanz geschieht allenfalls freiwillig durch Respekt und Achtung vor höherentwickelten, verwirklichten Wesen, also durch spirituelle Autorität.

Gefühle werden nicht unterdrückt oder verdrängt, auch nicht Gedanken, denn sie sind nicht mehr wesentlich oder absolut, sondern gleichen eher Wolken am Horizont, die ungestört vorbeiziehen. Sollten sie aber stören, gibt es Mittel, sie aufzulösen, denn in dieser Freiheit hat das Bewusstsein die Möglichkeit, zur völligen Ruhe zu kommen. Die mühelose intuitive Steuerung aus dem Innern kann erst dann erfolgen, wenn die Stürme der Gedanken und Emotionen, wenn der Lärm der Welt leiser geworden und die geistige Kontrolle über Erscheinungen und vor allem die Steuerung der Aufmerksamkeit entsprechend größer ist. Dazu gehört auch die hier entstehende Freiheit von Begierde und Widerstand, von Verurteilung und Bewertung. So geschehen die Handlungen nicht mehr, um etwas zu erkämpfen oder sich zu behaupten, was den Großteil der *Handlungen des intellektuellen* Bewusstseins ausmachte, sondern sie geschehen mehr und mehr aus *Mitgefühl und Liebe* für alle Wesen, geschehen im Interesse des Ganzen und nicht mehr Partikularen, oder geschehen aus Lust an Kreativität, Freude am Spiel und der Erfahrung des Lebens.

Der Zeitbezug ist in diesem Zustand wieder die *Gegenwart*, das wesentliche Zeitgefühl ist wieder das Hier und Jetzt, ähnlich dem sinnlichen Bewusstsein, nur dass es jetzt nicht mehr unbewusst geschieht und man darauf fixiert wäre, sondern es ist das *bewusste Verweilen im Hier und Jetzt* unter Einbeziehung von Vergangenheit und Zukunft. Dadurch wird auch wieder das Vorhandene (= vor der Hand befindliche) unmittelbar wahrgenommen, und so kann der Mensch wieder vom Leben selbst geführt werden, das ihm ja täglich die Situationen und Erfahrungen bringt, die er braucht. Er muss sie dann nur noch annehmen bzw. lösen. Vertraut er auf diese Führung, so *lebt er im Fluss des TAO*, im Fluss des Lebens, und er bekommt das Gefühl, dass alles seinen richtigen Gang geht und die Aufgaben so kommen, wie er sie mühelos bewältigen kann, alles zu der für ihn richtigen Zeit. Dies ist das Zeitgefühl im spirituellen Bewusstseinszustand, das aber auch jederzeit in Vergangenheit oder sogar in Zukunft real eintauchen kann.

Aus wachsender Einsicht und Einfühlen in die Ganzheit ist sein *Verhalten* von wachsendem *Mitgefühl* geprägt, nicht nur für seine Mitmenschen, sondern für alle Wesen bis hin zur ganzen Schöpfung. Erst jetzt gibt es Raum für wirkliche Liebe, die vorher eher ein Bedürfnis, Moralgebot oder Lippenbekenntnis war. Somit sind seine Aktivitäten nicht mehr vom Konkurrenzdenken des Verstandesbewusstseins bestimmt, sondern von *Kooperation*, da er in allen Handlungen versucht, das Wohl des Ganzen im Auge zu behalten und alle Menschen, ja alle Wesen hierin einzubeziehen. An den Segenssprüchen der tibetischen Weisen kann man diesen Geisteszustand gut nachfühlen, wenn sie beten: „Mögen alle Wesen glücklich sein, mögen sie frei sein von Leid, Kummer und Sorgen. Mögen alle Wesen Erleuchtung erfahren." So ist das Gefühl und Verhalten im spirituellen Zustand. Alle anderen Dinge oder Menschen und deren Handlungen können mehr und mehr wertgeschätzt werden. Sie sind – auch wenn sie nicht den eigenen Vorstellungen entsprechen – keine Bedrohung mehr, sondern vielmehr eine Bereicherung des Ganzen. Sie wecken nicht mehr Ablehnung, sondern Neugier, Interesse und Wertschätzung. Sie sind gerade deshalb so wertvoll, weil sie eben für mich neu und anders sind und ich davon lernen kann, wie wenn ich ein fremdes Land bereise, das ich, anstatt es zu bewerten und abzuwerten, nun staunend bewundere. Erst in und aus der Einheit wird die bunte *Vielheit wertgeschätzt* und geachtet, da von diesem Standpunkt aus alle Kreationen Teile (m)eines Ganzen und nicht mehr Gegner, Fremde oder Bedrohung sind.

Daher ist das Leben in diesem verwirklichten Zustand auch völlig *mühelos*, eigentlich ein Nicht-Tun, in dem alle Dinge von selbst getan werden oder geschehen, wie es schon der chinesische Weise Lao-tse so treffend beschrieben hat. Es ist ein Seinszustand, der in seinem Sein alles bereits enthält, so dass es zur Verwirklichung nur gewollt und entschieden werden muss, und nicht mehr ein Habenszustand, in dem alles erarbeitet, erkämpft und wegen der Gefahr des Verlusts festgehalten und verteidigt werden muss. Natürlich sind auch im spirituellen Bewusstsein Aufgaben zu bewältigen, vielleicht noch größere als vorher, aber sie haben nun die volle Unterstützung des Ganzen, man schwimmt sozusagen mit dem Strom und nicht mehr voller Mühe gegen ihn.

Fazit des Lebens und Handelns in diesem Zustand:

Ganz im Unterschied zum vorigen Zustand des unglücklichen Bewusstseins, wo der Mensch sich von allem getrennt fühlte und um alles kämpfen musste, ist der spirituelle Zustand ein von Natur aus glücklicher. Hier entsteht mehr und mehr das Gefühl, dass alles an seinem richtigen Platz ist, dass alles letztlich gut ist oder gut wird, dass alles letztlich Sinn macht und die Welt ein harmonisches Ganzes ist, wie ein großes, polyphones Meisterwerk, in das er seine Stimme einbringen und mitspielen kann, und wo auch seine Stimme zählt, d. h. für das Ganze wesentlich und sinnvoll ist. Es findet ein grundlegender Wertewandel statt, und neue Werte tauchen auf und ersetzen die bisherigen: statt Misstrauen Vertrauen, statt Konfrontation Kooperation, statt zusammengesetzter, stückweiser Erkenntnis ganzheitliches Erkennen und Erfassen, statt fremdbestimmten Arbeitslebens kreative Selbstverwirklichung, statt Mangel Fülle, statt Egoismus Liebe und statt Gegeneinander ein Miteinander, ein Miteinander-Teilen und vieles mehr, wie wir im Folgenden noch sehen werden. Da dies der Zustand ist, in dem Glück und Lebensfreude erscheinen und gedeihen können, werden wir diesen nun anstreben.

Das Ich definiert sich hier nicht mehr als Körper oder Person, sondern als „Ich Bin", ein geistiges Subjekt jenseits von Raum, Zeit und Kreation, das sich beliebig Definitionen geben und wieder ablegen kann. Mangels Begierde und Anhaftung ist dem Leid die Grundlage entzogen. Das Leben ist somit von Verwicklung befreit, gelassen und voller Humor, es kann nun gelebt werden wie das freie Spiel natürlicher Kinder, die auch jederzeit wieder mühelos aus ihren angenommenen Rollen aussteigen oder in neue eintauchen können, wann immer sie es wollen. So wie sie ist der spirituelle Mensch wieder ganz in die Gegenwart eingetaucht, ist im Hier und Jetzt, lebt ganz im Augenblick, jedoch anders als sie wachbewusst und achtsam. Dadurch kann er das alltägliche Leben und vor allem die Mitmenschen wieder voll *wahr*-nehmen, die *Wahrheit nehmen* anstatt seine bisherigen Konzepte und Verstandeskonstrukte.

Durch diese Achtsamkeit und indem er mehr und mehr in den neutralen, mitfühlenden Standpunkt des Höheren Selbst eintaucht, erkennt der Mensch in den höheren Stadien dieser Ebene, dass nicht nur er, dass nicht nur sein Umfeld und seine Umwelt, sondern dass schließlich die ganze Schöpfung, die ganze Welt ein Spiegel seiner Seele ist, und statt wie bisher auf den Spiegel einzuschlagen oder vor ihm zu fliehen, kann er nun daran gehen, den Schmutz aus seinem Gesicht zu wischen, und, welch Wunder, im Spiegel ist der Schmutz ebenfalls verschwunden. „Das bist du" ist eine uralte Weisheit, die jetzt entdeckt wird.

Die bevorstehende Aufgabe

Die sind nun die Hauptstufen menschlichen Bewusstseins, die wir früher oder später zu durchlaufen haben und aus denen wir üblicherweise denken, handeln und unser Leben gestalten. Auch unabhängig von der kollektiven Entwicklung kann jeder Einzelne sich auf dieser hier gezeigten „Bewusstseinsleiter" auf oder ab entwickeln, kann auch jederzeit den Bewusstseinszustand wechseln. Es ist keine Einbahnstraße, und wir können uns zeitweise wieder mehr *ver*wickeln – beispielsweise in animalisches Bewusstsein – oder aber *ent*wickeln und immer mehr aus spirituellem Bewusstsein handeln und diesen Zustand verankern. Dies steht uns frei, doch wir haben üblicherweise einen Schwerpunkt auf dieser Bewusstseinsleiter, aus dem heraus wir handeln und leben. Dies ist unser allgemeiner Schwingungszustand. Der eine lebt mehr aus dem intellektuellen, der andere mehr aus dem spirituellen oder animalisch-sinnlichen Bewusstsein. Anhand der hier gezeigten knappen Landkarte können Sie die jeweiligen Folgen nun auch gut abschätzen, jeder hat diese Konsequenzen selbst zu tragen. Nun können Sie auch gut erkennen, aus welchem Zustand heraus Ihre Mitmenschen agieren, reden und handeln, und Sie können sich so erstens besser auf sie einstellen und zweitens besser darauf reagieren bzw. damit umgehen.

Obwohl wir nun hier aufsteigen oder auch wieder fallen können, so geht doch die allgemeine Entwicklung sowohl individuell als auch kollektiv deutlich hin zu höheren Ebenen, zu mehr spirituellem und ganzheitlichem Bewusstsein. Es scheint zwar, dass wir uns im Abendland kollektiv immer noch schwerpunktmäßig im intellektuellen Bewusstseinsbereich befinden, und dessen Konsequenzen zeigen sich ja überdeutlich, doch machen sich inzwischen deutliche Spuren eines Übergangs in den nächsthöheren Bewusstseinszustand bemerkbar, es dämmert – poetisch formuliert – die Morgenröte eines neuen Zeitalters. Erst im spirituellen Bewusstseinszustand wird es dem

Einzelnen wie auch der Menschheit dauerhaft gelingen, sich vom Leid zu befreien und das Leben wieder mit Humor, Lachen, Liebe und Lebensfreude zu leben. Daher ist die richtige Wahl unseres Weges, die Entscheidung, an dieser Entwicklung mitzuwirken, nicht nur für uns so wichtig, sondern hilft auch, die Menschheit vom Leid zu erlösen. Hier noch einmal eine Übersicht:

TABELLE: HAUPTSTUFEN MENSCHLICHEN BEWUSSTSEINS

A) Sinnliches Bewusstsein	B) Selbstbewusstsein	C) Spirituelles Bewusstsein
Mensch als Körper	Mensch als Ego/Person	Mensch als Geistwesen
animalisches Verhalten	egoistisches Verhalten	mitfühlend-liebevolles Verhalten
Hauptmodus: Reaktion	Hauptmodus: Denken	Hauptmodus: Visualisation, Intuition
Einheit Ich/Nicht-Ich	Spaltung Ich/Nicht-Ich	Einheit Ich/Nicht-Ich im Geist
Einheit Mensch/Natur	Mensch gegen Natur	Bewusste Einheit Mensch/Natur
Zeit: Gegenwart:	Zeit: Vergangenheit, Zukunft	Zeit: Gegenwart, ewiges Jetzt
Einfluss aus Hier/Jetzt	Einfluss Gedächtnis, Sorgen	Einfluss aus Überzeitlichkeit, Intuition

Die Wahl: Unser Leben als Spiel oder Tragödie

Nachdem wir die Bewusstseinsebenen und ihre Folgen kennen gelernt haben, ist es nun nötig, eine Entscheidung zu treffen, wie es weitergehen soll und welcher Zustand der für Sie wünschenswerte wäre, und die entsprechenden Schritte dahin einzuleiten. Wie gesagt, ist die für uns Menschen optimale Stufe zur Erlangung der in uns schlummernden und verdrängten Lebensfreude die Stufe des spirituellen Bewusstseins, und diesen Weg wollen wir mit denen, die ebenso dieses Ziel haben, nun darlegen und beschreiten. Die Entwicklung hört damit aber nicht auf, denn auch über diesem Bewusstseinszustand dürfte es weitere geben (dies ist im Mythos wohl mit dem Bild von Hierarchien von Engelwesen angedeutet), doch dies ist erst dann aktuell, wenn wir die Stufe spirituellen Bewusstseins durchwandert und integriert haben.

Die Bewusstseinsebene, für die wir uns entscheiden und aus der wir leben, der Grad der daraus folgenden Ver- oder Entwicklung, bestimmt letztlich darüber, ob unser Leben eher leidvoll oder eher frei und mühelos wird, ob es eher eine Komödie oder eine Tragödie wird. Der Hauptunterschied ist nämlich der *Standpunkt*, von dem aus wir die Welt sehen, und nicht so sehr die Welt selbst. So wie wir beispielsweise eine Komödie von außen betrachten und *von dort aus* die Dinge darin sehr lustig finden, über Verwechslungen und Verwirrungen, Verirrungen der miteinander verwickelten und in Irrtümer verstrickten Personen lachen, während diese Personen auf der Bühne aus ihrer Sicht völlig ernst und verbissen agieren und – in ihrer Rolle – viel leiden und erdulden müssen, von einem Fettnäpfchen ins andere treten und vieles gar nicht bemerken. Wir als Zuschauer aber bemerken all dies von unserem Beobachterstandpunkt, der das Ganze überblickt, sehen auch die Bedeutung ganz anders und viel relativer, und können so darüber lachen.

Ähnlich ist unser Leben, von unserem Ich oder Ego aus gesehen, das in eine Rolle geschlüpft und damit identifiziert ist, eine eher tragisch ernste Sache, ein stressvolles und teils leidvolles Leben voller Pannen, Missgeschicke, Unglücke und Widerwärtigkeiten. Aber von dem inneren Beobachter aus gesehen kann es eine sehr lustige Angelegenheit sein, zumal der Beobachter nicht darin verwickelt oder involviert ist und daher das Ganze überhaupt nicht so *ernst* nimmt. Er kann darüber lachen, auch und gerade, wenn er eigene Anteile erkennt. Ernst ist ja, wie erwähnt, der „Kleber", während unsere Begierden und Widerstände die „Ursache" der Verhaftung sind. Durch den Ernst werden sie chronisch und fixiert, durch Humor lösen sie sich. Gelänge es also jenem Ich der auf der Lebensbühne verstrickten und leidenden Person, sich von seiner Schauspielerrolle zu lösen und einmal in die Rolle des Zuschauers zu wechseln, des neutralen Beobachters, könnte es sich und sein verwickeltes Leben humorvoll und liebevoll annehmen und sogar darüber lächeln, müsste alles nicht mehr so ernst nehmen. Zudem hätte es einen noch viel größeren Überblick über das Ganze, wobei auch neue Lösungsmöglichkeiten für die anstehenden Probleme und Aufgaben gefunden werden können.

Diesen Standpunkt jenseits der Zeit, den Blickwinkel aus der Ewigkeit kannten schon die Alten und Weisen unter dem Begriff „sub specie aeternitatis", es ist sozusagen der Standpunkt der Götter. Von hier, den wir mit Eintauchen in unser höheres Selbst auch in uns finden können, erscheint das Leben in all seiner – vermeintlichen – Tragik doch eher wie eine Komödie, wie ein Spiel trotziger Kinder. Hingegen vom Standpunkt der im animalischen oder intellektuellen Bewusstsein verhafteten Person aus gesehen, die sich behaupten und kämpfen, intrigieren und streiten, schmeicheln und treten muss, ist das Leben eher eine anstrengende Tragödie, ein Trauerspiel, das auch im besten Fall mit dem Tod endet und daher sowieso vergeblich ist – eben echt tragisch. Komödie oder Tragödie, wir haben es also in der Hand, wie wir unser Leben prinzipiell erleben wollen.

Trotz Bewusstseinswandels am Leben teilnehmen

Es ist wichtig, sich an dem Beispiel des Betrachtens einer Komödie und Tragödie – ob nun im Film oder im Theater, spielt keine Rolle – einmal klarzumachen, dass letztlich nur der *Standpunkt und Blickwinkel* entscheidet, wie wir etwas sehen und empfinden. Natürlich ist es schwierig, wenn wir im Leben erst einmal in ein richtiges „Shakespeare-Drama" verwickelt sind, den Weg heraus zu finden und ihn dann auch noch zu gehen. Doch die gute Nachricht ist, dass *in uns bereits der „göttliche Beobachter"* ist, wir ihn nur finden, aktivieren, die Rolle dagegen und die Verhaftung daran relativieren und loslassen müssen, was wiederum zugleich mit der Entwicklung spirituellen Bewusstseins einhergeht. Wenn wir es als Komödie oder Spiel leben wollen, müssen wir jenen Standpunkt außerhalb von Zeit und Raum und Kreation in uns finden und immer mehr zur Gewohnheit machen. Damit können wir die Tragödie unseres Lebens in eine Komödie umwandeln. Lernen und Aufgaben lösen müssen wir im Leben sowieso, auch weiterhin, aber wir haben die Wahl, *wie* wir es machen wollen.

Nun darf dies in keinem Falle dahingehend missverstanden werden, dass wir uns vom Leben zurückziehen oder unser Wollen unterdrücken sollen, um nicht mehr verwickelt zu werden.

Das erwähnte notwendige (= die Not wendende) *Loslassen der Dinge, das Sich-Lösen* von den Rollen, das Abscheiden alter Muster, die Auflösung von Begierden und Abneigungen, das Zur-Ruhe-Bringen der Gedanken und Emotionen, Stille-Finden soll inmitten des Alltags geschehen. Gerade dies ist die Herausforderung, die letztlich auch solide Ergebnisse bringt. Wenn wir jenen Standpunktwechsel zum neutralen, höheren Selbst vornehmen, bedeutet dies also keineswegs, dass wir nun völlig interesselos oder tatenlos werden, jegliche Impulse oder Aktivitäten aufgeben sollten – etwa in einer Art von Dauermeditation oder Weltflucht – und so nicht mehr am Leben teilnehmen können. So missverstehen es die sogenannten Asketen in Ost und West, deren Weg schon von Buddha als wenig sinnvoll eingestuft wurde. Denn selbst wenn ich im Äußeren etwas gewaltsam negiere, nicht aber im Inneren loslasse, wird es bei späterem Anlass nur umso stärker wiederkommen, denn der Wille und der Geist sind das Entscheidende, nicht die materielle Erscheinung, die nur Spiegel ist. Eine Askese und Ablehnung von Welt wäre daher ebenso problematisch und geradezu das andere Extrem zum Verhaftetsein. Man muss daher die Verhaftung nicht bekämpfen, sondern neutralisieren, man muss nicht die Dinge und schon gar nicht die Mitmenschen negieren, sondern *das eigene Innere* reinigen. Bildlich gesprochen muss man den Schmutz vom eigenen Gesicht wischen und nicht mit dem Spiegel kämpfen, der es doch nur anzeigt.

Entgegen der Ansicht jener Lebensasketen oder Fanatiker sollen wir auch keineswegs unsere Willensimpulse, Wünsche und Aufgaben beseitigen oder vermeiden, sondern nur jene, die gegen die Harmonie des Ganzen gerichtet sind oder die unsere Entwicklung behindern, also deren Antriebe aus dem Ego kommen, wenn also der Eigenwille über den Allwillen gestellt wird. Unser lebendiges Tun und Handeln wird nicht blockiert, sondern ganz im Gegenteil, wie Meister Eckhart einmal treffend bemerkte, beginnen die Menschen erst dann richtig große Taten zu vollbringen, wenn sie nicht mehr aus dem Eigeninteresse kommen, sondern aus dem göttlichen Willen. Sie werden somit auch ganz selbst-los, nicht verhaftet, spielerisch getan und können gleich danach auch wieder losgelassen werden. Gemäß der mystischen Lehre könnte man auch sagen, man handelt völlig aus diesen selbstlosen Impulsen heraus und stellt es dann Gott oder dem Geist anheim, ohne Ergebnisse für sich selbst zu erwarten, ohne auf die Frucht der Werke zu spekulieren. Dies ist also das optimale Handeln, rein aus innerer Intuition und innerem Antrieb, ohne Sorgen, Nöte und Berechnung, wie es die Weisen auch anderer Kulturen immer gelehrt haben, so in der indischen „Bhagavadgita".

Ohne Eigeninteresse ist mit der Handlung auch kein Leid verbunden, wie immer es ausgeht. Denn nur die Antriebe, Wünsche und Begierden, die aus dem partikularen Ego kommen, das begehrt, daher festhält und kämpft, können uns Leid bringen, zumindest aber Verwicklung. Denn sie sind aus persönlichen Interesse und Begierde verursacht, zu einem rein partikularen Zweck, aus dem sehr begrenzten Standpunkt einer begrenzten Person, die damit fast nie die Interessen aller Wesen bzw. die Intention des Ganzen verfolgt, sondern dabei eher dagegen verstößt, was wiederum negative Folgen anzieht. Dagegen können inspirierte und intuitive Handlungen aus dem Geist des Ganzen nie dem Ganzen schaden, vielmehr ergänzen sie einander in wundersamer Synchronisation und im Einklang miteinander und sind somit folgenfrei (karma-neutral).

Handeln durch Nicht-Handeln

Festzuhalten ist, dass wir nicht mehr aus partikularen und persönlichen Wünschen – hier als Begierden bezeichnet – handeln sollten, sondern *das Ideal ist ein Handeln, Reden, Denken, Tun aus einem neutralen und wohlwollenden Bewusstseinszustand heraus* sowie nach unpersönlichen Impulsen und Wünschen, wie beispielsweise bei den tibetischen Weisen und ihrem Gebet und Segen für das Wohl und die Erleuchtung aller Wesen. Dieser unpersönliche Wunsch ist dann ihr Handlungsimpuls und Leitlinie für ein Handeln ohne Verhaftung. Auch wir, wenn wir dafür offen und empfänglich sind, erfahren ständig intuitive Anregungen aus dem Inneren, als Wunsch des Geistes, etwas zu erfahren oder zu lernen. Oder wir erhalten Impulse und hervortretende Talente zum Erfüllen unserer Lebensaufgabe, wie ein Apfelbaum eben den Impuls hat, Äpfel zu produzieren. Solche unpersönlichen Impulse sind natürlich und notwendig und daher auch nicht aufzulösen. Es sind vielmehr Anregungen und Impulse unseres Inneren, unserer Geistseele, die früher im animalischen Bewusstsein als Instinkte unser Leben lenkten, bevor das Ego mit dem Verstand die Macht übernommen hat. Auch während dieser Herrschaft des Ego geschah dies im Hintergrund weiter und zeigte sich gelegentlich als Gefühl, Ahnung, Gewissen im intellektuellen Bewusstsein. Im spirituellen Bewusstseinszustand werden sich diese Impulse als bewusste Intuitionen wieder stärker bemerkbar machen und so unsere Aktivitäten und überhaupt unser Leben mühelos lenken, sobald wir dies zulassen. Dies ist aber erst dann möglich, wenn die Filter und Schranken des Ego überwunden sind. Dann lenkt nicht mehr das partikulare Ich, sondern der Geist durch uns, wie Paulus es in christlicher Terminologie verkündete: „Nicht mehr ich lebe, sondern Christus in mir."

Die geistigen Impulse und Wünsche, die nicht mehr aus dem Egowillen, sondern aus unserem höheren Bewusstseinszustand in uns auftauchen – man könnte daher auch sagen: aus göttlichem Willen –, die uns vielleicht sogar zu großen Taten animieren, diese sollten auch deshalb nicht unterdrückt werden, da sie uns letztlich Glück, Freude und Erfolg bringen, eben auch durch die dadurch ausgelöste Erfüllung der in uns angelegten Lebensaufgabe. Denn *jedes Wesen findet sein Glück und seine Erfüllung darin, das zu verwirklichen, was in ihm angelegt ist*, wie ein Künstler Freude findet, wenn er schöne Kunstwerke produzieren kann, oder ein Kind Freude hat, wenn es das in ihm Angelegte spielen und ausleben kann. Dem nachzugehen und das in uns Angelegte zu erfüllen, durch Selbstverwirklichung unser inneres Potential auszuleben und auszudrücken ist somit nicht mehr partikulares Interesse, nicht gegen die Interessen anderer gerichtet und somit mit karmischen Folgen belastet, sondern ist stets im Interesse des Ganzen, ist sozusagen der Weltgeist selbst in Aktion, der durch uns wirkt. Es ist ein *Handeln durch Nicht-Handeln*, es ist ein Tun, ohne etwas zu tun, wie die chinesischen Taoisten sagen, denn es geht fast wie von selbst, wir müssen es nur fließen lassen.

Ein gutes Beispiel für solch ein Handeln aus dem Geist heraus, ohne direkten Zweck oder Belohnung erwarten zu können, ist für mich der Komponist J. S. Bach. Er ließ sich dazu anregen, sein Potential allein „Gott zur Ehre" zu verwirklichen, wie er sich ausdrückte, also für den Geist, für das Ganze, und nicht um einer Belohnung oder des Ruhmes willen, sondern weil es so in ihm angelegt war und erscheinen musste, auch wenn es manche Opfer erforderte. So wurde er dazu inspiriert, umfangreichste, wunderschöne und zugleich äußerst komplizierte, herausragende Musikwerke zu schaffen, wie es seinem Beruf nach gar nicht nötig gewesen wäre oder ohne dass es ihm zu seinen Lebzeiten selbst viel eingebracht hätte, weder Ruhm und Ehre, noch Geld. Aus persönlichem Interesse wäre dies also völlig unsinnig gewesen, und ein aus solchem Ego-Interesse Handelnder hätte irgendwann frustriert aufgegeben. Doch er schrieb es eben nicht für sich, sondern er folgte seinen inneren Impulsen, ließ einfach Gott, den Geist durch sich wirken. Obwohl er die weltweite Verbreitung und Wirkung niemals, nicht einmal annähernd vorhersehen konnte, sind es nun Millionen von Menschen weltweit, die er mit seinen Werken bis heute erfreut. Auch wir können nie wissen, was aus unseren Handlungen werden wird und welche Auswirkungen sie noch haben werden, und daher sollten wir sie einzig dem universalen Geist anheimstellen.

Wenn Sie also Ihr Handeln, Denken und Tun nach dem Weltgesetz, dem Fluss des Tao, nach innerer Stimme oder Intuition ausrichten wollen, dann achten Sie auf das entscheidende Merkmal und eindeutige Kennzeichen solch unpersönlichen Handelns: dass es nicht mehr geschieht, um Ihr Ego oder Ihre eigene Persönlichkeit zu befriedigen, sondern in völliger Gelassenheit *ohne persönliche Motivation*. Dabei können Sie durchaus die Früchte Ihres Handelns genießen, doch ohne sie zu begehren oder sich darum Sorgen zu machen. Das ist das Ausschlaggebende. Wenn Sie also den inneren Impuls haben, ein Buch zu schreiben oder ein Bild zu malen, etwas aufzubauen, jemandem etwas zu schenken oder was auch immer, so tun Sie es rein aus Freude daran, ohne sich um die Wirkung oder Folgen zu kümmern. So wie ein Baum Äpfel hervorbringt, weil er eben ein Apfelbaum ist, ohne sich darum zu sorgen, ob sie jemand brauchen kann oder ob sie verfaulen oder ob daraus neue Apfelbäume werden. Man spielt seine eigenen Noten im großen Orchester, ohne die gesamte Partitur zu kennen, leistet einfach den eigenen Beitrag, wie er in einem selbst angelegt ist, und man vertraut dann darauf, dass letztlich alles einen Sinn ergibt. Solche unpersönlichen Impulse kommen nicht aus dem Ego, sondern allein aus unserer Seele oder dem Höheren Selbst, und Sie können sie daher erst dann wirklich wahrnehmen, wenn das Ego schweigt.

Dieser inneren Stimme und Intuition zu folgen und es zu verwirklichen wird nun für das niedere Selbst, für Ihre Person nicht immer leicht oder einfach sein. Doch da es vom Leben selbst kommt, wird es Ihnen Freude, Erfüllung bringen, Selbst-Verwirklichung im wahrsten Sinne des Wortes, nicht mehr Leid und Sorge wie die Handlungen des Ego. Die entsprechenden Aktivitäten und Taten können dabei Außenstehenden schwierig und nutzlos erscheinen, von Ihrer

Umwelt unverstanden sein. So wie ein Rennfahrer, der unbedingt Rennen fahren will und dafür langes Training und unglaubliche Strapazen und viel Mühe auf sich nimmt, was andere nicht begreifen können, doch glücklich und froh ist, wenn er schließlich Rennen fährt, oder wie ein Bergsteiger, der sich sogar in Todesgefahr begibt, um sich seinen Traum zu erfüllen, oder wie ein Künstler, der viele Entbehrungen und auch Mangel leidet, nur um malen zu können, doch dabei erfüllt und glücklich ist, so bringt Ihnen das Hören, Beachten der aus Ihrem wahren Selbst kommenden Impulse und das Verwirklichen der in Ihnen liegenden Fähigkeiten Lebensglück und Lebensfreude und führt Sie zur Erfüllung Ihrer mitgebrachten Lebensaufgabe.

Lebensaufgaben – Lebensschule

Wir haben aus esoterischer Sicht Aufgaben in dieses Leben mitgebracht, haben dafür eine bestimmte Rolle angenommen, Ort und Zeit ausgesucht und müssen sie nun ausführen. Wenn wir uns während dieser Arbeit noch in zahlreiche andere Probleme und Kämpfe verstricken, dann leidet logischerweise die Erfüllung unserer Aufgabe und bringt uns zusätzliche Arbeit und Mühe. Die selbst mitgebrachten Aufgaben können wir *finales Karma* nennen, weil sie selbstgewählte Ziele sind, die unserer Entwicklung dienen, unser Wissen erweitern, uns bestimmte Erfahrungen gewinnen lassen, die uns noch fehlen. Dieses finale Karma können wir auch unser *Schick*sal nennen, denn vom Standpunkt des Ego aus wird uns dies *geschickt*.

Daneben verwickeln wir uns aber durch unsere Persönlichkeit mit ihren Begierden und Abneigungen, ihren partikularen Interessen in sozusagen kausales Karma, setzen also durch unsere Handlungen, beispielsweise durch Schuld und Verfehlung, weitere Ursachen (Ursache = lat. causa), deren Folgen wir dann tragen müssen. Auch dazu sagt man üblicherweise Karma oder Schicksal, doch es sind nur Nebenwege oder Umwege, die für unseren Hauptweg nicht unbedingt erforderlich wären. Jene „Umwege", jenes selbstverschuldete kausale Karma bzw. Schicksal, können wir daher durch Psychotherapie, Meditations- oder Bewusstseinsverfahren auflösen, das finale Karma oder unsere Lebensaufgabe dagegen nicht. Diese müssen wir früher oder später verwirklichen und erfüllen, sie zu leben ist unsere Bestimmung.

Kausales Karma, das von früher mitgebrachte Schicksal, auch Sünde und Schuld genannt, kann und sollte vermieden oder aufgelöst werden. Finales Karma, die Summe der lösenden Aufgaben in diesem Leben, auch Bestimmung und Lebensaufgabe genannt, kann und muss dagegen in jedem Fall angenommen und erfüllt werden.

Es gibt ein althergebrachtes Bild oder Beispiel, was in vielen Schulungen verwendet wird, um das Gesagte zu illustrieren, die Metapher von der *Lebensschule*. Danach ist unser gesamtes Leben auf dieser Welt wie eine Schule. Wir haben sie frei ausgewählt nach unseren Interessen und auch je nach unserem geistigen Vermögen (Fachschule, Hochschule usw.), um etwas Bestimmtes zu lernen. Nach dem Eintritt aber sind wir darauf zunächst festgelegt, nicht mehr frei, wie etwa in einem geschlossenen Internat. Es gibt nun jeweils einen Lehrplan für das jeweilige Schuljahr, und dies ist die oben erwähnte *Lebensaufgabe oder das finale Karma*, die wir lösen müssen, um weiterzukommen. Sie können im Leben selbst nicht mehr negiert oder abgelehnt werden. Allerdings wird der eine sie besser lösen und umsetzen, der andere schlechter, dies ist seine Freiheit, auch wann und auf welche Weise er sie löst. Wer sie aber nicht löst, der bleibt sitzen und muss vermutlich die Klasse, also einen Lebenslauf, ganz oder teilweise wiederholen. Löst man hingegen die Aufgaben, bekommt man neue in einer neuen, höheren Klasse, bis der ganze Lehrstoff gelernt ist und die Schule nicht mehr benötigt wird.

Während der Schulzeit geschieht es aber auch, dass sich Eigenwille der Schüler entwickelt, dass sie anfangen, egoistisches Verhalten an den Tag zu legen, eigene Interessen verfolgen, den Lehrstoff kritisieren oder ablehnen, somit immer weniger lernen, sich in Machtkämpfe mit Mitschülern verwickeln, Rachepläne schmieden, die Lehrer ärgern, andere Schüler belästigen oder sich in Tagträumen verlieren und einfach abschalten. Dies alles entspräche nun dem *kausalen*, selbst-*verursachten Karma*, also unseren Begierden, Sünden, Egospielen, Eigeninteressen, die nicht im offiziellen Lehrstoff enthalten sind und uns nur davon ablenken. Auch müssen wir deren karmische Folgen erleben und erleiden, sie sind daher eine zusätzliche Bürde und Last. Denn abgesehen von der Energievergeudung und Mühe, die uns diese Ego-Kämpfe kosten, werden die Lehrer bzw. die Schule (also das Leben) uns zusätzlich bestrafen und gegen uns Sanktionen verhängen, Strafarbeiten machen lassen, die wir nun solange erleiden, bis wir dieses selbstverschuldete Karma wieder bereut und aufgelöst haben.

An diesem Beispiel können Sie nun gut die Wahl erkennen, die Sie haben, um Ihr Leben zu leben. In der Schule sind Sie bereits, diese Wahl ist schon entschieden, aber Sie können nun entweder ein exzentrischer, egoistischer und in Kämpfe verstrickter Schüler sein mit wenig Chancen, den Lehrstoff zu begreifen, erschöpft und abgekämpft, die Schule (das Leben) für das eigene Versagen beschimpfend. Oder Sie können ein Schüler sein, der die Aufgaben, den Lehrstoff mit Interesse und freudig, unbeschwert und spielerisch annimmt und löst. Dann haben Sie auch genug Zeit und Energie übrig, sich an der Freizeit zu erfreuen und sich auch kleine Wünsche zu erfüllen. Sie müssen dann vom Schicksal keine Strafen erleiden, vielmehr sind Sie beliebt bei Lehrern und Meistern und werden von diesen gern gefördert, bekommen viele nützliche Hinweise und Tipps. Sie haben Spaß und Freude und sind bei den Mitschülern beliebt, denen Sie Vorbild und Ansporn sind. Diese Wahl haben Sie jederzeit und können auch jetzt neu entscheiden – egal wie gut Sie bisher auf der Lebens-Schule waren –, welche Art von Schüler Sie ab heute sein wollen, ob Sie fortan Ihr Leben als Tragödie oder Komödie inszenieren, ob Sie mit Freude oder durch Leid und Strafe lernen wollen. *Die Aufgaben sind bereits gewählt und vorgegeben, aber der Weg und die Weise, sie zu lösen, sind noch offen.*

Sollten Sie Ihren individuellen „Lehrplan" noch nicht kennen, so wäre es sicher nützlich, einmal Ihre grundlegende Lebensaufgabe und die von der Seele gewählten Ziele für dieses Leben in Erfahrung zu bringen, um sie gezielter angehen, erfüllen und lösen zu können. Zwar kann keiner sie verpassen oder übersehen, da das Leben diese Aufgaben jedem notfalls auch auf drastische Weise auftischt, jedoch erscheint es klug, darauf vorbereitet zu sein und den Lehrplan einigermaßen im Voraus zu kennen. Neben vielen klassischen Methoden, unter anderem der Astrologie, ist dazu auch folgende Übung möglich:

ÜBUNG 10: Lebensaufgabe erkennen

Zweck: die wichtigsten Aufgaben für dieses Leben bzw. die eigene Bestimmung zu erkennen

Ort, Zeit: Ruhiger, ungestörter Ort; mindestens eine Stunde

Vorbereitung: Meditative Einstimmung über Atem- oder Lichtmeditation und Gebet

Hinweis: Sie können a) sich die wichtigsten Stationen einprägen, b) sich von einem Begleiter führen und anleiten lassen oder c) sich die Anweisungen vorher auf Kassette sprechen.

Durchführung:

Vorbereitung: Achten Sie zunächst auf Ihren Atem, bis Sie ganz ruhig und gelassen sind. Fühlen Sie einen Strahl weißen, reinen Lichts über Sie kommen und Sie durchfluten und durchdringen, bis Sie sich ganz leicht und licht fühlen.

Reise: Begeben Sie sich imaginativ auf eine Reise dahin oder sehen Sie sich bereits an einem schönen Platz, an Ihrem geistigen Lieblingsort. Es ist ein wunderschöner, harmonischer Tag, die Natur ist friedlich und kraftspendend. Hier können Sie sich unter einem Wasserfall oder in einem Fluss von allem reinigen, dann ruhen Sie sich kurz aus und genießen die schöne Natur.

Blicken Sie in den weiten, blauen Himmel und lauschen Sie auf Ihren Atem. Realisieren und spüren Sie, wie der Wind und Ihr Atem dasselbe sind, wie Wind und Atem eins werden. Beide gehen ineinander über, strömen beim Einatmen in Ihren Körper und beim Ausatmen hinaus. Sie sind Atem, Sie sind Wind und werden ganz leicht. Sie verbinden sich als Atem mit dem Wind, werden eins, gehen in den Körper und aus ihm wieder hinaus und spielen mit dem Wind. Dabei werden Sie leichter und leichter wie der Wind, beginnen mit ihm zu schweben, zu schwingen und langsam nach oben zu steigen. So wie ein Adler, der sich in die Lüfte schwingt, der am Himmel seine Kreise zieht, höher und höher, sich einfach gleiten und tragen lassen. Sie fühlen, wie Sie von der Erde wegschweben in den blauen, weiten Himmel hinein, immer höher, voller Freude und Zuversicht. (Wenn Sie wünschen und damit vertraut sind, können Sie hier um Begleitung von Lichtwesen, Engeln, Ihrem Geistführer oder Ihrem Meister bitten.)

Sehen Sie nun die Erde von oben, wie sie langsam wegdriftet, und schweben Sie voller Neugier und Vertrauen in das All hinein, vorbei an Planeten, Sternen und Galaxien, und bewundern Sie ihre Schönheit und ihre Farben, bis Sie an die Grenzen der Raumzeit kommen. Entscheiden Sie sich, heute darüber hinauszugehen, und schweben Sie einfach in das dahinterliegende, lichtlose Dunkel hinein mit dem Vorsatz, Ihr Höheres Selbst oder den Lichtkern Ihrer Seele treffen und erfahren zu wollen. Sie können hier auch durch eine Art von Tunnel hindurchschweben. So ausgerichtet sehen Sie nach kurzer Zeit einen Lichtpunkt, auf den Sie zuschweben, der immer größer und größer wird, einen Punkt übernatürlichen Lichts. Fühlen und spüren Sie dieses Licht, die Strahlen, die Wärme dieses Lichts, während Sie immer näher kommen, bis es Ihren ganzen Gesichtskreis ausfüllt. Fühlen und genießen Sie es, nehmen Sie es in sich auf, es ist das Licht Ihrer Seele. Bitten Sie, ganz hineingenommen und davon durchdrungen zu werden, immer weiter und weiter. Geben Sie sich dem Licht hin, und lassen Sie es zu. Saugen Sie es auf wie ein Schwamm, und spüren Sie die reine Liebe darin.

Aufgabe erkennen: *Wenn Sie es fühlen oder zumindest sehen, dann bitten Sie dieses Licht ungefähr so:*

> *„Bitte, Licht meiner Seele, Licht vom göttlichen Licht, mein Höheres Selbst, zeige mir ein Bild oder ein Symbol meiner Lebensaufgabe(n) vor meinem geistigen Auge, und zwar so deutlich, dass ich es leicht erkennen kann. Lass mich dies jetzt fühlen und wahrnehmen."*

Schalten Sie dann bewusst auf Empfang und seien Sie offen für alles. Dies ist sehr wichtig, denn manche Menschen klopfen so laut und heftig an die Tür, dass Sie die Antwort gar nicht hören. Haben Sie auch Geduld und warten Sie.

138

Bitten Sie notfalls einfach um mehr Klarheit, mehr Details, mehr Einsicht, oder was immer Sie wissen wollen. Bei Problemen können Sie auch eine Kiste visualisieren und ein oder mehrere Photos entnehmen. Dies sind Bilder, Symbole Ihrer Aufgabe, und nun können Sie, wie gezeigt, weitere Details erfragen.

Umsetzung erfragen: Danach können Sie fragen, wie Sie das am besten tun können, etwa so:

„Bitte, Licht meiner Seele...., zeige mir, **wie** und **wann** ich diese Aufgabe am besten lösen und durchführen kann und mit welchen Mitteln? Welcher Lebensstil würde dazu passen? Mit welchen Menschen soll ich zusammenarbeiten, oder welche können mir helfen und raten? Brauche ich noch Vorbereitung oder Ausbildung, und welche? Wann soll ich es tun, in welchem Rahmen, und wie werden die Auswirkungen und Ergebnisse sein?

Wenn Sie für heute genug erfahren haben, dann danken Sie, wenn nicht, dann affirmieren Sie, dass Sie dann das nächste Mal guten Erfolg haben und alles erfahren werden. Nehmen Sie nochmals soviel Licht wie möglich in sich auf und verabschieden Sie sich. Driften Sie nun vom Licht weg und reisen Sie denselben Weg zurück, wie Sie gekommen sind, bis an den Punkt, an dem wieder die Erde und dann Ihr Körper auftaucht. Betrachten und wertschätzen Sie ihn, dann geben Sie ihm bewusst von dem Licht und gehen wieder in ihn hinein. Eventuell können Sie sich noch suggerieren, dass Sie nun die erkannten Aufgaben voller Elan und Zuversicht anpacken werden und alle dafür notwendigen Dinge und Menschen Ihnen von selbst zufliegen. Zählen Sie bis drei, wachen Sie bei drei bewusst auf, strecken Sie den Körper und erklären Sie die Meditation laut für beendet.

Erwartetes Resultat: Ein klares Bild, ein Symbol, eine Bildfolge, eine Vision oder ein deutliches Gefühl der eigenen Lebensaufgabe(n). In weiteren Bildmeditationen können Sie die Ergebnisse noch weiter vertiefen oder besser klären, denn gewisse Ängste könnten beim ersten Mal die Klarheit behindern. Haben Sie dann Geduld und betrachten Sie es als eine Schulung, in der Sie Ihre Imaginations- und Geisteskraft trainieren. Bald können Sie jedoch mehr Details über die Art und Weise der Umsetzung im Alltag erfahren und überhaupt auch alles andere fragen, was immer im Leben für Sie von Bedeutung ist, wo immer Sie Hilfe benötigen. Sie haben nun Zugang zum größten Wissensfundus, zum Allcomputer. Erfragen Sie aber Daten, Zeitpunkte und Zeitrahmen erst, wenn Sie in dieser Arbeit etwas sicherer sind.

3. Kapitel
Der Wandel:
Vom Lebenstrauma zur Lebensfreude

Orientierung: Das Werte-Wandel-Diagramm

Bei diesem Wandel unseres Lebens in Richtung auf mehr spirituelles Bewusstsein, der Basis für dauerhafte Lebensfreude und Leichtigkeit des Seins, werden sich ganz natürlich auch unsere Werte und Lebensgrundsätze (Paradigmen) entsprechend ändern. Damit verändern sich auch unsere gängigen Überzeugungen und Verhaltensweisen. Diese Werte sind wiederum unauflöslich miteinander vernetzt, sind irgendwie miteinander verbunden und aufeinander bezogen, wie wir nun genauer untersuchen wollen. Denn wir können diese Bezüge für uns nützen: Wenn wir den einen Wert ändern, dann verändern sich zugleich auch die anderen, die damit verbunden sind. Wir können also, wenn wir einen grundlegenden oder zumindest teilweisen Wertewandel herbeiführen wollen, an unterschiedlichen Punkten ansetzen. Wir haben eine gewisse Wahl, wo wir unsere Prioritäten setzen und wo wir beginnen wollen und können so den optimalen Ansatzpunkt oder bei Hindernissen zusätzliche Hilfsmittel finden. Die Zusammenhänge können wir an folgendem Diagramm erkennen, wobei der von uns gewünschte *Wandel hin zu spirituellem Bewusstsein* prinzipiell *von rechts nach links* geht. Defizite zeigen sich rechts, der Idealzustand links.

Wenn wir beispielsweise bei der Polarität Mangel und Fülle ansetzen und beginnen wollen, mehr Fülle zu erschaffen, dann fällt es aufgrund des entstehenden Überflusses leichter, mit anderen zu kooperieren und zu teilen (Wert darunter). Es gilt aber auch umgekehrt, denn je mehr wir kooperieren, die Arbeit teilen und zusammenarbeiten, umso mehr Fülle (Wert darüber) können wir erschaffen. Dies heißt, **bei Zunahme verstärkt jeder Wert zugleich die jeweils darunter oder darüber liegenden Werte derselben Spalte, sie verstärken und vermindern sich gegenseitig,** und dies gilt sowohl für die linke wie für die rechte Seite. Ein weiteres Beispiel zur Illustration: Wenn wir mehr Dankbarkeit entwickeln, können wir die Menschen mehr wertschätzen, lieben und ihnen dienen (Wert darunter), und umgekehrt entsteht aus mehr Liebe für die Menschen verstärkt Wertschätzung für ihre Andersheit, ihr Sein, ihre Taten und damit Dankbarkeit (Wert darüber) für das, was sie uns geben. Vermindere ich andererseits Dankbarkeit, werde ich anderen auch weniger dienen und helfen.

140

Auf der rechten Seite hängen aber ebenso die für uns negativen Werte – negativ im Hinblick auf unser Ziel, da sie gegenläufig zur unserer gewünschten Entwicklung stehen – miteinander zusammen und verstärken einander auf ähnliche Weise. Dies ist wichtig zu wissen, denn oft entsteht hier ein unbewusster und sich selbst verstärkender Teufelskreis. So entsteht beispielsweise aus mehr Mangel mehr Neid und dadurch mehr Konkurrenzkampf, dadurch wieder Undankbarkeit. Sind umgekehrt die Menschen sehr undankbar und konkurrieren verstärkt miteinander, so entstehen auch mehr Neid (durch mehr Vergleichen, durch Besser-Sein-Wollen) und Geiz und dadurch wieder Mangel und Begrenzung. Wir sehen also sowohl rechts wie links jeweils eine *Vernetzung der Werte und Merkmale des jeweiligen Bewusstseinszustandes* miteinander. Stärkt man daher den einen Punkt der Spalte, so stärkt man automatisch die anderen darüber oder darunter. Wenn man also mit einem Punkt Probleme hat, dann kann man auch am Punkt darüber oder darunter zusätzlich ansetzen.

Wir wollen mit der folgenden Tabelle einmal anhand einer Verknüpfung wichtiger Werte für den geistigen Weg ohne Anspruch auf Vollständigkeit versuchen, diese Zusammenhänge anschaulich und nutzbar zu machen. Jeder Punkt hat seinen negativen Gegenpol, so dass man sofort sieht, wie man einen Pol berichtigen könnte. Gleichzeitig hat jeder Punkt über oder unter sich einen Wert oder Begriff, mit dem er positiv verstärkend zusammenhängt. Wenn man also Probleme hat, ein bestimmtes Verhalten zu realisieren oder in seinem Leben zu manifestieren, kann man dies erleichtern, indem man die direkt damit zusammenhängenden Werte verstärkt und fördert. Probieren Sie dies einmal spielerisch aus, verinnerlichen Sie sich die Zusammenhänge, und gleichzeitig möchte ich Sie auffordern, diese Liste gemäß Ihren eigenen Erfahrungen zu erweitern und zu ergänzen, einmal selbst die Wege des Bewusstseins zu erforschen und dabei Spaß zu haben.

DAS DIAGRAMM DES WANDELS

Werte u. Kennzeichen spirituellen Bewusstsein		Defizite an spirituellem Bewusstseins
FÜLLE	>> >> sonst >>>>	MANGEL
Reichtum, Überfluss, Ideenfülle		Armut, Begrenzung, Innovationsmangel
------ führt zu--führt zu------------------		
KOOPERATION	>> >> sonst >>>>	KONKURRENZ
Zusammenarbeit, Freundschaft, Synergieeffekte		Kampf um Ressourcen, Reibungsverluste
------ führt zu--führt zu------------------		

DANKBARKEIT	>> >> sonst >>>>	UNDANKBARKEIT
Freude, Optimismus, Energie		Schuldzuweisung, Anspruch-denken

------ führt zu---führt zu------------------

DIENEN	>> >> sonst >>>> HERRSCHEN WOLLEN
Für andere da sein, Miteinander	Fordern, Kritisieren, Gegeneinander

------- führt zu---führt zu----------------

SPIEL	>> >> sonst >>>>	VERBISSENHEIT
Unpersönlich, spielerisch handeln		Alles persönlich nehmen, hart-näckig,

------ führt zu---führt zu-------------------

HUMOR	>> >> sonst >>>>	ERNST
Lachen, Frohsinn, Friede		Bitterkeit, Nachtragen, Unfriede

------ führt zu---führt zu------------------

LEBENSFREUDE	>> >> sonst >>>>	VERZWEIFLUNG; TRAUER
Leichtigkeit des Seins, Motivation		Melancholie, Schwermut, Depression

Hier können Sie nun recht gut erkennen, welche Werte Sie zur Entfaltung von Lebensfreude anstreben und stärken müssen (linke Spalte), und zweitens, wo Sie selbst stehen und wo Sie noch Defizite haben (rechte Spalte). Wenn es Ihnen bei einem Punkt zu schwer fällt, dann verbessern Sie einfach die Werte bzw. Verhaltensweisen darunter und darüber, denn sie verstärken sich gegenseitig. Wenn Sie also beispielsweise noch alles viel zu verbissen sehen und zu persönlich nehmen und diesen Punkt einfach nicht überwinden können, so wäre zu prüfen, ob Sie vielleicht (Spalte darüber) noch herrschsüchtig sind oder zu viel kontrollieren wollen, und wenn ja, sollten Sie dies abbauen. Oder Sie könnten anhand des Diagramms die Möglichkeit prüfen (Spalte darunter), ob Sie vielleicht noch alles viel zu ernst nehmen, sehr nachtragend sind. Wenn ja, sollten Sie sich darum kümmern, dies auflösen und beispielsweise den Gegenpol Humor stärken. Durch Humor finden Sie dann alles entspannter und lustiger, müssen es nicht mehr so sehr beherrschen und kontrollieren, so dass es automatisch leichter fällt, die Dinge nicht mehr persönlich zu nehmen. Es ist gut zu wissen, dass man hier an vielen Punkten ansetzen kann, um sich in Richtung auf jene Werte des spirituellen Bewusstseins zu entwickeln, die das Geheimnis der Lebensfreude ausmachen, und es ist von Vorteil, die Landkarte und die Richtung unseres Weges zu kennen. Dennoch werden sich, auch wenn wir das Ziel und die Wegmarken kennen, in der Praxis dieses Wandels schnell auch Hindernisse, Blockaden und Schwächen zeigen, und wir wollen nun darstellen, welches die Haupthindernisse oder, bildlich ge-sprochen, die häufigsten „Wolken des Geistes" sind, die unsere innere Sonne verfinstern, welche Schwächen und Fehler es auf diesem Weg zu beseitigen gilt und welche Voraussetzungen geschaffen bzw. gestärkt werden müssen, um jene Sonne wieder ungehindert scheinen zu lassen. Wir werden uns daher den einzelnen Mitteln und Grundlagen zuwenden, die zu diesem Prozess des Wandels vom Lebenstrauma zur Lebensfreude konkret not-wendig sind, also unsere Not wenden.

Durchsetzung: Geeignete Mittel und Maßnahmen

Es werden bei diesem Wandel, wenn Sie Ihre Energie und Aufmerksamkeit darauf ausrichten, einige Blockaden, Hindernisse oder Schwächen auftau-chen, die aber nichts anderes sind als zu einem früheren Zeitpunkt von uns aus einer vielleicht sehr begrenzten Perspektive getroffene Entscheidungen. Dadurch haben wir damals Überzeugungen und Gewohnheiten angenommen und bestimmte, teils leidvolle Erfahrungen angezogen und in unser Leben gebracht, die wir jetzt aber nicht mehr brauchen und die wir daher – Stück für Stück und ohne jede Hast – auflösen und beseitigen wollen.

Wir werden uns dabei verschiedener Mittel, Maßnahmen und Übungen be-dienen, die zu diesem Prozess des Bewusstseinswandels notwendig sind, und somit eine stabile, solide Grundlage und dauerhafte Basis dafür schaffen, die nicht mehr so leicht zu erschüttern ist. Die im folgenden aufgeführten Haupt-punkte sind fast immer – ganz oder teilweise – Bestandteil aller Geistesschu-lungen, die diesen Weg zu spirituellem oder überhaupt höherem Bewusstsein anstreben, wobei natürlich jede Schule ihre Schwerpunkte hat. Demzufolge gibt es auch die unterschiedlichsten Methoden, die angewendet werden, um zum letztlich gleichen Ziel zu kommen. Da Menschen verschiedene Anlagen, Temperamente, Dispositionen haben und unterschiedliche Voraussetzungen mitbringen, kann nicht *eine* Methode für alle gleich gut sein. Daher muss jeder selbst ausprobieren, welchen Weg er gehen und welches Werkzeug er verwenden will. Eine der besten generellen Methoden, um schnell und sicher die hier geforderten Grundlagen zu entwickeln und in sehr kurzer Zeit ohne Hilfsmittel in einen höheren Bewusstseinszustand zu kommen, ist die inzwi-schen weltweit verbreitete und von vielen spirituellen Lehrern wie auch mei-nem Freund Bruno Würtemberger gelehrte moderne Avatar-Methode, die deshalb auch von mir empfohlen und individuell gelehrt wird. Gerne gebe ich auf Anfrage weitere Informationen hierzu. Viele weitere heute öffentlich gelehrte Verfahren verfolgen das hier aufgeführte Ziel mit anderen Mitteln, und jeder möge nach dem Pauluswort handeln: „Prüfet alles, und das Gute behaltet." Im folgenden geben wir einfache, für jedermann anwendbare und im Alltag auszuführende Übungen, die sich auch in der Praxis bewährt haben. Benützen Sie dennoch nach Belieben auch andere Verfahren und Übungen, die die angestrebten Ziele verwirklichen helfen, denn der Erleuchtung ist es bekanntlich egal, wie man sie bekommt. Bringen Sie aber wie bei jedem Heilmittel, bei jeder Methode auch etwas Geduld auf, bis die Übungen greifen und wirken, und mischen Sie nicht zuviel durcheinander.

In der folgenden Tabelle sehen Sie im Überblick die wichtigsten für den Wandel zu den angegebenen Werten des spirituellen Bewusstseins notwendigen Faktoren und Grundlagen, daneben die von uns hier zu erreichenden Ziele und die entsprechenden Übungen:

NOTWENDIGE FAKTOREN:	ZIEL	ÜBUNG
Als bewusster Wille handeln	Schöpfer, Ursprung werden	„Mut fassen, Wille..."
Aufmerksamkeit	Kontrolle der Gedanken	„Aufm./Geisteskraft schulen"
Die Kraft der Entscheidung	Selbstbestimmung	„Fremdindoktrination erkennen"
Verantwortung übernehmen, aufgeben	Macht, höherer Standpunkt	„Verantwortung übernehmen"
Bewertung/Verurteilung	Versöhnung, Gelassenheit	„Bewertungen aufgeben"
Begierden/Widerstände loslassen	Frieden, Stille, Einssein	„Gegenteil begehren"
Ernst auflösen – Humor entwickeln	Humor, Lachen, Spiel	„Über sich selbst lächeln"
Ängste und Kontrolle loslassen	Gelöst und befreit sein	„Liebe entwickeln"
Vertrauen und Glauben stärken	Urvertrauen, Geborgenheit	„Standpunkt höheres Selbst"

Als bewusster Wille handeln

Bevor man darangeht, den Willen zu schulen, muss man sich erst einmal bewusst werden, dass man einen hat, und zwar einen freien. Dies ist für die meisten Menschen nicht selbstverständlich, sondern zumeist eher umgekehrt. Es sind die Sachzwänge und äußeren Einflüsse, von denen sie glauben, dass sie ihnen ausgeliefert sind, und so geschieht ihnen nach ihrem Glauben. Die

Werbung macht sich dies natürlich zunutze und suggeriert ständig, die eigenen Ziele nicht etwa mit Willen und Energie zu erreichen, sondern mittels bestimmter Dinge, die man angeblich dazu braucht. Dies schwächt den Willen, der sich nun von zahlreichen Objekten abhängig glaubt, um normal leben zu können oder glücklich zu sein.

Es ist natürlich schwer, an einen freien, starken Willen zu glauben, der Realität schaffen und verändern kann, solange ich mich noch als einen Körper oder eine Person, also als etwas bloß Geschaffenes sehe. Solches ist natürlich den Elementen und Naturgesetzen unterworfen und von anderem abhängig, hat weder Freiheit noch Wille, der erst im Geist zu finden ist. Der erste Schritt ist daher, wie wir schon gezeigt haben, sich als ein Wesen jenseits von Zeit und Raum, als Geistseele zu erkennen oder zumindest einmal anzunehmen, dass dies so sein könnte. Und ist dies so schwer? Erschaffen wir nicht täglich immer wieder Neues, zumindest in unseren Gedanken, was vorher noch nicht da war? Haben wir nicht schon einmal Entscheidungen ganz gegen alle Wahrscheinlichkeit und alle Sachzwänge getroffen? Und haben wir nicht schon einmal gefühlt, dass wir Verantwortung für etwas tragen, *weil* wir es so gewollt haben, weil also unser Wille Anlass war? Wir müssen uns dies nur mehr bewusst machen und gezielt einsetzen, dabei Fremdsuggestionen durchschauen und überwinden.

Wer also noch nicht die Übung des neutralen Beobachters bearbeitet hat (Übung 9), und noch keine Erfahrung einer Annäherung an sein Höheres Selbst gemacht hat, sollte diese nun durchführen und – wenn dieser neutrale Standpunkt sich einstellt – sich fragen: Wer schaut jetzt? Wer betrachtet denn mich und meine Persönlichkeit, meine Stärken und Schwächen? Wer ist der Erkennende, wer ist dieser Beobachter? Nicht analysieren, sondern nur die Frage stellen, sich des Gefühls bewusst sein oder überhaupt nur *gewahr sein*, was sich einstellt. Auf jeden Fall ist da etwas, was nicht definiert werden kann, aber es *ist*, denn es beobachtet ja. Diese Übung kann sehr weit führen, wenn man ständig weiterfragt: Wer fragt denn da, wer handelt, wer denkt? Jedoch ist es besser, eine solche ständige oder intensive Übung unter persönlicher Anleitung zu machen. Wichtig ist hier nur, das Gefühl und die Sicherheit zu bekommen – durch welche Übung oder Einsicht auch immer –, eine Seele zu haben und ein geistiges Wesen zu sein, ein Beobachter und ein Wille, der außerhalb von Raum und Zeit ist, aber da hinein wirkt und schaut. Dadurch wird jeder bisherige Sachzwang relativiert, denn er gehört nur zur jeweiligen Rolle, nicht aber zum Beobachter der Rolle.

Ferner muss man sich klarmachen, dass der Wille das stärkste Instrument ist, das ein Mensch hat, da alles von meinem Körper bis zu meinem Gedächtnis verändert werden kann, dass nichts aber einen entschlossenen Willen ändern oder einen Willensentschluss rückgängig machen kann, außer wir selbst tun es. Wirklich nichts und niemand. Der Wille schafft, bestimmt, definiert und bildet alles, so wie es der biblische Mythos am göttlichen Willen der Weltschöpfung darlegt: „Gott sprach und es ward." Nur Wille war nötig, sonst nichts. Auch wir haben erst den Willen zu einer Tat, beispielsweise den Arm zu heben, und dann folgt die Handlung fast automatisch, wenn dem nichts entgegensteht. Allerdings ist dies leider oft der Fall, denn wir selbst haben uns vielleicht in der Vergangenheit schon für etwas Gegenteiliges entschieden, was noch nachwirkt, beispielsweise dass es gefährlich war, die heiße Herdplatte anzufassen oder in der und jener Situation den Arm zu heben, und der Wille ist somit in einer bestimmten Hinsicht blockiert. Obwohl also der Wille das stärkste Instrument ist, haben wir viele Willensentscheidungen bezüglich Handlungen, Denken, Überzeugungen usw. getroffen und nicht mehr aufgehoben, vieles sogar abgelehnt und ausgegrenzt, und wollen nichts mehr damit zu tun haben. Oder wir haben uns aus Ängsten heraus eventuell entschieden, nicht selbst zu entscheiden, sondern andere entscheiden zu lassen bzw. deren Werte, Ansichten, Leitlinien zu übernehmen. All dies behindert oder blockiert nun unseren freien Willen.

Es gilt also zunächst, den eigenen Willen wieder anzunehmen, ihn von Fremdbestimmung zu befreien und selbst wieder zu wollen und zu erschaffen. Der Wille ist also die Grundlage, überhaupt etwas zu bewirken, etwas in unserem Leben zu verändern oder zu verbessern, und daher das notwendigste Mittel, über das wir verfügen müssen, um unser Leben wieder frei und selbstbestimmt zu gestalten, um wieder Lebensfreude und Glück zu entfalten. Wenn der Volksmund recht hat, dass jeder seines eigenen Glückes Schmied ist, dann ist der Wille der Hammer, das Eisen zu schmieden. Wir beginnen also mit Übungen, den Willen zu stärken und ihn bewusst einzusetzen. Als erstes muss ich wieder Mut dazu fassen, mich selbst zu entscheiden, auch wenn ich bislang zu schwach und deshalb zu mutlos dafür war.

ÜBUNG 11: Mut fassen und Willen durchsetzen

Vorbemerkung:
Von Goethe wird überliefert, dass er nicht den Mut hatte, große Höhen zu besteigen und von Höhen herunterzublicken. Sein Wille war dadurch für Aktionen dieser Art blockiert, und dies hinderte ihn daran, hohe Kirchen und Bauwerke zu besichtigen. Zu Überwindung dieser Blockade benützte er die folgende Methode:

„Allen diesen Mängeln suchte ich abzuhelfen, und zwar, weil ich **keine Zeit verlieren** *wollte, auf heftige Weise. Ich erstieg* **ganz allein**

den höchsten Gipfel des Münsterturms und saß in dem so genannten Hals wohl eine Viertelstunde lang, bis ich es wagte, wieder heraus in die freie Luft zu treten, wo man auf einer Platte, die kaum eine Elle im Gevierte haben wird, ohne sich sonderlich anhalten zu können, stehend das unendliche Land vor sich sieht.../ Dergleichen... **wiederholte** ich so oft, bis der Eindruck mir ganz gleichgültig war, und ich habe nachher bei Bergreisen und geologischen Studien, bei großen Bauten, wo ich mit den Zimmerleuten um die Wette über die freiliegenden Balken und Gesimse der Gebäude herlief, ja in Rom, wo man eben dergleichen Wagstücke ausüben muss... von jenen Vorübungen großen Vorteil gezogen." (J. W. Goethe, Dichtung und Wahrheit, Teil 2. Insel Verlag, Frankf. S. 337–38)

Durchführung: Solche Vorteile wollen wir nun in drei Schritten aus dieser Übung ziehen.

AUSWAHL: Wählen Sie etwas, wozu Sie bislang Mut hatten oder wofür Sie sich zu willensschwach fühlten. Suchen Sie sich nun eine Aktion aus, die genau dies fördert. Dies kann entweder (1) genau das sein, wovor Sie Angst haben oder wozu Ihnen der Mut fehlt. Bei zu großem Widerstand unterstützen Sie (2) **mehrmals** Aktionen, welche dafür förderlich sind. Oder unterstützen, ermutigen und helfen Sie (3) zunächst **mehreren** anderen Menschen dabei.

Beispiel (1): **Höhenblockade.** Durch absichtliches Besteigen von Höhen überwinden.

Beispiel (2): **Kein Mut, fremde Menschen anzusprechen.** Schreiben Sie an entfernte Verwandte und Bekannte. Bringen Sie Menschen in einem Gesprächskreis oder Literaturkreis zusammen; laden Sie Nachbarn ein; organisieren Sie einen Ausflug, ein Treffen oder Fest, ggf. mit Anlass (für einen guten Zweck usw.).

Beispiel (3): **Mutlos, eigene Meinung zu äußeren oder sich durchzusetzen.** Helfen Sie mehreren Menschen Ihrer Umgebung durch Rat, Tipps, Unterstützung bzw. ermuntern Sie sie, ihre Meinung offen zu sagen, sich auszudrücken.

ENTSCHLUSS: Wenn Sie eine Aktion ausgewählt haben, dann gibt es kein Zurück, unter keinen Umständen. Sagen Sie sich: „Jetzt erst recht", und sei es nur, um Ihren Willen durchzusetzen und zu stählen. Denn wenn der Wille einmal etwas geschaffen hat, was jetzt ein Problem ist, so kann er jederzeit genauso gut das Gegenteil erschaffen. Beginnen Sie es aber erst in kleinen Schritten, dann lassen Sie größere folgen.

WIEDERHOLUNG: Wiederholen Sie dies unbedingt mehrmals, bis Sie sich sicher fühlen und es ohne Widerstand tun können. Tun Sie dies so lange, bis es Ihnen ganz gleichgültig wird.

Es ist aber bei wachsender Willenskraft sowohl grundsätzlich wie auch im alltäglichen Leben wichtig, dass wir nicht mehr leichtfertig entscheiden, um es dann gleich wieder umzuwerfen, also wankelmütig sind, sondern wohlüberlegt oder intuitiv entscheiden, dann aber dazu stehen und es nicht mehr aufgeben, bis es realisiert ist. Allerdings nicht etwa verbissen kämpfen oder hartnäckig wie die Eiche oder mit dem Kopf durch die Wand – das haben wir gar nicht nötig –, sondern flexibel und geschmeidig daran festhalten wie der Bambus, der keinen Widerstand bietet, jedoch immer wieder aufsteht und keine Niederlage akzeptiert, der weiß, dass er jeden Sturm überlebt. Wir müssen es uns gut merken, nicht nur im Hinblick auf ein freies und erfülltes Leben, sondern für alles, was wir erschaffen wollen: Was immer der Mensch tut, um was immer er kämpft oder was immer er erschafft, derjenige, der seinen Willen einfach länger behauptet und seine Entscheidung dauerhafter vertritt als ein anderer – und dies kann ganz ohne Anstrengung oder Widerstand, allein durch Ausdauer geschehen –, der gewinnt immer und sicher. Denn was könnte ihn sonst noch aufhalten? „Erschaffen" ist dieser Willensakt, eine Affirmation zu setzen, daran festzuhalten und es durchzuhalten bis zur Realisierung, so wie der kleine Gandhi gegen absolut alle Wahrscheinlichkeit und ohne äußere Macht, nur mit Willensstärke die Unabhängigkeit für Indien erlangt hat. Dies sollten wir im Alltag zunächst an kleinen Dingen und Entscheidungen üben, denn auch sie stärken die Willenskraft ungemein und schaffen Vertrauen in Ihnen für größere Projekte.

ÜBUNG 12: Affirmationen setzen, Ziele realisieren

Machen Sie nun eine Aufgabenliste und schreiben Sie die Punkte auf, die Sie in Ihrem Leben ändern wollen, von kleinen bis zu großen. Fangen Sie zunächst mit den Kleinigkeiten an, langsam, aber unaufhaltsam, in der folgenden Form:

a) *Formulieren Sie klar den Wunsch, das Ziel, in positiver, kurzer Formulierung.*

b) *Bringen Sie sich in einen ruhigen, meditativen Zustand.*

c) *Sprechen Sie mehrmals mit festem, unerschütterlichem Willen Ihren Wunsch als Tatsache aus, also nicht „Ich möchte...", sondern „Ich erschaffe.., Es ist..." Fühlen Sie dabei ruhig das Gefühl der Macht und die Freude am Erschaffen.*

d) *Fokussieren Sie die volle Aufmerksamkeit Ihres Geistes auf die Erfüllung, auf die Realisierung, **nicht auf die Mittel** dazu, dies überlassen Sie dem Geist. **Fühlen Sie es**, verstärken Sie das Gefühl so viel wie möglich, und* *sehen Sie es erfüllt vor sich (Visualisation ist die Sprache der Seele). Zeit je 5–10 Min., lieber kurz und konzentriert.*

e) *Lassen Sie nun den Wunsch völlig los wie eine Bestellung im Restaurant, im sicheren Vertrauen, dass die Energie wirkt, nach dem alten Prinzip der englischen Geistheiler: „Energy follows thought" (die Energie folgt den Gedanken).*

Wir üben dies zunächst ganz zweckfrei, spielerisch, ohne uns unter Leistungsdruck zu setzen und dann bei kleinen Hindernissen alles wieder hinzuwerfen. Eher wie ein Forscher, der ein spannendes Experiment durchführt, und dies ist es ja auch. Wie bei jedem Muskeltraining, so kann man zuerst nur kleine Gewichte heben, aber die schon. Hier ist es auch unproblematisch, einmal einen Misserfolg zu verkraften. Nach Erfolg im Kleinen versteht man das Prinzip und hat die notwendige Zuversicht (den Glauben) gewonnen, und dann ist es leichter, allmählich zu größeren Aktionen überzugehen. Hier gilt es dann, bis zum Erfolg dranzubleiben. Nichts kann Sie mehr aufhalten, wenn Sie es nicht wollen, denn der Wille ist prinzipiell stärker als alle Krankheit und alle Umstände, da jene doch erst durch ihn erschaffen wurden. Beginnen Sie jetzt und schieben Sie es nicht auf, denn jede große Reise beginnt mit dem ersten Schritt.

Aufmerksamkeit – unsere Gedankenkraft

Ein weiterer wichtiger Punkt ist die Menge an geistiger Kraft, die ein Wesen zur Verfügung hat, und diese nennen wir „Aufmerksamkeit". Wenn also in unserem vorigen Bild der Mensch seines Glückes Schmied und der Wille der Hammer dazu ist, so entspricht die Menge an Geistkraft oder Aufmerksamkeit der Energie oder Kraft, mit der wir schmieden können. Diese Menge an geistiger Kraft entscheidet, *wie schnell und kraftvoll* unser Wille etwas realisieren kann. Wir haben schon gesagt, dass er es immer kann, wenn er nie aufgibt, und wenn es viele Leben dauern sollte. Aber so lange wollen wir nicht warten. Daher ist die Schulung und geübte Fokussierung unserer Aufmerksamkeit wichtig, die darüber entscheidet, *wie schnell und wie intensiv* wir etwas erschaffen oder materialisieren können. Denn im geistig-seelischen Bereich gilt *das Gesetz, dass dies, worauf der Geist seine Aufmerksamkeit richtet, wächst, zunimmt und konkreter in Erscheinung tritt*, wohingegen jenes, von dem er seine Aufmerksamkeit abzieht, dadurch vermindert wird. Geistige Aufmerksamkeit ist also die Energie, die psychische wie physische Realität erschafft.

Grundlage dieses Vorgangs ist, dass alle Erscheinungen psychischer wie physischer Art nicht für sich bestehen können, ohne Geist oder ohne Beobachter, wie dem auch die moderne Physik zustimmt. Sie brauchen eine Basis und einen Willen, der entscheidet, was genau aus der Menge an Möglichkeiten und Wahrscheinlichkeiten Wirklichkeit werden soll, also was in Erscheinung tritt. (Dies lässt sich nicht durch Kausalität erklären, da diese erst nach dem Erscheinen von etwas jenseits der Quantenebene, also nach dem Erscheinen in der materiellen Welt sich auswirkt, nicht aber bestimmt, was überhaupt erscheint.) Je mehr nun der Wille seine Aufmerksamkeit auf etwas richtet, je mehr also etwas fokussiert oder gewünscht wird, umso kraftvoller ist der Vorgang und umso wahrscheinlicher wird seine Realisierung oder Erscheinung in der kollektiven Wirklichkeit. Daher ist Kontrolle darüber und das Vermögen, Aufmerksamkeit zu steuern, zugleich Kontrolle über die Schöpfung.

Diesen Vorgang können wir beispielsweise ganz pragmatisch dadurch feststellen, indem wir auf ein beliebiges Objekt vermehrt und gezielt unsere Aufmerksamkeit konzentrieren. Wir werden dann nach kurzer Zeit – vorausgesetzt, wir lassen uns nicht ablenken – auch mehr Wahrnehmungen haben, mehr Details werden am Objekt bemerkbar und sichtbar werden, mehr Gefühle dazu entstehen, wir werden subtilere Farben, Schatten, Konturen, Formen wahrnehmen, wie es Künstler und in ein Objekt versenkte Forscher sicher bestätigen können. Dies ist nichts anderes, als dass dieses Objekt realer wird, bestimmter in Erscheinung tritt. Wenn dagegen unsere Aufmerksamkeit zerstreut ist, so nehmen wir vieles an den Objekten oder im Extremfall die Objekte selbst überhaupt nicht mehr wahr, und was nicht wahrgenommen wird, existiert nicht, zumindest nicht in unserem Bewusstsein. Denn wo sollte es sonst sein, wenn nicht in irgendeinem Geist, wenn sich niemand dessen bewusst ist, wenn es niemand wahrnimmt? Davon könnten wir dann auch nie etwas wissen, daher existiert es für uns auch nicht, und es wäre auch unsinnig, davon zu reden. Zumindest verbleibt es dann, so lehren heute auch Physiker, im unentschiedenen Wahrscheinlichkeitszustand.

Daher gilt, wenn wir unsere Aufmerksamkeit auf *geistige* Dinge, seelische Prozesse, bildliche Vorstellungen, Überzeugungen, Gedanken richten, auf Vorhaben und Aktionen ausrichten, so entwickeln sie die Tendenz, Wirklichkeit zu werden, ernähren sich sozusagen von geistiger Aufmerksamkeit und der Kraft unseres Willens, bis die jeweilige Wahrscheinlichkeitswelle in unsere Realität kollabiert, mit anderen Worten, bis die wahrscheinliche Realität Wirklichkeit geworden ist. So erschafft nach der Überlieferung der kosmische Geist (Gott sprach, und es ward...), und so erschafft auch ständig unser Geist, denn wir sind Geist vom Geist. So funktionieren alle Magie und magischen Heilungen, alles andere ist nur Beiwerk, so funktioniert im Idealfall auch das so genannte positive Denken, allerdings nur, wenn nicht andere, frühere Vorstellungen bzw. Überzeugungen der Realisierung entgegenstehen.

Die Kontrolle über die Aufmerksamkeit ist daher ein wesentliches Merkmal aller geistigen und magischen Schulung, schon seit uralten Zeiten, denn diese Kraft, auch „Gedankenkraft" genannt, entscheidet schließlich darüber, ob und wie ich mein Leben beherrschen und gestalten kann. Denn *aus den Gedanken werden Handlungen, und aus den Handlungen wird unser Schicksal.* Wenn ich also meine Gedanken beherrsche und bewusst und gezielt meine Aufmerksamkeit auf Erwünschtes lenken kann, so wird mir dies in meinem Leben letztlich zuteil, selbst wenn ich es dann nicht mehr wollte. Wenn die Gedanken aber ziellos umher schweifen und beispielsweise bei Hass, Neid, niederträchtigen und schädigenden Handlungen verweilen, so wird dies mein Leben wesentlich mitbestimmen, auch wenn ich es gar nicht so wollte. Ebenso wenig komme ich ungeschoren davon, wenn ich fremdbestimmt handle, wenn ich also aus mangelnder Geisteskraft und Gedankenkontrolle lediglich zulasse, dass meine Aufmerksamkeit von anderen Personen, durch Werbung, Propaganda, Erziehung gelenkt wird, beispielsweise auf Mangel, Hass, Neid, Streit, Konkurrenzdenken, Verurteilung anderer. Auch dann, obwohl meine Gedanken, meine Gefühle von anderen geführt oder verführt wurden und ich nicht erkenne, der Verursacher zu sein, werden die oft unerwünschten Folgen in meinem Leben eintreten. Denn ich habe es ja einst zugelassen und damit willentlich entschieden, fremdbestimmt zu werden, dies zu akzeptieren, und somit hafte ich auch für die Konsequenzen.

Da wir also in jedem Fall die Folgen selbst tragen müssen, sollten wir auch selbst und gezielt entscheiden, wofür wir unsere Gedankenkraft zukünftig verwenden, bei welchen Inhalten wir unsere Aufmerksamkeit verweilen lassen, welchen Gedanken und Gefühlen wir nachhängen, welche Vorstellungen und Bilder in unserem Geist sein sollen und sein werden. Dies ist von äußerster Wichtigkeit, denn danach wird sich unsere Zukunft, unser weiteres Schicksal gestalten, danach werden wir Menschen und Ereignisse anziehen, und danach wird sich auch entscheiden, ob es ein Leben voller Freude oder voller Leid wird. Die Bedeutung der Kraft der Gedanken kann gar nicht genug hervorgehoben werden, und viele würden erschrecken, wenn sie einmal geistig sehen könnten, wie schon jeder einzelne Gedanke unser Leben verändern kann und sogar noch weitere ähnliche Gedanken anzieht. Dazu machen wir ein kleines Experiment:

ÜBUNG 13: Eine Gedankenform erschaffen

1. Tag: Nach dem Aufwachen denken und visualisieren Sie mit aller Kraft die Gedankenform oder überzeugen Sie sich davon, dass Ihnen alle Menschen nur feindlich gesinnt sind. Affirmieren Sie mindestens zehn Minuten mit Bestimmtheit: „Alle Menschen sind mir feindlich gesinnt." Verstärken Sie dies mit Beispielen aus Ihrer Vergangenheit, erkennen Sie, dass es immer schon so war, steigern Sie sich hinein, bestärken Sie sich darin, bis Sie völlig überzeugt sind, dass keiner Sie leiden kann und alle Ihnen nur Böses wollen.

Gehen Sie dann so in Ihren Tag und behalten Sie für einen Tag diese Überzeugung.

*Notieren Sie auf einem Merkzettel, wie Sie sich **subjektiv** an diesem Tag fühlen und was Sie denken, vor allem aber, was **objektiv** passiert, was Ihnen passiert und wie andere Menschen auf Sie reagieren.*

2. Tag: Führen Sie denselben Prozess aus mit der Meinung: „Die Menschen sind mir freundlich gesinnt." Wenn Sie noch zweifeln, dann sagen Sie sich, dass Sie sich gestern einfach geirrt haben, und ziehen Sie aus der Vergangenheit Beispiele heran, die dies beweisen. Fühlen Sie intensiv, wie beliebt Sie bei Ihren Mitmenschen sind, und alle Gegenbeispiele sind nur Ausnahmen, die die Regel bestätigen. Fühlen Sie es und freuen Sie sich darüber. Gehen Sie dann wieder in Ihren Tag und behalten Sie für einen Tag diese Überzeugung.

*Notieren Sie auf einem Merkzettel, wie Sie sich **subjektiv** an diesem Tag fühlen und was Sie denken, vor allem aber, was **objektiv** passiert, was Ihnen passiert und wie andere Menschen auf Sie reagieren.*

Dann vergleichen Sie die beiden Tage, ihre Erlebnisse, Gefühle, Erfahrungen sowie die objektiven Geschehnisse und die Reaktionen anderer. Machen Sie sich klar, dass alle Unterschiede nur aus einer selbstgeschaffenen Gedankenform kommen.

Wenn man einmal bemerkt hat, wie stark sich schon wenige Gedanken und Vorstellungen eines Tages, ja selbst einiger Minuten auswirken und wie sie ganz konkret Leid oder Freude, unterschiedliche Reaktionen anderer anziehen können, ja vielleicht unangenehme Ereignisse erzeugen, mit deren Folgen man sich manchmal sogar jahrelang herumschlagen muss, dann ist man sehr motiviert, sich zukünftig seiner Gedanken, Gefühle, seiner Bilder im Geist bewusst zu werden und ab sofort die Steuerung seiner Aufmerksamkeit wieder selbst in die Hand zu nehmen. Zuvor aber sollten wir uns erst einmal bewusst werden, worauf unsere geistige Aufmerksamkeit üblicherweise gerichtet ist, wovon sie gelenkt bzw. ab-gelenkt wird.

ÜBUNG 14: Sich über sich bewusst werden

a) *Halten Sie immer öfter am Tag gezielt inne, – notfalls im bestimmten Zeittakt oder auch mit Wecker, falls Sie es immer wieder vergessen. Fragen Sie sich und bemerken Sie, was Sie eben jetzt tun, wie Sie es tun, woran Sie denken, welche Vorstellungen Ihnen durch den Kopf gehen, wie Sie sich gerade fühlen. Nehmen Sie dies ganz bewusst zur Kenntnis: Aha, ich....*

b) *Nach einiger Übung beginnen Sie jetzt, Handlungen oder Gedanken bewusst auszuführen. Legen Sie dafür am Anfang eine bestimmte Zeitdauer fest, erst fünfzehn, später bis zu dreißig Minuten, während der Sie sich unbedingt vornehmen, sich jeder Ihrer Handlungen bewusst zu sein und sie willentlich **vorher** zu entscheiden:. „Ich mache jetzt dies...(dann tun), ich gehe dorthin...(dann gehen), ich halte inne., ich schaue aus dem Fenster... ich kratze mich an der Nase (dies jeweils tun), ich rufe jetzt jemanden an...". Erst entscheiden, dann handeln. Dabei sollten Sie auch alle Ihre Gedanken und Emotionen achtsam wahrnehmen und sich ihrer bewusst sein, ohne sie zunächst kontrollieren oder beeinflussen zu wollen. Nur beobachten!*

*Dadurch gewinnen Sie große Achtsamkeit. Im Laufe der Zeit können Sie die Begrenzung der Zeitdauer weglassen und versuchen, sich dieses Verhalten **automatisch** anzugewöhnen, also achtsam und selbstbestimmt zu handeln und sich stets über sich und Ihre Geistesinhalte bewusst zu sein.*

Nachdem wir wissen, was wir so alles in uns denken und vorstellen, auch was wir an Werbung, Suggestion, Fremdbildern in uns hineinlassen, können wir darangehen, unseren zerstreuten Geist zu sammeln, auf die Inhalte zu lenken und bei jenen zu verweilen, die wir für uns haben wollen und deren Folgen wir wünschen. Eine geradezu klassische Methode, den Geist zu zähmen und die Aufmerksamkeit unter Kontrolle des Willens zu bringen, sind die folgenden Achtsamkeitsübungen oder Konzentrationsübungen. Sie können bei den Übungen zugleich Ihren Fortschritt daran erkennen, *wie lange* Sie Ihre Aufmerksamkeit auf ein Objekt gerichtet halten und damit gezielt steuern können.

ÜBUNG 15: Aufmerksamkeit und Geisteskraft schulen

Vorbereitung: Gelassenheit, ruhiger Ort, Entspannung oder meditative Einstimmung
Durchführung:

a) *Konzentration auf ein materielles Objekt: Nehmen Sie ein beliebiges, kleineres Objekt wie eine Flasche, eine Blume o.ä., stellen Sie es vor sich hin, so dass Sie es gut mit einem Blick erfassen können. Nun schalten Sie bewusst alle anderen Wahrnehmungen aus und konzentrieren sich nur auf dieses Objekt, ohne abzuschweifen, aber auch ohne zu starren oder sich zu versteifen. Lassen Sie nur Ihre geistige Aufmerksamkeit darauf ruhen, schauen Sie interessiert und völlig gelassen, zuerst etwa drei, später bis zu zehn Minuten. Haben Sie Geduld, denn es ist anfangs für den zerstreuten Geist gar nicht so einfach.*

b) *Konzentration auf Sinneswahrnehmungen: Sie können nun die Augen schließen und dasselbe auch mit anderen Sinnesorganen machen, beispielsweise mit Konzentration fokussiert auf ein bestimmtes Geräusch hören oder einer Musik lauschen. Wichtig ist aber, keine fremden Gedanken, auch nicht Bewertungen, aufkommen zu lassen, sondern nur achtsam zu lauschen. Hier können Sie gut erkennen, wie sich Ihre Wahrnehmung in Details und Tiefe durch die verstärkte Aufmerksamkeit wesentlich erhöht.*

c) *Konzentration auf eine Kerze: Erst wenn Sie einige Übung haben, stellen Sie eine ruhig brennende Kerze vor sich auf und dunkeln Sie das Zimmer ab. Konzentrieren Sie sich nun, ohne zu starren, auf die Kerzenflamme, ohne abzuschweifen und ohne anderen Gedanken nachzuhängen. Machen Sie öfter nach jeweils einigen Minuten eine Pause, und steigern Sie langsam die Dauer der Konzentration. Wenn Ihnen dies nach einiger Zeit gelungen ist, lassen Sie sich einmal geistig in die Kerzenflamme hineinfallen, verschmelzen Sie damit, werden Sie eins mit ihr. Fühlen Sie, wie das sich anfühlt.*

d) *Konzentration auf ein geistiges Objekt: Dies ist eine fortgeschrittene Übung, die Sie erst nach einiger Erfahrung mit materiellen Objekten angehen sollten, sonst besteht die Gefahr, ständig abzuschweifen. Visualisieren Sie in Ihrem Geist irgendein einfaches Objekt, zum Beispiel ein Dreieck, einen Kreis oder Stern, ein einfaches Bild in Farbe. Konzentrieren Sie sich nun auf dieses Bild vor Ihrem geistigen Auge, ohne abzuschweifen. Sie werden wahrscheinlich bemerken, dass das Objekt versucht, seine Farbe und Form zu verändern – ein Ausdruck Ihres ungezähmten Geistes. Falls dies passiert, bemerken Sie es und kehren Sie einfach gelassen wieder zum ursprünglichen Bild zurück, bis Sie es mindestens fünf Minuten lang ruhig halten und klar sehen können.*

e) *Wenn dies gelungen ist, herzlichen Glückwunsch. Sie können sich nun vor Ihrem geistigen Auge beliebige erwünschte Dinge oder Situationen erzeugen, sich freuen, glücklich sein usw. Schließlich können Sie sogar kom-*

plexe Wunschvorstellungen visualisieren, beispielsweise eine Aufgabe im Leben zu verwirklichen oder zu lösen, etwas zu bekommen, sich neue Eigenschaften anzueignen usw. Können Sie nun die entsprechenden Gefühle dazu erzeugen und intensiv fühlen, dass und wie sich Ihre Vorstellung, Ihr Wunsch erfüllt, und übergeben es dann in sicherem Gefühl der Erfüllung dem Universum, so haben Sie fortan die Möglichkeit, durch Gedankenkraft magisch zu wirken, Hindernisse aufzulösen und beliebige Dinge wie Situationen wahr werden zu lassen.

Die Kraft der Entscheidung

Bin ich mir erst einmal meiner Gedankeninhalte und Gedankenformen bewusst, die bisher unbewusst mein Leben gestalteten und mich umhertrieben wie die Wellen ein führerloses Schiff; habe ich ferner wieder die Macht, meinen Geist gezielt auf etwas zu fokussieren und meine Aufmerksamkeit auf etwas gerichtet zu halten, so kann ich jetzt darangehen, Inhalte bewusst auszuwählen und zu entscheiden, welche ich zukünftig haben will. Um im vorigen Bild zu bleiben: Wenn der Mensch seines Glückes Schmied ist und der Wille der Hammer, die Aufmerksamkeit die nötige Energie des Armes, so ist jetzt zu entscheiden, was ich denn schmieden will, wofür ich diese meine neugewonnene Aufmerksamkeit jetzt einsetzen will.

Das Witzige daran ist, dass der Mensch, auch wenn er bisher glaubte, überhaupt nicht selbst entschieden zu haben und bezüglich seiner in ihm aufkommenden Gefühle – Leid, Trauer oder Freude und Glücklichsein – auch nichts entscheiden zu können, in Wirklichkeit doch ständig entschieden hat. Denn er hat es irgendwann einmal so gewollt und die Entscheidungen getroffen, diesen Ablenkungen nachzugeben, durch seine Begierden entsprechende Folgen zu schaffen, für den Glauben an irgend etwas leiden zu müssen oder fremde Vorstellungen und Gedanken als eigene anzunehmen. Kurz: Er hat in allen Fällen zumindest entschieden, sie in seinen Geist einzulassen und ihnen zu folgen, und jedem dieser Fälle ging eine eigene Entscheidung voraus, obwohl er sich dessen vermutlich häufig nicht bewusst war oder sie sofort danach wieder vergessen oder verdrängt hat. Um dies zu illustrieren, wie wir bereits unbewusst Entscheidungen für unsere Gefühle getroffen haben und dann selbst darunter leiden, weil sie vermeintlich von außen kommen, hier eine kleine, wahre Geschichte einer jungen Frau, die von ihr selbst veröffentlicht wurde. Sie konnte deshalb so lange keine Lebensfreude in sich aufkommen lassen, bis sie erkannte, *wer* der Schöpfer und Urheber des eigenen Lebensgefühls war, *bis sie erkannte und zu entscheiden lernte*. Sicher werden sich manche Leser darin erkennen können. Die junge Frau suchte zunächst die Befreiung von ihrem selbstgewählten Leid im Außen, in einem indischen Ashram und mit Hilfe eines Gurus und Meisters, was ihr aber nicht gelang, und sie weinte viel über ihr leidvolles Leben:

„Warum weinst du so viel an diesem herrlichen Platz?", fragte mich eines Tages eine ältere Frau, und ich erzählte ihr von all meinen Leiden. „So, wie du das erzählst, mit einem lachenden Gesicht und freudiger Stimme, scheint dir das Leiden großen Spaß zu machen." Dieser Hinweis verblüffte mich sehr, und ich konnte ihn zuerst nicht annehmen. Doch dann spürte ich tatsächlich, dass ich das Leiden, die Dramen liebte – ich erfuhr meine Persönlichkeit sehr stark im Leiden. **„Doch"**, erklärte mir meine Gesprächspartnerin, **„ist es auch möglich, den Weg der Freude zu gehen. Wir können uns für das eine oder das andere entscheiden**. Wenn du dich für das Leiden entscheidest, ist das o.k. Die meisten Menschen tun dies unbewusst. Du aber gehst den Weg der Bewusstheit. Deshalb triff eine klare Entscheidung, und hör auf zu jammern – oder ändere deine Entscheidung." Das war eine knallharte Zurechtweisung. Doch das Maß des Leidens war jetzt voll, ich wollte mich für den anderen Weg entscheiden. Als ich am Abend bei Prem Baba (ihrem Guru/Anm.d.Verf.) saß, teilte ich ihm meinen Entschluss mit. Er schien verstanden zu haben und auch glücklich über meine Entscheidung zu sein. Er lachte viel, es war eine gute Stimmung. Während des Singens fiel der düstere, schwere Teil ganz von mir ab. Ich zerschmolz in Hingabe und Ananda (Seligkeit)."

Dies ist eine sehr wichtige Lektion. Sie lehrt die Bedeutung der Entscheidung, der wir generell nicht so viel Gewicht beimessen, aber nur weil wir uns der Folgen nicht bewusst sind. Da wir aber freie Wesen sind, ist damit auch stets die Aufgabe zur Entscheidung verbunden, und nicht einmal Gott könnte uns dies abnehmen. Deshalb kann er uns auch nicht zu unserem Glück zwingen. Wir selbst müssen es tun, wie es auch im Mythos des verlorenen Sohnes deutlich wird. Im Falle unseres Beispiels der jungen Frau bedeutete dies: Sie wollte durch eine solche Entscheidung sich über eigenes Leiden Wichtigkeit geben und sich das Mitleid anderer verschaffen, Zuwendung erzwingen, und da dies unbewusst geschah, war es ein großes und langandauerndes Unglück für diese Frau. Sie erschuf damit einen düsteren, schweren Persönlichkeitsanteil, der ihr das Leben schwermachte. Speziell in Bezug auf Lebensfreude und Glücklichsein ist es oft so, dass es dem Menschen gar nicht bewusst ist, wie leicht er diese durch Entscheidung herbeirufen könnte, weil geistige und seelische Inhalte wie auch Gefühle jederzeit und noch viel schneller als materielle Dinge und Situationen in uns erschaffen werden können, sobald wir uns bewusst und mit genug Geisteskraft dafür entscheiden. Denn wer kann uns daran hindern, fröhlich zu sein, wenn wir dies wirklich wollen und uns zugleich entscheiden, dies nicht vom Wetter, Partner, Auto oder was auch immer abhängig zu machen? Niemand, wie es der berühmte Arzt und Clown Patch Adams selbst im tristen Krankenhausalltag gezeigt hat. Dies kann stets neu entschieden werden.

Es ist also zu erkennen, dass alle Gefühle, ob wir sie schon vor langer Zeit in uns eingelassen haben oder erst jetzt, dass selbst das konkrete Gefühl, das ich jetzt habe – auch wenn ich glaube, dass es von äußeren Ursachen ausgelöst wird – immer von mir produziert, zugelassen und somit entschieden wird. Dies ist bei allen Gefühlen und Vorstellungen so, ohne Ausnahme. *Wer sonst* könnte denn entscheiden, welche Gefühle ich in mir hervorrufe und annehme oder ablehne? Daher könnte ich – vorausgesetzt natürlich, ich kann meinen Willen steuern und habe genug stabile Aufmerksamkeit, um den Geist zu lenken – jederzeit erwünschte Inhalte wie das Gefühl „Ich bin glücklich" herbeizaubern, wenn ich wollte, unabhängig davon, ob es nun regnet oder schneit, ob ich Geld habe oder pleite bin, ob ich gesund oder krank, jung oder alt bin. Und wir sehen ja auch im Leben, dass manchmal ein alter oder kranker Mensch oder jemand ohne Geld oder bei Regenwetter dennoch glücklich ist. Es kann also gar nicht kausal an den äußeren Umständen liegen. Es liegt nur an mangelnder Bewusstheit einerseits (vgl. das Beispiel der Frau) wie andererseits an mangelnder Herrschaft über Gefühle, Gedanken, dass dies bei anderen scheitert. Denn Lebensfreude wie alle Gefühle und Vorstellungen kommen rein von innen, aus meinem Geist, entschieden von meinem Willen, implantiert von meiner Geisteskraft, und nicht von Champagner, schönen Frauen, Besitz, gutem Essen, schönem Wetter, auf die es lediglich projiziert wird. (Nichts gegen schöne Frauen und gutes Essen.) Faktischer Beweis dafür ist, dass es Menschen gibt, die auch bei Fehlen solcher Dinge glücklich sein können, während andere wiederum selbst bei Vorhandensein solcher Dinge nicht glücklich sind. Daher ist festzuhalten:

Zulassung von Lebensfreude wie alle Gefühle unterliegen direkt unserem Willen und unserer Entscheidung, sind völlig unabhängig von äußeren Dingen, jedenfalls solange ich nicht für mich entscheide, dass sie davon abhängig sind. Welches Gefühl wir in uns entstehen und verweilen lassen, können wir stets frei entscheiden, und niemand und nichts kann uns diese Fähigkeit nehmen.

So gesehen könnten wir fröhlich in den Tod gehen, wenn wir dies wollten und so entschieden – wer könnte das verhindern? Wir könnten bei schlechtem Wetter glücklich sein und uns freuen, dass wir ein warmes Zuhause haben, könnten zufrieden oder humorvoll sein, auch wenn alle anderen es nicht sind. Es ist unsere Entscheidung. Wir versuchen diese zwar *danach* mit Argumenten zu untermauern, aber solche rationalen Argumente sind oft Scheinargumente, denn wir finden *nach* der Entscheidung *immer* Gründe für sie, wie wir bei gegenteiliger Entscheidung immer Gründe gegen sie finden würden. In der Publizistik hat man dies wissenschaftlich nachgewiesen und nennt es den „bolstering effect", das heißt, es werden Entscheidungen immer nachträglich mit Verstandesargumenten begründet und untermauert; aber erst danach, und dann viel mehr als vorher, dies ist das Entscheidende. Wir haben also nicht zuerst Argumente und Tatsachen, nach denen wir entscheiden, sondern wir entscheiden erst und danach suchen wir die entsprechenden und begründenden Tatsachen und Argumente aus. Daher können wir uns also bei *Entscheidungen* nicht auf rationale Argumente verlassen, denn sie *kommen aus dem Willen und nicht aus dem Denken.* Somit können wir unglücklich sein, weil schlechtes Wetter ist und *weil* ich heute arbeiten muss; oder wir können in dieser Lage ebenso gut glücklich sein, *weil* wir im warmen Zimmer sitzen, *weil* wir genug gutes Essen haben und *weil* wir heute arbeiten dürfen, wo doch so viele arbeitslos sind. Man sieht also, es finden sich *immer Gründe für beides,* der Verstand ist sozusagen eine Hure, die nach der Pfeife des Willens und der jeweiligen Entscheidung tanzt, die wir getroffen haben, nicht umgekehrt. Fazit:

Lebensfreude, Glück wie auch alle anderen Gefühle und Einstellungen in mir lassen sich durch Entscheidung hervorrufen und durch Willenskraft dauerhaft verankern. Ich allein entscheide stets, ob und wann ich glücklich oder unglücklich bin und wie ich mich fühle, und sonst niemand. Erst danach wird die Entscheidung durch Äußeres begründet.

Zugegeben, es ist manchmal nicht leicht, solange der Wille noch nicht geschult ist und solange wir die Kraft der Entscheidung noch nicht kennengelernt haben wie jene Frau in unserem Beispiel. Wir tendieren am Anfang immer wieder dazu, äußeren Anlässen die Schuld zu geben oder sie damit zu begründen. Doch man sollte wissen: Damit belügt man sich nicht nur selbst, sondern – was viel schlimmer ist – man nimmt sich die Möglichkeit, dies zu verändern und seine Gefühle und Gedanken selbst zu bestimmen. Daher ist es wichtig, sich erstens mehr und mehr dieses Zusammenhangs bewusst zu werden und zweitens daranzugehen, selbst das Steuer des Schiffs zu übernehmen und einfach zu befehlen:

„Ich bin jetzt glücklich. Ohne Grund. Ganz einfach, weil ich es so will. Basta."

Zuerst wird es Ihnen bei unbedeutenden Gefühlen gelingen, sie an- oder abzuschalten, beispielsweise anstatt ernst zu sein einmal zu lächeln, später gelingt es auch bei größeren, je nach Entwicklung der Willenskraft *und* Auflösung von entgegenstehenden Problemen wie Begierden und Bewertungen, die uns an bestimmte Gefühle binden und Wechsel erschweren. Wenn es mir gelingt, Gefühle an- oder abzuschalten, geht damit ein großes Machtgefühl und eine starke *Zunahme von Selbstwertgefühl* einher, denn ich bin wieder Kapitän auf meinem Schiff, ich habe das Ruder wieder in der Hand. Die äußeren Umstände können mir nichts mehr anhaben und schon gar nicht mehr mein Innenleben, meine Gefühle bestimmen. Welche Freiheit entsteht hier, wenn man nicht mehr diese oder jene mühsame Rolle oder dieses Muster spielen *muss*, um beliebt zu sein oder sich freuen zu dürfen, nicht mehr dieses oder jenes kaufen und sich darum versklaven *muss*, nicht mehr Ruhm und Ehre sammeln und sein Leben ruinieren *muss*, nur um glücklich zu sein oder sich gut zu fühlen, sondern man es einfach entscheiden und selbst in sich erschaffen kann. Dies macht das Leben nicht nur unglaublich viel leichter und einfacher, sondern zudem auch viel *freier und unabhängiger*, da ich nicht mehr mit der Aussicht auf angenehme Gefühle (Belohnung) oder unangenehme Gefühle (Bestrafung) manipuliert werden kann (Du bist glücklich, wenn...), sondern sie jetzt selbst in mir erzeugen und steuern kann. Somit bin ich unabhängig und frei.

Nun haben wir aber in der Vergangenheit bereits viele Muster und Konditionierungen in uns eingepflanzt oder pflanzen lassen und sollten zuerst daran gehen, diese Fremdeinflüsse oder frühere, jetzt nicht mehr erwünschte Muster zu erkennen. Dann können Sie jene auflösen wie das selbsterzeugte Drama der Frau unseres Beispiels. Dies bedeutet: Sie erkennen Ihr Muster und entscheiden dann nochmals neu, welche Gefühle Sie fortan in sich hegen und erleben wollen. Folgende Übung kann dabei hilfreich sein:

ÜBUNG 16: *Gefühle willentlich verändern*

a) *Erstellen Sie eine Liste Ihrer hauptsächlichen Grundgefühle (auch Schuldgefühle). Erkenntnishilfe: „Mein Leben ist ...ich fühle mich meist... traurig, leidvoll, lustig."*

b) *Erstellen Sie eine Liste Ihrer hauptsächlichen Tagesgefühle „...müde, gestresst.."*

c) *Wählen Sie nach Prioritäten aus, was davon erwünscht, was nicht mehr erwünscht ist.*

d) *Lernen Sie zunächst einzelne momentane Gefühle zu erschaffen (Übung 15) und zuerst je ca. fünf Minuten zu verankern. (z. B. fröhlich sein, traurig sein, mutig sein).*

Nehmen Sie zur Übung auch negative Gefühle, um versteckte Widerstände abzubauen und zu zeigen, dass Sie auch diese souverän erschaffen und so auch auflösen können.

e) *Dann erschaffen Sie sich ein Tagesgefühl, für das Sie sich am Tag immer wieder aufs neue entscheiden, bis es sich stabil zeigt (z. B. humorvoll sein). Gewöhnung und Wiederholung sind hier wichtig und hilfreich.*

f) *Wenn dies klappt, installieren Sie neue, generelle Grundgefühle wie beispielsweise „Mein Leben läuft perfekt“, „Ich bin ein humorvoller Mensch“ usw. Verstärken Sie dies noch durch wiederholte Affirmation im meditativen Zustand oder gleich nach dem Aufwachen bzw. vor dem Einschlafen. Sobald es in Ihr Unterbewusstsein eingegraben ist, werden Sie erstaunliche Veränderungen bemerken. Glückwunsch!*

Verantwortung übernehmen, Schuld auflösen

Nun wird sich in der Lebenspraxis zeigen, dass sich einige Gefühle oder Gedankenketten nicht so einfach auflösen lassen wollen oder dass sie ständig wiederkommen, obwohl wir es anders wollen und entscheiden und dazu auch genug Entschluss- oder Geisteskraft haben. Dafür gibt es generell nur einen einzigen Grund: Ein gegenteiliges, altes Muster klebt an uns, weil wir damit karmisch belastet sind oder, anders gesagt, Schuld auf uns geladen haben. Daher sind wir daran verhaftet, sind mit diesen Gefühlen oder Gedanken schicksalhaft verbunden, bis wir es wieder auflösen. Wir haben also irgendwann einmal in dieser Hinsicht gesündigt, also uns von der Ganzheit gesondert (gesondert = gesündigt), christlich formuliert haben wir gegen den göttlichen Willen, buddhistisch formuliert gegen das Weltgesetz (dharma) verstoßen, *ohne* es bislang wieder auszugleichen, zu bereuen und in (die) Ordnung zu bringen, also es wieder gutzumachen. So folgt es uns bis heute und ist unserem Lebensprogramm eingeprägt, es ist in unserem geistigen Energiefeld wie eine Art von Energiefeldstörung. Es zieht dadurch ständig und unaufhörlich wieder die entsprechenden Gedanken und Gefühle an sowie auch im Außen die seiner Schwingung entsprechenden Ereignisse und Situationen, bis wir diese Störung bereinigt, bis wir dieses (kausale) Karma oder diese Schuld aufgelöst haben.

Warum haben wir es seit damals bis heute nicht bereinigt? Vermutlich, *weil wir für etwas keine Verantwortung übernehmen wollten*, das wir getan, gedacht oder gefühlt haben. Wir wollten, dachten, redeten etwas oder begingen eine Tat, ohne die Folgen dafür zu akzeptieren oder verantworten zu wollen. Daher mussten wir es notwendigerweise von uns ausgrenzen oder von uns abgrenzen nach dem Motto: „Dies geht mich nichts an // dafür bin ich nicht zuständig // das habe ich gar nicht getan // das ist nicht mein Problem // damit habe ich nichts zu tun, so etwas würde ich nie tun..." Es ist ungefähr so wie in der alten Geschichte vom Paradies, wo der Mann die Verantwortung für das Apfelessen auf die Frau und die Frau weiter auf die Schlange geschoben hat, was ihnen aber nichts genützt hat, denn sie wurden alle bestraft. Es ist also noch kein großes Problem, wenn wir als Einzelwesen aus mangelnder Einsicht einmal etwas falsch machen (sündigen), gegen die kosmische Ordnung verstoßen oder uns irren (es irrt der Mensch, solang er strebt...), denn kein Mensch ist frei von Sünden oder Fehlern, sonst wäre er wohl nicht hier. Den alten mystischen Meistern zufolge kann Sünde sogar sehr hilfreich sein, wenn wir daraus lernen, sie kann uns die Macht der Vergebung und letztlich viel mehr Liebe lehren, als wenn wir nie in Sünde gefallen wären. Vorausgesetzt, dass wir die Sünde auch bekennen, als von uns verursacht annehmen, die volle Verantwortung dafür übernehmen, bereuen und es wieder bereinigen, indem wir es wiedergutmachen. Dies ist der Vorgang der Vergebung, und danach ist der Mensch wieder völlig frei von „Sünde" oder von karmischen Folgen, die er ansonsten *ohne zeitliche Begrenzung* tragen und mit sich herumschleppen muss.

Es ist kein großes Problem, wenn der Mensch Fehler macht oder auch sündigt. Es wird nur dann ein großes Problem, wenn der Mensch zwar etwas Negatives getan oder folgenschwere Handlungen begangen hat, dann aber entscheidet, es nicht getan zu haben (der andere war es oder die Umstände) oder die Folgen nicht tragen zu wollen, nichts damit zu tun haben zu wollen, wenn er, kurz gesagt, die Verantwortung dafür nicht übernehmen will. In diesem Fall bleibt der Gedanke, das Gefühl, die Tat beim Verursacher haften, und zwar ohne Zeitbegrenzung, selbst über mehrere Leben hinweg. *Dies ist notwendig so.* Warum? Ein Geistwesen hat bewusst und frei etwas erschaffen – und nur diesbezüglich gibt es eine solche Verantwortung, nicht aber in der unbewussten oder determinierten Natur, so wenig wie man einen Vulkan für einen Ausbruch verantwortlich machen kann. Wir kennen also innerlich selbst unbewusst sehr wohl den Unterschied. Ein Geistwesen hat also aus freien Stücken eine Ursache-Wirkungskette in Gang gesetzt, von der es nun keinen oder allenfalls nur einen Teil, die Ursache, wieder als seinen anerkennen und verantworten will, nicht aber den anderen Teil, nämlich die Wirkung und die Folgen. Dies wird nun – scheinbar – vom Geist ausgegrenzt, abgegrenzt, nicht verantwortet (das hat nichts mit mir zu tun) und ist sozusagen „heimatlos". Es ist einerseits geschaffen worden, wird aber vom Schöpfer nicht erlebt und erfahren und kann daher auch nicht wieder geistig integriert und aufgelöst werden. Es bleibt daher in Wartestellung, es bleibt dem Verursacher nachfolgendes Karma, bis es einst wieder erlebt und integriert wird. Daher *muss* der Mensch ernten, was er gesät hat, dies ist der tiefere Sinn. Denn alles, was der Geist schafft, muss wieder erfahren und erlebt werden – denn dies ist ja der Sinn aller Schöpfung –, um durch die Erfahrung wieder in ihn, in sein Bewusstsein zurückzukehren und sich darin aufzulösen.

Bildlich gesprochen hat man im kosmischen Restaurant aus freiem Entschluss ein Essen bestellt, und wenn es dann kommt, will man es nicht essen. Dann aber trägt der kosmische Kellner es einem solange hinterher, und es wird solange aufgewärmt und wieder aufgetischt, bis man es gegessen hat. Insofern wartet diese ausgegrenzte Erfahrung so lange in dieser Warteschleife und haftet so lange im Energiefeld ihres Schöpfers, bis er selbst sie wieder heimholt. Dies bedeutet, dass er sie *als seine eigene erkennt und annimmt*, also dafür wieder die Verantwortung übernimmt. Damit kann er sie als ihr Schöpfer endlich erleben und sie ins Bewusstsein integrieren, was nichts anderes ist als ganz werden oder wieder heil werden. Dies bedeutet, er erlebt, fühlt nun auch die andere, bislang verdrängte Seite, den anderen Pol seiner einstigen Schöpfung. Damit ist die Erfahrung wieder vollständig. Der Schöpfer kann seine Schöpfung als ganze erleben, in allen Aspekten wie auch als Ursache *und* Wirkung, als Täter *und* Opfer, und erst dadurch wieder integrieren und auflösen.

Dies kann stets nur vom Schöpfer selbst geschehen und nicht etwa von einem anderen ersatzweise. Nur der jeweilige Schöpfer kann seine Kreation heimholen wegen des jedem Geistwesen verliehenen freien Willens und der Verantwortung für seine Kreation. Auch Gott selbst könnte nicht die Folge einer freien Tat ungeschehen machen oder auflösen, *wenn nicht das Wesen selbst es so will*, darum bittet und die Verantwortung übernimmt und bereut. Sonst könnten wir alle sofort von all unserem Karma erlöst werden, denn es gäbe im Kosmos genug liebende Wesen, die uns gern unser Leid auflösen wollten, und warum sollte ein gütiger Gott uns sonst leiden lassen? Doch wir müssen es selbst tun oder uns zumindest dafür entscheiden, es ist Teil unserer göttlichen Freiheit, sonst wären wir nicht Gotteskinder, sondern Gottesknechte. Christliche Mystiker, die Gotteserfahrungen gemacht haben, sagen genau dies: „Nicht Gott gibt's Himmelreich, du selbst mußt's zu dir ziehn, und dich mit ganzer Macht und Eifer drum bemühn" (Angelus Silesius im Cherubinischen Wandermann). Daher müssen wir es auch selbst verwirklichen oder – in christlicher Terminologie – selbst Christus nachfolgen, denn, wie Angelus Silesius weiter schreibt, „wird Christus tausendmal zu Bethlehem geboren, und nicht in dir, du bleibst doch tausendmal verloren". Dazu gibt es auch das volkstümliche Sprichwort: „Hilf dir selbst, dann hilft dir

Gott." Wir müssen also selbst den Willen und die Entscheidung dafür aufbringen, die Verantwortung für bisherige Fehler übernehmen und sie korrigieren, dann erst bekommen wir auch jede Hilfe und Unterstützung dazu. Denn könnte dies sonst jemand, beispielsweise ein göttliches Wesen für uns tun, dann wäre es schon getan. Doch nach der Lehre aller großen Religionen kann Gott nur dann den Menschen erretten oder erlösen, oder im Buddhismus er sich selbst, wenn der Mensch erstens es selbst ausdrücklich will und zweitens wenn er bereit ist, die Verantwortung für seine bisherigen Taten zu übernehmen, um Vergebung zu erlangen bzw. sie auflösen zu können. Damit bleiben die Würde und göttliche Freiheit des Wesens gewahrt.

Durch diesen Vorgang führt jede „ungerechte", also gegen die Ordnung des Ganzen gerichtete Tat automatisch und notwendig irgendwann einmal zu ihrer Lösung, unausweichlich, und dies geschieht zudem vom einstigen Urheber und Schöpfer selbst. Nichts bleibt so ungeklärt – eine geradezu geniale Einrichtung, dieses Karma. Indem jemand also wieder Verantwortung für etwas übernimmt, das er zunächst abgelehnt hat, wird er bewusst wieder Schöpfer und Urheber davon, erhält damit zugleich wieder *Macht über diese seine Schöpfung*, und das ist ein weiterer sehr wichtiger Punkt. Denn wenn ich etwas ausgrenze und von mir abgrenze und somit entscheide, dass es nichts mit mir zu tun haben soll, so verliere ich logischerweise zugleich auch jegliche Macht und jeden Einfluss darüber. Ich habe ja selbst so entschieden: Es hat nichts mit mir zu tun! Je mehr ich also „sündige", d. h. mich sondere, abgrenze, andere oder anderes von mir ausschließe oder mich einseitig nur mit einem Pol identifiziere (urteile) und den anderen ausgrenze (verurteile), umso mehr Macht und Einfluss verliere ich logischerweise damit.

Außer Machtverlust erleide ich aber noch mehr Unheil, denn wie beispielsweise schon bei Buddhisten von alters her bekannt, führen negative, gegen die Ordnung gerichtete Gedanken und Taten zu wachsender *Verblendung*, und aus demselben Grund. Denn wenn der Geist entscheidet, dass etwas mit ihm nichts zu tun hat, es ausgrenzt und von sich abgrenzt, so negiert er logischerweise nicht nur sein Schöpfertum und damit seine Macht darüber, sondern natürlich auch sein Wissen darüber. Wie sollte oder wie könnte ich über etwas Bescheid wissen, wenn etwas überhaupt nichts mit mir zu tun hat? So erschafft der Geist seine eigene Unwissenheit und Verblendung, um nicht Verantwortung übernehmen zu müssen. Dieser Weg der Leugnung von Verantwortung führt also notwendig zugleich zu mehr Machtlosigkeit bis zur Ohnmacht wie auch zu mehr Verblendung. Und je mehr jemand Verantwortung ablehnt, desto mehr verliert er Einfluss über die Dinge und Ereignisse, wird demnach von außen beeinflusst, bis er sich schließlich als völliges Opfer sieht und auch sehen muss, da er ja für nichts mehr verantwortlich ist und somit auch keine Macht mehr über irgend etwas hat.

Der *Weg der Heilung* geschieht durch einfache Umkehr: So führt eine wachsende Übernahme der Verantwortung wieder zu entsprechend mehr Macht, Einfluss und Wirkungsmöglichkeiten. Zur Veranschaulichung kann man es auch am Beispiel jeder großen Firma aufzeigen, wo üblicherweise derjenige, der mehr Verantwortung trägt und zu tragen bereit ist, auch mehr Einfluss und Macht hat, und umgekehrt einer, der nichts verantworten will, auch keinen einflussreichen Job hat. Es ist also im Leben überhaupt eher ungünstig, Verantwortung abzuwälzen oder sich von zu vielen Dingen abzugrenzen und abzusondern, denn es gilt:

Wenn etwas in meiner Realität vorhanden ist, hat es auch etwas mit mir zu tun, und ich habe deshalb in bestimmter Hinsicht immer Verantwortung zu tragen, ebenso wie das im Traum Geträumte immer etwas mit dem Träumer zu tun hat, auch wenn es ihm während des Träumens nicht bewusst ist.

Wollen Sie also Ihr Leben wieder in den Griff bekommen, wieder mehr Macht haben und die Opferrolle aufgeben, wollen Sie wieder Schöpfer über Ihre Lebensinhalte sein und frei werden, zugleich auch wieder mehr direktes Wissen und Einsicht über die Dinge und Situationen des Lebens und Gefühle und Gedanken wieder mühelos und unbehindert lenken können, so müssen Sie mehr und mehr Verantwortung übernehmen. Und zwar so lange, bis Sie sich sowohl für Ihre innere Welt, Gedanken und Gefühle wie auch für Ihre äußere Welt, Umgebung und Situationen in Ihrem Leben verantwortlich und für das Welt-Ganze zumindest mitverantwortlich fühlen. Dies ist wichtig, um wieder selbst die Inhalte, Gefühle und Ereignisse Ihres Lebens bestimmen und es nach Ihren Wünschen neu gestalten zu können.

ÜBUNG 17: Stufenweise Verantwortung übernehmen

Durchführung:
Nicht auf einmal, sondern in nacheinander folgenden Meditationen fassen wir den Entschluss:
a) *Wir übernehmen bewusst* **Verantwortung für die jetzt in uns befindlichen Gedanken und Gefühle**, *bis wir erkennen, es kommt nicht von außen – allenfalls der Anlass –, sondern es wurde von uns so entschieden oder ist Folge unserer Entscheidungen.*
Nun folgt die unten aufgeführte Übung (Nr. 18) zur Vergebung und Auflösung.

b) Wir übernehmen **Verantwortung für unser bisheriges Leben**, bis wir erkennen, wir selbst haben die Weichen gestellt, selbst wenn es der Anfang
einer langen Kette war. Es waren nicht die Eltern, die Lehrer, die Umstände, sondern es war von uns gewollt.
Wieder folgt die unten aufgeführte Übung (Nr. 18) zur Vergebung und
Auflösung.

c) Wir übernehmen **Verantwortung für unsere unmittelbare Umwelt**, also
Arbeitswelt, Haus und Heim, Familie, Nachbarn. Wir haben uns dieses
Umfeld ausgesucht, wir fühlen es, bereuen unliebsame Kreationen und
können es als Schöpfer nun ändern.
Wieder folgt die unten aufgeführte Übung zur Vergebung und Auflösung.

d) Wir übernehmen **Verantwortung für ein planetarisches Projekt**, das uns
nicht unmittelbar Nutzen bringt, beispielsweise für Bäume, Waisenkinder,
Tiere, globale Umwelt, Förderung spirituellen Bewusstseins, von Kooperation, Hilfsangebote.
Wenn sich hier bisherige Verfehlungen zeigen, dann folgt ebenfalls folgende Übung.

Bei jedem einzelnen Punkt fühlen wir nun, wem wir bisher Unrecht getan
oder Unrechtes gedacht, gesprochen, gewünscht oder einfach egoistisch
gehandelt haben, auch wo wir etwas unterlassen haben. Dann bitten wir um
Vergebung und geloben, es nicht mehr zu tun. Hierfür können Sie Ihre eigene Methode der Vergebung oder folgende Übung verwenden, die sich generell sehr gut zur schnellen Auflösung selbst unklarer Konflikte und Hindernisse eignet:

Übung 18: Vergebung, Auflösung und Bereinigung

Voraussetzung: Absolute Ehrlichkeit, Fähigkeit zu fühlen und geschulte
Geisteskraft
Zweck: Vergebung erlangen und Hindernisse auflösen
Vorbereitung: Suchen Sie sich einen Gang, Korridor, Treppe, Spazierweg
oder einfach eine größere Distanz von zehn bis maximal dreißig Schritten,
wobei Sie unbeobachtet sind.
Durchführung:

a) **Thema wählen:** Wählen Sie Ihr Thema, das Sie lösen oder worin Sie
Vergebung erlangen wollen.

b) **Endpunkt wählen:** Stellen Sie sich aufrecht hin und bestimmen Sie **intuitiv** den einen Endpunkt für den nun folgenden Gang, im Wissen, dass jener
Punkt die vollständige Lösung, Heilung oder Vergebung repräsentiert.

c) **Hilfe erbitten:** *Bitten oder beten Sie um Hilfe und Führung sowie entsprechende Energie und Gnade, die den Prozess sehr erleichtern kann.*

d) **Erkennen:** *Fragen Sie sich jetzt im Hinblick auf das Thema wahlweise: Was bedrückt mich? Was hält mich zurück? Was hindert mich? Was hält mich davon ab? (von der Vergebung oder vom Endpunkt der Auflösung, der Heilung usw.)*

e) **Fühlen:** *Fühlen Sie nun in sich, welches Gefühl hochkommt (bei mehreren nur jeweils eins nehmen), und bekennen Sie laut Ihre Verantwortung: Ich habe dies getan..., ich habe unterlassen..., ich fühle diese oder jene Emotion, beispielsweise die Wut über. // Nicht verurteilen, nur es bemerken, aussprechen und als Ihre Kreation annehmen. Fühlen Sie es intensiv – dabei auch Tränen zulassen – und bereuen Sie es.*

f) **Entscheidung:** *Dann entscheiden Sie: Ich lasse dies nun los..., ich tue dies nicht mehr..., ich will dies nicht mehr... und machen Sie dabei bewusst einen Schritt vorwärts.*

g) **Weitere Schritte:** *Danach wiederholen Sie d) bis f), bis Sie den vorher gesetzten Zielpunkt erreicht haben. Dort sollten Sie sich befreit, gelöst, heiter und entspannt fühlen, zumindest im Hinblick auf das gewählte Thema, als sei eine Last von Ihnen abgefallen. Sollte dies nicht der Fall sein, so waren Sie vermutlich nicht ganz ehrlich oder haben unbewusst etwas verdrängt. In diesem normalerweise seltenen Fall wiederholen Sie den Prozess nach einer Pause oder zu einem späteren Zeitpunkt.*

Hinweis: Falls Sie einen guten Freund/eine Freundin haben, ist es sehr unterstützend, diese(n) als Endpunkt des Weges aufzustellen, wobei er/sie nicht sprechen, allenfalls die Fragen (d) stellen und eine neutrale, wohlwollende, nicht-bewertende Geisteshaltung einnehmen soll. Ferner sollten Sie sich in die Augen schauen und damit eine geistige Verbindung herstellen, wobei der Partner automatisch mitfühlt, was hochkommt, und daher den Prozess unterstützt und die Gefühle stärker und deutlicher macht. Am Schluß endet hier der Prozess in einer liebevollen Umarmung, die die erfolgreiche Versöhnung und Heilung symbolisiert.

Dieses Verfahren habe ich oft bei meinem Klienten angewandt und auch bei mir selbst und hervorragende Ergebnisse erzielt, die in dieser Schnelligkeit sonst kaum zu erreichen sind. Ich werde dieses universelle Verfahren in Zukunft auch noch weiter entwickeln. Wichtig ist hier aber die völlige Bereitschaft, etwas zu heilen und auch die Verantwortung zu übernehmen, eine große Ehrlichkeit sowie geistige Entschlusskraft. Sollte jemand aber mit dieser Übung Probleme haben, so möge er sich nicht damit abmühen, sondern einfach andere Verfahren zur Vergebung und Versöhnung anwenden, von

Lichtmeditationen bis zu religiösen Übungen. Zahlreiche weitere Übungen dazu sind auch in meinem Praxis-Buch „Geh den Weg der Mystiker" zu finden.

Wenn Sie hier erfolgreich sind, werden Sie möglicherweise feststellen, dass Sie mit wachsender Verantwortung nicht nur mehr Macht bekommen über Ihre Person, Ihr Leben und die Schöpfung überhaupt, auch Macht über Menschen und Tiere – dies keineswegs symbolisch, sondern ganz konkret, wie es beispielsweise in der Legende des hl. Franz von Assisi überliefert ist –, sondern Sie bekommen automatisch auch mehr spontanes, intuitives Wissen und ein direktes Gefühl für Dinge, Situationen und andere Menschen. Der Umfang hängt rein davon ab, was Sie nun zu verantworten und zu integrieren bereit sind. Schließlich bekommen Sie wieder das Gefühl wachsender Souveränität und Freiheit, das zu einem wachsenden Glücksgefühl und zur Lebensfreude beiträgt. Dies ist auch logisch, denn diese an uns haftenden ungelösten karmischen Probleme waren oder sind eben diese „Wolken" oder Schatten in unserem Energiefeld, die uns von der inneren „Sonne" der Lebensfreude abhalten, und wenn wir die Wolken mehr und mehr auflösen, scheint die Sonne automatisch und nun dauerhaft. Da die ungelösten Probleme zudem Energieverbraucher waren, haben wir dadurch, dass wir sie abgestellt haben, am Ende der Leitung auch mehr Power zur Verfügung, mehr Geistenergie für uns und unsere Aktivitäten. Dies können Sie manchmal an edlen, strahlenden, herausragenden Personen bewundern, die unendliche Energie zu haben scheinen.

Bewertung und Verurteilung aufgeben

Das Beurteilen im Sinne von Abgrenzen gegenüber anderen und das Verurteilen im Sinne von Erniedrigung anderer oder anderem sind ebensolche Energieverbraucher, die wir abstellen müssen. Im Prinzip ist es nichts anderes als Versuche, die nach einer negativen Tat erfolgte Ablehnung der Verantwortung noch weiter zu begründen, damit also die Abgrenzung dauerhaft zu machen, sie sozusagen zu zementieren, um sich ja nicht mehr mit ihr beschäftigen zu müssen. Denn wenn ich etwas, das ich von mir abgegrenzt habe und das laut meiner Entscheidung ganz oder teilweise nichts mit mir zu tun hat, dann auch noch negativ bewerte und es beispielsweise als unsinnig, wertlos, abartig, böse verurteile, dann kann ich damit meine Entscheidung noch besser und gründlicher rechtfertigen, es von mir dauerhaft auszugrenzen, abzulehnen und selbst ganz anders zu sein. Ich komme dann auch nicht mehr in Versuchung, es vielleicht doch noch eines Tages als meines oder von mir verursacht annehmen zu müssen. Ich kann es jetzt, nach der Aburteilung, also als Fremdes, Dummes oder Böses bekämpfen. Fazit:

Wie also eine Übertretung, eine negative Handlung erst durch die Ablehnung der Verantwortung zu einem belastenden Problem wird, so wird sie durch Verurteilung hartnäckig oder chronisch gemacht. Somit wird die Abtrennung und Ablehnung fixiert und schließlich nach außen projiziert und bekämpft. Dies kostet uns viel Energie.

Zudem kann diese (Ab)Trennung oder Abgrenzung nur scheinbar sein, da der Geist in Wirklichkeit eine ewige Einheit der Gegensätze ist, in sich ganzheitlich und eins. So sehr man sich von etwas abgrenzt und je mehr man sich in irgendeiner Hinsicht zu unterscheiden sucht, also je mehr man den einen Pol einer Polarität anstrebt und stärkt, je mehr man genau so sein will und keinesfalls anders, desto mehr stärkt man insgeheim auch den Gegenpol, denn Pol und Gegenpol hängen elementar miteinander zusammen, ja bedingen sogar einander. So bedingt der Polizist den Verbrecher, der gute Held den bösen Gegenspieler, der Moralist den Sittenlosen, der Intelligente den Dummen und so weiter. Ich kann also die Welt der Polarität nicht durch Beharren auf einem Pol überwinden oder mich so vom Gegenpol lösen, denn je weiter wir nun einen Pol forcieren – welch Wunder –, so verstärkt dies auch den anderen Pol, je mehr Minus, desto mehr Plus und umgekehrt. Ein Grundsatz, der weder in unserer Politik noch im Sozialleben bislang begriffen wurde. So werden andauernde Kämpfe der Moralisten mit den Sündern, der Loyalisten mit den Rebellen, der Koalition der Guten gegen die Achse des Bösen und der Polizisten gegen die Verbrecher ausgefochten, und es entsteht dadurch viel unnötiges Leid, weil übersehen wurde:

Im Geist bilden Gegensätze eine Einheit, denn etwas kann logischerweise nur dann Gegenteil von etwas anderem sein, weil es eine darunter liegende Einheit gibt wie den Begriff der Temperatur hinter den Gegensätzen von kalt und warm. Gäbe es diese Einheit nicht, wäre das andere nicht Gegenpol, sondern etwas Beliebiges anderes ohne Zusammenhang. Kurz gesagt: Pol und Gegenpol sind zwei Seiten *einer* Medaille, und es muss notwendig diese Einheit der Medaille geben, sonst könnten die beiden Seiten nicht aufeinander bezogen werden. Eigentlich ganz einfach, und doch nicht begriffen, schon gar nicht im sozialen und politischen Bereich, dass Gegensätze einander bedingen und damit zugleich eine unauflösliche Einheit bilden. Aber durch Urteil, was nichts anderes als ein ursprüngliches Teilen, ein Ur-teilen ist, wird diese Einheit der Gegensätze in der Erscheinungswelt geteilt (Heilige-Sünder, Gute-Böse, Diktator-Rebellen, Polizist-Kriminelle) und weiter durch Verurteilung, durch Bewerten, Abwerten noch mehr voneinander abgegrenzt und unterschieden. Fazit:

Welchen der beiden Pole nun immer ich wähle, wenn ich mich von etwas abgrenze, über etwas erhebe oder etwas von mir ausgrenze, ob ich nun Polizist oder Gangster, ob ich Moralist oder unmoralische Person wähle, spielt keine Rolle: *Immer ist mir das andere entgegengesetzt, ist mein Gegenteil und bleibt somit stets untrennbar mit mir verbunden.*

Auch wenn ich es noch so verurteile und im Extrem zu töten suche, es existiert und verurteilt und bekämpft mich ebenso, wie ich es bekämpfe. Es lässt mich einfach nicht in Ruhe, und es wird mich so lange nicht in Ruhe lassen, bis ich es einst als einen Teil von mir, als das von mir selbst Ausgegrenzte und Abgeurteilte erkannt habe. Erst dann, wenn ich wieder beides bin oder beides in mir weiß, den Moralisten wie den Sünder, wenn also die einstigen Gegensätze in die Einheit meines Geistes integriert sind, dann bin ich wieder frei, eines der beiden oder keine Rolle mehr anzunehmen. Ich muss dann vor allem nicht mehr kämpfen – welch eine Befreiung! Dann sind beide Pole wieder in mir, ich bin also wieder ganz und damit heil.

Die Heilung oder Befreiung erfolgt wiederum durch den umgekehrten Prozess. Wenn wir also durch Urteilen, Ablehnen oder Ausgrenzen uns immer begrenzter gemacht und uns zugleich immer mehr Gegenpole – oder konkret Feinde – geschaffen haben, so können wir uns durch den umgekehrten Prozess des Wiederverbindens, des Wiederhereinnehmens, des Integrierens wieder unbegrenzter und umfassender machen und mehr und mehr Gegenpole auflösen. In unserem täglichen Leben müsste es sich dadurch zeigen, dass wir de facto immer weniger Feinde haben oder feindliche Situationen erleben. Denn wenn ich etwas integrieren kann, so wird es wieder ein Teil von mir, wird wieder ein Teil meines Potentials. Ich muss dann eben nicht mehr den Polizisten *oder* den Gangster ausleben, sondern kann beliebig jeder der beiden sein oder keiner, wenn ich mir wieder beider Anteile in mir als Teile meines Seins bewusst bin. Ich kann sie von nun an aktivieren oder deaktivieren, wie es mir gefällt. Sie werden wie Kleider in meiner Kleiderkammer, über die ich beliebig verfügen kann. Die Möglichkeiten einer Persönlichkeit wachsen so ins Unermessliche, und sie kann dadurch sehr vielseitig, anpassungsfähig und flexibel werden, tolerant sowieso.

Das Schönste aber am Aufgeben von Bewertung und Verurteilung wird vermutlich sein: Sie werden viel mehr Lebenskraft in sich spüren und Energie zur Verfügung haben. Denn Sie müssen die Anteile, die Sie bisher (als „nicht meine", „niemals von mir", „überhaupt nichts mit mir zu tun" „könnte ich nie sein" usw.) als Ihr Gegenteil und Ihren Gegenpol angesehen haben, die Sie verachtet oder geringgeschätzt haben, nun nicht mehr kritisieren und bekämpfen, da Sie jene jetzt als Anteile Ihres Geistes erkennen. Sie brauchen sich auch nicht mehr ständig zu rechtfertigen und Ihre Position zu verteidigen. Dies spart eine Unmenge Energie, wenn man bedenkt, in wie viele Auseinandersetzungen, Gegensätze wir üblicherweise verstrickt sind, wie viel wir täglich ausgrenzen, ablehnen, kritisieren und abwerten und daher auf Distanz halten müssen. Somit wird bei der Auflösung solcher Bewertungen durch den Prozess der Integration kolossale Energie frei, wie sicher jeder Therapeut von Integrationsarbeit aus Erfahrung bestätigen kann. Allein das Auflösen von Bewertungen und Verurteilungen ist daher schon für sich ein sehr starkes Lösungsmittel, das bereits für sich allein wieder viele Lebensprozesse und Heilungen in Gang bringen kann, zumal auch durch Aufheben der Bewertung, der Verurteilung zugleich die Fixierung, die Zementierung einer alten Feindschaft, Schuld, negativen Tat aufgelöst wird und somit wieder Reinigungsprozesse im Leben selbst einsetzen können. Denn wenn ich etwas nicht mehr verurteile, so kann ich mich damit wieder auseinandersetzen und es bearbeiten, auf welche Weise auch immer. Dies kann ich aber nicht, solange ich es noch als nicht zu mir gehörig, sondern als feindlich betrachte oder abwerte.

Am besten ist, Sie probieren es einfach selbst in der Praxis aus, welche Erleichterung des Lebens, welche Heilung dieser Prozess Ihnen selbst bringen kann, welche Leichtigkeit des Seins schon daraus resultiert, dass Sie nicht mehr kämpfen müssen oder bekämpft werden. Wird dieser Prozess zu Ende geführt und werden alle hartnäckigen Identitäten und Muster aufgelöst, so folgt daraus die *Freiheit von den Kämpfen des Lebens*. Nur in dieser Freiheit kann Lebensfreude in der Seele aufbrechen und sich Glücksgefühl im Leben dauerhaft etablieren. Es gibt auch dazu viele Wege. Eine mögliche Übung zeigen wir hier, und jeder soll selbst entscheiden, wie viel Bewertungen und Abgrenzungen er jetzt und welche er lieber etwas später auflösen will und kann. Daher ist es sinnvoll, diese Übung mit sich steigernder Intensität, vielleicht auch mit immer tieferen Bewusstseinszuständen, in zeitlichen Abständen mehrmals zu wiederholen.

ÜBUNG 19: Bewertungen und Abgrenzungen aufgeben

A) Eine beliebige Bewertung auflösen:
   *a) **Auswählen:** In entspanntem, völlig ruhigen Zustand nehmen Sie sich einen Menschen vor mit einer Eigenschaft oder einem Verhalten, das Sie kritisieren, negieren oder sonstwie ablehnen. Zuerst einfache Situationen nehmen, keine Todfeinde. Die kommen später dran.*
   *b) **Anschauen und Fühlen:** Dann stellen Sie sich vor, Sie sind ein perfekter Schauspieler und verwandeln sich in jenen Menschen (mit Hilfe von Visualisation und Einfühlen), schlüpfen in seine Rolle und **sind** nun kurzfristig jener Mensch. Sie stellen sich vor und erspüren in sich,*

wie Sie als jener denken und fühlen vor allem in jener Situation oder bei jener Tat, wie es Sie bei ihm früher störte. Lassen Sie Ihrem Gefühl und Ihrer Phantasie freien Lauf. Ohne Hemmungen, wie ein Forscher, der ein Experiment durchführt. Sie können sich auch mehrmals affirmieren: „Ich bin jetzt Herr/Frau Soundso." Wichtig ist, die andere Rolle zumindest ansatzweise echt zu fühlen, ins Persönlichkeitsgefühl des andern einzutauchen, sich zumindest kurz als jener zu fühlen.

  c) **Erkennen und Bewertung aufgeben:** *Wenn Sie fühlen oder auch nur ahnen, was er in jenem Moment fühlt und warum er etwas tut oder sagt, dann fragen Sie sich spontan: Woher kenne ich dieses Gefühl denn, wo war ich ebenso, wo habe ich dies schon gefühlt?* **Oder aber:** *Wo wollte ich gern so sein, habe es aber unterdrückt? Wichtig dabei: nur übers Gefühl gehen, nicht verstandesmäßig analysieren! Plötzlich werden Situationen und Ereignisse auftauchen, wo Sie spontan erkennen: Dies bin ja ich auch, da war ich ja ebenso oder wollte so sein, habe es aber nicht zugelassen; dieses Gefühl, dieses Verhalten ist auch in mir. Ja, es ist in jedem Fall in Ihnen, da Sie es fühlen und wahrnehmen können.* **Entscheiden Sie dann, diese Bewertung gegenüber dem anderen aufzugeben.**

B) *Alle Bewertungen aufgeben – die ganze Vergangenheit bereinigen:*

  a) **Viel Zeit und ruhiger Ort:** *Nehmen Sie sich einmal viel Zeit und einen Ort, wo Sie völlig ungestört sind. Dann entscheiden Sie sich, möglichst viel aus der Vergangenheit aufzulösen und zu bereinigen, und sprechen dies deutlich aus. Sie können auch um Hilfe dafür aus der geistigen Welt bitten. Liegen Sie völlig bequem und entspannt und bringen Sie sich in einen meditativen Zustand. Lassen Sie alles, alles völlig los. Wichtig sind jetzt* **absolute Ehrlichkeit und absolute Entschlossenheit.**

  b) **Anschauen und Fühlen:** *Lassen Sie nun wie in einem Lebensfilm Bilder für Bilder und Situation für Situation an sich vorüberziehen, die in Ihrem Leben passiert sind. Wenn Sie dies sehen und wieder fühlen können und doch dabei neutral bleiben, so ist es vermutlich schon bereinigt. Löst es aber Emotionen aus, wollen Sie es nicht sehen oder fühlen oder löst es gar Ärger, Unmut, Ablehnung, Frust, Kummer, Trauer oder was auch immer aus, so schauen Sie es sich ganz genau an, fokussieren Sie darauf Ihre Aufmerksamkeit.*

  c) **Erkennen und Bewertung aufgeben:** *Fühlen Sie sich in einer solchen alten Situation zuerst in unliebsame bzw. feindliche Personen hinein und lösen Sie den Konflikt auf wie in Übung A) oder über Verständnis und Mitgefühl, Licht und Liebe, die Sie ihnen senden. In jedem Fall* *entscheiden Sie sich, nun alle Ihre früheren Bewertungen aufzugeben. Erleben Sie die gesamte Situation bewusst als Teil von sich. Sagen Sie sich zum Schluss: Dies ist meine Inszenierung des Lebens der Person (eigener Name) und entschließen Sie sich, alles dies nun loszulassen und völlig in Ordnung zu finden.*

d) **Entschuldung:** *Wenn Sie die einzelnen Aspekte erkannt und bereinigt haben, dann entschuldigen, also ent-schulden Sie sich nun bei allen mitwirkenden Personen einer Situation für das, was Sie ihnen oder was jene Ihnen im Verlauf des Spiels angetan haben. Vergeben Sie oder bitten Sie um Vergebung, indem Sie ehrlich bereuen und gegebenenfalls eine symbolische oder tatsächliche Wiedergutmachung leisten. Bedanken Sie sich vor allem bei den schwierigen Personen für die gute Inszenierung „des Bösen", des „Schurken", des „grausamen Bankers", für die Herausforderung und die damit verbundenen Entwicklungschancen. Vergeben Sie humorvoll und großzügig, was Ihnen vermeintlich angetan wurde, von Herzen, bis Sie fühlen, dass es nun vergeben ist. Sie können auch Licht und Liebe visualisieren, ausstrahlen, allen Beteiligten senden und sie segnen. Damit lieben Sie wahrlich ihre Feinde.*

Bei hartnäckigen Fällen können Sie auch die Übung 18 zu Hilfe nehmen und eine dynamische Aufstellung machen. Auf diese Weise bereinigen Sie Stück für Stück die chronischen Belastungen Ihres Lebens, die Energieverschwender Ihrer Seele. Feindschaften, Gegner und viel gebunkerter Kummer lösen sich auf; Trauer, Wut, Verbitterung lösen sich auf. Erst in Ihrem Gefühl, dann unmittelbar im täglichen Leben werden Sie die Auswirkungen verspüren. Zwingen Sie sich aber nicht, zu vergeben oder etwas aufzulösen, wenn es noch nicht reif ist bzw. Sie noch nicht dafür bereit sind. Keine Heuchelei, dies wäre völlig kontraproduktiv. In diesem Fall machen Sie lieber erst mit kleineren Problemen weiter, und versuchen Sie es einfach später noch einmal, oder lösen Sie erst Teilaspekte auf, dann das Ganze. Hüten Sie sich vor dem alten Trick des Ego, die Latte sehr hoch zu hängen, um dann zu versagen und dies als Ausrede zu benützen, es nicht tun zu können. Gehen Sie diesen Weg mit Ruhe und Gelassenheit. Wir haben diese Probleme so lange herumgeschleppt, da kommt es auf ein paar Wochen oder Monate nicht an. Hauptsache, wir sind jetzt auf dem Weg. In den wenigen Fällen, die sich auch nach mehrmaligem Anlauf nicht lösen lassen, wäre es gut, über das Gebet und/oder über einen erfahrenen Therapeuten Hilfe anzunehmen.

Begierden und Widerstände loslassen

Durch die Auflösung von Verhaftungen aus der Vergangenheit kommt vieles in der Gegenwart *wieder in Fluss*. Durch Aufgeben von Bewertung und Verurteilung können wir uns auch wieder mit den Dingen in der Gegenwart, im Hier und Jetzt beschäftigen und auseinandersetzen, und zwar so, wie sie sind, und nicht so, wie wir sie bewerteten und wie sie daher zu sein schienen. Wir bekommen so *einen mehr und mehr neutralen Standpunkt*, und dieser bringt uns näher zum Standpunkt des Höheren Selbst, wie wir schon dargelegt haben. Wenn die Bewertungen aufgegeben sind und wir wieder die Verantwortung für unser Dasein übernommen haben, auch für die vielleicht unangenehmen Konsequenzen *früherer* Handlungen, und uns daher viel toleranter und gelassener mit den Dingen auseinandersetzen können, dann lösen sich manche Begierden oder Abneigungen ganz von selbst auf. Sie wurden sozusagen nur durch die Bewertung als solche aufrechterhalten. Wenn ich beispielsweise jemanden nicht mehr als feindlich betrachte, so habe ich automatisch keine Abneigung oder Widerstand mehr gegen ihn, und wenn ich ein bestimmtes Auto nicht mehr als nötig für meinen Status betrachte, so lasse ich das Begehren danach meist automatisch los.

Doch andere Begierden wiederum haben wir nicht aus Bewertung, sondern aus zu starker Identifizierung mit etwas. Wenn ich mich mit einem Durstigen identifiziere, dann habe ich eben Durst, wenn mit einem Hungrigen, dann fühle ich dessen Hunger, und wenn ich mich mit einer Person identifiziere, die viele Dinge braucht, dann bin ich eben gierig. Hier ist es notwendig, noch zusätzliche Bewusstseinsarbeit zu leisten und Reste von Begierden und Widerständen aufzulösen, die trotz Auflösung von Bewertung noch verblieben sind. Der Kleber „Bewertung" sollte aber in jedem Fall vorher aufgelöst sein, sonst könnte die Auflösung zu schwer werden. Ist der Kleber aufgelöst, ist eine Begierde einfach nur noch eine Begierde, keine gute oder schlechte, keine furchtbare oder lasterhafte, keine wichtige oder banale mehr, sondern einfach etwas, was wir auflösen wollen, um wieder frei und nicht mehr getrieben von etwas über unser Leben und unseren Lebensstil zu entscheiden. Begierde ist nämlich ein Verlangen der jeweiligen Maske (lat. = persona), geschieht aus der Person heraus, die wir zeitweise angenommen haben. Sie kommt aus dem Ego, und es ist meist ungünstig, zu handeln, nur um das Ego zu befriedigen. Diese Begierden können unserer Lebensaufgabe und dem eigentlichen Wollen unseres Selbst entgegenstehen, können uns sogar völlig davon abhalten, es übertönen. In solchen Fällen *schickt* dann das Leben oft Krankheit und Unglück, das sicher jedem bekannte *Schick*sal, um ein Wesen wieder zur Be*sinn*ung, also zum Sinn oder zur Vernunft zu bringen.

Begierden sind, wie schon gezeigt, Produkte des Ego, sind daher Gedanken und Handlungen aus einem begrenzten Gesichtswinkel einer begrenzten Identität und können daher kaum das Ganze im Auge haben. Sie zielen auf Ergebnisse und Wirkungen in Bezug auf die Person, ohne das Wohl des Ganzen zu berücksichtigen, und sind daher karmisch belastet oder haben entsprechende Konsequenzen, die der einzelne erleben muss, bis sie wieder integriert, also in das Ganze eingebracht oder, anders formuliert, in (die kosmische) Ordnung gebracht worden sind. Dies gilt sowohl für sogenannte gute wie böse Taten, denn auch wenn das Ego positive Handlungen begeht, um beispielsweise himmlischen Lohn zu erhalten, oder für einen anderen selbstbezogenen Zweck, dann hat dies ebenso karmische Folgen und Konsequenzen. *Erst das Loslassen von jedem egoistischen Zweck und Nutzen ist karmisch folgenlos und zieht kein weiteres Schicksal nach sich.* Daher sind Begierden welcher Art auch immer folgenschwer, und es ist somit besser, sie aufzulösen, um einst wieder intuitiv nach „göttlichem Willen" handeln zu können oder, chinesisch gesprochen, im Fluss des Tao mitzufließen – ohne Begierde und Widerstand, wo alles an seinen richtigen Ort kommt.

Doch dies ist ein Endziel, und Sie müssen nun nicht gleich alles loslassen und auflösen, denn bei zu schnellem Fortschreiten könnte man gar etwas orientierungslos werden. Vielmehr könnten Sie zunächst mit jenen Begierden und Widerständen beginnen, die Ihrem bewussten Willen entgegenlaufen, das heißt, die uns stören, die wir bereits loswerden wollten, aber nicht konnten. Das Prinzip ist, sie nicht als äußere Faktoren zu betrachten, die uns heimsuchen, sondern als eigene, innere Produktionen, geschaffen von uns selbst. Dies ist sehr wichtig. Wenn wir sie als äußere Faktoren, als äußerlich verursacht oder sonst wie nicht als unsere Kreationen sehen und anerkennen, dann können wir sie nicht loswerden, allenfalls wie die Asketen abwehren oder unterdrücken. Wir haben aber schon dargelegt, dass dies nicht – allenfalls nur zeitweise – und symptomatisch funktioniert. Wir gehen daher anders vor:

Der erste Schritt ist, dafür die *volle Verantwortung zu übernehmen* und zu akzeptieren: Sie stammen allein von mir, ich habe sie – warum auch immer – irgendwann einmal ausgelöst oder erschaffen, oder ich habe mich mit einer entsprechenden Identität, einer Rolle identifiziert, zu der solche Begierden gehören. Beispielsweise habe ich mich mit einem Schlemmer und Genießer identifiziert, bin es mehr und mehr geworden und habe damit zugleich die entsprechenden Gelüste und Begierden auf Essen miterschaffen. Dies gehört zur Rolle. Wenn ich also durch Identifikation, Verhaftetsein mit einer Rolle Begierden entwickelt habe, so kann ich sie logischerweise durch Lösen von den Rollen, durch De-identifikation wieder auflösen oder sie zumindest mindern. Ich befreie mich also durch neue Entscheidung von der Rolle des

Schlemmers, lasse jene Rolle los und mit dieser die daran haftenden Begierden.

Dieser **zweite Schritt** ist daher ein *Loslassen, ein Sich-Lösen*, ein Abscheiden von Dingen, Objekten, Identitäten, Mustern und Rollen, beispielsweise durch Relativierung („es ist ja nur *eine* Möglichkeit, *eine* Rolle, was soll's...") oder durch Langeweile, Desinteresse („dies habe ich jetzt genug erlebt, es wird Zeit für etwas anderes"). Dies ist das Lassen der Dinge, wie es die Mystiker aller Zeiten verkündet haben, es ist – buddhistisch gesprochen – das *Aufhören des Durstes* nach den Dingen. Aber es ist nicht ein Ablehnen, Negieren oder Vernichten der Dinge. Wenn ich es loslasse, dann lasse ich es einfach so, wie es ist. Es kann dableiben, ich kann es anschauen, ich kann es auch wieder benutzen, aber ohne daran zu haften, – dies ist das Entscheidende. Wenn ich aber nicht mehr daran hafte und es nicht mehr begehre, dann kann ich wieder damit spielen, was die Asketen oder Weltverleugner nicht können. Es stellt für mich keine Gefahr mehr dar. Ich habe den Hunger aufgelöst und brauche daher nicht mehr die Objekte des Hungers aufzulösen, da sie mich gar nicht mehr anziehen, sondern ich kann nun die Welt und alles, was darin ist, so lassen, wie es ist, und mit Leichtigkeit damit umgehen und spielen und es auch gebrauchen. Ich kann die Rolle des Lehrers so gut wie die Rolle des Schülers spielen, ich finde die Erfahrung von Regen genauso interessant wie die von Sonne, ich bin nicht mehr auf Einzelnes fixiert. Das Resultat ist ein neutraler Standpunkt, von dem aus alle Dinge gleich-gültig sind, und so kann ich mich an allen erfreuen, und nichts, aber auch gar nichts hindert mehr meine Lebensfreude.

Diesen dadurch erreichbaren Standpunkt nennt man den Standpunkt der *Gelassenheit*, in der man alles gelassen hat – wie im Sterntalermärchen – und dann doch alles hat, alles bekommt. Auch ein Paradoxon des Geistes, und doch folgerichtig, denn er enthält ja „alles". Dieses „Alles" bekomme ich aber erst dann, wenn ich die Fixierung auf Bestimmtes losgelassen habe. Deshalb ist die Entwicklung des neutralen Beobachters und zugleich die Entwicklung von Gelassenheit gegenüber der Welt und den Menschen so wichtig, und wir haben sie deshalb auch schon ausgiebig besprochen. Mit jedem Loslassen, mit jeder Entscheidung, sich nicht mehr mit etwas zu identifizieren oder etwas nicht mehr unbedingt zu brauchen, werden die Begierden automatisch schwächer oder fallen ganz weg. Seelisch-geistige Neutralität entsteht. *Immer gelassener zu werden und gelassener zu reagieren ist daher die beste Übung im Alltag.* Als optimales Werkzeug, um selbst hartnäckige, verwickelte oder verdrängte Begierden und Widerstände konkret zu bearbeiten und aufzulösen, empfehlen wir nochmals den schon erwähnten „Avatar-Kurs", der wie kaum eine andere Methode schnelle Ergebnisse bringt und vor allem lehrt, all dies spielend und mühelos und mit viel Lachen aufzulösen. Aber wir können auch folgende Übung versuchen, die allerdings voraussetzt, dass wir unsere Gefühle kontrollieren und beliebig erzeugen können, überhaupt einen starken Willen haben:

ÜBUNG 20: Begierden und Widerstände neutralisieren

A) Begierden neutralisieren

a) *Wählen Sie eine Begierde aus und* **machen Sie sich bewusst, dass Sie jene einst selbst erschaffen haben**, *dass es Ihrem Geist also prinzipiell möglich sein muss, Begierden zu erzeugen. Fühlen Sie sich in die Begierde hinein und spüren Sie ihre Art und Form.*

b) *Bestimmen Sie das genaue Gegenteil davon, also den dazugehörigen Widerstand, und erschaffen Sie nun spielerisch in sich das Gefühl einer Abneigung gegen das bisherige Objekt der Begierde, bis diese genauso groß oder etwas größer ist als die Begierde.*

c) *Fühlen Sie die Abneigung wie die bisherige Anziehung bewusst, bis Ihnen das Ganze gleichgültig wird, bis sich das Gefühl der Begierde durch das neu erschaffene Gefühl der Abneigung, des Widerwillens neutralisiert. Dies geschieht aber nur, wenn sich positives wie negatives Gefühl entsprechen und vom selben Wesen erzeugt wurden.*

Beispiel: *Sie haben eine Begierde nach vielem Essen, deren Sie sich vielleicht gar nicht deutlich bewusst sind. Daher a) nehmen Sie zunächst einmal diese Begierde nach Essen in aller Intensität wahr und übertreiben Sie ruhig, wie gierig Sie darauf sind. Nun b) bestimmen Sie das Gegenteil davon, dies ist wie bei einem Magersüchtigen die Abneigung gegen Essen, und erzeugen Sie bewusst, aber spielerisch in sich – notfalls mit Hilfe von Vorstellungen, wie eklig und schleimig und widerlich dies ist, vor allem wenn es verdaut ist – einen Widerwillen gegen Essen, bis c) Sie die Abneigung deutlich spüren und fühlen. Treiben Sie es aber nur zu dem Punkt, bis Ihnen Essen gleichgültig wird, und nicht darüber hinaus, sonst haben Sie nur eine Begierde gegen den Widerstand getauscht.*

Ein Tipp: *Wenn es am Anfang etwas schwer fällt, eine Begierde oder Abneigung willentlich zu produzieren, dann nehmen Sie einfach die Visualisation und Einbildungskraft zu Hilfe. Etwa so, wie man im Mittelalter beispielsweise die Begierde auf Körperlichkeit aufgelöst hat, indem man die Schüler über einen ekligen, verfaulten, wurmzerfressenen Körper meditieren ließ, wie es manche Buddhisten bis heute praktizieren. Eine altbewährte, wenn auch brachiale Methode, die man aber nur so weit treiben sollte, bis Neutralität erreicht ist, und nicht weiter, sonst hat man statt einer Begierde einen Wider-*

stand und statt eines Widerstands eine neue Begierde. Dies wäre kein großer Fortschritt.

B) Widerstände neutralisieren:

Mit den Widerständen verfahren Sie einfach umgekehrt. Sie wählen eine Abneigung, einen Hass, einen Widerstand aus, beispielsweise gegen eine bestimmte Person, fühlen ihn, bestimmen dessen Gegenteil und erschaffen dann in sich eine Begierde für das jeweilige Objekt der Abneigung, immer mehr und mehr, so stark, wie sie es vorher ablehnten. Dann wird es Ihnen langsam **gleich-gültig** *werden. Wie bei einem Plus- und Minus-Strom gleichen sich die Ladungen gegenseitig aus.*

Hinweis: *Wenn Sie Probleme haben, Begierden bewusst zu erzeugen, dann liegt das nur an Ihrem Glauben und Überzeugungen. Machen Sie sich klar, dass Sie sowieso die ganze Zeit, nur eben unbewusst, diese Begierden und Widerstände in Ihrem Geist erzeugen. Denn woher sollen sie denn kommen, was ist ihre Quelle, ihre Substanz, ihre Kraft? Sie leben rein von Ihrer Geisteskraft und sind Ihre Gedanken- und Gefühlsproduktionen. Also ist es möglich, Sie zu erschaffen, und Sie müssen nur, was Sie sowieso unbewusst tun, jetzt bewusst produzieren.*

Einige weitere Übungen zur Auflösung von Begierden finden Sie in meinem Buch „Geh den Weg der Mystiker". Wenn man diesen Prozess etwas leichter und lustiger machen will, dann können wir – zumindest bei kleineren Begierden – noch eine Methode praktizieren, die auf Humor und Lächerlichmachen zurückgreift, und kommen damit zugleich zum nächsten Punkt, der Auflösung von jedweder Anhaftung, Begierde, Rolle, Muster, Identität durch die Erfindung der alten Griechen (oder ist sie noch älter?), durch die Komödie, deren wohltuende, reinigende Wirkung wir schon erwähnt haben. Denn wenn wir etwas noch so Ernstes, eine Passion, Leidenschaft, Begierde überzeichnen, übertreiben und es dann von außen betrachten, dann wird es lächerlich, was nichts anderes heißt, als das wir es nicht mehr ernst nehmen, somit nicht mehr daran haften und es daher leicht loslassen können. Auch auf diesem Weg können wir Begierden auflösen, wenn wir den nötigen Humor und Abstand (= neutraler Beobachter) in uns haben oder herstellen können. Bei schweren oder traurigen Dingen braucht es am Anfang Selbstdisziplin und Mut, um überhaupt anfangen zu können, aber wenn, dann funktioniert es immer. Denn nichts ist so tragisch, wie wir an verrückten Filmen, an schwarzen Komödien ersehen können, dass wir auch über deren tragische Inhalte nicht lachen oder dass wir es durch die Überzeichnung nicht lächerlich finden würden.

Ernst auflösen – Humor einsetzen

Der Humor ist also ein Universallösungsmittel gegen jegliche Art der Verhaftung, Anhaftung und auch Indoktrinierung und gerade deshalb in jeder Diktatur oder totalitären Organisation äußerst unbeliebt. *Der Grad, mit dem ein Mensch über Dinge lachen kann, oder der Grad, mit dem eine Gesellschaft über sich und ihre Führung, ihre Sitten und Gebräuche lachen kann, ist ein direkter Maßstab für seine/ihre Freiheit* und für den Entwicklungsstand seines/ihres Bewusstseins, denn jeder Fortschritt im Bewusstsein ist letztlich Fortschritt im Bewusstsein der Freiheit. Daher ist Humor auch ein ziemlich untrügliches Kennzeichen eines freien und weisen Menschen. Daran kann man auch wahre Meister ganz gut erkennen, wenn auch jeder sicher seine eigene Art des Humors hat oder es manchmal äußerlich verbirgt.

Humor ist deshalb auch erst in den oberen Stadien der Bewusstseinsentwicklung zu finden, noch wenig beim Tier und somit auch kaum im sinnlich-animalischen Bewusstsein. Teilweise ist es im intellektuellen Bewusstsein, das manchmal über etwas reflektiert und somit Abstand hat, manchmal aber zugleich noch ernsthaft in etwas verflochten ist, wodurch sich der Humor oft als Sarkasmus oder Zynismus zeigt. Völlig entwickelt aber ist der Humor im spirituellen Bewusstsein, in dem es so etwas wie „Ernst" eigentlich gar nicht mehr gibt, es sei denn als Spiel oder Maske.

Daher ist jede Förderung von Humor – nicht etwa der Schadenfreude, die dies nur am anderen und nicht an sich erkennt, daher auf Mangel an Einsicht beruht – zugleich eine Förderung des Bewusstseinsprozesses und daher stets zu befürworten. Dies gilt sogar für den Bereich der körperlichen Heilung im Rahmen der Medizin, die inzwischen den therapeutischen Nutzen des Humors zu erkennen beginnt (wenn auch ganz langsam). Doch nicht nur für den Körper, sondern ganz wesentlich für die Seele ist Humor von großem Nutzen, und Sie sollten ihn daher immer mehr einsetzen, vor allem bei Ihnen selbst. Sie sollten ruhig öfters mal über sich selbst lachen oder zumindest lächeln können. Probieren wir einmal folgende Übung:

ÜBUNG 21: Über sich selbst lächeln

Vorbereitung: gelassene Grundhaltung, eventuell Atem- und Lichtübung
Zweck: Abstand von eigenen Mustern gewinnen, über sich lächeln lernen
Durchführung:
a) *Wir nehmen mental wieder die Position des neutralen Beobachters ein. Nun schließen wir die Augen und sehen uns im Geiste bildlich in typischen Situationen unseres Lebens, sehen, wie wir agieren, wie wir diskutieren,*

streiten, uns verwickeln und wie üblich reagieren. Wir beachten auch unsere Gestik und Mimik und, wenn möglich, unser Gefühl dabei. Wichtig: Wir sprechen mit unserer Person oder über sie nur in der 3. Person (er, sie macht, tut...) wie über einen Fremden. Wir lächeln über ihn, wie er sich abstrampelt, verwickelt, sich aufregt, sagen vielleicht: „Na, Peter, was machst du denn da wieder für Sachen. Echt witzig, deine Kreationen..., hast du da noch mehr auf Lager..., ist die ganze Aktion nicht ein bisschen anstrengend auf deine alten Tage..." Wir nehmen „ihn" also ein bisschen auf die Schippe, lächeln oder lachen sogar ein bisschen über ihn, wie wir es in einer Aufführung des lokalen Bauerntheaters auch täten, und bemerken seine Reaktionen.

b) Wenn wir genug gelacht oder geschmunzelt haben und somit genug Abstand geschaffen ist, fragen wir uns intuitiv: Was gäbe es für Alternativen für den lustigen Kerl, was könnte er anders und besser machen, wie leichter und schneller seine wirklichen Ziele erreichen, was könnte er weglassen, wie würde es sich weniger aufregen und ein angenehmeres Leben haben....

Tun Sie dies, bis Sie Alternativen und weitere Gestaltungsmöglichkeiten entdecken.

Humor ist neben der Förderung der körperlichen, seelischen und geistigen Gesundheit eben deshalb eines der besten Lösungsmittel, um uns von jeder Art von Verhaftung und Anhaftung zu befreien, weil er uns auf eine höhere Ebene des Bewusstseins bringt, von der aus wir unsere Person von außen betrachten und unbewusste Muster, Reaktionen sowie bislang unbemerkte Handlungsweisen gut erkennen können. Danach fällt es uns leichter, unsinnige oder nicht mehr gewünschte Verhaltensweisen abzulegen. Darüber hinaus können wir aus dieser Perspektive völlig neue Möglichkeiten erkennen, wie wir mit einer Situation alternativ umgehen können, sobald wir nicht mehr nur eine Möglichkeit verbissen verfolgen und damit – wie der Volksmund sagt – den Wald vor lauter Bäumen nicht mehr sehen. Mit dem Abstand, den uns der Humor gegenüber uns selbst verschafft, können wir leicht neue Zusammenhänge erkennen, neue Wege sehen, andere Aspekte entdecken. Wir werden somit in unseren Handlungen viel flexibler, beweglicher und anpassungsfähiger, kommen damit schneller aus Sackgassen und Irrwegen heraus und können somit unseren Lebensweg viel müheloser gehen. Wir sind also wieder im Fluss des Lebens.

Abgesehen von dieser generellen Flexibilisierung kann man Humor auch gezielt einsetzen zur Auflösung eines ganz bestimmten Verhaltens, Musters, Gefühls, auch einer konkreten Angst, die man zwar erkennt und die loszulassen man sich bewusst entschieden hat, die man aber einfach nicht los wird, weil man eben irgendwie daran haftet. Der Kleber für diese Haftung ist der Ernst, wie wir schon gesehen haben, und daher bedeutet dies, dass es uns aus welchem Grund auch immer noch sehr ernst damit ist. Hier hat sich eine Methode als sehr brauchbar erwiesen, die nur den Mut erfordert, sie auch wirklich einzusetzen, vor allem in den Fällen, in denen einem gar nicht danach zumute ist, die „wirklich todernst sind", die wir „gar nicht witzig finden". Doch wie im Film, wenn einer es „gar nicht witzig findet", kann es für den Außenstehenden, den neutralen Beobachter, auch für den in uns, wirklich witzig werden. Das Grundprinzip der folgenden Übung ist, das eingedrillte Muster, das hartnäckige Gefühl, die todernste Angst usw. mutig am Schopf bzw. an den Hörnern zu packen und – statt sie wie bisher zu verdrängen oder wegzudrücken – bewusst anzunehmen und sie sogar noch zu vergrößern, sie extrem zu übertreiben. Wir sind damit, indem wir sie willentlich produzieren, erstens wieder die Schöpfer, die Urheber davon, die Herrscher darüber und nicht mehr die Opfer derselben, und zweitens machen wir sie durch Übertreibung lächerlich und können sie damit relativieren, sozusagen „einschrumpfen", so dass sie nicht mehr so bedeutsam oder von Interesse sind und damit auch nicht mehr an uns haften. Wenn etwas nicht mehr haftet und ich zugleich wieder der Boss bin, dann ist es leicht, es einfach loszulassen, oder es fällt bereits von selbst ab. Wenn ich darüber lachen kann, dann hat es keine Gewalt mehr über mich.

Wie bei einem Horrorfilm, der einen arglosen Zuschauer ängstigt, über den ein erfahrener Filmproduzent aber nur lachen kann, weil er die billigen Effekte durchschaut, vor allem wenn sie übertrieben werden wie bei einer Groteske, so gilt auch bei allen Ängsten, dass sie nur im Dunkel des Bewusstseins hausen können, solange man sie verdrängt oder negiert und nicht durchschaut. Aber durch *bewusstes* Erschaffen, durch jetzt *bewusstes* Annehmen werden sie ans Licht des Bewusstseins gezerrt und dann zudem durch Übertreibung unglaubwürdig und lächerlich, wie alles, was extrem übertrieben wird. Dann wird man davon frei. Daher gilt die Devise für alle unerwünschten negativen Gefühle, Ängste, Muster, Verhaltensweisen (insofern keine weiteren Menschen involviert sind und sie nicht aus schuldhaftem Verhalten gegenüber anderen resultieren, was dann zuerst aufgelöst werden müsste): Erstens müssen Sie jene als Ihre eigenen Kreationen erkennen, dann bewusst erschaffen und ausagieren, wieder aktiver Schöpfer sein. Zweitens müssen Sie jene so sehr und so lange übertreiben, ggf. gemeinsam mit anderen oder vor einem Spiegel, bis Sie darüber herzhaft lachen können und jene somit von selbst von Ihnen abfallen. Es sind anfangs nur Mut, bewusster, starker Wille und eine klare Entscheidung notwendig, dies speziell dann einzusetzen, wenn man vom Gefühl her überhaupt keine Lust dazu hat, eben weil man seelisch daran haftet.

ÜBUNG 22:
Humor einsetzen gegen hartnäckige Anhaftung

Zweck der Übung: Sich von einer konkreten Anhaftung, Angst oder einem Problem befreien sich als Schöpfer dieser Angst oder dieses Gefühls wieder bewusst werden und auflösen

Vorbereitung:

Am besten zunächst unbeobachtet, später mit Spiegel, Partner üben. Klare Entscheidung, etwas loswerden zu wollen und die Übung bis zum Ende durchzuführen. Gelassenheit.

Durchführung:

*Wir wählen eine Angst, ein hartnäckiges Muster, Verhalten, Gefühl, etwas, das wir loswerden wollen, aber nicht können, etwas, bei dem wir wirklich ernst und verbissen werden nach dem Motto: „Dies ist nun überhaupt nicht witzig, nicht lustig!" Genau dies können wir nun fühlen und dann übertreiben. Wir fühlen uns also bewusst in diese Einstellung, die Verhaltensweise, das Gefühl hinein, formulieren es eventuell prägnant in einem Satz, und übertreiben es nach Strich und Faden, also in Worten, Gesten, Mimik, Körperhaltung, bis wir selbst anfangen zu lachen. **Nicht vorher aufhören, denn manchmal kommen zuerst noch traurige oder wütende Emotionen hoch.** Es können einige Tränen kommen, bevor gelacht werden kann. Übertreiben Sie notfalls auch dies, aber hören Sie nicht auf. Gegebenenfalls setzen Sie nochmals an und übertreiben Sie noch mehr, auch vor dem Spiegel, wenn dies hilft. Es gibt nichts, worüber man bei genügend Übertreibung nicht lachen könnte, wie gute Filmkomödien beweisen.*

Wenn Sie mutig oder selbstbewusst genug sind, können Sie dies auch vor einem Spiegel tun oder noch besser vor befreundeten Menschen. Sie können sie als Zuschauer zu Hilfe nehmen und ihnen diese Theateraufführung präsentieren oder sie gegenseitig machen, wobei jeder eines seiner Muster, Ängste spielt, ausagiert und übertreibt. So geht es noch schneller und gründlicher, da jene Zuschauer – solange sie so ein Gefühl, ein Muster nicht selbst haben – schneller darüber lachen und Sie damit anstecken werden. Sie können so auch einen festen „Lachkreis" gründen, der sich regelmäßig trifft und die anstehenden Probleme „totlacht".

Erwartetes Resultat:

Befreiendes Lachen, körperliches Wohlgefühl, Einsichten über sich selbst sowie Lösung und Lockerung von Ängsten, Problemen und Mustern. Das Lachen befreit entweder dauerhaft von der Anhaftung, so dass das jeweilige Gefühl, die Angst, das Muster verschwindet, oder aber – wenn viele weitere Aspekte mitspielen und ineinander verwickelt sind – aufgelockert wurde und durch die anderen Übungen und Verfahren nun leichter aufgelöst werden kann. Unbedingt ausprobieren, denn es macht auch viel Spaß.

Hinweise:

*Meist ist es schwer, bei starker Verhaftung oder Traurigkeit überhaupt anzufangen. Es braucht daher eine mutige Willensentscheidung. Doch was hat man zu verlieren? Ferner ist wichtig, nicht nur das Äußere (Gestik, Mimik), sondern vor allem das innere Gefühl zu übertreiben. Nicht verzagen, wenn manchmal eine „Erstverschlimmerung" eintritt und man aufhören will nach dem Motto: „Das hat ja bei mir doch keinen Sinn." Dann einfach **auch dies übertreiben wie überhaupt alle Hindernisse, die in diesem Prozess auftauchen,** darüber lachen, und wenn man erst angefangen hat, dann es auch beenden. Sobald etwas innerlich zu lachen anfängt, haben Sie es geschafft. Es ist dann wirklich komisch, selbst die vorher tragischsten Gefühle.*

Ein Beispiel: (frei erfunden, Ähnlichkeiten mit lebenden Personen sind rein zufällig)

Das Problem:

Ich habe Angst, dass ich immer zu wenig Geld habe, dass ich pleite bin oder dauernd Geld verliere. Dies bedrückt mich (=Angst) und lässt mich zweifelhafte Dinge tun, die ich sonst nicht getan hätte, beispielsweise betrügerisch oder unterwürfig sein (= Muster).

Formulieren: „Ich habe Angst, kein Geld zu haben."

Übertreiben:

„O je, ich gehe vor die Hunde, wenn ich kein Geld habe, werde gekündigt, kann die Bankraten nicht bezahlen, o grausame Welt, grausame Gesellschaft, wo der Mammon regiert. (Mimik, Gestik!!) Ich werde verhungern und verdursten (an Kehle greifen), alle werden über mich herfallen (um Erbarmen flehen), meine Freundin wird mich verstoßen, meine Eltern kennen mich nicht mehr, ich bin dann ein Versager (aha, Erkenntnis einer Indoktrination!), ich bin nichts wert (jammern/weinen). Es ist einfach mein Schicksal, weh mir... usw...

Ablösung und Auflösung:

Dies solange weiterführen, bis alle Aspekte durch sind, langweilig und banal werden oder bis wir einfach nicht mehr anders können, als zu lachen. Diese Übung stärkt zugleich Ihre Kreativität und Schöpferkraft. Haben Sie viel Spaß dabei.

Als neutrale Zuschauer – solange uns das Thema nichts angeht – hätten wir sicher schon längst, schon am Anfang gelacht wie beim Betrachten einer Groteske, eines Schwanks, jedoch bei einem selbst wird es – je nach Ehrlichkeit – etwas länger dauern. *Aber das Ergebnis, die Lösung kommt immer und sicher, wenn man das Gefühl nur lange, intensiv und ehrlich genug übertreibt.* Diesen hier erlernten und eingeübten Humor kann man dann auch im Alltag mehr und mehr in allen Lebenslagen einsetzen, wodurch vieles leichter wird. Wenn beispielsweise der Chef Sie bedroht oder ängstigt, können Sie ihn innerlich nachmachen und übertreiben, und schon müssen Sie darüber lächeln und nehmen es nicht mehr so tragisch, können besser und souveräner damit umgehen. Zudem durchschaut man plötzlich auch bei anderen Menschen viel besser deren Muster und Einstellungen, deren „Macken" und Seltsamkeiten, wodurch es leichter fällt, „ernstzunehmende" Personen nicht mehr ganz so ernst zu nehmen und sich nicht mehr so leicht beeindrucken und damit auch nicht mehr manipulieren zu lassen. *Humor immunisiert eben auch gegen alle Fremdbestimmung, Indoktrination, Manipulation* – ist also eines der hilfreichsten Instrumente in allen Lebenslagen, ein göttliches Geschenk für göttliche Wesen und eines der besten Mittel zur Wiedererlangung von Lebensfreude.

Ängste auflösen – Kontrollwahn aufgeben

Mit den bisher gezeigten Methoden und Übungen lassen sich auch einfache Ängste auflösen, die uns im Alltag stören oder behindern. Komplexere Ängste können allerdings mehrere unterschiedliche und tiefreichendere Gründe und Ursachen haben, wie beispielsweise Folgen vergangener Belastungen der Seele oder nicht-ausgesöhnte Verhältnisse mit anderen Menschen. Oder sie können als Basis auch mehrere miteinander verschachtelte Überzeugungen haben, die dann erst entwirrt und einzeln und nacheinander gelöst werden müssen. Auf jeden Fall kann man zur Lockerung oder Minderung immer diese Humor-Methode als Sofortmaßnahme einsetzen und ausprobieren, schaden kann es nie. Auch diese komplexeren Ängste oder Gefühlskonglomerate werden durch die Übung zumindest leichter und weniger tragisch, doch sollte man bei jenen auf speziellere Übungen oder weiterführende Methoden wie die erwähnte Avatar-Methode zurückgreifen oder sich therapeutische Hilfe suchen. Die hier gezeigten Übungen im Hinblick auf unser Thema Lebensfreude zielen insgesamt auf schon bewusstere, entwickeltere Menschen ab mit nur noch wenig schicksalhaften Verwicklungen, wenig sogenanntem „karmischem" Ballast. Anderen, bei denen die Übungen daher noch nicht so greifen oder die Probleme mit der Lösung haben, möchte ich zusätzliche Bewuseinsarbeit empfehlen, beispielsweise die Durchführung einer systematischen geistigen Schulung mit Hilfe meines Praxis-Buches „Geh den Weg der Mystiker", in dem zahlreiche Übungen und Prozesse für eine gründliche Seelenentwicklung enthalten sind.

Ängste haben aus philosophischer Sicht etwas mit Enge und Begrenzung zu tun, wie schon der Name andeutet und schon besprochen wurde. Der Geist ist allzu eng geworden, das heißt, er hat sich zu viel definiert, identifiziert und verwickelt – er würgt sich bildlich gesprochen selber in seinen eigenen Schlingen. Zugleich hat er durch die zahlreichen Begrenzungen die jeweils anderen Pole ausgegrenzt und fürchtet sie nun. Ängste sind also in einem freien, ungebundenen Geist nicht möglich, sondern erst in einem verschatteten, verengten Geist, der sich zu viel begrenzt hat und an all diesem anhaftet, *um das er nun Angst hat,* und der zugleich vieles ausgegrenzt hat, *wovor er Angst hat.* Dies können a) Dinge und **Objekte**, b) **Menschen**, Tiere, c) **Situationen**, aber auch d) Vorstellungen und **Überzeugungen** sein, auch eine bestimmte Identität, die er unbedingt zu sein wünscht oder die er massiv ablehnt. Er muss etwas zu verlieren haben, sonst hätte die Angst keine Basis. Es gilt also grundsätzlich:

Je mehr ich an etwas hänge oder je mehr ich verhaftet bin, umso mehr habe ich Angst darum. Je mehr ich etwas ausgegrenzt habe oder je mehr ich es ablehne, umso mehr habe ich Angst davor. Diese steigert sich noch, wenn ich bewusst oder unbewusst andere Menschen angreife. Denn mit jedem Angriff greife ich durch die Einheit des Geistes mich selbst an, und daher gilt auch, je mehr Aggression, desto mehr Ängste.

Der obengenannte Grundsatz lässt sich an den folgenden Beispielen gut darlegen und verdeutlichen:

a) **Objekt:** Wenn ich etwa mit einem Objekt mit dem Körper absolut identifiziert bin, so sehr, dass ich meine Seele vergesse und mein ewiges Selbst, dann hänge ich natürlich an diesem *einzig möglichen Körper* und bin an ihn gebunden, da ich keine Alternative habe. Also muss ich notwendigerweise Angst um ihn haben, denn wenn er nicht mehr ist, bin ich nicht mehr. Wegen der Identifizierung hängt also meine ganze Existenz daran und davon ab, und somit habe ich große Angst, wenn er erkrankt oder altert.

b) **Menschen:** Wenn ich etwa mit einem anderen Menschen so sehr identifiziert und verhaftet bin, dass ich ihn unbedingt brauche, dass ich ohne ihn nicht oder zumindest nicht glücklich leben kann, dass ich meinen ganzen Lebenssinn in ihn projiziere, so muss ich notwendigerweise große Angst haben, wenn er beispielsweise krank würde, und sogar in echte Panik verfallen, wenn er mich zu verlassen droht oder es tut.

c) **Situationen:** Wenn ich etwa mit einem Beruf oder einem Status so identifiziert bin, beispielsweise als großer Führer oder als Popstar, dass ich gar nichts mehr anderes sein kann und will, dass nur dies meinem Leben Sinn gibt, so muss ich logischerweise große Angst haben, diesen Status zu verlieren, und werde aus dieser Angst heraus möglicherweise schlimme Dinge tun, wie bei jedem Machterhalt zu sehen ist.

d) **Überzeugungen:** Wenn ich etwa mit der Überzeugung identifiziert bin und sie mir zu Eigen gemacht habe, dass es für einen Sünder nach dem Tod die ewige Verdammnis gibt, so habe ich notwendigerweise große Angst vor Sünden wie auch vor dem Tod. Oder wenn ich mit der Überzeugung identifiziert bin, dass es Dämonen gibt, die ständig die Rechtgläubigen bedrohen, so habe ich logischerweise ständige Angst davor. Und so weiter, und so weiter.

Es zeigt sich also, dass für das Vorhandensein von Ängsten nicht unbedingt schuldhaftes Verhalten oder negative Erfahrungen vorliegen müssen. Es liegt dem vielmehr immer eine Verhaftung an, eine Identifizierung mit bzw. Abgrenzung gegen etwas zugrunde, etwas, das ich selbst so gewählt habe, auch wenn ich es jetzt nicht mehr weiß. Natürlich können Erfahrungen die Ängste verstärken, sind aber nie der Auslöser. Zuerst muss ich an etwas haften, muss an etwas glauben oder etwas muss für mich Bedeutung haben, dann erst kann ich die entsprechende Erfahrung von Angst machen, wie folgende Beispiele illustrieren:

Beispiel a): Wenn ich zum Beispiel überhaupt keine Angst um Geld habe und mir mein Geldbeutel gestohlen würde, so entwickle ich aus dieser Erfahrung keine Angst um Geld, da es mir eben nichts bedeutet. Was soll's, es macht mir nichts, ich habe genug. Wenn ich aber an Geld hafte, selbst nur ein wenig, so kann diese Erfahrung sehr wohl meine Angst auslösen (zum Beispiel, dass Geld immer in Gefahr ist, gestohlen zu werden) oder verstärken, sie war aber nicht ihr Grund. Der *Grund ist die Bedeutung des Geldes* für mich und meine Anhaftung daran.

Beispiel b): Wenn ich zum Beispiel ein großer Popstar bin, hänge aber nicht daran, kann noch vieles andere machen und bin flexibel, bin also nicht besonders identifiziert, sondern sehe es nur als eine Rolle unter vielen in meinem Leben, dann habe ich keine Angst, auch wenn ich Erfahrungen von Statusverlust mache, wenn die Karriere zu Ende geht. Ich kann sie dann ohne Angst loslassen. Wenn ich aber damit identifiziert bin, es also „mein Leben ist", so wird selbst ein kurzzeitiger Statusverlust massive Ängste hervorrufen, die aber bereits durch die Verhaftung schon immer latent vorhanden sind.

Fazit: Ängste werden nicht durch Erfahrungen ausgelöst, sondern durch Entscheidungen, sich mit etwas zu identifizieren, an etwas zu haften, etwas Bedeutung zu geben, wie auch durch Überzeugungen, z. B. etwas unbedingt zu brauchen, etwas sein zu sollen, tun zu müssen.

Das ist prinzipiell eine gute Nachricht, denn wenn Ängste von außen kämen, dann könnten wir wenig daran ändern, aber da sie von innen kommen oder zumindest dort entstehen – durch unsere Verhaftung und Identifizierung mit etwas, letztlich durch unsere Entscheidung dafür –, so können wir dies auch leicht wieder ändern lediglich durch eine neue Entscheidung zur Auflösung der Verhaftung. Dass Ängste ursächlich nichts mit der Wirklichkeit zu tun haben, kann man auch gut daran erkennen, dass sie völlig subjektiv sind, d. h. wovor der eine große Angst hat, darüber lacht der andere, unabhängig vom Objekt. Jeder hat seine ganz speziellen Ängste, wie der Elefant vor der Maus, was von der Kräfteverteilung her eine völlig irrationale Angst ist. Ebenso haben manche Menschen Flugangst, die von der Realität her gesehen völlig unlogisch (hier gibt es so wenig Unfälle wie bei keinem anderen Verkehrsmittel) und von der Erfahrung her völlig unbegründet ist (wie viele machen schon Erfahrungen eines Absturzes?). Da müsste man vor dem Autofahren viel mehr Angst haben, aber weit gefehlt. *Also ist Angst immer eine subjektive Vorstellung*, völlig unabhängig von der Realität, statt dessen resultierend aus Verhaftung und Identifizierung einerseits, gegenteiliger Ausgrenzung und Ablehnung andererseits, was natürlich auch unbewusst sein kann. Somit kann der Mensch wirklich vor allem und jedem Angst haben – selbst vor Gott (!) – ohne Ausnahme.

Der **erste Schritt** zur Heilung ist also, sich wieder bewusst zu werden, dass Ängste *eigene* Schöpfungen sind und von Entscheidungen abhängen. Nun, das wissen wir vielleicht auch vom Psychiater, doch das Wissen allein hilft uns noch nicht viel weiter.

Der **zweite Schritt** muss nun sein zu prüfen, um was oder wovor man Angst hat, und die entsprechende Verhaftung (im Bewusstsein) zu lösen bzw. sich von zu großer Identifizierung zu befreien. Eine Möglichkeit ist die Methode des Humors oder die von Goethe erwähnte Konfrontation (Übung 11) oder die dynamische Aufstellung (Übung 18). Es gibt mit Hilfe von Therapeuten viele weitere, effiziente Therapieverfahren wie beispielsweise durch analytische Hypnosetechnik, Gestalttherapie, katathymes Bilderleben, Traumarbeit, Lichtarbeit sowie durch jedes Verfahren zur Bewusstseinsentwicklung überhaupt. Denn wenn das Bewusstsein sich im Gang seiner Entwicklung aus bestimmten Verhaftungen befreit – und nur dies ist Entwicklung, Evolution und sonst nichts –, dann werden damit viele andere Verwicklungen mitgelöst oder kommen von selbst in Fluss, in Transformation. Insofern gibt es auch zahlreiche Methoden von Bewusstseinsschulung, in denen man lernt, auch ohne Therapeuten die der Anhaftung zugrundeliegenden eigenen Überzeugungen zu wechseln. Denn diese Überzeugungen sind es, die uns überhaupt erst veranlassen, etwas zu brauchen oder etwas festhalten zu müssen. Wenn wir jene nicht hätten, dann könnten wir wie die Kinder uns problemlos mit etwas völlig identifizieren, darin eintauchen, es dann aber auch sofort wieder loslassen, augenblicklich und mühelos, ohne Angst zu haben. Dass wir die Verhaftungen nicht so einfach lösen können, dass sie an uns kleben, dahinter stecken, wie schon dargelegt, immer Überzeugungen, Schuld, Ablehnung von Verantwortung. Wir müssen erst daran arbeiten und dies lösen, dann löst sich auch die Verhaftung. Wenn wir dies nicht tun und verhaftet und verwickelt bleiben, dann entstehen eben daraus die Ängste, die dann der Lehrmeister sind, uns auf diese Defizite hinzuweisen.

Dieses fast automatische Aufhören der Ängste mit fortschreitender Bewusstseinsentwicklung, da der Mensch dadurch grundsätzlich an immer weniger haftet und immer weiter wird, ist der Grund für den eingangs erwähnten Satz, dass ein freier, ungebundener Geist keine Ängste mehr kennt, da sie nur auf dem Boden der Verhaftung wachsen. Anhaftung (d. h. Begierde für oder Widerstand gegen) und Angst sind also direkt proportional, und so hat ein Mensch mit viel Anhaftung auch viele Sorgen und Ängste, und umgekehrt, werden diese Bindungen aufgelöst, ist der Geist ungebunden, hat er nichts mehr, worum er sich Sorgen machen oder wovor er Angst haben müsste. Dann ist ein Mensch frei und fühlt sich auch frei.

Für einen ängstlichen Menschen oder überhaupt bei Auftreten von Ängsten ist es also ein gutes, generelles Gegenmittel, sich geistig zu weiten und zu entwickeln und spirituelles Bewusstsein anzustreben, um unabhängig von der einzelnen Auflösung den Ängsten grundsätzlich den Boden zu entziehen, die Schatten mit Licht aufzulösen, in deren Nischen allein sie ihre Existenz fristen. Auf diesem Weg des Loslassens der Anhaftung an Dingen, Objekten, Situationen ist es ferner hilfreich und notwendig, jenen Standpunkt außerhalb von Raum und Zeit zu kennen und ihn zu festigen (Übung 9). Ohne jenen Standpunkt ist dieser ganze Prozess schwierig, weil man ja sonst nichts hat, worauf man sich bei Auflösung der bisherigen Muster zurückziehen könnte, und somit sieht man seine ganze Identität gefährdet. Man sieht sich und sein ganzes Sein in Todesgefahr, in der Gefahr absoluter Auflösung. Daher ist dieser neutrale Standpunkt im Geist außerhalb von jeder Definition, von Raum und Zeit so wichtig, es ist sozusagen der archimedische Hebel, an dem wir ansetzen und die Verwicklungen ausheben können. Alle Übungen, die uns dabei unterstützen, und alle Erkenntnisse, die uns hierin weiter bringen, sind von Vorteil und werden uns zugleich dabei helfen, Ängste aufzulösen.

Auch Meditation, Stille-Übungen, Lichtvisualisationsübungen sind gegen Angstzustände sehr zu empfehlen. Doch die allerbeste Übung gegen Angst ist und bleibt die Entwicklung selbstloser Liebe, und dies können Sie jederzeit im Alltag beliebig oft anwenden, zumal Sie die Erzeugung von Gefühlen hier schon erlernt haben. Sie müssen es jetzt nur noch für die Liebe einsetzen und mehr und mehr damit beginnen, versuchsweise auch Ihre Feinde zu lieben. Probieren Sie dann auch das zu lieben, wovor Sie Angst haben, einfach einmal probeweise. Falls es aber noch zu angstbesetzt ist, geben Sie bei Auftreten der Angst irgendjemandem Ihre Hilfe und Ihre Liebe. Fragen Sie sich einfach: Wer könnte jetzt meine Liebe und Unterstützung brauchen?, und entscheiden Sie, diese selbstlos zu geben. Fühlen Sie auch, wie Sie Liebe dorthin senden, oder tun Sie dies durch einen Anruf, eine Tat. Sie werden staunen, wie mühelos dieses Licht die Schatten vertreibt. Je größer nun durch Loslassen Ihre Gelassenheit und durch Selbstentwicklung Ihr *Selbst*vertrauen – in Ihr wahres Selbst – werden, umso größer werden auch Ihre innere Stabilität und Ruhe, Ihre Souveränität, Macht, Stärke und Zuversicht, Ihr Freiwerden von den Dingen, wie es die Mystiker und alten Weisen als unabdingbar für das dauerhafte Glück des Menschen immer gelehrt haben. Denn je mehr Selbstvertrauen und Gelassenheit wir haben, umso weniger finden die Ängste noch eine Angriffsfläche. Als Fazit können wir hier einen wichtigen Zusammenhang festhalten:

Je mehr Selbsterfahrung, Selbstvertrauen und Selbstgewissheit in unsere unsterbliche Geistseele wir gewinnen, umso weniger Ängste werden wir noch haben. Umgekehrt gilt entsprechend: Je mehr wir noch überzeugt sind, Äußeres, Situationen, Dinge oder Menschen zu brauchen und nötig zu haben, umso mehr werden sich Ängste entwickeln.

Aus Ängsten aber entsteht schließlich ***Kontrolle***, der innere Zwang, alles kontrollieren zu müssen, kombiniert mit der Furcht, sonst unterzugehen, also mit Todesangst. Sie ist deshalb so schwer aufzulösen. Es entsteht eine *Art von Grundangst*, wenn man glaubt, von äußeren Bedingungen und Situationen, anderen Menschen absolut abhängig zu sein oder etwas unbedingt zu brauchen, kombiniert mit dem Misstrauen gegenüber dem Leben oder Gott. Wenn ich an diese äußere Abhängigkeit glaube, zugleich dem Leben nicht vertrauen kann, so ist es völlig folgerichtig und logisch, dass ich die äußeren Bedingungen kontrollieren will, ja kontrollieren *muss*, da mein Leben und meine Existenz unmittelbar davon abhängt. Statt auf Gott oder das höhere Selbst zu vertrauen, also statt Gott- oder Selbstvertrauen zu besitzen – das ich aber nicht mehr haben kann, da ich mein wirkliches Selbst vergessen habe –, entwickle ich nun folgerichtig Strategien im Äußeren, Machtspiele, Intrigen, benutze und missbrauche Mitmenschen, um an das zu kommen, was ich brauche, und um es dann abzusichern. Dadurch entsteht prinzipielles Misstrauen gegen andere Menschen, da von diesem Standpunkt aus jeder ein potentieller Gegner ist und die Welt ein Kampfplatz um diese (knappen) materiellen Ressourcen, um bestimmte Art von Partner, um Liebe, um Anerkennung usw. *Somit entsteht in mir ein Kontrollzwang, der absolut fundamental ist, da es ja* *um meine Existenz als solche geht*, gegen den ich daher direkt gar nichts unternehmen kann, nur indirekt über Auflösung der dargelegten Ursachen und zugrundeliegenden Überzeugungen.

Jener Zwang drängt mich, entsprechende Macht anzuhäufen und Personen abhängig von mir zu machen und abhängig zu halten, dazu Methoden von Manipulation oder Verführung zu entwickeln, damit ich sie stets kontrollieren und steuern kann. Dieser Kontroll- und Machtwahn entsteht also nicht aus bewusstem Entschluss, anderen zu schaden oder sie beherrschen zu wollen, sondern ist – wie am Beispiel Eifersucht gut zu erkennen – *eine fast automatische Folge mangelnden Selbstvertrauens, ein Misstrauen gegenüber dem Leben überhaupt*, das wiederum aus Selbstvergessenheit resultiert. Denn wenn ich meinen Ursprung, meine Seele, mein Selbst vergesse, so muss ich mich zwangsläufig an etwas anderes klammern und meine Identität an ein partikulares Ego heften. Da ich auf sonst nichts mehr vertrauen kann, muss ich es absichern und verteidigen, muss die Erfüllung seiner Bedürfnisse sicherstellen und dafür die Umgebung und die nun konkurrierenden Mitmenschen möglichst unter meine Herrschaft oder zumindest meinen Einfluss bringen, *muss* kontrollieren und beherrschen. Wenn ich dies nicht schaffe, so habe ich Angst, meine ganze Existenz zu verlieren, machtlos, wertlos, wesenlos zu sein, überrollt und überwältigt zu werden. Daher ist dieser Kontrollwahn so stark, weil er aus jener Sicht direkt mit der Frage Leben oder Tod verknüpft ist, und so wählen ja auch manche Menschen sogar freiwillig den Tod, wenn sie ihre Macht verlieren und ihr Herrschaftsbereich oder Kontrollbereich vom Schicksal zerstört wird, beispielsweise durch Finanzverlust oder Statusverlust. Sie kennen nämlich nichts anderes mehr, haben die grundlegende Alternative zu all diesen Rollen und Mustern, ihr wahres und unzerstörbares Selbst, vergessen. Somit gibt es gegen Herrschaftsanspruch und Kontrollwahn im Kleinen wie im Großen wohl nur ein generelles Heilmittel, wenn Heilung nicht nur symptomatisch sein soll: Das Wiedererwachen im Selbst, das Wiedererkennen der eigenen Geistseele, das Vertrautwerden mit dem Standpunkt jenseits von Zeit, Raum und aller Definition, aller Form, gegenüber dem alle Dinge und Situationen nur noch relativ sind und nur wenig Bedeutung haben. (Die selbstlose Liebe wäre wohl ebenso ein universelles Heilmittel, wird aber vermutlich von diesem Egobewusstsein und Kontrollstandpunkt aus noch nicht möglich sein.)

Wenn Sie also in sich diesen Macht- und Kontrollaspekt entdeckt haben und bearbeiten wollen, dann sollten Sie diesen nicht bekämpfen, sondern mehr und mehr die Alternative stärken. Sie sollten sich also mit Ihrem wahren Selbst vertraut machen und durch Meditation darin eintauchen, Ihr Bewusstsein durch welche Methoden auch immer weiter entwickeln und somit die

Tendenz zur Anhaftung und zu Ängsten generell abschwächen. Dies wird automatisch dazu führen, Verblendung aufzuheben und vieles wieder in der richtigen Relation zu sehen, Verhaftungen loslassen und damit zugleich die Kontrolle über die Dinge und Menschen aufgeben zu können. Erst danach können Sie diesen Kontrollaspekt auch direkt angehen, wieder grundlegendes Vertrauen ins Leben und in dessen höhere Weisheit entwickeln und sich sogar führen lassen. Dann hat auch die Liebe wieder eine Chance.

Die Heilung dieses *grundlegenden Aspekts* wird vermutlich die größte Erleichterung und zugleich der größte Energiegewinn sein, den Sie – oder jeder Mensch – in diesem Leben erfahren können, denn der Machtaspekt umfasst sehr viele Bereiche unseres Daseins, von Erfolg und Beruf bis hin zu Beziehungen. Erst nach dieser Heilung können Sie auch die vielen nicht auf das Ego bezogenen, nicht direkt der eigenen Person nützenden Dinge, Menschen, Situationen dieser Welt wirklich wahrnehmen, sie wertschätzen und genießen.

Fazit: Der Mensch wird sich erst dann an den verschiedenen Menschen und Charakteren, an den so zahlreichen interessanten Dingen, Wesen, Situationen auf dem Lebensweg erfreuen können, an der Fülle des Lebens, die Sie vielleicht noch gar nicht bemerkt haben, *wenn man sie nicht mehr kontrollieren und beherrschen muss, sondern sie so sein lassen kann, wie sie sind.* Erst dann kommen wirkliche Lebensfreude und Wertschätzung auf, eine Leichtigkeit des Seins, und die Welt offenbart sich neu in ihrer ganzen Schönheit.

Lebenshilfen: Große und kleine Tipps und Tricks

Neben den dargelegten bedeutenden Punkten gibt es auch eine Reihe kleiner und großer praktischer Hilfsmittel und pragmatischer Hilfestellungen, die dazu beitragen können, unsere Entwicklung, unseren Bewusstseinswandel noch mehr zu vereinfachen und unser Leben besser zu organisieren. Manchmal stößt man während dieses Prozesses ganz von selbst auf diese praktischen Dinge, oder sie fallen einem ein oder zu, manchmal ist es auch hilfreich, sie explizit zu erwähnen. Denn wenn man auf die großen Perspektiven ausgerichtet ist, kann man sie leicht übersehen und beraubt sich somit jener kleiner Hilfen. Diese kleinen Tipps und Zusatzmaßnahmen sind nicht absolut notwendig, sondern eher wie der Schmierstoff, der alles ein bisschen besser und geschmeidiger laufen lässt. Sie sind überhaupt gute

Lebenshilfen, die nichts kosten und dennoch viel bringen. Oft ist es uns einfach nicht bewusst, was wir gewohnheitsmäßig tun und wie einfach manches durch kleine, aber bewusste Entscheidungen zu verbessern wäre, z. B. der Umgang mit der Zeit.

Sich Zeit nehmen – die Entschleunigung

Die Wichtigkeit eigener souveräner Zeiteinteilung haben wir schon besprochen (Kap. 2.2). Zeit als Maßeinheit ist eine moderne Erfindung, die den Naturvölkern unbekannt ist. Denn sie folgen mehr den Rhythmen der Natur, des Körpers und dessen Bedürfnissen, den Jahreszeiten, dem Wechsel von Sonne und Mond, den Biorhythmen. Sie essen im Normalfall, wenn sie Hunger haben, und schlafen, wenn sie müde sind. *Eine starre Zeiteinteilung gibt es erst beim modernen Menschen* nach Einführung der Uhr und der Maschinen. Er arbeitet nun mehr und mehr unabhängig von den natürlichen Bedürfnissen des Körpers und der Seele, er macht die Nacht zum Tage, muss dann schlafen und essen, wann und wie es dem Verstand, seinen Maschinen und Transportmitteln in den Kram passt, wann diese selbstgeschaffenen „Sachzwänge" es erlauben, und weniger, wie es seinem natürlichen Bedürfnis entspräche, das er deshalb auch kaum noch kennt und fühlt. Das Schlimmste aber ist: Obwohl er so viel Maschinen hat und Zeit optimal organisiert, hat er *immer weniger Zeit*, und gerade das ist doch das Kostbarste, was ein Mensch hat, denn es ist das einzige, was er nicht beliebig vermehren oder produzieren kann. *Daher ist es zuerst nötig, die fremden, indoktrinierten Zeitmuster aufzulösen*, uns willentlich davon frei zu machen und wieder die Herren über unsere Zeit werden. ***Die Herrschaft über die Zeit, zumindest über Ihre eigene Zeit, ist unumgänglich, um wieder befreit leben zu können***. Sie müssen daher bewusst einmal entscheiden, innezuhalten, Inventur zu machen, sich eine Pause, eine Aus-Zeit zu gönnen. *Wenn man also keine Zeit hat* – und dies ist die häufigste Ausrede, sich vor geistiger Entwicklung, vor Meditation, vor Bewusstseinsarbeit zu drücken *so muss man sich einfach Zeit nehmen!* Dies ist so einfach wie schwierig zugleich.

Einfach ist es, wenn Sie sich klar machen, dass es lediglich Überzeugungen sind, die uns hier behindern und uns glauben machen, wir hätten keine Zeit. Eigentlich haben wir viel mehr Zeit als beispielsweise noch der Naturmensch, der viel Zeit dafür verbrauchte, um an Essen zu kommen, Kleidung herzustellen, Wasser, Holz oder andere Energieträger zu beschaffen. Für all dies müssen wir heute viel weniger arbeiten. Wenn wir dennoch angeblich keine Zeit haben, so folgt daraus, dass wir sie für zahlreiche andere und nicht lebensnotwendige Dinge verbrauchen, von denen wir jedoch glauben, dass wir sie unbedingt haben oder benutzen müssen. Es sind also angenommene Überzeugungen, von woher auch immer, und diese sind durch unseren Geist leicht zu ändern, wenn er die nötige Kraft und den Willen dazu hat. Ändern Sie also Ihre Zeiteinteilung mittels der Übungen auf Seite 53, verschaffen Sie sich damit erst einmal genügend Zeit, und setzen Sie dies gegenüber ihrer Umwelt radikal durch. Sie sollten es sich wert sein.

Den zweiten wichtigen Punkt kann man mit dem Schlagwort „Entschleunigung" bezeichnen. Über lange Zeiten während der industriellen Entwicklung wurden die Menschen überzeugt oder vielmehr dazu dressiert, immer schneller zu produzieren, zu handeln, zu agieren. Alles muss immer schneller gehen, warum fragt niemand. Hier muss sich der Mensch völlig wachsender Beschleunigung von Arbeitsvorgängen und dem Tempo der Maschinen anpassen, nicht etwa die Maschinen an den Menschen. Ständig sind Abgabetermine, Zeitlimits, fremde Vorgaben zu beachten und zu befolgen. Kaum ein Wunder also, dass am Endpunkt dieser Entwicklung dem Menschen auch die letzte uralte Freude, die erholsame und genussvolle Zeit des Essens genommen und ihm statt dessen geschmackloses Fast food propagiert wird, selbst auf Kosten seiner Gesundheit. Die ist auch nicht wichtig, Hauptsache, es geht alles sehr schnell, und er kann somit noch mehr leisten bzw. weiteren Aktivitäten nachgehen. Es ist ja nicht so, dass dieses „Zeitsparen" dem Menschen aufgezwungen wird, sondern er hat es so verinnerlicht, dass „Zeit Geld ist" oder dass man dies tun sollte, um „up to date" zu sein, dass er es unbewusst selbst in seine Freizeit übernimmt. Neben der Aufhebung der Fremdbestimmung gilt es nun auch diesen Prozess der Zeitbeschleunigung umzukehren, und dies ist eigentlich gar nicht so schwer, sobald sich der Mensch dessen bewusst wird. *Denn im Grunde seines Herzens will er ja für sich und andere Zeit haben, sich ja sowohl am Essen wie auch an vielen anderen Dingen des Lebens erfreuen und keineswegs sich so abhetzen und erschöpfen.*

Die Entschleunigung beginnt damit, „*Gas weg zu nehmen*" bei jenen Aktivitäten, die für uns wichtig sind und die wir deshalb auch zukünftig beibehalten wollen. Dies bedeutet, den Druck wegzunehmen, dass etwas zu einem bestimmten Zeitpunkt getan werden *muss*, also fortan alles ohne Zeitdruck zu tun und die Einstellung zu entwickeln: Wenn es nicht heute fertig wird, dann eben morgen. Die lebensklugen Bayern haben dies schon lange erkannt und bringen es mit dem dort geläufigen Satz zum Ausdruck: „na,... schaun ma mal". Dies bedeutet, wir gehen es an, schauen, wie es sich entwickelt, aber wir setzen uns dabei nicht unter Druck. Das ist das Wichtigste, den Druck bewusst und völlig wegnehmen. Dazu gehört auch der Mut, keine Konsequenzen oder Nachteile zu fürchten.

Ferner müssen wir unsere *Prioritäten neu setzen*, also die Zeitverteilung ändern und uns wieder mehr Zeit nehmen für das für uns Wichtige und Erfreuliche, beispielsweise für den Partner, Freunde, Kinder, um Nähe und Liebe zu erleben; für Stille und Meditation, um das Wesentliche im Leben zu finden; für die heiße Badewanne oder den Whirlpool, für Essen, Malen, Musizieren, Gedichte lesen oder schreiben, für Reisen, für Spielen, um also Freude zu erleben. Für jeden ist etwas anderes wichtig, dies ist ganz individuell, und es wechselt auch mit der Zeit. Beachten Sie generell, Dingen und Situationen, Sachzwängen nicht mehr so viel Macht über sich zu geben, sie nicht mehr anzuerkennen. Versuchen Sie zukünftig, ihre Aktivitäten langsamer und ohne Zeitdruck anzugehen und zugleich tiefer in sie einzutauchen, egal, ob es sich um eine sinnliche Erfahrung handelt oder um die Erforschung des eigenen Geistes mittels Meditation. Denn wenn man in etwas tiefer eintaucht, so geschieht etwas Wunderbares: Es löst sich dabei automatisch die mechanische Zeit auf – wie wir etwa bei einem in ein Buch oder ein Spiel versunkenen Menschen leicht beobachten können und die Seele nimmt sich wieder so viel Zeit, wie sie für die Erfahrung braucht. Dies ist die Frucht der Achtsamkeit, sie sollte Ihr Idealzustand werden: Der Mensch ist wieder im Fluss des Lebens, im eigenen Rhythmus in Übereinstimmung mit den anderen und muss sich gar nicht mehr um die Zeit kümmern. Man hat hier vielmehr den Eindruck, alles kommt an seinen Platz zur richtigen Zeit, alles passt schon.

Dennoch ist es für Sie in der Anfangszeit dieses Wandels noch eine Zeitlang wichtig, Ihre Zeit bewusst einzuteilen, da noch die Gewohnheit fehlt. Sie sollten also bestimmte Leerzeiten und Ruhephasen einplanen, Phasen des Nicht-Tuns wie eine kleine Siesta oder einen Spaziergang, Zeiten für Besinnung und Betrachtung. In solchen Phasen wird es Ihnen zugleich leicht fallen, eventuell noch nötige weitere Korrekturen und Verbesserungen vorzunehmen und Fehlentwicklungen rechtzeitig zu erkennen. Für Ihre Arbeit oder Ihre Aktivitäten sollten Sie sich von nun an nicht mehr unter Druck setzen lassen, immer weniger Fristen von außen akzeptieren, sondern allenfalls – nach Prüfung der Sache – sich selbst Richtlinien geben und ungefähre Fristen vorgeben. Auf keinen Fall drängen lassen, sondern gelassen bleiben und einfach mal zuschauen, wie es sich entwickelt, dann gegebenenfalls souverän eingreifen und verändern. Wir bleiben damit selbstbestimmt und stressfrei.

Wenn Sie nun Ihre notwendigen Aktivitäten mit dieser Ruhe und Gelassenheit, auch mit hoher Bewusstheit und Achtsamkeit durchführen, bedeutet dies keineswegs, langsam zu sein, wie es manchmal missverstanden wird. Auch schnelle Aktivitäten wie Rennfahren kann – und sollte – man mit Gelassenheit und Achtsamkeit ausführen, wie übrigens die Shaolin-Mönche beim Kampfsport perfekt demonstrieren. Denn nicht nur liegt in der Ruhe die Kraft zu großen Leistungen, wie schon der Volksmund weiß, sondern in der Achtsamkeit liegt auch wirkliche Effizienz. Denn hier leitet uns die Sache selbst und nicht eine mechanische Uhr oder künstliche Zeiteinteilung, und wir werden mit dieser *gelassenen Achtsamkeit* die meisten Aufgaben und Herausforderungen vermutlich besser ausführen als mit Hektik, Anspannung und Zeitdruck, wie sicher mancher schon durch das Leben gelernt hat. Dies gilt ganz besonders für die kreativen und lohnenden Aufgaben.

Fazit: *Zeit haben heißt Leben haben*, und mehr Zeit haben bedeutet demnach, mehr Leben zu haben, damit ein besseres, gelasseneres und freieres Leben. Daher lautet die Frage: Wann, wenn nicht in diesem Moment, wollen Sie wirklich anfangen zu leben? Nun, am besten hier und jetzt. Denn das ist der Punkt, von dem aus wir alles neu entscheiden und strukturieren können. Lassen wir uns also fortan nicht mehr durch Tausende von Ablenkungen unserer „modernen Zeiten" verwirren und auch nicht von deren Zeitdruck und Sachzwängen, sondern entrümpeln wir im ersten Schritt unsere Zeiteinteilung, so wie ein Gärtner einen Garten von Unkraut befreit, wodurch die schönen Blumen nur noch besser blühen können. Dann entschleunigen wir im zweiten Schritt unsere noch vorhandenen und erwünschten Aktivitäten, indem wir sie bewusst achtsam und intensiv ausführen, geleitet und gesteuert aus dem Zustand ruhiger Gelassenheit heraus, mit der Überzeugung, dass uns nichts Wichtiges entgehen wird, weil der ewigen Seele nichts entgehen *kann*. Diese Souveränität und Macht über die Zeit wird unsere Bewusstseinsentwicklung sehr unterstützen und fördern.

Große Probleme aufspalten – die Bedeutung der Übung

Manchmal kommt es in unserem Leben vor, dass wir mit einer Aufgabe oder einem Problem konfrontiert sind, das unsere Kräfte zu übersteigen scheint, das uns übermächtig vorkommt, von dem wir überzeugt sind, dass wir es einfach nicht lösen können. Oder es ist ein Problem, das ständig und immer wieder auftaucht, in immer neuen Facetten, mit vielen zusätzlichen Nebenaspekten und verschlungenen Gefühlen behaftet. Dadurch entsteht in uns zunächst einmal das Gefühl von Überforderung, von Abwehr nach dem Motto: „Bloß das nicht..." Somit ist allein dadurch schon ein Teil unserer Aufmerksamkeit und Geisteskraft durch den Widerstand blockiert, und wir haben nicht mehr genug Mut, Kreativität und Energie für die Lösung zur Verfügung. Wir denken daher problem- statt lösungsorientiert, und so entsteht in uns ein Gefühl von Entmutigung angesichts einer für uns zu komplexen und zu großen Aufgabe.

In solchen emotionalen Fällen können Sie einfach das tun, was Sie beispielsweise bei einer umfangreichen handwerklichen Aufgabe – wie einen als komplizierten Bausatz gelieferten Wandschrank zusammenzubauen, was manche Leute wie mich zumeist überfordert – sicher schon tun.

Sie zerlegen das Problem in Einzelschritte, die Sie einzeln nacheinander wie folgt lösen:

1) Analyse: Wir analysieren das Problem, das heißt, wir spalten oder trennen es auf in seine Einzelaspekte, so dass diese bekannt und bewusst werden und möglichst keine unbekannten Größen mehr übrig bleiben, die uns beunruhigen und daher ängstigen würden.

2) Sortierung: Wir ordnen und strukturieren diese Einzelaspekte, erkennen, welche wir davon lösen und einüben müssen, und erstellen schließlich einen praktikablen Plan, wie und in welcher Reihenfolge wir sie angehen und lösen wollen oder können.

3) Lösung/Einübung: Wir lösen nun Schritt für Schritt die jeweiligen Einzelaspekte, üben sie ggf. eine Weile einzeln ein, wenden sie an oder lösen sie auf. Dann beobachten wir, wie sich diese kleinen Schritte auf das Gesamtproblem ausgewirkt haben, ob es entweder schon verschwunden ist oder jetzt als Ganzes bearbeitet, ausgeführt oder gelöst werden kann. Manchmal reicht schon die Lösung einiger Einzelaspekte, dass es sich von selbst auflöst.

Alle großen Probleme sind meist ein Gemenge verschiedener Lernaufgaben. Aber auch wenn ein Problem nur einen Lernschritt beinhaltet, so hat es doch verschiedene Aspekte oder Stufen. Wenn ich beispielsweise ein großes Problem im Umgang mit Menschen habe, so kann ich dieses Problem doch aufteilen in die Aspekte Kommunikation, Wertschätzung, Zusammenarbeit, vergangene Erfahrungen, Verhältnis zu Vater-Mutter, erlernte Reaktionen und Einstellungen gegenüber den Menschen und vieles mehr. Dann kann ich diese Aspekte zunächst getrennt bearbeiten und später wieder zusammenfügen. Ich muss es nur wollen, und da liegt oft das Problem, zumal ich es unter dem Aspekt der Überforderung eher zu verdrängen oder vor ihm zu fliehen gedenke. Doch wie man in der materiellen Welt alle Dinge schier endlos analysieren und aufspalten kann bis in den atomaren Bereich hinein, so ist es auch im emotionalen und psychischen Bereich jederzeit möglich, komplex und riesig anmutende Ereignisse, verwickelte Situationen und komplexe Gefühlslagen in zahlreiche Einzelaspekte aufzuteilen, so dass sie erstens überschaubar werden und zweitens als einzelne leichter lösbar sind.

Ein **Beispiel** aus der Traumarbeit: Wenn wir einmal einen Traum nicht als Ganzes verstehen können, so können wir zunächst Einzelaspekte herausgreifen, einzelne Objekte, Wesen oder Situationen, sie eventuell nachfühlen oder sie nachspielen, auf dass sie uns ihren jeweiligen Aspekt offenbaren. Beispielsweise können wir ein dort erschienenes Tier mittels Anwendung der Gestalttherapie fragen bzw. sprechen lassen, so dass sein Inhalt und seine Bedeutung offenbar wird, und dies tun wir mit allen weiteren Aspekten so lange, bis schließlich der ganze Sinn, die komplette Botschaft des Traums erkennbar bzw. offenbar wird und schließlich als Ganzes verstanden werden kann.

Es ist wirklich erstaunlich, dass dies immer funktioniert, und doch nicht erstaunlich, wenn man bedenkt, dass unser Geist eben alles schon weiß und beinhaltet, auch die Lösung der größten Probleme. Denn woher kommen sie denn, oder wie könnten sie denn sonst überhaupt als solche erkannt und begriffen werden? Die wichtigste Voraussetzung ist daher das Vertrauen in unseren Geist (bzw. die Geistseele), dass die Lösung eines jeden Problems ihm prinzipiell bekannt sein und daher eine Lösung möglich sein muss, ja dass er es selbst konstruiert hat. Dem Erfinder eines Kreuzworträtsels muss ja wohl auch die Lösung bekannt sein. Zumindest sollten wir vorab einmal darauf vertrauen, denn dies gibt uns den notwendigen Mut, das Problem anzugehen und nicht zu verdrängen. Probieren geht über Studieren, und im Lauf der Analyse zeigen sich sicher einzelne Punkte, an denen wir ansetzen und bei denen wir problemlos beginnen können, Einzelaspekte, an die wir jetzt, da wir vor lauter Wald die Bäume nicht mehr sehen können, vielleicht gar nicht denken. Wir können dieses Verfahren einmal mit der folgenden Übung ausprobieren:

ÜBUNG 23: Komplexe Probleme und Aufgaben handhaben

Zweck: Ein komplexes Problem in Einzelaspekte aufteilen und schrittweise lösen

Ort, Zeit, Vorbereitung: Ruhiger Ort, Zeit ca. 20–40 min., Schreibmaterial

Durchführung: Wir nehmen also ein möglichst großes, komplexes Problem unseres Lebens.

a) *Analyse: Wir nehmen uns ein Blatt Papier und schreiben das Thema unseres Problems in die Mitte. Um diese Mitte herum ziehen wir einen großen Kreis. Nun werden wir geistig ruhig und gelassen und fragen uns: Welche Einzelaspekte, Dinge, Personen, Ereignisse sind mit diesem Thema verbunden? Was uns spontan einfällt, schreiben wir stichpunktartig, ohne lange nachzudenken, auf diesen Kreis, auch ohne uns eine Ordnung oder Struktur zu überlegen. Wir assoziieren einfach frei, was mit diesem Thema* **für uns** *verbunden ist, und zwar so lange, bis uns nichts mehr einfällt.*

Wichtig ist es, nichts zu unterdrücken oder beiseite zu schieben, sondern wirklich alles aufzuschreiben, völlig ohne nachzudenken.

b) **Sortierung:** *Dann betrachten wir das Ergebnis einige Minuten, ohne zu werten oder zu kommentieren. Wir beobachten einfach nur das Geschriebene und lassen es auf uns wirken. Danach ziehen wir intuitiv Verbindungslinien von einem Aspekt, einer Person, einem Ereignis zu dem oder den anderen, von denen wir meinen oder auch nur fühlen, dass sie irgendwie zusammenhängen. So werden zahlreiche Beziehungen offenbar, die wir auch wieder benennen könnten (wie Abhängigkeit / Einfluss usw.), und wir werden zahlreiche Zusammenhänge oft spontan erkennen.*

Danach erstellen wir eine weitere Liste und übernehmen aus dem bisher gebildeten Kreis diejenigen Aspekte, Dinge, Personen, Ereignisse, mit denen wir emotional noch nicht im Reinen sind, die wir also noch bearbeiten oder lösen müssen. Wir schreiben sie auf die neue Liste und geben ihnen Zahlen von 1 bis 5 für die Wichtigkeit oder Dringlichkeit der Lösung (1 – äußerst wichtig, 2 – sehr wichtig, 3 – wichtig, 4 – weniger wichtig, 5 – eher unbedeutend).

c) **Lösung / Einübung:** *Nun beginnen wir diese Punkte einzeln und nacheinander mit den uns zur Verfügung stehenden oder hier erlernten Verfahren zu lösen, Lösungspläne und Vorgehensweisen auszuarbeiten, beispielsweise Humor einsetzen (Übung 22), Mitgefühl entwickeln (Übung 7), Überzeugungen oder Gefühle wechseln (Übungen 12, 16), Vergebung, Auflösung und Bereinigung (Übung 18), sich mit jemandem versöhnen usw. Wir beginnen auch damit, erwünschte Lösungen, neue Verhaltensweisen einzuüben, Verantwortung zu übernehmen, neue Ziele festzulegen und zu realisieren. Wir benützen die bisherigen Übungen und weitere uns zur Verfügung stehende Methoden wie einen Werkzeugkasten, dessen Werkzeuge wir ganz nach Bedarf einsetzen.Wir erstellen einen Stufenplan der zu erledigenden Arbeit, wobei empfehlenswert ist, zunächst* **mit einigen eher unwichtigen Aspekten zu beginnen,** *da wir uns solches eher zutrauen. Bei der Auswahl sollte man sich nicht nur von der Zahlenpriorität, vielmehr auch von seinem Gefühl leiten lassen. Niemals schematisch vorgehen, man kann durchaus sofort mit größeren Aspekten beginnen, wenn man das Gefühl und den Mut dazu hat. Einfacher ist es aber, mit den leichteren Aufgaben zu beginnen, und wenn wir hier sicher geworden sind und erste Erfolge haben, so fällt es uns bestimmt leichter, die größeren Einzelaspekte anzugehen.*

d) **Weitere Aufteilung:** *Sollte einmal ein gefundener Einzelaspekt noch zu groß sein, zu schwierig, zu umfassend, zu komplex und damit unlösbar erscheinen, so wenden wir dasselbe Verfahren nochmals darauf an und* *zerlegen diesen Aspekt wie gewohnt in kleinere Einheiten. Meist zeigen sich noch verdrängte Unteraspekte, die tief im Unterbewusstsein verborgen waren und jetzt erst ans Tageslicht kommen.*

Hinweis: *Die Übung ist nicht nur zur Problemlösung nützlich, sondern auch, wenn Sie zu einem Thema weitere Informationen und Wissen aus Ihrem Unbewussten abrufen wollen. Daher ist sie auch empfehlenswert für kreative Berufe zur Gewinnung neuer Ideen.*

Dieses Verfahren mittels Zerlegen in Einzelschritte ist aber erstens nicht nur anwendbar für das Aufspalten großer Probleme in kleinere, handhabbare Aspekte, zweitens nicht nur zur Gewinnung von neuen Erkenntnissen und Möglichkeiten einer Sache, sondern kann uns drittens auch helfen, uns neue komplexe Fähigkeiten anzueignen oder große Ziele zu erreichen. Dies geschieht ebenso, indem wir sie in sinnvolle Einzelschritte zerlegen und schrittweise einüben, so wie beim Erlernen des Autofahrens: Zunächst erscheint die Fähigkeit, ein Auto zu fahren oder gar ein Flugzeug zu fliegen, einem damit noch nicht vertrauten Menschen überaus komplex und kompliziert. Manche fühlen sich schon beim Autofahren tatsächlich am Anfang überfordert, denn es beinhaltet zahlreiche einzelne Lernschritte vom Umgang mit der Gangschaltung bis zur Kenntnis der vielen Verkehrsregeln. Um diese Aufgabe zu bewältigen, sollte man also klugerweise nicht gleich losfahren und alles gleichzeitig ausprobieren, was wahrscheinlich jeden überfordern und dann entmutigen würde, sondern – wie es auch sinnvollerweise geschieht – man sollte zunächst den Gesamtvorgang in leicht zu lernende und auszuführende Einzelschritte zerlegen, diese zuerst einzeln einüben, später dann mehr und mehr miteinander kombinieren. So ist das Autofahren insgesamt durch a) Analyse und Zerlegung der Aufgabe, b) Gliederung oder Sortierung in aufeinander aufbauende Einzelschritte und c) Einübung der einzelnen Schritte doch recht leicht zu erlernen (während es sehr problematisch wäre, wenn man sich sofort in den Großstadtverkehr gestürzt hätte). Ähnlich ist es auch mit allen anderen, auch größeren Aufgaben und Zielen in unserem Leben. Es gibt nichts, was nicht in kleinere Portionen zerlegt, einzeln eingeübt und dann zusammengefügt werden könnte. Dieser Prozess kann manchmal Jahre dauern, wie beispielsweise vom Klavierspielen bekannt ist, führt aber unaufhaltsam und sicher zum Ziel, es ist dann nur noch eine Frage der Zeit.

Daher können Sie das hier gezeigte Verfahren nicht nur für die Bearbeitung von Problemen oder Gewinnung von Erkenntnissen, sondern auch für die Umsetzung neuer Vorhaben, großer Veränderungen oder das Erreichen neuer Lernziele benutzen. Umfassende komplexe Ziele wie beispielsweise Änderungen der Persönlichkeit, das Trainieren neuer Verwaltungsmuster, Wechseln des Berufs oder privaten Umfeldes, alle solche als notwendig erkannten und erwünschten großen Zielsetzungen können Sie genauso in leicht auszuführende Einzelschritte aufteilen. Somit können Sie sie leichter durchführen und zugleich den jeweiligen Fortschritt besser kontrollieren, und nichts kann Sie aufhalten. Denn so sagte schon Buddha: Nichts ist schwerer zu zähmen als der Geist, und nichts ist einfacher zu zähmen als der Geist durch Übung. So hat er sein großes Ziel erreicht, und so ist es mit allen wichtigen Fähigkeiten und Zielen, die wir erreichen wollen. Richtig eingesetzte und sinnvoll eingeteilte Übungen können Ihnen all dies erschließen.

Anwendung: Benutzen Sie dazu analog die oben gezeigte Übung 23. Schreiben Sie nun Ihr Ziel in die Mitte des Papiers, in den Kreis die damit verbundenen Aspekte, spontan und ohne lange darüber nachzudenken, ob und wie sie zusammengehören. Verbinden Sie die Einzelaspekte intuitiv miteinander, und gewinnen Sie daraus entsprechende Erkenntnisse über Zusammenhänge. Listen Sie dann die einzelnen Teilziele – auch entdeckte Hindernisse – auf, die Sie mit einer Prioritätszahl versehen und dann nacheinander, Schritt für Schritt und ggf. mit einem Stufenplan, einzuüben beginnen. Auch hier wird empfohlen, mit den leichteren Aspekten (niedere Prioritätszahl) zu beginnen, um Sicherheit zu gewinnen, aber es ist nicht unbedingt erforderlich. Wenn etwas auf den „Nägeln brennt" und Sie schon ein Gefühl dafür entwickelt haben, dann gestalten Sie die Reihenfolge nach Ihrem Gefühl.

Sich gute Freunde zulegen – die Bedeutung der passenden Umgebung

Eines Ihrer gewünschten Ziele sollte jedenfalls heißen, einen guten Freundeskreis und wertvolle Bekanntschaften zu haben, denn kaum etwas erweist sich im Leben als so wertvoll, wie geistig hochstehende Freunde zu haben, die uns inspirieren, mit denen wir uns austauschen können, mit denen wir Spaß haben und die sowohl die angenehmen wie unangenehmen Seiten des Lebens mit uns teilen. Auch können Sie uns in guten wie schlechten Zeiten vor allem als *Ratgeber* im Spiel des Lebens und als *Spiegel* dienen. Denn auch hier gibt es keine Zufälle, warum wir gerade diese Freunde und Bekannten angezogen haben. Wenn wir bereits offen dafür sind, dass sie uns als Spiegel nützen und dienen können, kann dies uns viel Leid ersparen, denn es sind stets die Freunde, die uns frühzeitig auf etwas hinweisen, uns ermahnen und auch kritisieren, wenn wir uns in Dinge verwickeln oder von unserem Weg abkommen, zumal wir den noch besseren Lehrmeistern – genannt

„Feinde" – so selten zuhören. Daher galt schon in der Antike als eins der wichtigsten Ziele des Menschen, wie es auch Platon empfiehlt, gute und wertvolle Freunde zu haben, und vor allem in mystischen Schulen und esoterischen Kreisen war dies oft auch ein wichtiger Baustein auf dem geistigen Weg. Wir kennen es heute unter dem indischen Namen „Satsang". Leider ist uns im Westen die Bedeutung von Satsang, sich mit inspirierenden Lehrern oder gleichgesinnten, hochschwingenden Freunden zu treffen, nicht immer bewusst, und wir geben daher meist anderen Zielen den Vorrang. Doch wird durch solchen Austausch und solche Kommunikation mit Freunden, wie sie Goethe noch gern pflegte und empfahl, auch die Lebensfreude enorm gefördert, und daher sollten Freunde einen hohen Stellenwert in Ihrer Prioritätenliste haben.

Denn neben den bekannten und viel behandelten Vorteilen, gute Freunde zu haben, kommt für Sie ein weiterer wichtiger hinzu, wenn Sie sich auf dem hier gezeigten Weg zu mehr Bewusstheit und Lebensfreude befinden. Es ist der positive Einfluss hoher Schwingung, der von ihnen ausgeht und unsere Bewusstseinsentwicklung sehr fördern kann. Inzwischen ist auch die breitere Öffentlichkeit dabei, die Bedeutung von Schwingungen zu erkennen und den Einfluss, den sie ständig auf uns ausüben. Schon für unser gewöhnliches Leben und im Alltag können solche Erkenntnisse aus dem energetischen Bereich, Schwingung von Orten, Bauten, Gegenständen, Kristallen, Elementen nützlich und sogar heilsam für Körper und Seele sein, aber noch viel wichtiger ist der Aspekt der geistigen Schwingung/Ausstrahlung von Freunden wie auch Meistern auf dem Weg der geistigen Entwicklung. Es wird inzwischen immer populärer, sich mit den Schwingungsverhältnissen von Dingen, Orten und sogar Ereignissen und deren Beziehungen untereinander wie auch mit dem Fluss der Lebensenergie überhaupt zu befassen, wie es schon die alten chinesischen Weisen taten. Dies ist unter dem Namen „Feng Shui" sehr populär und modern geworden. Diese Lehre beschäftigt sich, kurz gesagt, mit der Erforschung der energetischen Schwingungen von Elementen, Objekten, Personen, der Art, wie diese aufeinander einwirken und wie dies gelenkt und zum eigenen Vorteil genützt werden kann. Wir können dieses Wissen sofort in unserem Lebensbereich, in unserem Alltag nutzen und anwenden, ohne gleich in komplizierte Theorien zu verfallen. Es genügt „für den Hausgebrauch", einige leicht erlernbare Prinzipien anzuwenden und zu beachten. So können wir zum Beispiel unsere Wohnung, unser Umfeld, unseren Arbeitsplatz so (um)gestalten, dass er uns förderlicher ist und wir energetisch stets unterstützt und gefördert werden, statt ständig Energie zu verlieren, und können dieses nun populäre und allgemein zugängliche Wissen für unsere Lebensgestaltung praktisch nützen, obwohl wir diese Schwingungen nicht immer wahrnehmen.

Analog ist es in Bezug auf unsere geistige Entwicklung ebenso förderlich, die entsprechenden geistigen Schwingungsfelder um sich zu haben oder aufzubauen. Wer einmal mit großen Meistern oder Yogis meditiert hat oder vielleicht als Christ am Grab von wahren Heiligen oder als Muslim bei echten (= verwirklichten) Sufis verweilt hat, der hat sicher bemerkt, dass hier das Gebet, die Meditation, die Übungen viel stärkere Ergebnisse bringen; dass die geistige Stille, dass persönliche Veränderungen, selbst geistige wie körperliche Heilungen hier leichter zu erreichen sind. Dies hängt mit den entsprechenden geistigen Schwingungen nicht etwa des Ortes und der Natur, sondern mit den Menschen und Meistern zusammen, die dort leben oder gelebt haben. Ihre Präsenz erzeugte sozusagen ein Schwingungsfeld, das dem Ort oder einem Objekt dauerhaft aufgeprägt wurde, in dem Transformation und Entwicklung, Lösung und Erlösung leichter fallen, ein Feld, das nicht kausal wirkt, sondern wie eine Art Katalysator, in dem es Prozesse bei dafür empfänglichen Menschen unterstützt. Es wirkt einfach durch seine Anwesenheit. Bei entwickelten Personen oder Meistern nennt man dieses Feld auch „Präsenz". Es ist die ins Äußere scheinende und bis ins Körperliche wirkende Präsenz des Geistes, eine hohe geistige Schwingung, die sensitive Menschen auch spüren können und manchmal sogar wie einen sehr hohen Ton hören.

Der Effekt oder die Wirkung solcher Präsenz ist zu unterscheiden von der rein energetischen Wirkung, von der im „Feng Shui" die Rede ist, obwohl es solche vielleicht auch haben kann. Die Auswirkung von „Präsenz" von Meistern oder die geistige Schwingung hochentwickelter Freunde ist vor allem im mentalen oder spirituellen Bereich zu spüren. Hier aber kann vieles passieren, auch vieles zugleich: Es werden plötzlich Ereignisse entknotet, Schicksalsfäden neu geknüpft, Veränderungen in Gang gesetzt, Lernaufgaben neu zusammengestellt, Hilfestellungen gegeben, inspirierende Erkenntnisse und tiefe Einsichten gewonnen. Daher war es in früheren Geistesschulen stets üblich, dass sich Schüler einem erfahrenen Meister oder einer solchen Gruppe anvertrauten, sozusagen erst einige Zeit durch dieses Zusammensein vorbereitet und in ihrer Schwingung angepasst wurden, bevor sie die Lehren empfangen konnten. Deshalb wurden Wissen und Weisheit weniger durch Bücher – die es sehr wohl gab – überliefert, sondern fast immer mündlich und persönlich, wie der Name der indischen Geheimlehren noch andeutet (Upanischaden aus Sanskrit: Upa-ni-shad = sich zu jemand niedersetzen). Wenn, wie in jenen Upanischaden überliefert ist, ein Meister einen Schüler aufnahm, so musste er erst einmal viele Jahre bei ihm wohnen und arbeiten, ohne irgendwie direkt unterrichtet zu werden. Heute sieht man dies als Zeitverschwendung an. Doch war dies bereits Teil der Unterweisung, es war die Vorbereitung zur Einweihung. Es geschah keineswegs, um ihn auf die Probe zu stellen oder den Unterricht abarbeiten zu lassen, sondern vielmehr in der Absicht, diesen heute kaum noch wahrgenommenen geistigen Schwingungseinfluss auf den Schüler auszuüben, ihn diese Präsenz des Absoluten spüren, wahrnehmen und schließlich aufnehmen zu lassen. Dies passierte dann nicht etwa als eine kausale Ursache-Wirkungs-Übertragung vom Meister zum Schüler, sondern mehr als Anregung der Präsenz des Schülers in dessen eigenem Inneren, so wie eine gleich ausgerichtete Stimmgabel mit einer anderen zu resonieren und ebenso zu schwingen beginnt – das *Prinzip der Resonanz* ist hier das Entscheidende.

Es ist sicher auch in unserer heutigen Zivilisation, wo wir solche Verhältnisse nicht mehr haben, dennoch hilfreich und eine brauchbare Unterstützung für unseren geistigen Weg, auch um viele Klärungs- und Entwicklungsprozesse schneller und leichter zu machen, sich gelegentlich dem Schwingungsfeld solcher Meister in Zusammenkünften (Satsang) auszusetzen und dies auf sich einwirken zu lassen oder aber sich überhaupt mit geistig offenen und befreiten Menschen zu umgeben und sich einen entsprechenden Freundeskreis zu schaffen. Es ist natürlich optimal, wenn man diese Möglichkeit hat oder sich schaffen kann, denn nichts ist mehr inspirierend, nichts bringt mehr Tipps und Hinweise für die eigene Entwicklung wie auch überhaupt für die Beschleunigung der Transformation als der Katalysatoreffekt oder die Resonanzwirkung der so entstehenden gemeinsamen Präsenz, als die kollektive Wirkung des so entstehenden geistigen Schwingungsfeldes. Aus diesen Gründen ist ein solcher Freundeskreis sehr zu empfehlen. Nicht dass es unbedingt notwendig wäre, und nicht, dass man nicht auch den spirituellen Weg allein gehen könnte, denn selbst einen sehr hohen Berg kann man mit der nötigen Ausdauer und dem Willen auch allein besteigen. Aber im Team ist es nicht nur sicherer, sondern es wird durch Arbeitsteilung auch leichter, zudem ist es auch motivierender und macht einfach mehr Spaß – vorausgesetzt natürlich, die Freunde teilen dieselben Interessen, haben „dieselbe Wellenlänge", wie der Volksmund schon weiß. Insofern ist dies eine wichtige Hilfe, die wir aktiv anstreben und nützen (aber nicht erzwingen) sollten, insbesondere auch im Hinblick auf mehr Lebensfreude, Spaß und Leichtigkeit, da in der so entstehenden geistigen Präsenz alles viel müheloser und einfacher geht.

Fazit: Weit über das hinaus, was allgemein für nützlich gehalten wird, wenn man gute *Freunde* hat – und das Wort selbst erinnert an *Freude* – können sie uns, falls sie geistig entwickelt sind oder spirituelles Bewusstsein verwirklicht haben, sehr hilfreich sein für unseren Lebensweg. Sie werden allein schon über die Resonanz ihrer Präsenz, über ein geistiges Schwingungsfeld unsere Bewusstseinsentwicklung unterstützen und enorm beschleunigen.

Wichtig ist allerdings ein geschultes Einfühlungsvermögen, die *passenden* Meister wie die *passenden* Freunde zu finden. Auch hier gilt, dass sich Gleich zu Gleich gesellt. Sie müssen daher nur diesen Bewusstseinswandel in sich einleiten, anstreben und sich darauf ausrichten, dann die Entscheidung treffen, solche Freunde haben zu wollen. Dann brauchen Sie nur noch offen dafür zu sein, wer Ihren Lebensweg kreuzt, wen Sie anziehen, welche Möglichkeiten sich für solche freundschaftlichen Verbindungen auftun. Solche geistigen Freunde werden Ihnen sowohl eine wertvolle Hilfe als Ratgeber, Zuhörer, Spiegel, Verbündete als auch durch ihre „Präsenz" ein Katalysator sein, um Ihre Entwicklung enorm zu beschleunigen und Irrwege frühzeitig zu korrigieren. Gedanken sind schon Kräfte, aber erst recht sind dies kollektive geistige Schwingungsfelder.

Dankbarkeit und Wertschätzung entwickeln

Wenn wir einmal die Vorzüge von Freunden und wohlwollenden Mitmenschen erfahren haben, ist es kein großer Schritt, nun auch unsererseits Dankbarkeit und Wertschätzung anderen gegenüber zu entwickeln, geistige wie materielle Hilfe an andere weiterzugeben, andere zu unterstützen und zu fördern. Denn ein guter Baum bringt gute Früchte, und gerade daran können wir unseren geistigen Fortschritt erkennen. Der edle Mensch entwickelt diese Gaben und Aktivitäten aber nicht etwa als Zweck, weil er vielleicht den missionarischen Eifer hat, andere zu speisen, zu belehren oder etwas damit zu bewirken, sondern er erbringt sie ohne zusätzliches Warum, einfach weil es in seiner Natur liegt, so wie ein Apfelbaum viele Äpfel hervorbringt, ob sie nun gebraucht werden oder nicht. Dadurch entsteht hier auch keine Gefahr, mittels Dankbarkeit und Hilfe etwas zu manipulieren oder zu beherrschen. Diese Art von geistiger Präsenz, von Mitgefühl, Hilfe und Liebe lässt daher allem und jedem seine Freiheit. Es ist für einen solchen Menschen ganz natürlich, sein Licht leuchten zu lassen oder sein Wissen mitzuteilen, ob da jemand zuhört, ob jemand diese Worte liest oder nicht, und so pflanzt der Weise noch ein Apfelbäumchen, selbst wenn die Welt morgen untergeht.

Jede geistige wie materielle Hilfe für andere sollte im Idealfall *selbstlos* sein. Dies bedeutet auch, anderen zu helfen, selbst wenn der Verstand meint, es würde nichts nützen, es wäre sowieso alles umsonst. Aber *der Akt der Hilfe und die Erfahrung von Hilfe beim Empfänger bleibt für immer*, denn im Geist bleibt ja alles aufbewahrt, und seine gemachte Erfahrung ist eben das Wichtige daran. Denn alles Materielle vergeht eines Tages sowieso und wäre in dieser Hinsicht „nutzlos". Somit geschieht alles, was Sie tun, letztlich für die Erfahrung des Geistes, nicht um des materiellen Nutzens willen. Aus diesem Grund tut ein verwirklichter, edler Mensch Gutes, nicht um etwas zu bezwecken, etwas zu bewirken oder sich zu profilieren oder zu bestätigen, sondern einfach, weil er gut *ist*, weil dies sein Sein, seine Natur ist. Er erbringt also Früchte aus seinen Anlagen und Fähigkeiten, schenkt es seinen Freunden oder wer immer dies nützen will. Doch was mit seinen Früchten und Werken geschieht und damit bewirkt wird, das stellt er dem kosmischen Geist anheim wie der schon erwähnte J. S. Bach, er vertraut auf die Intelligenz des Lebens, die alles in die passende Harmonie bringt, alles an seinen rechten Platz stellt. Wenn ich diese selbstlose Haltung erreiche, die Haltung, nichts mehr tun oder bezwecken zu *müssen*, nicht mehr kontrollieren oder beherrschen zu müssen, die Dinge verbessern oder manipulieren zu müssen, dann entsteht aus dieser Haltung machtvoller Gelassenheit ganz von selbst ein neues Lebensgefühl in mir, das Gefühl von *absoluter Wertschätzung für alles* Sein.

Diese Wertschätzung entsteht wie von selbst auf unserer spirituellen Reise, beginnt mit Toleranz und Akzeptanz, wird zu Erstaunen über die Vielfalt und Schönheit der Schöpfung, zu großer Dankbarkeit, all dies erleben und erfahren zu können, und endet in Mitgefühl und Liebe für alles Sein, für alle Wesen und Geschöpfe – unabhängig davon, wie es auf mich reagiert, ob es mir wohlgesonnen ist oder nicht. Unsere Gelassenheit kann es eben so lassen, wie es ist. Umgekehrt können wir aber diese Wertschätzung, Liebe, Dankbarkeit schon jetzt aktiv hervorrufen und fördern, denn da sie mit unserer angestrebten Bewusstseinsentwicklung unauflöslich verbunden ist, wirkt sie wiederum positiv und fördernd auf diese zurück. Mit anderen Worten, *wir können zur grundlegenden Förderung und Beschleunigung unserer Entwicklung, zur Anhebung unseres geistig-seelischen Niveaus schon jetzt absichtlich und gezielt jene Dankbarkeit und Wertschätzung entwickeln*. Dies kann uns ähnlich wie der Humor in vielen Bereichen weiterhelfen, unserer Seele, Persönlichkeit, Ausstrahlung und nicht zuletzt auch der körperlichen Gesundheit. Nicht nur, dass selbstlose Hilfe für andere, dass Liebe und Wertschätzung an sich schon viele ungünstige Energiemuster, Wunden der Vergangenheit, also ungünstiges Karma (seelische Belastungen) ausgleichen und neue, bessere Konditionen und Lebensumstände schaffen helfen. Der größte Vorteil daraus ist, dass wir uns schwingungsmäßig höheren geistigen Regionen angleichen, wir werden sozusagen lichter, ziehen dadurch wiederum ganz andere Menschen, Meister, Freunde und Partner an, darüber hinaus auch entsprechend günstigere Lebenssituationen. Wir entwachsen dadurch zugleich mehr und mehr unseren Reaktionsmustern und bekommen schließlich ganz neue Informationen und Intuitionen aus geistigen Bereichen geliefert, die wir vielleicht noch gar nicht kennen, also einen direkteren Zugang zum Universum.

Wenn Sie dies wollen, so können Sie nun gezielt Dankbarkeit, Wertschätzung und schließlich Liebe für alles Sein einüben, auch dies ist nur eine Sache des schöpferischen Willens. Tun Sie es aber ganz allgemein und selbstlos, ohne einen bestimmten Zweck damit erreichen zu wollen. Wir wollen einfach dankbar sein und Liebe sein und sonst nichts, und doch wird es Ihnen ungefragt viele Vorteile bringen. Am besten, Sie probieren es einfach einmal aus, welche inneren Entwicklungen und auch äußeren Veränderungen damit einhergehen:

Übung 24: Dankbarkeit entwickeln

Zeit, Ort: beliebig oft, beliebig lange // Ort zuerst einsame Natur, später überall

Voraussetzung: Fähigkeit zur Steuerung des Willens und der Aufmerksamkeit

Zweck: Wertschätzung zu fühlen. Verbindung zu allem Sein aufbauen; innerer Friede

Durchführung:

a) *Machen Sie einen Spaziergang in der Natur und bringen Sie sich dabei in einen ruhigen Gemütszustand, eventuell mit tiefer Bauchatmung. **Entscheiden** Sie bewusst, alles, was Ihnen begegnet oder „ins Auge fällt" – ob es nun ein Stein, eine Blume, das Wetter, eine Wolke oder ein Mensch, ein Tier, ein Regenbogen, eine Pfütze ist – zuerst aufmerksam wahrzunehmen und zu beobachten und dann unendlich dankbar dafür zu sein. Sie brauchen dafür keinen Grund! Seien Sie einfach dankbar dafür, dass es dies gibt, dass es so schön, so vielfältig und interessant ist und sie es erleben und fühlen dürfen. Danken Sie dem Himmel für dieses wunderbare Objekt, das Sie gerade betrachten, von ganzem Herzen. Dann gehen Sie zum nächsten, was Ihnen auffällt, und verfahren auf gleiche Weise, danken ebenso. Ihre Mauern werden zerbrechen, und nach einiger Zeit werden Sie fühlen, dass etwas in Ihnen aufkommt wie Tränen oder starke Gefühle. Dies ist ein gutes Zeichen, und Sie sollten es bewusst zulassen. Weiteres sollten Sie selbst erfahren, denn mehr Hinweise hierzu wären eventuell Suggestion. Intensiv üben, insgesamt mindestens einige Stunden. Sie können diese Standardübung immer wiederholen, wenn Sie in irgendwelchen Ängsten, Sorgen oder Gedanken gefangen sind.*

b) *Wenn Sie das ausreichend geübt haben und gefühlsmäßige Effekte spüren, können Sie auch dazu übergehen, für Ihren Körper, für bestimmte und vor allem für problematische Körperteile oder Organe ebenso Dankbarkeit zu empfinden und auszustrahlen, reine Dankbarkeit für dieses wertvolle*

*Instrument zu entwickeln. Auch dafür, diesen Körper zur Durchführung
Ihrer zahlreichen Aufgaben und Erfahrungen benützen zu dürfen.
Schicken Sie darüber hinaus Licht und Liebe in die kranken oder schwa-
chen Stellen, aber diesmal nicht, um sie zu heilen, sondern ohne konkrete
Absicht, einfach nur selbstlos strahlen wie die Sonne.
Erwartetes Resultat: Gefühle erwecken, Wiederverbindung, Einheit mit
allem Sein, Friede.*

Da in unserer modernen Gesellschaft Dankbarkeit meist nur als Etikette
und als *Re*aktion, also als dressiertes Verhalten vorkommt, kann für die meisten von uns das Entwickeln von reiner Dankbarkeit – rein, weil ohne bestimmten Grund oder Absicht – eine wirklich elementare und tiefgreifende
Erfahrung sein. Denn normalerweise sind wir gewohnt zu fordern, zu verlangen, auch zu betteln, und dies ist eine notwendige Folge der Betonung des
Ego und seiner Bedürfnisse. Wir sind aber meist nicht gewohnt zu danken,
obwohl wir doch seelisch wie körperlich vom Leben und von der Natur völlig abhängig sind und ständig von ihr – übrigens auch selbstlos – versorgt
werden. Sie bringt oder schenkt uns beispielsweise ständig frisches Wasser,
erneuert unsere Luft, produziert eine Vielzahl von Nahrung, von Energie, ent-
sorgt unseren Abfall usw. All dies nehmen wir nicht nur ganz selbstverständlich für uns, sondern zerstören es inzwischen auch ganz selbstverständlich.
Immerhin haben zumindest Religionen früher noch einige Rituale des Dankes
wie das Erntedankfest praktiziert, aber vermutlich ist dies heute nur noch
leere Hülle. Ohne solchen Dank aber schottet sich das Ego weiter von der
Ganzheit des Seins ab, in der Geben und Nehmen im Gleichgewicht sein
sollte.

Daher ist dieses Entwickeln, Fühlen, Ausdrücken von Dankbarkeit eine
zeitgemäße Übung und ein wichtiges Heilmittel für die Ego-Gesellschaft, die
uns dabei hilft, uns wieder aus dem abgegrenzten und abgekapselten Ego-
bereich in die Gemeinschaft des Kosmos einzugliedern, uns wieder mit dem
Ganzen zu verbinden. Es hilft uns also, vom bisherigen intellektuellen, unglücklichen, geteilten Verstandesbewusstsein zum spirituellen Bewusstsein
zu kommen, das wir ja für ein Leben mit Lebensfreude anstreben. Jedem, der
wieder Einheit sucht und dies weiter ausbauen möchte, vor allem im geistigen
Bereich, dem sei die bewusste Entwicklung von Wertschätzung und Liebe
empfohlen, immerhin der größten Grundkraft dieses Universums, da sie das
Wesen des universalen oder, christlich gesprochen, Heiligen Geistes ist.
Dankbarkeit und Wertschätzung sind die Vorstufen zu universeller Liebe, die
uns wieder mit allem Sein, allen Wesen verbindet und sogar vereint, so dass
wir sofortiges, direktes Wissen durch Seinsverbindung bekommen können.

Mit der folgenden Übung – und wir können auch andere hinzunehmen – entfalten wir diese in uns liegende Kraft, diese innere Sonne, welche die Schneekälte des Ego und das Eis der Hindernisse schmelzen wird. Dies wird uns vermutlich ganz von selbst viele positive Lebenserfahrungen bringen sowie viel damit verbundene Lebensfreude.

Übung 25: Wertschätzung und Liebe entwickeln

Ort, Zeit: anfangs ruhiger Ort, später beliebig // so lange bis zum Spüren des Gefühls

Vorbereitung: Willenskraft und Kontrolle über Aufmerksamkeit, Gedanken und Gefühle

Durchführung:

a) *Selbstwertschätzung: Betrachten Sie sich im Geiste und entwickeln Sie dabei volle Wertschätzung und Bewunderung für Ihre jetzige Person, Ihre Persönlichkeit oder „Maske" und deren Eigenheiten, auch die unangenehmen. Was soll's, es ist in Ordnung. Bewundern Sie sich wie das Werk eines großen Künstlers, auch wenn es vielleicht recht eigenwillig oder sogar etwas „surrealistisch" ist, denn es ist einzigartig. Keine Person gleicht der anderen, jede ist ein Unikat, ein absolutes Kunstwerk. Bewundern Sie die vielen Teile, Anlagen, Ausdrucksmöglichkeiten und weitere Details Ihrer Persönlichkeit, wertschätzen Sie dabei auch die sonst abgewerteten oder als negativ empfundenen Teile. Auch sie gehören notwendig zum Gesamtkunstwerk. Steigern Sie Ihre Wertschätzung und Liebe immer mehr, **verstärken Sie absichtlich dieses Gefühl.** // Dann bewundern Sie auch den Schöpfer dieses Kunstwerkes, dieser Person, dieses Menschen. Wie großartig! Einmalig! Wunderbar! Ein toller Schöpfer. Beginnen Sie nun Liebe auszustrahlen sowohl für sich als Person und Körper als auch für Ihr inneres Wesen als Schöpfer desselben. Versichern Sie Ihr Wohlwollen, lieben Sie es ohne Einschränkung und genießen Sie es – ein wunderbares Gefühl.*

b) *Andere Menschen wertschätzen: Betrachten Sie nun einen realen, lebenden Menschen, und – ähnlich wie oben – entwickeln Sie **mittels bewusster Entscheidung** und Willenskraft große Wertschätzung und Bewunderung für ihn, für die Details seiner Person. Betrachten und schätzen Sie ihn wie das Kunstwerk eines Michelangelo oder anderen großen Künstlers. Bewundern Sie auch die sonst als negativ bewerteten Teile, wie man etwa auch ein bizarres Kunstwerk bewundern kann, und wertschätzen Sie gerade dies.// Schließlich bewundern Sie hinter der Maske der Person den Schöpfer all dessen und lieben Sie ihn und seine einzigartige Schöpfung*

ohne Einschränkung, mehr und mehr. // Machen Sie dies mit immer mehr
Menschen, indem Sie einfach betrachten, wertschätzen und lieben, und
Sie werden interessante Erfahrungen machen.

Hinweis: Beginnen Sie zunächst mit einigen für Sie sympathischen oder
akzeptierten Menschen. Erst mit wachsender Erfahrung steigern Sie sich und
nehmen größere Herausforderungen an, d. h. weniger sympathische bis
schließlich als feindlich empfundene Menschen. Wenn Sie mit Ihrer
Willenskraft oder Vorstellungskraft auch für diese ein Gefühl der Liebe entwi-
ckeln können, dann haben Sie es geschafft. Sie können nicht nur als Ursprung
und Schöpfer Gefühle von Liebe beliebig erzeugen, sondern Sie können auch
alles mit Liebe annehmen und integrieren und sind damit Meister über Ihre
Kreationen, über Freunde und Feinde, die es dann nicht mehr als solche gibt.

Resultat: Frieden, Akzeptanz für alles Sein erfahren; selbstlose Liebe für
alle Wesen fühlen.

Die Übung zur Selbstwertschätzung haben wir absichtlich vorgeschaltet,
denn erst, wenn Sie sich selbst schätzen und lieben können, werden Sie auch
andere ehrlich und schätzen und lieben können, denn Sie sind letztlich nichts
anderes als der andere. Er ist nur ein anderer Aspekt von Ihnen oder ein anderer Aspekt des Geistes. Sie können es aber gern auch parallel oder andershe-
rum probieren. Doch im Allgemeinen zeigt die praktische Erfahrung: Falls
Sie bei Abschnitt a) der Übung noch Teile von sich selbst nicht wertschätzen
und lieben können oder gar ablehnen, so werden Sie vielleicht bemerken, dass
Sie solche oder ähnliche Teile auch bei anderen ablehnen oder hassen werden,
selbst wenn Sie es mit rationalen Argumenten zu bemänteln oder zu ver-
schleiern suchen. Daher ist das christliche Gebot schon richtig, dass man den
anderen *wie* sich selbst lieben soll, denn das eine ist untrennbar mit dem anderen verbunden. Doch Sie sollen es nicht (nur) als Gebot annehmen, sondern
rein aus eigener Einsicht und Erfahrung schöpfen. Machen Sie daher selbst
diese Erfahrungen und entscheiden Sie danach, wie Sie handeln wollen.

Es ist sinnvoll, zuerst diese Wertschätzung und selbstlose Liebe *in sich* zu
entwickeln und erst dann entsprechende Handlungen im Äußeren zu beginnen, da jene sonst vielleicht von Eigeninteressen gefärbt sind wie beispielsweise dem Wunsch, andere zu missionieren oder zu ihrem Glück zu zwingen.
Denn der Geist beherrscht und beeinflusst seinen Ausdruck und seine Erscheinung, die Energie und Materie, und nicht umgekehrt. Dennoch folgen
manche auch dem umgekehrten Weg, zunächst bei den Handlungen zu beginnen und eben durch jene Handlungen und deren Folgen zu lernen und zu reifen, was zum selben Ziel führt, wenn auch manchmal mit viel Leid durch die
hier möglichen und aus noch mangelnder Einsicht begangenen Fehler. Da

aber unsere Vorgabe ist, das Ziel möglichst mühelos, schnell und mit Freude zu erreichen, so sind dafür zuerst die Einsicht und die innere Entwicklung von Wertschätzung und Liebe sinnvoll, *bevor* man sich in Aktionen stürzt. Wer dann handelt, nachdem er dies in sich entwickelt hat, der kann relativ sicher sein, dass diese Handlungen für das Ganze, für die Welt, für die Menschheit sinnvoll und hilfreich sind, gerade weil nicht *er* (als Person) es will, sondern aus seinem Inneren selbstlos handelnd der universale Geist es will. Damit ist es automatisch, spontan richtig und fürs Ganze sinnvoll. Kein Verstand kann dies wirklich begreifen, da er nur einen winzigen Bruchteil aller möglichen Variablen und Alternativen überschaut. Erst aus diesem das Ganze umfassenden Geist, aus diesem liebenden Bewusstseinszustand heraus trägt ein Baum „gute Früchte", passend zur jeweiligen Situation, und erst aus diesem Geist heraus ist es sinnvoll, für die Menschheit zu wirken. Der Beginn allen selbstlosen Wirkens ist daher die eigene Seele.

Kreativität entfalten – Spielen lernen

Neben diesem selbstlosen Handeln und Wirken, das aus wachsender Wertschätzung und Liebe für andere ganz von selbst entsteht und auch nur so selbstlos entstehen soll, gibt es im Geist auch noch einen *kreativen, innovativen, schöpferischen und spielerischen Aspekt*. Er entsteht aus wachsender Freiheit und Souveränität des Geistes und nimmt ebenso wie die Liebe mit wachsender Bewusstseinsentwicklung zu. Wenn unser Geist mehr und mehr aus seinem Reaktionsmodus befreit wird, nicht mehr konditioniert oder dressiert ist und nicht mehr für Zwecke handeln *muss*, so entsteht in ihm eine *natürliche Spielfreude*, wie sie auch bei Kindern zu sehen ist, die noch zweckfrei aktiv sein können, noch keine bestimmten Aufgaben und Ziele damit verfolgen müssen. Die Handlungen werden einzig dadurch veranlasst, was den Geist interessiert und ihm Freude macht, wozu er Inspiration und Antrieb hat, so wie jemand musiziert oder singt, weil er dazu Lust hat, auch wenn niemand zuhört. Lust und Freude ist also die einzige Motivation des Spiels. Somit ist zweckfreies Spielen zugleich ein Ausdruck wahrer Lebensfreude, so wie Spielfreude neben dem Humor ein untrügliches Kennzeichen ist, dass man den Zustand der Lebensfreude erreicht hat.

Kennzeichen dieses Spielens sind wie schon bei wahrer Dankbarkeit, Wertschätzung und Liebe die Zweckfreiheit und Selbstlosigkeit. Es gibt kein Warum, man spielt, um eben dieses Spielens und um des sich Ausdrückenwollens willen. Auch zeichnet sich solch reines Spiel aus purer Lust an Kreativität durch Mühelosigkeit und Leichtigkeit aus. Es sprudelt nur so heraus, ganz analog wie das selbstlose Wirken und Helfen für andere, das mühelos aus Liebe für andere entspringt und auch nicht belastet und anstrengt, sondern im Gegenteil die Helfenden fröhlich und zufrieden macht. Hieran erkennt man klar, dass die Entwicklung des Geistes insgesamt wie auch in einzelnen Bereichen sich durch Leichtigkeit des Seins zeigt, durch Mühelosigkeit, durch Klarheit, durch Zweckfreiheit, durch Harmonie und Liebe, und hieran können Sie auch Ihren persönlichen Fortschritt messen.

Umgekehrt können Sie aber auch schon jetzt gezielt jenen spielerischen und kreativen Aspekt Ihres Geistes fördern, und so wiederum Ihre gesamte Bewusstseinsentwicklung wie die Entfaltung von Lebensfreude und Spielfreude unterstützen. Diese Förderung von zweckfreier Kreativität und lustigem Spiel ist schon deshalb eine große Hilfe auf dem Weg, weil dies zugleich die Anhaftung an die Dinge, die ständige Zweckfixiertheit sowie den „Ernst des Lebens" reduziert. Dadurch werden Sie seelisch flexibler und beweglicher, somit wandlungsfähiger, so dass Sie immer leichter und müheloser mit dem natürlichen Strom des Lebens, dem Fluss des Tao, mitschwimmen können. Entwickeln Sie also Ihre spielerischen, kreativen, künstlerischen Aspekte und Fähigkeiten ohne Druck, ganz spielerisch, leicht und mit Freude. Welche Form oder Tätigkeit Sie dafür wählen, ist relativ unwichtig, ob es nun Malen, Musizieren bzw. ein Instrument spielen, töpfern, Buschtrommel klopfen, singen, schreiben, konstruieren, basteln oder sonst was ist. Hauptsache, *Sie* haben Lust und Antrieb dazu und Freude daran. Aber wählen Sie es bloß nicht, weil es momentan Modetrend ist oder weil andere es gerade gut finden. Sehr wichtig dabei ist auch, dass es zweckfrei ist: Machen Sie es also nicht für Ruhm und Ehre, für eine Ausstellung, für einen Partner, sondern wirklich nur, weil Sie Interesse, Lust und Freude daran haben. Punkt. So kommt Ihre Kreativität in Fluss, wird Schöpfung zum Spiel, und wir werden wieder die Schöpfer, und so kommt Freude in Fluss, entsteht Spielfreude wie Lebensfreude, denn *das Leben spielt wieder mit sich selbst!*

Darüber hinaus können Sie, wenn sie mutig genug sind, wieder Kind zu sein, auch wieder direkt spielen lernen, und zwar nicht nur über den Weg der Kunst und Kreativität, sondern von den Meistern des Spiels selbst, von undressierten, natürlichen Kindern. Es ist schon lange eine meiner Lieblingsbeschäftigungen, mit meinen vier Kindern wie auch anderen zu spielen, da es zugleich lehrreich ist wie auch viel Spaß macht. Wie intensiv die Freude sein kann, erkennt man am besten, wenn man Kindern zuschaut, die völlig in ein spannendes Spiel involviert sind. Sie schreiten in einem kleinen Bretterhaus den ganzen Kreis der Schöpfung aus – no limits. Hier gibt es nichts zu gewinnen, es hat keinen Nutzen, und es ist für nichts gut, außer eben für die Lebensfreude und die Erfahrung. Man spielt einfach, was anliegt, lässt sich spontan etwas einfallen, lässt sich auf Einfälle anderer ein und macht mit, und schon geht es los. *Kein Problem mit Anhaftung, denn wenn genug gespielt ist, wird es automatisch langweilig*, und so lässt man es wieder ohne Schmerzen los. Wer also die Möglichkeit hat, mit kleinen Kindern zu spielen, sollte dies für sich und seine Bewusstseinsentwicklung nützen, denn ihnen ist „dieses Himmelreich", und es färbt ab.

ÜBUNG 26: Spielen lernen mit Kindern

Vorbereitung:
Wenn Sie eigene Kinder haben, dann planen Sie Spielzeiten ein, wo Sie mitspielen sollten, was die Kinder vorschlagen. Wenn Sie keine eigenen Kinder haben, dann könnten Sie beispielsweise Kinder aus Ihrer Verwandtschaft oder von Freunden einladen, die sich sicher freuen werden, wenn Sie gelegentlich die Kinder eine Zeitlang betreuen und mit ihnen spielen. Sie könnten auch bei Organisationen ehrenamtlich mithelfen, die Kinder betreuen. Wichtig ist, dass Sie sich nicht aufdrängen, sondern anfangs nur beobachten und Ideen einbringen, bis Sie irgendwann als Spielpartner akzeptiert werden.
Durchführung:
Schalten Sie zuerst für diese bestimmte Zeit Ihren Verstand ab. Er stört nur beim Spielen. Fühlen Sie sich offen und spielerisch, und lassen Sie sich zu Beginn von den Einfällen der Kinder inspirieren. Nicht, dass Sie alles mitmachen müssen, dies wäre wieder Zwang, sondern machen Sie davon einfach das, was Ihnen auch Spaß macht. Lassen Sie auch den Kindern die Freiheit, bei Ihren Ideen mitzuspielen oder nicht. Wollen Sie nichts anderes als Spaß haben, Freude verbreiten, lachen, spielen, eine schöne Zeit. Lassen Sie es einfach fließen, das ist es.

Für Erwachsene, vor allem ernste Menschen, könnte zunächst solches Spielen nach langen Zeiten der Enthaltsamkeit etwas schwierig sein, und wir könnten versucht sein, bestimmte Verhaltensmuster und Bewertungen (das darf man, jenes nicht, dies gehört sich nicht, das ist zu albern) oder gar Preise, Wettbewerb und andere Ziele und Zwecke (beispielsweise Lernen) einzuführen, wie es leider oft geschieht, wenn Erwachsene Spiele organisieren. Dann ist das reine Spiel verdorben und unfrei. Das einzige, was hier einzuführen ist, ist die Phantasie, und die kann nicht groß genug sein. Mit spielerischer Entfaltung der Phantasie lernen wir zugleich, weit offen für Einfälle und Ideen zu werden, es ist also die beste Schulung von Kreativität – ein brauchbarer und nützlicher Nebeneffekt. Mit dieser Kreativität wiederum lässt sich im Leben viel erreichen, viel mehr Geld verdienen als durch bloße Arbeit, viel mehr

Freunde finden und viel mehr Spaß haben. Spielen Sie also mit, wenn sich Ihnen diese Chance eines effektiven und zudem kostenlosen Kreativitätstrainings bietet. Nehmen Sie sich wirklich Zeit dafür, nichts ist wichtiger, auch wenn Sie für die Kinder am Anfang noch sehr unbeholfen, phantasielos und schwerfällig wirken. Aller Anfang ist schwer, doch jede noch so große Tat beginnt mit dem ersten Schritt.

Es gibt natürlich auch die Möglichkeit, mit erwachsenen Freunden wieder zu spielen, der Phantasie ihren Lauf zu lassen und einfach herumzualbern, hochgeistige Wortspiele zu spielen, Ballspiele, freies Dichten oder andere verrückte Sachen zu machen. Möglichst Wettbewerb vermeiden, Humor verstärken. Aber hierfür müssen diese Freunde weit offen, tolerant und fantasievoll sein, müssen das Spielen wieder oder noch können und zugleich viel Humor entwickelt, und dies bedeutet, schon etwas spirituelles Bewusstsein entfaltet haben. Auf Ibiza gibt es jedenfalls schon genügend solcher Leute. Denn je mehr wahre Spiritualität, umso mehr Spielen und Humor, und in Kreisen manch spiritueller Meister oder Gruppen gibt es jedenfalls mehr Lachen und Spaß, als sich irgendein Außenstehender vorstellen kann. Es ist gar nicht schwer, dabei zu sein und mitzumachen.

Wenn wir dies geschafft haben, spielerisch unser Potential auszudrücken und zu entfalten, und immer mehr Spielfreude in uns aufkommt, so werden wir uns gewiss fragen, warum in aller Welt wir dies nicht schon früher so gemacht haben. Denn Sie werden entdecken: Dieser Spieltrieb hat immer in uns geschlummert, und es ist eine völlig mühelose und kostenlose Methode, Lebensfreude zu haben und Glück zu erfahren. Freude, die wir sonst mit hohem Geld- und Zeitaufwand in kommerziellen Freizeitaktivitäten suchen, und dort oft vergeblich. Aber nun haben Sie es geschafft. Eine ganz schön lange Zeit haben Sie die Erfahrungen von Identifizierung, Konditionierung, Abhängigkeit, Egotrip, Konkurrenz, Kampf jeder gegen jeden gesammelt, haben erst das sinnlich-animalische und nun das zerrissene, unglückliche, intellektuelle Bewusstsein durchlaufen, es in vielen Facetten erlebt und hoffentlich ausreichend erfahren. Jetzt ist es an der Zeit, ein neues Kapitel aufzuschlagen, neue und schönere Spiele zu spielen, nicht mehr allein, sondern mit geistigen Freunden zusammen, kreative Spiele, bei denen alle gewinnen können. Spieltrieb und Spielfreude sind ein weiterer wichtiger Meilenstein in dieser Kunst der Lebensfreude, und genau heute können Sie damit anfangen. Sie kennen jetzt den Weg.

Das universale Heilmittel: Die Liebe leben

Nachdem wir nun zahlreiche Mittel und Methoden für die Transformation des Bewusstseins erörtert haben, wollen wir zuletzt auf ein wahrhaft universelles und äußerst wirksames Lösungsmittel für alle Krankheiten und Probleme, für alle unsere Sorgen und Nöte im Leben hinweisen – die Liebe. Warum haben wir die Liebe dann nicht gleich eingesetzt, und warum wird sie nicht viel öfter genützt? Warum haben wir sie nicht sofort als erstes erwähnt, und warum versetzen wir uns nicht stets in den Zustand der Liebe, wenn sie doch das Leben so einfach und so sorglos macht? Aus demselben Grund, warum Christen nicht einfach dem Hauptgebot ihrer Religion gefolgt sind und bis heute noch nicht folgen: Weil wir eben die reine Liebe in uns üblicherweise weder erfahren noch leben können, weil dafür zunächst viele Hindernisse im Geist und in der Seele beseitigt werden müssen. Sonst wäre es nur Heuchelei. Unter anderem gibt es für die Entfaltung von reiner Liebe in uns die Voraussetzungen, dass wir uns von den Verhaftungen gelöst haben, dass wir nicht mehr *re*agieren, sondern frei agieren können, dass wir gelernt haben, nicht mehr aus dem Ego, sondern unpersönlich zu handeln. Dafür ist wiederum nötig, dass wir Begierden und Widerstände gegen Dinge, Situationen und Menschen weitgehend aufgelöst haben. Sonst ist es eben kaum möglich, wirklich zu lieben und damit Schwierigkeiten des Lebens auf einfache Weise aufzulösen. Hier liegt eben das Problem, die Katze, die sich in den Schwanz beißt:

Solange wir Probleme haben, sind wir nicht vollständig in der Liebe; sind wir aber in der Liebe, dann haben wir kaum noch Probleme zu lösen.

Wenn wir also die Liebe voll zur Verfügung haben, dann haben wir unsere Probleme bereits gelöst. Dies ist das Paradox. Denn da das übergeordnete Lebensziel eben darin besteht, uns wieder nach Hause ins Licht und in die Liebe zu bringen, werden uns die dazu notwendigen Schicksalsschläge und Probleme nur so lange geschickt, bis wir dies realisiert haben, sind dann aber nicht mehr nötig. Daher haben wir nur so lange Probleme zu lösen, wie wir die Liebe noch nicht vollständig realisiert haben oder noch von ihr entfernt sind. Sind wir aber dereinst wieder Liebe geworden und leben wir sie, dann brauchen wir sie nicht mehr als ein Mittel zum Zweck, und wir dürften somit kaum noch Probleme haben. Wenn wir dagegen noch in den Problemen und Verhaftungen stecken und in beschränkten Standpunkten und Mustern gefangen sind, fühlen wir auch wenig Liebe, haben wenig Verbindung mit und zu anderen und müssen erst bei den Hindernissen anfangen, müssen, bildlich gesprochen, erst die Wolken auflösen, um die Sonnenstrahlen der Liebe überhaupt wirklich fühlen und erleben zu können. Dies gilt übrigens auch für die Erfahrung göttlicher Liebe und Ekstase.

Aber dennoch, selbst wenn die volle Verwirklichung, das Gefühl der Liebe in uns noch in weiter Ferne liegt, gibt es schon auf dem Weg dorthin stets die Möglichkeit, mit einem Willensentschluss, mit der Entscheidung für die Liebe sie als Lösungsmittel in jeder Situation und bei jedem Problem einzusetzen, soweit es eben im Moment möglich ist. Denn der Wille ist frei, und *wir können uns jederzeit für eine Antwort aus Liebe entscheiden*, zumal wir auf unserem Weg selbst in dunklen Zeiten und Phasen diese Liebe vollständig und ganz tief in uns haben, sie im Grunde unseres Herzens immer vorhanden ist. Auch wenn sie vielleicht noch unbewusst ist, auch wenn sie noch nicht ganz rein, selbstlos und strahlend erscheinen mag, so ist es uns prinzipiell immer möglich, diese Liebe in uns anzurufen, zu entwickeln und auch gezielt einzusetzen, beispielsweise um konkrete Feinde zu lieben und das noch Negative, unsere Schattenseiten und Begrenzungen sehr schnell aufzulösen und zu integrieren.

Als Beispiel für eine solche grundsätzliche Entscheidung erzählt man die Geschichte eines Juden aus dem Warschauer Ghetto, vor dessen Augen seine ganze Familie erschossen wurde. Er hatte in jenem Moment die Alternative Liebe oder Hass bewusst vor Augen, *entschied* sich aber an diesem Scheideweg, nicht wie üblich zu hassen, sondern ab jetzt bis an sein Lebensende jeden Menschen zu lieben, und gleich bei den Soldaten und Mördern anzufangen. Eine große Tat, die zeigt, dass selbst in der schlimmsten Situation, auch wenn man keinen Ausweg mehr sieht, es immer möglich ist, *sich für die Liebe zu entscheiden* und die Situation zu heilen, manchmal damit zugleich sein ganzes Leben grundsätzlich zu heilen wie im angeführten Beispiel. Auch wenn die Liebe noch nicht spürbar sein sollte, die Entscheidung für sie ist jederzeit möglich. Dies bleibt ewig, während die Dinge vergehen. Der Sinn solcher Feindesliebe wie auch des entsprechenden christlichen Gebotes „Liebet eure Feinde" ist nämlich in erster Linie nicht etwa nur der, dass in der Welt Ruhe und Frieden einkehren, jeder den anderen in Ruhe lässt und die Menschen miteinander auskommen, sondern ist vielmehr dazu gedacht, dass wir dadurch zur Selbsterkenntnis, zu Weiterentwicklung unseres Bewusstseins, zu wachsender Ganzheit und Vollkommenheit kommen. Denn wenn wir alles lieben können, ist alles Eins, ist alles unser im Geist. Es gibt dann keine Gegner oder keinen Gegensatz mehr, weder innen noch außen. Könnten wir uns also in mehr und mehr Fällen wie jener Mensch dazu entscheiden und dazu durchringen, eine negative Situation, einen bösen Menschen, eine für uns schlimme Tat *trotz* aller Empörung und sonstiger Emotionen ganz anzunehmen und zu lieben, anstatt sie zu bekämpfen und von uns auszugrenzen,

214

so müssten wir überhaupt nichts weiter tun. Es geschieht Heilung, und manchmal geschehen sogar Wunder.

Warum? Aus Sicht der esoterischen Philosophie liegt der gesamte Sinn eines jeden Problems, jedes erlittenen Unrechts und jedes Feindes für uns letztlich darin, uns der Liebe und der Ganzheit und damit Gott näher zu bringen. Nehmen wir also bewusst diesen Sinn an, entscheiden wir uns also in einer schwierigen Situation – statt über Umwege und einzelne Lernschritte – gleich für die völlige Liebe und Annahme, so ist die im Problem liegende Aufgabe damit bereits erfüllt, sind das Problem, das vermeintliche Unrecht oder der Feind bereits durch die Liebe angenommen und in uns integriert, demzufolge kein Feind mehr. Nicht, dass wir damit dies alles auch für uns akzeptieren oder uns ebenso verhalten müssten, sondern vielmehr so, dass wir es als einen weiteren Ausdruck des Geistes gelten lassen können, dass wir alles als Teil des großen Ganzen, als Teil eines Puzzles und damit auch als Teil unserer Ganzheit annehmen können und zugleich verstehen, dass alles Sinn macht und dass die Wahrheit das Ganze ist.

Während wir sonst stückweise und stufenweise über unsere Gedanken und Handlungen, über die unvermeidlichen Aufgaben und Herausforderungen des Lebens, über unsere Mitmenschen und Gegner, auch über unsere Leiden schließlich Stufe um Stufe zu mehr Einsicht, Liebe und Mitgefühl kommen, so könnten wir prinzipiell auch den direkten Weg der Liebe und Hingabe wählen, der all die anderen Aufgaben überflüssig machen würde. Die indischen Lehren nennen diesen speziellen Weg Bhakti-Yoga, den Weg der Liebe und Hingabe. Prinzipiell könnten wir uns jederzeit dafür entscheiden, wie der erwähnte Jude ab jetzt einfach alles und jedes zu lieben, was uns im Leben begegnet, Kummer und Not, alle Ereignisse, Situationen, Probleme und vor allem alle Mitmenschen und Lebewesen, unabhängig von ihrer Reaktion. Wir könnten uns entscheiden, ab heute mit offenem Herzen zu lieben und anzunehmen, egal wie schwer es dem Ego fallen würde, wie sehr unsere Persönlichkeit dagegen rebellieren würde. Dem Willen ist prinzipiell alles möglich, und es haben Menschen wie vielleicht Franz von Assisi so gehandelt. Für einen solchen Menschen sind alle Menschen Christus und seine Brüder. In diesem Bewusstseinszustand wäre alles von Gott gesandt, alles von Gott durch-drungen, alles würde zu Gott werden und nach Gott „schmecken". Da aber Gott die Liebe ist (gemäß dem Johannesevangelium), so wäre zugleich alles Liebe, wäre von der Liebe gesandt, von Liebe durchdrungen, und alles würde zu Liebe werden. Wo gäbe es da noch Probleme oder Feinde? Wir wären wieder unschuldige Kinder, weit offen für alles, neugierig auf alles, und alles wäre gleich-wertig, gleich-gültig und gleich liebenswert, einfach so, wie es ist.

Doch dies in einem solchen einzigen Schritt in kurzer Zeit zu realisieren, derart die bisherigen Muster umzukehren und vor allem es auch unter Prüfungen zu leben ist ziemlich schwierig, wie man bei den Christen sehen kann, die dies in zweitausend Jahren nicht geschafft haben und statt dessen die Rechtfertigungslehre erfanden. Es ist aber gut zu wissen, dass diese Alternative der Entscheidung für die Liebe dem, der es vermag, stets offen steht. Bislang war und ist jedoch dieser steile Weg der völligen und radikalen Entscheidung für die Liebe nur wenigen vorbehalten. Andererseits steht es uns auch auf anderen Wegen prinzipiell immer frei, in jeder beliebigen Situation dieses Heilmittel anzuwenden, uns aus freien Stücken, aus freiem Willen gegen unsere alten Reaktionsmuster neu zu entscheiden und statt dessen die Liebe zu wählen – bei jeder Tat, bei jeder *Re*aktion, bei jedem Gedanken und jedem Wort, das wir sprechen. Stets stehen wir – leider für viele unbewusst – an einem Scheideweg, und oft folgen wir einfach den uns aufgeprägten Mustern, folgen eintrainierten Verfahrensweisen, um Schmerz zu vermeiden oder Lust zu gewinnen, und bleiben so in diesen Mustern und ihren Konsequenzen gefangen.

Das Heilmittel der Liebe zu wählen ist also einerseits ganz einfach, erfordert weder Bildung noch Ausbildung, weder Methode noch Hilfsmittel, und ist andererseits auch sehr schwierig, da es einen starken Willensentschluss und viel Geisteskraft, Mut und Hingabe erfordert. Doch wir sollten uns wenigstens merken, dass es immer möglich und vielleicht gerade dann zu gebrauchen ist, wenn das Leid bzw. die Schwierigkeiten sehr groß sind, so dass man keine Kraft mehr hat, andere Mittel oder Methoden anzuwenden. Es gibt ja auch immer wieder Menschen, die dies getan und es geschafft haben, die plötzlich entschieden haben, nicht mehr zu hassen, nicht mehr zu vergelten, sondern im Gegenteil *trotz allem* zu verzeihen, den Feind anzunehmen, zu lieben. Dadurch werden nicht nur die Muster gebrochen, die Freiheit des Willens wieder hergestellt und ungemein gestärkt, sondern auch die Konsequenzen (Karma) des aufgehäuften Schicksals aufgehoben, die Schatten integriert und alles geheilt, einschließlich des Körpers. So ist es wichtig, dieses universelle Heilmittel zu kennen und zu wissen, dass es uns jederzeit und in jeder Situation als Antwort zur Verfügung steht:

Liebe zu wählen ist jederzeit möglich, bei jedem Wort und jeder Tat, jedem Ereignis und gegenüber jedem Menschen. Es steht in unserem Willen.

Warum ist die Liebe überhaupt so wirkungsvoll, mächtiger und universeller als alle anderen Dinge und Mittel? Nun, sie alle – auch magische und energetische Hilfsmittel – sind letztlich Erscheinungen, Materie- oder Energiekreationen in Zeit und Raum, die Liebe hingegen nicht. Sie ist vielmehr kein

Ding, hat keine Form, Definition oder Einschränkung, ist unbegrenzt, unmateriell, also auch nicht der Zeit unterworfen. Daher ist sie ein ewiger Aspekt des ewigen Geistes selbst, erfahrbar nur im Bewusstsein, der alle die geteilten Erscheinungen wieder verbindet und in die Einheit zurückbringt (Näheres in meinen Büchern: „Geh den Weg der Mystiker" oder „Der Seele Grund"). **Sie ist** – auch den Mystikern und dem Neuen Testament (Johannesevangelium) zufolge – **das Wesen Gottes selbst** („Gott *ist* die Liebe.."). Da wir aber in unserem Bewusstsein und Gewahrsein ebensolcher Geist oder, bildlich gesprochen, Funke aus jenem Feuer oder Licht vom Licht sind und nach christlicher Terminologie folgerichtig „Kinder Gottes" heißen, so ist die Liebe damit zugleich auch *unser* ureigenstes Wesen. Genauso haben es die Mystiker und mystischen Philosophen aus allen Kulturen erlebt, erfahren und verkündet. Dies ist also der Grund, warum die Liebe so universal und so wirkungsvoll ist, zugleich der Grund, warum wir die Liebe nicht irgendwo suchen, beschaffen oder vermehren müssen: sie liegt vielmehr schon vollständig im Grund unseres Wesens. Es bedarf „nur" der Entscheidung, sie hervorzuholen.

Sich für die Liebe entscheiden

Praktisch bedeutet der Einsatz dieses Universalmittels ganz einfach, dass wir uns bewusst machen: *Wir haben stets eine Wahl für oder gegen die Liebe*, in allen Situationen, in allen Begegnungen, auch wenn wir diese Wahlmöglichkeit noch selten nutzen. Doch können wir jene Menschen zum Vorbild nehmen, die solches getan haben. Die Möglichkeit ist uns immer offen, einen Menschen, ein Ereignis nicht zu bekämpfen, sondern anzunehmen und zu lieben.

Insbesondere wenn uns in einer Situation kein anderes Mittel mehr weiterhilft, wenn „guter Rat teuer ist", wenn wir völlig in etwas verstrickt sind, mit endloser Wiederholung und nicht enden wollendem Leid, oder wenn wir völlig den Überblick verloren haben, keinen Ausweg mehr wissen, wenn alle bisher eingesetzten, begrenzten Mittel nichts fruchten oder nicht zur Verfügung stehen, gerade dann ist es immer noch möglich, sich dafür zu entscheiden, es zu lieben und wertzuschätzen: die Niederlage, den Liebesschmerz, die Ungerechtigkeit, den bösen Menschen. Sie müssen sich dabei auch keine Sorge machen, dass Sie dann noch darin verwickelt werden oder anhaften, denn die Liebe haftet nicht. Sie ist eher wie die Sonne, die auf Hoch und Niedrig, auf Gut und Böse gleichermaßen scheint, aber dabei völlig unbehelligt bleibt. Dieses selbstlose Lieben zu versuchen fällt gerade dann umso leichter, wenn die üblichen Methoden nichts mehr nützen.

Wenn wir dies tun, ändert sich Entscheidendes. Plötzlich muss nichts mehr bekämpft werden, Wertungen fallen weg, es ist einfach so, wie es ist. Dadurch wird Energie frei, und es werden sich Wirkungen zeigen, zunächst im Innen, später im Außen. Denn keine Entscheidung, keine Ursache bleibt ohne Wirkung. Diese wird aber nicht mehr durch Kampf erzielt, durch Einsatz von Kraft oder Energie, sondern geschieht von allein aus dem Seinszustand heraus, für den wir uns entschieden haben. Es ist ein Wirken, ohne dass wir noch etwas Bestimmtes wirken müssten, es ist ein Tun durch Nicht-Tun, durch Sein, durch Liebe-Sein. Ich entscheide mich für die Liebe, dadurch liebe ich, dadurch *bin* ich Liebe und bewirke einfach dadurch entsprechende Folgen. Handlungen können sich spontan daraus ergeben, müssen aber nicht. Da sich nach hermetischem Gesetz Innen und Außen entsprechen, gibt es „entsprechende" Folgen im Außen ganz von selbst.

Die einzige Schwierigkeit dabei liegt darin, jene Möglichkeit auch dann noch wahrzunehmen, wenn wir sehr verwickelt und involviert sind, wenn wir unter großem Leidensdruck stehen oder mit konkreter Feindschaft und Bedrohung konfrontiert sind. Dann will das Ego normalerweise etwas tun, will kämpfen oder fliehen. Denn im animalischen Bewusstsein, gemäß dem tierischen Reiz-Reaktionsmodell, dem wir ja auch so oft schon gefolgt sind, ist Liebe völlig kontraproduktiv. Es ist vielmehr Rache oder Flucht angesagt: Fressen oder gefressen werden. Und in solchem Geisteszustand des animalischen Bewusstseins nützt auch ein göttliches Gebot (Liebet eure Feinde) nichts, wie wir anhand der langen Geschichte der Christen und ihrer Taten sehen können, die oft nicht einmal ihre Freunde lieben konnten. *Erst dann*, wenn wir erkennen oder fühlen, dass wir uns über das animalische Bewusstsein hinaus und seine instinktiven Muster erheben können, dass wir die Freiheit der Wahl haben; *erst dann*, wenn wir uns über das intellektuelle Bewusstsein und seine Verstandesgründe erheben können, für das die Liebe unlogisch und sinnlos ist, *erst dann* steht uns überhaupt dieser Weg offen, uns jederzeit für die Liebe entscheiden zu können. Wenn Sie nun wollen, können Sie diesen „universellen Weg" ein wenig einüben, um ihn dann in besonders schwierigen Situationen, speziell wenn andere Methoden versagen, einsetzen zu können.

Übung 27: Die Liebe im Alltag leben

Ort, Zeit: überall und so oft wie möglich
Voraussetzungen: Gelassenheit, starker Wille, Steuerung des Gefühls
Hilfsmittel: Buchführung über Einsatz und Ergebnisse
Durchführung:

a) *Wählen Sie etwas aus Ihrem Leben, das Sie stört. Das kann ein Mensch sein, den Sie als Feind oder als böse betrachten; eine materielle Situation, die Sie quält; ein seelischer Zustand, mit dem Sie nicht fertig werden. MIT KLEINIGKEITEN ANFANGEN!*

b) *Notieren Sie dies in Ihrem Heft, um es zu konkretisieren, aber ohne zu bewerten. Beschreiben Sie es wie ein wissenschaftliches Experiment, z. B. Experiment Nr. 7: „Penner auf Straße" / Nr. 8: „Chronischer Geldmangel" / Nr. 9: „Mein verflossener Liebhaber".*

c) *Dann entschließen Sie sich bewusst, ohne Wenn und Aber und ohne Grund oder Zweck, genau diese Person oder Situation zu lieben. Einfach weil Sie lieben **wollen**. Weder aus Gebot, Moral noch wegen des Nutzens. Einfach weil es Spaß macht zu lieben, weil Sie es können, es ausprobieren und einsetzen wollen. Stellen Sie es sich vor, wie reine Liebe Ihrem Herzen entströmt, **fühlen Sie es**. Dann sprechen Sie geistig oder auch laut etwa so:*

   (Bei Feinden) „Ich wünsche dir von Herzen Glück und Wohlergehen. Mögest du frei sein von deinem Leid und Licht und Liebe erfahren, die auch ich dir jetzt von ganzem Herzen sende. Mögest du glücklich sein und viel Zuneigung und Freude erleben."

   (Bei Situationen) „Ich danke dem Leben für diese Belehrung und liebevolle Unterweisung von ganzem Herzen. Wie großzügig, mich schon für reif dafür zu halten. Ich danke für die Gnade und die Gelegenheit, dass ich dies schon jetzt lernen darf. Ich nehme die Lektion dankbar an und werde sie mit all meiner Liebe lösen."

Hinweis: Kein Bewerten oder Diskutieren. Kein Analysieren oder Suchen nach Gründen. Kein Rechtfertigen oder Schönreden. Einfach es so lieben, wie es ist, voll und ganz. Dabei ein Gefühl entwickeln wie ein Forscher und Sucher, ganz neutral, aber voller Hingabe.

d) *Nun lassen Sie das Objekt mental los, überlassen es sich selbst in vollem Vertrauen, dass jetzt das Richtige und Optimale passiert und alles irgendwie gut wird. Blenden Sie es nun möglichst aus Ihrem Bewusstsein aus. **Freuen Sie sich darüber**, dass Sie so selbstlos lieben konnten, und genießen Sie das entsprechende Gefühl.*

e) *Gefühle und Ergebnisse im Heft notieren. Danach in bestimmten Zeitabständen hinschauen, bemerken und notieren, was sich im Innen wie im Außen verändert.*

Hinweis: Falls sich das Gefühl von Liebe, Wärme, Mitgefühl nicht einstellt oder schwindet, oder wenn nichts passiert, dann fangen Sie einfach noch mal von vorn an. Auch in der wissenschaftlichen Forschung gelingt nicht gleich jedes Experiment sofort. Denn das wirklich Gute ist hierbei: Wir bekommen immer wieder aufs Neue diese Chance, können es immer und immer wieder *neu versuchen, egal wie oft wir es verfehlten. Als zusätzliche Hilfe können Sie die Mitgefühlsübung (Übung 7) jeweils **vor** dieser Übung durchführen.*

Sollten Sie einmal besonders mutig sein, einfach Lust dazu haben oder sich intuitiv dazu berufen fühlen, dann können Sie die prinzipielle Entscheidung treffen, für einen ganzen Tag, eine Woche, einen Monat oder für immer grundsätzlich alles, was Ihnen begegnet, ohne Einschränkung zu lieben und wertzuschätzen, alle Lebewesen, Menschen, Situationen. Dies ist die wagemutige Version im Stil von Mutter Teresa, ein selbstgewählter Lebensstil, in allen Wesen, selbst in den übelsten und krankhaftesten Menschen das Gute und die Liebe, das Göttliche zu erkennen. Doch dies sollten Sie nur tun, wenn Sie sich wirklich dazu berufen fühlen, sonst besteht die Gefahr, sich zu übernehmen, zumal solche Entscheidungen vom Leben oder vom Schicksal erprobt und getestet werden. Beginnen Sie daher lieber mit kleinen Schritten und kleinen Aufgaben, mit nicht ganz so netten Menschen, mit unangenehmen Situationen. Denn in Wirklichkeit ist nichts „klein", und damit ist jede Entscheidung für die Liebe letztlich ebensoviel „wert" wie jede andere. Wenn Sie dann in den für sie „kleinen" Situationen dies ausprobiert, erkannt und erprobt haben, dann wächst in Ihnen das Vertrauen in das Leben, in die Liebe, auch in die daraus resultierende immense Freude. Mit diesem Vertrauen können Sie dann immer „größere" Aufgaben meistern und allmählich sogar echte Feinde lieben, können somit mit den Aufgaben wachsen und sind nicht überfordert.

Schon mit dem ersten Problem, das wir so aufgelöst, mit der ersten Herausforderung, die wir so „zerliebt" haben, wachsen unsere Kraft, Zuversicht und Souveränität enorm, da wir es nun selbst wissen und erfahren haben, dass so etwas möglich ist und wie es angewendet werden kann. Besonders schön ist das nun aufkommende *sichere Gefühl, dass die Liebe stärker ist* als alles, was immer im Leben kommen könnte, dass einem nichts wirklich Schlimmes passieren kann oder gefährlich werden könnte. Denn wenn Gott oder Geist, wie schon erwähnt, Liebe ist, dann sind logischerweise auch alle Erscheinungen und Ereignisse unseres Lebens, alle Dinge und Personen, die scheinbar von außen planlos auf uns zukommen, die scheinbar lieblos und grausam sind, doch einzig aus dieser Liebe hervorgebracht und uns von dort geschickt. Wenn wir solche Einsicht und Weisheit erlangen, dann gibt es nichts mehr, was getan oder bekämpft werden müsste, nichts, was ausgegrenzt werden oder vor dem man Angst haben müsste. Vielmehr können in solch einem Zustand selbst der körperliche Tod oder ein schmerzlicher Verlust hingenommen werden, da sie für uns nun aus der Liebe kommen – nicht mehr von einem hinterlistigen, übermächtigen Schicksal – und daher alles letztlich zu unserem Heil, zum eigenen Guten beiträgt. In jenem Gefühl der Einheit aus Liebe macht alles Sinn, kommt alles von selbst an seinen Platz, Abgrenzungen fallen weg, es entsteht im Geist eine große Weite sowie Freiheit und Frieden, der Wurzelgrund für ein erfülltes Leben.

Die Liebe erfüllt alles und vollendet alles, indem sie letztlich alles wieder in die Einheit des Geistes zurückbringt, in ihren ersten Ursprung. Damit schließt sich *der Kreis der Schöpfung*, der *ein Spiel der Liebe* zu sein scheint, und daher ist Liebe das Universalheilmittel, weil es sowohl der Grund und Ursprung wie auch das letzte Ziel allen Seins zu sein scheint.

4. Kapitel
Ein erfülltes Leben leben

Merkmale des Wandels – vom reaktiven zum aktiven Leben

Unsere veränderte Lebenseinstellung, unsere neuen Standpunkte, unsere gewachsene innere Stabilität und unsere neue Art zu denken und zu handeln bleiben natürlich nicht ohne weitreichende Folgen. Im Gegenteil, es wäre eher ein Wunder, wenn dem nicht so wäre. Denn das Gesetz von Ursache und Wirkung ist *das* Grundgesetz dieser Welt, das verbindende Gesetz aller Erscheinungen. Wir können demzufolge sicher sein, dass alle unsere bisherigen Bemühungen, auch wenn sie sich auf der materiellen Ebene nicht sofort, sondern erst mit einer gewissen Verzögerung bemerkbar machen, so doch reichlich und vor allem *notwendig Früchte tragen* werden für unser Leben und für unseren Alltag. Keine liebevolle Tat, kein guter Gedanke, keine noch so kleine Bemühung bleibt umsonst. Dieses Wissen sollte uns genügen, denn *wie* das geschieht, wie und *wann* sich das umsetzt, darüber müssen wir uns keine Sorgen machen, denn es geschieht ganz von selbst. Jeder Keim trägt schon seine Frucht in sich, und nur die Illusion der Zeit lässt die Aspekte von Ursache und Wirkung getrennt erscheinen.

Ein altes Sprichwort besagt hierzu sehr treffend: Aus Gedanken werden Worte, aus Worte werden Handlungen, aus Handlungen entstehen Gewohnheiten, aus Gewohnheiten bildet sich der Charakter, und aus dem Charakter entsteht dein Schicksal. Daher müssen wir mit den Gedanken und Gefühlen beginnen. Wenn wir also durch die bisherige Wandlung und Verwandlung nun neue Gedanken denken, umfassendere und tolerantere Standpunkte einnehmen, mit der Welt ins Reine kommen, uns mit allem versöhnen, so wird sich über mehrere Zwischenstufen hinweg unser Schicksal maßgeblich verändern, werden ganz neue Ereignisse und Menschen auf uns zukommen und sich neue Perspektiven eröffnen, die wir jetzt noch nicht einmal ahnen. Die deutlichste Veränderung aber wird darin liegen, dass wir mit dem Leben nicht mehr ständig im Kampf liegen und vom Schicksal nicht mehr bedroht und (vermeintlich) hereingelegt werden, dass wir also viel Pech haben und alles so schwer erscheint. Vielmehr geraten wir mit zunehmender Durchlichtung, Öffnung und Entwicklung ganz von selbst auf die Sonnenseite des Lebens. Ein erstaunliches Phänomen tritt ein:

Alle Dinge kommen ganz von selbst an ihren Platz und fangen an, Sinn zu machen.

Der Verlauf des täglichen Lebens erscheint zumindest in Abläufen und Kleinigkeiten perfekt.

Man macht die Erfahrung, dass plötzlich alles zueinander passt, bis hin zu den täglichen Terminen. Auch das Benötigte – von Geld bis zum Parkplatz – kommt nun ganz von selbst auf uns zu, und wir beginnen den Satz zu verstehen: „Der Herr gibt's den Seinen im Schlaf." Anders formuliert, zumal die Welt letztlich ein Spiegel von uns ist: Wenn wir die Splitter und den Schmutz aus unseren Augen entfernen, so entfernen sich auch die Splitter und der Schmutz im Auge des anderen, im Außen, im Spiegel der Welt. Wenn wir unser Gesicht reinigen, so wird automatisch auch das Gesicht im Spiegel rein, sogar ganz ohne Kampf, ohne dass wir auf dem Spiegel herumhacken, ihn polieren oder sonst wie manipulieren müssten.

Allerdings kann es manchmal, vor allem zu Beginn des Wandels, zeitweise so aussehen, als wenn wir noch viel größere Probleme hätten als vorher, dass wir plötzlich die Büchse der Pandora geöffnet haben und alles mögliche Unglück über uns ausgeschüttet wird. Oder dass es keinen sichtbaren Fortschritt gäbe, dass wir uns im Kreise drehten oder alles noch viel schlimmer sei als vorher. Dies mag zeitweise schon so sein und ist eigentlich ganz natürlich und keineswegs verwunderlich, denn jeder Wandel – wie jeder Umbau oder Umzug – bringt zunächst auch Turbulenzen, Unruhe, Bewegung mit sich. Wenn wir beispielsweise unser Haus oder unsere Wohnung umbauen, um zu vergrößern und umzugestalten, so gibt es zunächst einmal eine Baustelle mit viel Schutt und Müll, mit Lärm und Staub und manchmal auch mit einigem Chaos, je nachdem, wie umfachreich wir umbauen. Wände werden herausgebrochen, und manchmal muss sogar die Decke gestützt werden. Es erscheint nicht nur so, es *ist* alles viel schlimmer als vorher. Doch beim Bauen wissen wir schon, dass dies eine zwar notwendige, aber auch vorübergehende Phase ist, und nehmen sie daher problemlos in Kauf.

Ähnliches geschieht nun, wenn wir unser „Seelenhaus", unsere innere Persönlichkeit und unser Leben umgestalten, alte Bewertungen und Standpunkte auflösen und neue Überzeugungen und Ideen annehmen, uns geistig öffnen. Nur dass wir hier noch nicht genau wissen, was dabei herauskommt, ob es letzten Endes wirklich besser sein wird, weil wir eben diese Erfahrung noch nicht gemacht haben. Es ist also wichtig, zumindest am Anfang darauf zu vertrauen und sich vorzustellen, dass – aktiviert durch die neue Ausrichtung unseres Geistes – die bei dieser geistigen Wandlung vielleicht verstärkt auftretenden Probleme und Turbulenzen eine ganz natürliche und normale Reaktion darstellen, eine Art von Erstverschlimmerung wie bei der Heilung einer alten Krankheit, und dass dies immer eine vorübergehende Phase bleibt, wenn wir nur konsequent den Weg und die Heilung weiter verfolgen.

Nach dieser anfänglichen Phase wird es immens leichter, und man kann im weiteren Verlauf des Wandels an bestimmten Anzeichen, Merkmalen, Eigenschaften, an Veränderungen im Charakter, an den Einstellungen zur Welt und den Menschen erkennen, ob und wie die eigene Bewusstseinsentwicklung fortschreitet. Denn man kann sich auch allzu leicht etwas vormachen. Behalten Sie deshalb stets die Vorstellung von ihrem Ziel eines erfüllten und erfüllenden Lebens im Auge, gelebt mit purer Lebensfreude, so dass wir daran sowohl unsere Entwicklung messen sowie erkennen können, was uns möglicherweise noch fehlt.

Das spirituelle Tagebuch – die regelmäßige Rückschau

Insofern kann es auch sinnvoll sein, eine Art von spirituellem Tagebuch zu führen, in dem sowohl Zustandsbeschreibungen wie Fortschritte in der Charakterbildung und geistigen Entwicklung festgehalten werden. Damit sind einerseits Defizite und notwendige Korrekturen schnell und rechtzeitig zu erkennen, andererseits besteht auch die Möglichkeit zeitlicher Vergleiche, um die Geschwindigkeit eigener Fortschritte festzustellen und an konkreten Beispielen festmachen zu können. Auch wenn ich gestehen muss, dass ich selbst dafür nie die Geduld und Disziplin aufbrachte und mir dadurch vielleicht mancher Hinweis verloren ging und manche Vorwarnung fehlte, so möchte ich doch diese Praxis denjenigen empfehlen, die Lust und Freude daran haben und die dafür nötige Disziplin aufbringen können. Denn was ich vorausschauend erkenne, auf das kann ich mich vorbereiten und Maßnahmen treffen, bevor das Leben es leidvoll lehrt.

Dieses Tagebuch kann, muss aber nicht täglich geführt werden, wenn auch wichtige Ereignisse und Erkenntnisse immer sofort an dem Tag notiert werden sollten, an dem sie stattfinden. Doch grundsätzlich würde es auch genügen, einmal pro Woche sich Zeit zu nehmen und es im Rückblick ausführlich zu machen. Dann ist es vielleicht auch leichter durchzuführen und durchzuhalten. Mit diesem Tagebuch sollte – wie es in fast jedem Unternehmen mittels einer monatlichen betriebswirtschaftlichen Auswertung geschieht – einfach Bilanz gezogen werden, was sich veränderte, was von den Vorgaben erreicht wurde und wo noch Defizite auftreten. Dies muss aber stets sachlich und mit neutraler Aufmerksamkeit geschehen, ohne gleich bewerten zu müssen oder etwas für gut oder schrecklich zu befinden.

In diesem wöchentlichen Rückblick können Sie nun Ihr Leben der letzten Woche sowohl im Hinblick auf wichtige *äußere* Ereignisse, Menschen, Situationen als auch im Hinblick auf *innere* Stimmungen, Gefühle, Befindlichkeiten, Impulse betrachten. Betrachten Sie, meditieren Sie darüber, erfühlen Sie, was sie Ihnen sagen wollen bzw. was sie bedeuten, und untersuchen Sie auch die dadurch ausgelösten eigenen Reaktionen, Gedanken, Verhaltensweisen. Zum Schluss ziehen Sie Bilanz und fragen sich: Was wollte ich wirklich – und was habe ich statt dessen getan? Passen Vorsatz und Methode mit dem Ergebnis zusammen? Wie wäre es besser gewesen? Dann kann man sich bestimmte Aufgaben für die nächste Woche vornehmen, bestimmte Schwerpunkte setzen, auch Übungen festlegen.

ÜBUNG 28: Ein spirituelles Tagebuch führen

Hinweis: Dies ist lediglich ein Vorschlag, Sie können natürlich eine eigene Form erschaffen.

Vorbereitung: Schönes Tagebuch, Skript anlegen; ruhiger Ort und meditative Einstimmung.

Zweck: Klarheit über geistigen Fortschritt sowie Hindernisse gewinnen.

Durchführung:

Fokussieren Sie mit geschlossenen Augen die wichtigen Ereignisse und Erlebnisse des Tages bzw. der letzten Woche, und lassen Sie alles noch einmal an sich vorüberziehen, ohne zu reagieren und ohne zu bewerten.

Linke Seite: Notieren Sie nun auf der linken Seite des Tagebuchs einfach die Fakten, Ereignisse, Menschen, Emotionen, die auftauchen oder die Sie für wichtig halten. Ordnen Sie dies nach immer gleichen Kategorien, beispielsweise:

a) *Wichtige Ereignisse, Schicksalsschläge, Neues, Erlebnisse, Aktivitäten*

b) *Wichtige Menschen, die in Ihr Leben traten oder Sie emotional berührten*

c) *Wichtige Emotionen, die Sie im Lauf der Woche vorzugsweise hatten/spürten*

d) *Wichtige Reaktionen und Handlungen Ihrerseits, Abwehr, Begierden, Streit, usw.*

e) *Spiegel der Umwelt: Was sagen Menschen, Partner, Geschäftsfreunde, Feinde über mich?*

Rechte Seite: Notieren Sie auf der rechten Seite des Tagebuchs jeweils parallel zur jeweiligen Spalte Ihren Kommentar: Also welche Bedeutung Sie einem Ereignis, einem Menschen beimessen, ob die Emotionen gewollt oder ungewollt, gewünscht oder unerwünscht kamen, was Sie aus der Distanz eher anders machen würden oder wollen usw.

Bilanz und Neuausrichtung:

Schließlich schreiben Sie darunter das Fazit, so wie der Chef einer Firma unter den Bericht der letzten Arbeitswoche. Machen Sie konkrete Verbesserungsvorschläge und nennen Sie geeignete Maßnahmen, beispielsweise nächstes Mal anders oder gar nicht zu reagieren, mehr diese statt jener Emotionen zu haben, bestimmte Gewohnheiten aufzugeben oder zu ändern, sich mit bestimmten Personen zu versöhnen usw. Machen Sie dies nicht mit Schuldgefühl oder aus einem Sollen heraus, sondern handeln Sie souverän wie der Manager eines großen Unternehmens im Bewusstsein Ihrer Freiheit, Neues erschaffen und das Vorhandene frei gestalten und umgestalten zu können, ganz ohne äußeren Druck oder Zwang, völlig selbstbestimmt und auf die Weise, wie Sie es für richtig halten.

*Hinweis: Sie können sich Ihre neuen erwünschten Reaktionen, Emotionen auch visuell vorstellen, mittels einer geeigneten Affirmation bekräftigen und vor allem das entsprechende Gefühl in sich erschaffen, als wäre es schon da, als wäre es schon Wirklichkeit, als wenn Sie bereits so und so gehandelt hätten. Dies hilft zur schnelleren Materialisation, denn Gedanken erschaffen **mit der Kraft der Gefühle** unsere alltägliche Realität.*

BEISPIEL:

Rechte Seite:	Linke Seite:
Wichtige **Ereignisse:**	Kommentar, Bedeutung, Neuvorschläge
Wichtige **Personen:**	Kommentar, Bedeutung, Neuvorschläge
Mein **Verhalten:**	Wie war es? Wie könnte es besser sein?
Meine **Emotionen:**	Welche? Was bedeuten sie? Was wollen sie sagen?
Spiegel der Umwelt:	Kommt etwas gehäuft vor? Was wird mir vorgehalten?
	Was sagen die anderen? / Mögliche Alternativen...
Meine Bewertungen:	Wie bewerte ich häufig? Welche Folgen hat dies?
(Personen wie Situationen)	Welche Bewertungen kann und will ich jetzt aufgeben
Bilanz	Zusammenfassung. Was folgere ich daraus? Welche Schlüsse kann
Fazit	man daraus ziehen? Wo kann man ansetzen und verbessern?
Neuausrichtung	Alternativen? Was werde ich anders tun? Welche Übungen?

Selbst wenn Sie kein Tagebuch führen wollen, so ist es doch in jedem Falle sinnvoll, alle ein bis zwei Wochen sich ein wenig Zeit zu nehmen, einen Rückblick abzuhalten und noch einmal ganz achtsam die Personen und Ereignisse des jeweiligen Zeitabschnitts an sich vorüberziehen zu lassen. So wie in jeder Firma das „Controlling" wichtig und notwendig ist, um Defizite aufzuspüren, um sie überhaupt erst einmal wahrzunehmen, bevor man Korrekturen durchführen kann, so können wir auch bei uns von Zeit zu Zeit ein „Controlling" durchführen, uns selbst betrachten, *für uns* Bilanz ziehen, denn wir sind ja niemandem sonst Rechenschaft schuldig. Dabei können Sie sowohl Defizite aufspüren wie sich zugleich am Fortschritt ihrer Seele hin zur Leichtigkeit des Seins und zu mehr Lebensfreude erfreuen. Dies sollte aber keinesfalls streng oder ernst, sondern spielerisch geschehen, denn es ist ja ein Spiel, das Spiel des Lebens. Also keinesfalls zu verbissen, zu selbstkritisch oder zu ernsthaft Tagebuch führen. Denn dies würde jeden Fortschritt blockieren. Ihre Haltung sollte stets humorvoll und gelassen bleiben, etwa mit der Einstellung: „Oh, dumm gelaufen, aber was soll's, kein Problem, nächstes Mal machen wir es einfach anders, probieren wir es mal so und so...". Grundsätzlich keine Bewertung, Kritik oder Schuldzuweisung, sondern einfach darüber lächeln und fragen: Will ich es wirklich so – oder doch lieber anders? Ist dieses Verhalten usw. für mich und meine Entwicklung günstig – oder eher ungünstig? Dann einfach neu entscheiden, ganz pragmatisch.

Entsteht irgendwo ein Stau, eine Blockade, ein Wiederholungszwang, bleiben Sie also irgendwo hängen, dann *schauen Sie einfach noch genauer und aufmerksamer hin*, noch interessierter, aber neutral, ohne zu reagieren. Nach genauer Betrachtung fragen wir uns: „Warum hänge ich da fest? Was ist der „Kleber", der Antrieb? Was ist die Überzeugung dahinter? Oder welche Überzeugung könnte es überhaupt geben, die so etwas bewirkt? Wodurch wird dies verursacht? Woher scheint dies zu kommen? Warum treffe ich immer solche Menschen?" Lauschen Sie dann einfach mit gesammelter Aufmerksamkeit auf innere, intuitive Antworten oder Gefühle, die aufsteigen. Wichtig jedoch: Diese müssen wir auch offen zulassen im Vertrauen darauf, dass wir prinzipiell alles fühlen und ertragen können, auch Gefühle, die uns ängstigen. Denn sie sind nur Erscheinungen, die kommen und genauso sicher wieder gehen. Nichts davon ist wirklich, nichts davon ist ewig, es dauert nur so lange, wie wir die entsprechende Neigung, Absicht und Energie bereitstellen. Beobachten Sie alles möglichst neutral, wie in einem Spiegel, auf dem alles erscheinen kann, ohne ihn zu beschädigen. Fühlen Sie sich in die Situationen oder die Menschen hinein, und richten Sie dabei Ihre Aufmerksamkeit darauf aus – notfalls mit obigen Fragen. In dieser Phase aber noch nicht den Verstand gebrauchen, nicht analysieren oder einteilen und zuordnen, sondern nur fühlen und lauschen, aufnehmen und *wahr*nehmen. Den Gefühlen auf den Grund gehen! Dies kann manchmal einige Minuten oder länger dauern, aber es kommt absolut sicher, weil wir die Antwort bereits wissen! Warum? Weil wir selbst die Schöpfer beispielsweise der Emotionen waren und sind.

Wir brauchen also keine externe Quelle, wir müssen in diesem Stadium lediglich weit offen und hartnäckig forschend sein, so wie ein Naturwissenschaftler zunächst nur empirisch Daten sammelt und aufnimmt, um sie erst später auszuwerten oder darüber nachzudenken. Ist das Stadium des Wahrnehmens und der Erforschung einmal abgeschlossen, haben wir genug Daten, Eindrücke und Ideen gesammelt, so können wir dann auch den Verstand einsetzen, um Daten zu ordnen, zu analysieren, Zusammenhänge zu erkennen und Schlüsse zu ziehen – wenn wir es wollen und Lust dazu haben – doch erst dann. Notwendig ist es aber keineswegs, denn im *wahr*-genommenen Gefühl, Empfinden steckt schon die *Wahr*-heit, die Lektion der Sache, die sich uns zumeist in einem Aha-Erlebnis offenbart, wenn die Seele neutral ist und es offen zulässt.

Auflösung von Verwicklungen und Streitigkeiten

Das deutlichste äußere Merkmal ist das Beenden des Lebenskampfes, vieler Streitigkeiten und Auseinandersetzungen, von Kritik und Verurteilung. Und ebenso wie der Kampf mit der Welt *und mit sich* immer mehr aufhört, so auch der damit einhergehende schier endlose Stress und immense Energieverbrauch, der ja aus Bewertung (erwünscht-unerwünscht) und dem daraus entspringenden *Sollen* resultiert (dies soll angestrebt – jenes soll abgelehnt werden). Was mussten wir früher nicht alles sollen, kaufen, machen, beweisen, um auf jeden Fall so und so zu sein, aber auf keinen Fall so und so. Das Leben wird statt dessen immer leichter, heiterer und vor allem viel energievoller. Die Zunahme von freier Energie sowohl im körperlichen wie seelischen Bereich sowie die Zunahme von frei verfügbarer Geisteskraft ist eines der erstaunlichsten Phänomene auf diesem Weg. Wir merken eigentlich erst dann, wenn wir sie wieder zur Verfügung haben, wie viel Energie wir vorher verschwendet haben. Hier wird auch deutlich, wie viel wir eigentlich vollbringen und tun könnten, wenn wir nicht ständig in zahllose und endlose energieverzehrende Konflikte verstrickt wären. Wie wenn ein alter Schmerz und chronische Symptome einer Krankheit, an die wir uns schon seit ewigen Zeiten gewöhnt und angepasst haben, plötzlich nachlassen und sich auflösen und wir erst dann wieder spüren, wie sich Gesundheit anfühlt, so merken wir auch erst nach Auflösung dieser Verwicklungen, wie sich Freiheit und Lebensfreude anfühlen.

Denn unser bisheriges Leben und Sein gleicht eher einem verwickelten, alten Gartenschlauch, der viele Löcher, Knoten und Verbiegungen hat. Das Wasser, das hindurchfließen sollte, verliert sich einerseits durch die Löcher im Schlauch und ist andererseits an vielen Stellen durch Knoten und Verwicklungen blockiert, so dass am Ende statt eines kraftvollen Strahls allenfalls ein schmales Rinnsal herauskommt, schwach und ohne Schwung. Analog bekommen wir vom Leben einen ständigen kraftvollen Zufluss von Lebensenergie, wie wir noch an jungen oder freien Menschen sehen können, die Lebenskraft, ohne die wir gar nicht existieren könnten. Je mehr Energie nun durch Begierden und Widerstände an vielen Stellen nutzlos vergeudet wird und durch andere seelische Verwicklungen gebunden und blockiert ist, umso weniger kommt am Ende der Leitung bei unserem Wachbewusstsein, unserer Person und unserem Körper an, umso lustloser und energieloser leben wir, und umso weniger können wir das Leben genießen oder uns des Lebens freuen. Viele Aufgaben und Probleme und zugleich wenig Energie, das ist keine gute Formel für ein erfülltes Leben.

Daher müssen Sie, um wieder ein Übermaß an Lebensfreude und Lebensenergie zu erhalten, zuerst daran gehen, die Löcher in Ihrem System zu stopfen und sich von Verkrustungen zu befreien, bevor Sie sich wieder Ihren Lebensaufgaben zuwenden können. Dann brauchen wir weder Aufputschmittel noch Energieübungen mehr, noch sind wir überfordert. Prinzipiell bekommen wir nämlich vom Leben genug Lebensenergie zur Verfügung, um unsere Anlagen zu verwirklichen, unsere Aufgaben zu erfüllen und unsere Lebensziele zu erreichen, so wie jeder Samen prinzipiell genug Lebensenergie hat, um zur jeweiligen Pflanze oder zum Baum zu werden, ohne sich anstrengen zu müssen. Anders formuliert: Die Sonne stellt genug Energie zur Verfügung, wir müssen nur die Wolken auflösen.

Gelassenheit und Toleranz

Ein weiteres Merkmal für den Fortschritt auf diesem Weg ist eine Zunahme von Toleranz und Gelassenheit den Wechselfällen des Lebens gegenüber. Man muss nicht mehr per Reflex reagieren wie, bildlich gesprochen, ein Hund auf die Wurst, also nach einem voraussagbaren Reiz-Reaktionsmodell, in der auf einen Reiz automatisch die Reaktion erfolgt, ohne jede Freiheit der Wahl. Ähnlich aber reagieren wir, solange wir verhaftet sind, ständig auf Außenreize. Da diese aber dauernd wechseln, führt dies notwendig zu einem Wechselbad der Gefühle, von himmelhoch jauchzend bis zu Tode betrübt, von wütend bis freudig, manchmal innerhalb von Minuten. Sobald ich diese aber als vergänglich und als bloße Erscheinung erkenne, kann ich jenes Wechselbad nicht nur aussitzen, sondern ich kann mich davon frei machen, unabhängig sein und selbst entscheiden, wie ich mich fühlen will. Ferner kann ich dann gelassen bleiben, indem ich es so lasse, wie es ist, und nicht mehr ändern muss. Dann ist alles Äußere nur noch eine interessante Erscheinung wie im Kino die Bilder eines Films, von denen ich weiß, dass sie keine absolute Realität haben, selbst wenn sie Emotionen in mir auslösen und durchaus auch eine wichtige Botschaft und Bedeutung für mich haben können. Aber ich hafte eben nicht mehr daran, bin nicht mehr an sie gebunden und darin verwickelt, bin nicht mehr identifiziert, sondern kann alles – vom Kinosessel aus – neutral betrachten und frei entscheiden, ob und wie ich es annehme oder was ich davon halte.

Je mehr Sie sich im Verlauf des Wandels als unabhängigen Beobachter, als konstantes, sich selbst gleich bleibendes ICH BIN, als unvergängliches Bewusstsein, als geistiges Sein erkennen und darum wissen, je mehr Sie demzufolge die Dinge, die Erscheinungen als Nicht-ICH, eben als bloße Erscheinungen, relativ, vergänglich, ohne eigene Substanz, sehen können, umso mehr werden Sie unabhängig und frei gegenüber dem Auftreten und Verschwinden, dem Wandel dieser Erscheinungen. Daher werden Sie ganz von selbst gelassener und auch toleranter. Denn man kann nun die anderen und ihre wechselnden, andersartigen Standpunkte und Erscheinungen ebenfalls als relativ und vorübergehend ansehen, wie Teile eines großen Schauspiels, und kann sie umso leichter akzeptieren, sie einfach so sein lassen, wie sie sind. Die anderen, und vor allem die Andersartigen, werden von diesem Standpunkt des Höheren Selbst nicht mehr als Bedrohung, sondern als Bereicherung empfunden, und Sie werden erst dann – ohne die übliche Abwehr oder Abgrenzung – ihre Schönheit, Originalität und Einzigartigkeit wahrnehmen und wertschätzen können. Somit sind Gelassenheit und Toleranz wesentliche Merkmale sowohl des Fortschritts auf dem geistigen Weg wie auch ein Kennzeichen des weisen und entwickelten Menschen überhaupt und eine wesentliche Voraussetzung zu vollkommener Integration, Ganzwerdung und Integrität des Menschen.

Auflösen von Indoktrination – Freiheit der Wahl

Die Gelassenheit zeigt sich auch gegenüber tradierten und übernommenen Mustern und Gewohnheiten, gegenüber aus Schule oder Werbung aufgezwungenen Verhaltensweisen, überhaupt gegenüber Dressur und Drill, die wir im Leben bis heute erfahren haben. Die wachsende Souveränität den Erscheinungen gegenüber ermöglicht uns nunmehr, sie ganz nach *eigenem* Wunsch beliebig anzunehmen oder abzulehnen, aber ggf. auch souverän zu modifizieren, zu ändern oder aufzulösen. Wir bekommen wieder die *Freiheit der Wahl über indoktriniertes Gedankengut.* Dies ist für die Erlangung von

Lebensfreude unabdingbar, denn wir können nur glücklich werden, wenn wir erstens *uns* und das *in uns* Angelegte entwickeln und zweitens es mit dem uns gemäßen Lebensstil ausleben, statt den Vorgaben und Wünsche anderer zu folgen und fremdbestimmt zu leben.

Wir durchschauen mit der wachsenden *Bewusstheit* und *Achtsamkeit* unseres Geistes viel leichter Versuche von Manipulation und Indoktrination und können sie so besser abwehren. Diese wachsende Achtsamkeit unseres Geistes ermöglicht es uns nicht nur, jene Einflüsse und Indoktrinationen überhaupt erst zu erkennen, sondern auch den Sinn und Zweck jener Einflussnahme herauszufinden. Wir erkennen also, zu welchem Zweck sie uns eingebläut wurden, von wem sie kamen und welchem Zweck sie dienten, ob uns dies heute noch nützlich ist oder überhaupt je nützlich war. Denn eines ist absolut sicher: Jede Indoktrination wird zu einem bestimmten Zweck unternommen, und wir sind dabei das Mittel zu diesem Zweck. Üblicherweise dient Indoktrination dem, der indoktriniert, und weniger dem, der indoktriniert wird. Doch es ist auch möglich und nicht auszuschließen, dass ein indoktriniertes Muster oder eine Angewohnheit, ein bestimmtes Verhalten für einen bestimmten Lebensabschnitt, eine bestimmte Umwelt oder für einen bestimmten Zweck durchaus hilfreich war oder noch ist. Vielleicht ist es zugleich auch unser Zweck, wie bei einer bestimmten Erziehung, dann können wir es akzeptieren, vielleicht aber auch nicht oder nicht mehr. Dies zu erkennen wird mit wachsendem Bewusstheitsniveau immer leichter, und umso schwerer sind wir noch zu indoktrinieren oder zu beeinflussen.

Das Ziel des Menschen muss letztlich sein, sich von *allem zu befreien* – so lautet ein lesenswertes Buch des deutschen Zen-Meisters Wolfgang Kopp „Befreit Euch von Allem" –, von allen Vorgaben und dressierten Mustern, um rein nach göttlicher Führung und Intuition zu handeln. Doch dies kann nur in Stufen geschehen, wenn man Chaos vermeiden will. Zunächst sollten Sie sich also von denjenigen Mustern und Verhaltensweisen befreien, die selbstschädigend oder hinderlich sind oder die persönliche Umwelt negativ belasten, und sich erst dann nach und nach auch von den ihnen lieb gewordenen, nützlich erscheinenden, sie vielleicht stabilisierenden Mustern befreien. Denn auch das beste Gerüst wird überflüssig, wenn der Bau vollendet ist. „Befreit Euch von Allem" bleibt die Maxime, denn erst wenn das Gefäß völlig leer ist, kann das Leben es neu füllen, vor allem mit seiner Kraft, seinem Licht und seiner Lebensfreude.

In der Praxis werden sich Wandlung und Entwicklung im Allgemeinen so vollziehen, dass man erst einmal die eigenen Muster, Indoktrinationen, die dazu passenden angenommenen Überzeugungen als relativ und beliebig austauschbar erkennt und nicht mehr als „Wahrheit" oder als einzig „richtiges

Verhalten" (nach dem Motto: „Das macht man schon immer so, so ist es richtig, das ist einfach so, das sind doch die Tatsachen...").Wenn man statt dessen diese „Wahrheiten" als bloße Gedankenmuster, Einflüsse und Überzeugungen meist anderer erkennt, dann wird man überhaupt erst die möglichen Alternativen bemerken und wahrnehmen, die vorher verdrängt oder von vornherein ausgeschlossen wurden, und hat dadurch mehr Auswahl, das heißt ein breiteres Handlungsspektrum. Auch dadurch wird der Wandel oder Wechsel der bisherigen indoktrinierten Standpunkte und Muster erleichtert.

Somit entstehen im Geiste wieder das Gefühl und das Bewusstsein von der Freiheit der Wahl, echter, eigener Wahl und nicht fremdbestimmter, die Freiheit eines selbstgewählten Lebens und Lebenswandels. Dies beinhaltet sowohl die Freiheit, zwischen bisherigen Alternativen frei wählen zu können, aber auch die Freiheit, ganz neue Muster und Ideen, neue Standpunkte zu erforschen und zu entwickeln oder neue Verhaltensformen auszuprobieren. Somit wandelt sich der Mensch auf diesem Weg vom indoktrinierten und dadurch auch manipulierten Opfer, das vorgegebenen Wegen und Gedanken folgt und folgen muss, zum kreativen Schöpfer, der frei gestalten und entscheiden kann. Erst hier wird der Mensch zum Menschen, wird vom Knecht der Dinge zum zurückgekehrten „Kind Gottes", zum Mitgestalter der Welt oder Mitschöpfer des Alls, wird hier wieder das freie Geistwesen, das er eigentlich sein sollte. Dadurch erlebt er – ähnlich wie ein Künstler, der seine Talente frei entfalten kann – in Ausübung dieser schöpferischen Freiheit wahre Schaffens- und Lebensfreude.

Wachsendes Einfühlungsvermögen und zunehmende Intuition

Wenn wir jene Gelassenheit und Toleranz wie auch Freiheit von eigenen antrainierten oder andressierten Mustern erreicht haben, wenn wir dadurch andere Menschen, Meinungen, Standpunkte, Verhaltensweisen, Situationen nicht mehr zwangsweise bewerten, bekämpfen, begehren müssen, sondern sie erst einmal so sein lassen können, wie sie sind, dann können wir sie auch wieder direkt fühlen, können uns in andere Wesen einfühlen und sie besser verstehen. Befreit von Mustern, fällt uns auch mehr ein, spontane Intuition macht sich bemerkbar, wir haben mehr und originellere Ideen und können Gegenwart und Zukunft besser einschätzen, können beliebiges Wissen aus Raum und Zeit abrufen. Mit diesem Einfühlungsvermögen und gewachsener Intuition ist es dann nur noch ein kleiner Schritt zu Wertschätzung und Liebe, und dies bedeutet den Schritt hin zur Vollendung.

Sie werden auf dem hier gezeigten Weg also zuerst eine *erweiterte Wahrnehmung und tiefere Erkenntnis* feststellen. So wird vielleicht zum ersten Mal die Vielheit anderer Standpunkte und Meinungen, anderer Möglichkeiten und Alternativen, anderer Lebensweisen und Seinzustände überhaupt erst einmal bemerkt und multidimensionaler wahrgenommen, auch tiefer gefühlt. Wenn Sie dann der Versuchung widerstehen, diese zu bewerten, sie vielmehr offen annehmen können, so sind sie für uns interessant und nicht mehr bedrohlich, faszinieren uns gerade wegen ihrer Neuheit und Andersheit, ja bringen uns sogar zum Erstaunen. Im Idealfall werden Sie hinsichtlich Wahrnehmung und Weltauffassung wieder offen und neugierig wie ein Kind, das staunend und ohne Misstrauen die Welt mit großen Augen betrachtet. Erst jetzt, wenn wir den Schleier der selektiven Wahrnehmung, die Brille der Vorurteile und Bewertungen abgelegt haben, wird sich uns auch die ganze Schönheit und Anmut der Erscheinungen offenbaren, ganz besonders auch die anderer Menschen, ja gerade völlig andersartiger Menschen. Wir sind dann wie ein Forscher auf Expedition und kommen aus dem Erstaunen gar nicht mehr heraus. Sie können dazu auch nochmals die Übungen 24 und 25 wiederholen.

Wenn Sie derart interessiert und ganz offen und vorurteilsfrei ihre Wahrnehmung auf etwas richten und es wertschätzen, so werden Sie eine interessante Feststellung machen: Sie werden bemerken, dass sich weitere und bislang unbekannte Aspekte des Objekts ganz von selbst offenbaren. Ihre Wahrnehmung erweitert sich und zeigt viele neue Details. Feine Linien und Strukturen werden sichtbar, Farbnuancen zeigen sich, die vorher übersehen wurden, neue Zusammenhänge tun sich auf. *Wir beginnen zu staunen* und uns vieler Dinge bewusst zu werden, die uns bislang unbemerkt oder unbewusst blieben. Wenn Sie aber über etwas staunen und es bewundern, dann entstehen daraus automatisch *Wertschätzung und Achtung* sowie eine wachsende innere, kindliche Freude an den Dingen, eine Art von Entdeckerfreude. Daher werden Sie aus einem solchen Bewusstseinszustand heraus die Dinge und Menschen wie überhaupt alle Wesen ganz anders behandeln. Sie werden viel sorgsamer mit ihnen umgehen, achtsam und liebevoll. Durch diese Einsicht und das tiefe Einfühlen werden Sie mehr und mehr anfangen, diese wertvollen Schöpfungen und erst recht die Lebewesen zu lieben. Sie kommen so zu *vollkommener Erkenntnis* und zugleich *mitfühlender Liebe*, denn wenn etwas völlig erkannt wird, kann es geliebt werden, und umgekehrt kann es durch Liebe vollständig erkannt werden.

Wenn Sie nun auch in Ihrem alltäglichen Leben, in Ihrer Umgebung mehr und mehr Dinge, Menschen, dann auch Situationen wertschätzen und lieben und über deren wunderbare Gestaltung, Originalität und Schönheit staunen können, so folgt daraus ganz natürlich, dass Sie *Dankbarkeit* entwickeln und zeigen. Nicht nur bestimmten Menschen oder Dingen gegenüber, sondern dem Leben überhaupt, und dies wird sich Ihnen wiederum dankbar zeigen. Denn wie man in den Wald hineinruft, so schallt es heraus. Natürlich können Sie diese Dankbarkeit und Liebe auch gezielt entwickeln und einüben, ganz einfach in Ihrem Alltag. So gibt es beispielsweise Menschen, die beschlossen haben, für alles und jedes im Leben zu danken, für jede Nahrung, Anregung, Situation. Auf welche Art und Weise jemand Dank sagt und sich so dem Leben öffnet, wie er diese Wertschätzung zeigt und wie er die Liebe in sich entwickelt, ist nicht von Belang, allein die Resultate zählen.

Durch diese Dankbarkeit ist die eigene Aufmerksamkeit immer weniger darauf gerichtet, was noch fehlt und mangelt, sondern eher darauf, wie viel Schönes und Bewundernswertes doch um uns herum existiert und wie wunderbar – trotz aller Herausforderungen – doch alles Leben ist: welche Fülle existiert, welche Vielfalt an Formen und Farben, welch filigranes Design, und wie wunderbar alles zusammenpasst, miteinander harmoniert. Wachsendes *Vertrauen in das Potential und in die Fülle des Lebens* ersetzt das bisherige Misstrauen und die vielleicht stille Anklage gegen das Leben, das Gefühl des Mangels und des Brauchens, der Benachteiligung und des Unterversorgtseins. Dieser positive Wandel unserer Einstellung hilft nicht nur enorm unserer seelischen Verfassung und inneren Stabilität – wie man sich leicht denken kann –, sondern auch der Gesundheit des physischen Körpers, wie auch die moderne Medizin (Psychoneuro-Immunologie) inzwischen weiß. Darüber hinaus hilft dies aber vor allem unserem Erfolg im Leben, im Beruf, und so wird sich nach dem Gesetz von Ursache und Wirkung auch unser alltägliches Leben, unser Schicksal radikal verändern und müsste erfolgreicher sein, woraus wir wiederum mehr Freude haben. Wir werden darüber hinaus im Spiegel der Welt ebenso dankbaren und liebevollen Menschen begegnen und werden so viel Liebe, Anerkennung, Wertschätzung und Dankbarkeit von anderen erfahren.

*Hinweis: Sollten Sie trotz der Übungen Probleme haben, Dankbarkeit und Wertschätzung zu entwickeln, dann erkennen Sie bitte, dass dies ausschließlich an Ihrer Bewertung liegt. Nehmen Sie daher die Bewertung wenigstens probeweise einmal weg, und **danken Sie trotzdem**, – was haben Sie schon zu verlieren? Lassen Sie Ihren Willen stärker sein als die Bewertung. Ihr neuer Standpunkt wird auch hier die Dinge schnell in Bewegung bringen, falls Sie es wirklich und von Herzen wollen.*

Religiös eingestellte Menschen können es sich insofern leichter machen, indem Sie sich vorstellen und sagen, dass alles von Gott kommt und erschaffen wurde, dass von dort letztlich nur Gutes kommen kann oder dass ein liebender Gott „keine Fehler machen kann", dass insofern auch alles Ge-

schickte, unser Schicksal, die in unser Leben geschickten Dinge wie Menschen dankbar angenommen werden können. Das gilt auch für Schmerzliches, so wie ein Zen-Schüler auch für einen Stockhieb des Meisters bewusst Dankbarkeit zeigt, im Wissen, dass dies nur aus Liebe für ihn und seine Entwicklung geschieht. Dann fällt es leicht, zu danken, zu lieben und sich an allem zu erfreuen.

Die Heiterkeit des Herzens leben und bewahren

„Ruhe und Heiterkeit bezeugen seine Weisheit. Freisein von negativen Emotionen bezeugt seinen Fortschritt auf dem Weg." Mit diesen Worten eines tibetischen Meisters wird beschrieben, was wir den Zustand der „heiteren Gelassenheit" oder die „Heiterkeit des Herzens" nennen. *Mit* dieser Heiterkeit oder besser *in* der Heiterkeit des Herzens leben – denn es ist ja ein Seinszustand und kein Haben – dies gelingt uns dann, wenn wir beide Aspekte, sowohl Gelassenheit als auch Mitgefühl und Liebe, entwickelt haben.

Denn wenn ich nur Gelassenheit, aber kein Mitgefühl entwickle, besteht die Gefahr, dass ich auf negative Weise gleichgültig, ja abgebrüht werde, dass ich in eine stoische, vielleicht gar zynische, weltabweisende Haltung verfalle, in eine coole Unerschütterlichkeit. Dies mag mich zwar unabhängig und unangreifbar machen, aber es hat den Nachteil, dass es mich zugleich von anderem und anderen ausgrenzt und abtrennt. Die grundlegende Einheit allen Seins ist somit zerstört und Mitgefühl, Verständnis unmöglich. Zudem braucht es viel Energie, diese Trennung aufrechtzuerhalten.

Wenn ich andererseits großes Mitgefühl und Einfühlungsvermögen entwickle, aber keine Gelassenheit, dann besteht die gegenteilige Gefahr, dass ich in alles Mögliche hineingezogen werde, mich darin verstricke, dass mich alles Mögliche anderer Menschen belastet, beispielsweise deren Gedanken, Emotionen, Schwingungen, dass deren Probleme mich geistig und seelisch belasten bzw. herunterziehen. Auch dieser Zustand des sich aufopfernden Mitleids verbraucht viel Energie, und früher oder später entwickle ich, um mich zu schützen, dieselbe Tendenz, all dieses Störende und Belastende auszugrenzen und mich davon getrennt zu halten. So geschieht es auch oft bei sensitiven Menschen, deren Sensibilität und Einfühlungsvermögen hoch entwickelt sind, bei denen aber zugleich noch Anhaftungen, Begierden und Widerstände vorhanden sind, vieles noch nicht losgelassen wurde. Sie übernehmen sozusagen die Probleme mit in ihr System, anstatt sie aufzulösen.

Es ist daher *wichtig, beide Aspekte zu berücksichtigen* und auszubilden, vor allem aber wahre Gelassenheit, die das Fundament bildet. Ohne sie würde eine Öffnung des Bewusstseins, die verstärkte Fähigkeit des Einfühlens, die Vertiefung der Wahrnehmung und die Erweiterung der geistigen Fähigkeiten nur zu mehr Verwirrung und Überforderung führen. Da Anhaftung und Verwicklung die Hauptursache allen Leids und zugleich von Verblendung sind, müssen zuerst jene vorrangig beseitigt werden, eben durch geistiges Loslassen, durch Gelassenheit. Auf dieser Grundlage kann dann die Liebe wachsen, ohne dass sie „klebrig" ist, haftet oder gar missioniert, kann Mitleid und Mitgefühl wachsen, ohne dass wir „mit-leidend" werden.

Einfühlen und Mitfühlen

Dieses für das Leben in Freude und Heiterkeit so notwendige *Mitgefühl* entsteht aus der eingeübten und praktizierten Wertschätzung und Liebe zu allen Wesen und allem Sein. Durch das neue Verständnis, die vermehrte Dankbarkeit, in jedem Fall aber durch die Liebe werden noch vorhandene Grenzen gegenüber anderen Dingen und Menschen abgebaut und vielleicht noch unbewusst gebliebene Blockaden aufgelöst. *Wir beginnen wieder zu fühlen*, und dies ist nicht nur eine Emotion, sondern es ist vielmehr eine ganz andere Art des Erkennens, eine neue Art der Verbindung und der unmittelbaren, ganzheitlichen Wahrnehmung direkt aus dem Sein heraus, die keine Sinne und keine weitere Vermittlung braucht. Dieses Fühlen nimmt daher etwas nicht über seine Teile oder äußeren Merkmale wahr, auch nicht nacheinander oder nebeneinander, sondern als Ganzes – im Hier und Jetzt, sofort, ohne Verzögerung, ohne weiterer Analyse oder Synthese zu bedürfen.

Dies ist ein weiterer großer Zugewinn auf unserem Weg: Über diese Liebe und Offenheit können wir uns wieder *direkt mit dem Sein der Dinge verbinden*, da letztlich nur *ein* Seinsgrund, der Geist, existiert. Wir fühlen einfach, wie es ist, wir brauchen, bildlich gesprochen, keinen Dolmetscher, keine Schubladen und Kategorien mehr. Auch müssen wir etwas nicht mehr aus der Fülle von Daten konstruieren oder zusammensetzen. Im perfekten Fühlen wissen wir sofort, wie etwas ist, was es ist, wie es sich anfühlt, direkt und ohne Umschweife, etwa so, wie wir auch ein Bild sehen und zugleich in allen Teilen erkennen und nicht Linie für Linie oder Stück für Stück nacheinander. Auch schon der animalische Instinkt entstammte aus dieser direkten Seinsverbindung der Dinge untereinander, er weiß es auch sofort und als Ganzes, ist aber noch ohne Bewusstsein darüber. Im *bewussten* Einfühlen und Mitfühlen sind wir uns dagegen der Inhalte voll bewusst, können sie auch bewusst einsetzen und frei gebrauchen, während der Instinkt stets gebunden und fixiert ist, keine Wahl hat. So können wir nur durch die Bewusstheit diese Fähigkeit auch genießen und Freude daran haben.

Ein Beispiel für den Unterschied von indirektem Erkennen über die Sinne zu unmittelbarem, direktem Erkennen über das Fühlen gibt uns vielleicht der Vergleich von Sprache und Musik. Das gewöhnliche Erkennen über die Sinne gleicht dem Verstehen einer fremden Sprache mit Hilfe eines Simultan-Dolmetschers, der die einlaufenden Sprachdaten in eine für mich verständliche Sprache übersetzt und umwandelt. Dies kann nur nacheinander fortlaufend geschehen, und es können hierbei natürlich viele Fehler auftreten – abhängig von der Qualität des Dolmetschers. Ebenso ist die Sinneswahrnehmung ja auch abhängig von der Qualität der Sinne. Wenn ich dagegen Musik höre, auch wenn es eine fremdartige, ungewohnte Musik ist, wenn ich mich dafür öffne, so kann ich sie unmittelbar erfassen und verstehen, und zwar über mein Gefühl, das ganzheitlich wahrnimmt. Ich fühle einfach unmittelbar, welches Gefühl die Musik in mir auslöst, weiß durch das Fühlen beispielsweise, ob sie traurig oder fröhlich, kraftvoll oder getragen ist, ob sie Schmerz oder Freude ausdrückt, ohne dass ich jemand bräuchte, der es mir übersetzt oder erklärt. So etwas brauchen allenfalls Menschen, die eben das Gefühl dafür bzw. jene Art von Fühlen verloren haben und es durch den Intellekt ersetzen wollen. Doch es ist wohl offensichtlich, dass damit Musik nicht erfasst werden kann.

Daher braucht das Fühlen den Intellekt nicht, so wenig wie diese Art der Wahrnehmung und Einsicht mit dem Intellekt erfasst oder ausgeschöpft werden kann. Es sind zwei völlig verschiedene Ebenen, und beide haben ihren Wert für sich. Der Intellekt hat seine Domäne in der materiellen Welt, der polaren Wirklichkeit, der dualistischen Erscheinungswelt, dort, wo es nur ja oder nein gibt, und ist daher prädestiniert für lineare Denkprozesse. Das Fühlen dagegen hat seine Domäne in der geistigen Welt, wo alles in allem holographisch enthalten ist, wo alles mit allem vernetzt ist und somit eine synthetische Einheit bildet. Es ist eine Einheit des Seins, in der nicht nur prinzipiell alles Wissen verfügbar und abrufbar ist, daher auch die Genialität der Intuition, sondern etwas auch stets als Ganzes zugleich und nicht in seinen Teilen und nacheinander erfasst wird. An folgendem Beispiel soll noch einmal dieser Gegensatz von herkömmlicher raum-zeitlicher Sinneswahrnehmung gegenüber dem ganzheitlichen Erfassen durch Einfühlen illustriert werden:

– Das Erfassen über die Daten der Sinne und den Intellekt ist mit einem Fernsehstrahl zu vergleichen, der nacheinander Bildpunkt für Bildpunkt,

Zeile für Zeile auf eine Oberfläche (= Fernsehschirm) schreibt und abbildet, der räumlich nacheinander und zeitlich erst nach einer gewissen Zeitspanne ein komplettes Bild aufbaut.

– Das Erfassen über das Fühlen, das ganzheitliche geistige Wahrnehmen ist mit einem Filmprojektor zu vergleichen, der zeitgleich alle Bildpunkte zusammen auf eine Oberfläche projiziert und dort abbildet, eben nicht räumlich-zeitlich nacheinander, sondern als Ganzes zugleich, (nur mehr oder weniger deutlich je nach Qualität und Reinheit der Leinwand, auf die projiziert wird).

Durch den bisherigen Bewusstseinswandel, vor allem durch den Abbau der Abgrenzungen und Bewertungen, aber auch mittels Wiederverbindung mit anderem Sein, durch Tolerieren, Annehmen, Wertschätzung und Liebe kann und wird uns dieses Fühlen (wieder) möglich werden. Damit können wir Dinge, Situationen oder Menschen unmittelbar und ohne Zeitverzug ganz erfassen, indem wir uns einfach als geistiges Wesen mit dem Geist des anderen oder als Bewusstsein mit anderem Bewusstsein verbinden. So praktizieren es manchmal bestimmte Heiler, und so können Sie es auch erlernen und einüben, um mühelos an Informationen aller Art zu kommen. Dies bringt auch viel Freude. Dazu müssen Sie lediglich die Illusion der Trennung für sich auflösen, die nie wirklich existiert, da es letztlich nur *ein* Sein gibt, und dies ist der *eine* Geist, der bereits ewig in sich eins ist und nicht erst vereint werden muss. Diese Einheit des allen Erscheinungen zugrundeliegenden Geistes ist auch der Grund, warum bestimmte Menschen mit bewusstem Zugang dazu die Fähigkeit haben, in diesem erweiterten Bewusstseinszustand sowohl räumlich weit entfernte Dinge wahrzunehmen – dieses in Fachkreisen sogenannte „remote viewing" wird sogar schon von Geheimdiensten genutzt bzw. missbraucht – wie auch Erkenntnisse von zeitlich vergangenen oder zukünftigen Ereignissen zu bekommen. So könnten auch Sie nach einiger Übung direkt und unmittelbar wissen, wie sich ein anderes Lebewesen anfühlt, was es fühlt, denkt oder begehrt, welche Probleme, Sorgen oder Gefühle es hat, und so tiefes Mitgefühl entwickeln.

Wenn Sie dazu Lust haben, dann üben Sie zunächst in der Natur, später auch im Alltag, wenn immer Sie einige Minuten Zeit haben, beliebige *Objekte Ihrer Umgebung zu fühlen*. Die einzige zusätzliche Voraussetzung ist eine möglichst neutrale Geisteshaltung und ein beruhigter Verstand. Fühlen Sie zuerst unbewegliche Dinge wie einen Stein oder Kristall, später bewegliche Objekte, Pflanzen und Lebewesen. Verbinden Sie sich mit dem Objekt und verschmelzen Sie damit, schlüpfen Sie mental hinein wie in einen Handschuh oder lassen Sie sich hineinsinken wie beim Baden in warmes Wasser, und achten Sie dann einfach auf die aufkommenden Gefühle, ohne zu werten oder darüber nachzudenken. *Fühlen Sie einfach, wie es sich anfühlen würde, so zu sein.* Einfach mal spielerisch ohne Anstrengung, einfach mal zum Spaß. Zu Beginn gibt es vielleicht nur wenige, undeutliche, vage Eindrücke, doch seien Sie überzeugt, dass es möglich ist, dass auch Sie es können und dass die Eindrücke, die Sie haben, völlig in Ordnung sind. Mit wachsender Übung werden sie immer deutlicher werden. Viele Menschen machen gute Erfahrungen mit Bäumen, in die sie sich hineinfühlen, oder mit nahestehenden Tieren. Wichtig ist, rein zu fühlen, ohne es sofort wieder benennen oder in Kategorien einordnen zu wollen.

Erst wenn Sie darin einige Übung haben und sich in Ihrem Vorgehen einigermaßen sicher sind, *fühlen Sie andere Menschen*. Denn wenn wir noch selbst irgendwelche – und zumeist unbewusste – Vorurteile haben, dann wirken diese wie ein Filter, wie eine gefärbte Brille, die unsere Eindrücke entsprechend ihren Eigenschaften färbt, verzerrt, in jedem Fall verfälscht. Daher ist Neutralität für sichere und reproduzierbare Ergebnisse so wichtig. Übrigens geschieht das Fühlen anderer Menschen durch uns ständig, wenn auch meistens unbewusst, und so spricht man von der „Chemie, die stimmt", oder man kann den einen „riechen", den anderen nicht, oder „er ist auf meiner Wellenlänge". Alle diese Aussagen beschreiben nichts anderes als das Fühlen eines anderen, und die Informationen daraus sind oft gegen alle Logik oder Verstandesargumente. Sie sehen also, wir tun es sowieso schon, also tun Sie es nun bewusst, und fühlen Sie sich in einen Menschen hinein, fühlen Sie, wie er sich fühlt. Schlüpfen Sie in ihn hinein, und seien Sie jener Mensch. Sie können sich dabei auch einfach sagen: Ich bin (Name), und sich dann über die dem Menschen eigene Haltung, Gestik und Mimik hineinfühlen, so wie ein Schauspieler, der eine Rolle lernt. Bleiben Sie aber auf Empfang, achten Sie lediglich auf die Eindrücke und hüten Sie sich davor, etwas in jemanden hineinzuprojizieren oder mit ihrer Phantasie auszumalen, – nur achtsam fühlen. Das Schöne beim Üben mit Menschen, vor allem mit Bekannten, ist, dass Sie hier Ihre Ergebnisse auch experimentell überprüfen, also verifizieren können, indem Sie jenen Ihre Eindrücke erzählen und dann nachfragen, inwieweit dies zutrifft. Es sollten aber Menschen mit hoher Ehrlichkeit und Selbsteinsicht sein, sonst können sie Ihre Informationen vielleicht nicht annehmen oder nicht erkennen, obwohl sie richtig sind. Sie können diese Übungen auch mit Gleichgesinnten als ein Spiel spielen, dies bringt noch mehr Feedback und Freude.

Allgemeiner Hinweis: Wenn es bei Objekten auch nach längerem Üben noch Probleme gibt, versuchen Sie es einmal mit einer Kerzenflamme, wie in Übung 15 beschrieben. Werden Sie ganz ruhig und leer, konzentrieren Sie sich kurz auf die Flamme, dann verbinden Sie sich mit der Flamme. Sinken

Sie in die Flamme hinein, bewegen Sie sich mit ihr, werden Sie völlig eins mit ihr. Dies ist eine klassische Geistes-Übung.

Hinweis für Verstandesmenschen: *Als Intellektueller* machen Sie sich zuvor klar, dass die Objekte nicht wirklich existieren, keine von Ihnen getrennte Substanz haben, ja nicht einmal eigene Farbe oder Form besitzen, sondern Ihr Bewusstsein dies aus Energieimpulsen aufbaut und konstruiert. Demnach ist alles nur Information in einem Meer von Energie, nur unterschieden durch Schwingung, und es gibt in Ihrem Geist nur Bewusstseinsinhalte, geboren aus reinem Gewahrsein wie in einem Traum. Mit diesen Vorstellungen geht es einfacher, die Abgrenzungen zu überwinden und an die Möglichkeit zu glauben.

Der Weg des Herzens – dauerhafte Lebensfreude

Der Weg zur Leichtigkeit und Heiterkeit des Seins ist der Weg des Herzens, und darum nenne ich diesen Zustand auch die Heiterkeit des Herzens, die unauflöslich mit der Lebensfreude verknüpft ist. Schon das Symbol des Herzens drückt es in seiner Darstellung aus, wie das Herz die zwei Halbkreise in eins zusammenführt, die Dualität in die Einheit *aufhebt*, und zwar im dreifachen Wortsinn: indem es erstens die Dualität, die Trennung als solche negiert und überwindet, also auflöst; zweitens indem es alles in die höhere Einheit des Geistes hin*aufhebt*; drittens indem es das Einzelne und Individuelle in der Einheit aufbewahrt und nicht etwa zerstört. Dadurch wird die Einheit zur Ganzheit, in der alle Eins sind und eins Alles ist. Diese Realisation der Einheit geschieht einzig durch die Liebe:

Nur in der Liebe können zwei oder mehrere eins sein, ohne sich als einzelne zu vernichten. Nur in der Liebe, die sich im Herzen ausdrückt, ist Einheit in der Vielheit, Vielheit in der Einheit möglich.

Dies ist eine der größten Einsichten des Lebens. Die Weltsicht und das Lebensgefühl aus solcher Einsicht heraus, diese Souveränität tolerant zu leben und leben zu lassen, alles auch wieder loszulassen, dieser gelassene Standpunkt, gepaart mit unendlicher Geduld und Mitgefühl, können wir „die Heiterkeit des Herzens" nennen oder „gelassenes Mitgefühl". Grundlage für die Entwicklung solch ganzheitlicher, nicht-bedingter, nicht-klebriger Liebe in uns ist völlige Gelassenheit, geistige Neutralität, Toleranz und Offenheit. Entwickeln wir uns auf diesem Fundament weiter über das Annehmen, über die Dankbarkeit zu Wertschätzung und Liebe für alle Wesen und alles Sein, dann heben wir damit die einst selbst gezogenen Grenzen auf, die uns von den anderen Wesen, also von anderen Teilen des Bewusstseins trennen, damit erleben und erfahren wir zugleich mehr und mehr das Gefühl der Einheit, zuerst mit bestimmtem Sein, schließlich mit allem Sein. Letzteres ist dann wahre Ekstase.

Dieses Gefühl mag in unserem Leben zunächst in bestimmten harmonischen Momenten vage auftauchen, noch unklar und vielleicht mit anderen Emotionen vermischt. Es wird aber mit zunehmender Bewusstseinsentwicklung immer klarer wie auch stabiler und dauerhafter werden, sich schließlich auch im Alltag mehr und mehr durchsetzen. Wir fühlen dann ganz intuitiv die Verbindung mit bestimmten Ereignissen, mit Menschen die uns begegnen, nehmen sie ganz innerlich und wesenhaft wahr, und – dies ist das Schöne daran – wir kennen automatisch und spontan auch deren Botschaft, deren Bedeutung für uns, ohne noch weiter analysieren zu müssen. So wird das Leben leicht und mühelos, frei und heiter, und mit einem solchen Herzen werden wir wieder die wahre und ewige Liebe kennenlernen, die wir im Grunde unseres Herzens schon sind. Spätestens hier wird Lebensfreude zum Dauerzustand.

In dieser Gelassenheit wird enormes *Vertrauen in das Leben* freigesetzt, und die Sorgen und Berechnungen, die ja ausschließlich aus dem Verstand kommen, verschwinden damit. In dieser Heiterkeit des Herzens können uns auch auftretendes Leid und Verlust nicht mehr grundsätzlich erschüttern, weil wir erstens um die Relativität dieser im Grunde virtuellen Welt und den ständigen Wandel der Erscheinungen wissen und sie losgelassen haben; und weil wir zweitens über eigene Erfahrungen wie auch über das Mitgefühl mit allen leidenden Wesen diese Emotionen und Trauer reichlich durchgemacht, mitgemacht, mitgetragen und miterlebt und somit auch alle „negativen" Gefühle dauerhaft in uns integriert haben.

Integrieren bedeutet, dass wir keine noch so großen Gefühle und Emotionen mehr ablehnen oder von außen begehren müssen, sondern sie innerlich stets zur unserer Verfügung haben, ohne noch Angst vor ihnen haben zu müssen. So können wir beispielsweise auch traurig sein, wenn es Zeit für Trauer ist, und fröhlich sein, wenn es Zeit für Fröhlichkeit ist. Wir leben und erfahren auch weiterhin diese Gefühle, aber nun selbstbestimmt, frei und bewusst, ohne die jeweiligen Zustände noch länger bewerten oder ausgrenzen zu müssen, ohne sie noch für absolut zu nehmen und daran zu haften. Wir sind nun Schöpfer, nicht mehr Opfer der Gefühle. Wir sind nun der souveräne Klavierspieler, und sie sind wie Tasten auf dem Klavier, und dessen weiße Tasten spielen wir nun genauso gut und gern wie die schwarzen, die traurigen Moll-Töne sind genauso akzeptiert wie die fröhlichen Dur-Töne, wir können nun alle Tasten der Klaviatur des Lebens spielen, das volle Programm, mit voller Lebensfreude.

Die Leichtigkeit des Seins

Im Idealzustand ist dies ein müheloses und leichtes Leben, sozusagen die Leichtigkeit des Seins, da ich nichts mehr absolut ernst und verbissen nehmen *muss* oder etwas erreichen *muss*, sondern wie ein Komponist und Künstler frei bin, auf dem Klavier des Lebens mein eigenes Lied zu spielen, auch spontan zu improvisieren. Bin ich in solcher Weise Schöpfer und frei, so entstehen nicht nur Spielfreude und Spaß am Komponieren (Erschaffen) und Spielen (Manifestieren), sondern durch diese Freiheit und Ungezwungenheit ohne Grenzen entsteht zugleich eine Leichtigkeit, die wir die Leichtigkeit des Seins nennen. Da nun viel mehr Möglichkeiten und Alternativen offen stehen und kaum noch Anhaftungen und Verwicklungen vorhanden sind, gestaltet sich das Spielen nun nicht nur frei und unbeschwert, – ohne die früheren „Sach-Zwänge", die übrigens niemals Sach- vielmehr Verstandeszwänge waren –, sondern es gestaltet sich auch glücklich, denn *Glück ist die freie Entfaltung und Erfüllung dessen, was in uns angelegt ist.* Somit wird unser Leben zufriedenstellend, erfüllend und voller Freude. Wir müssen hinfort nicht mehr gegen das Leben kämpfen, dem Leben etwas aufzwingen, sondern wir können uns hier prinzipiell *an allem erfreuen*, an allen Aspekten des Lebens, an jedem Lied, an jeder Note des Lebens, an der Sonne genauso wie am Regen. Es ist alles Erscheinung, gleich-gültig und gleich viel wert, alles genauso interessant.

So muss das Leben und das von ihm Geschickte, das sogenannte Schicksal, auch nicht mehr gemieden oder unterdrückt werden, nicht einmal seine unerfreulichen Aspekte, und erst recht nicht die erfreulichen. Daher gibt es hier keine Asketen mehr. Wir können unser Leben, unsere Umwelt, unsere Mitmenschen und überhaupt alle Wesen nun in ihrer Vielfalt und Einzigartigkeit annehmen, aufnehmen, wahrnehmen, wertschätzen und lieben: Kurzum, wir können das Spiel des Lebens nun unbeschwert mitspielen wie große Kinder, ohne uns noch darin zu verlieren. Gelassen können wir nun alles direkt in seinem Wesen erfassen und mit jedem Wesen mitfühlen, ohne darin verstrickt zu werden, können somit alles genießen, ohne noch daran zu haften, und uns an allem erfreuen, ohne es noch zu begehren, da wir ja wissen, dass wir im Geiste sowieso alles schon haben. Hier ist die Kunst der Lebensfreude am Ziel.

Generalübung

Wer diese tiefe Herzensverbindung speziell zu anderen Menschen und Wesen noch stärken will, oder wer eine generelle Wandlung und Transformation hin zu mehr Liebe durchführen, vertiefen und ausbauen möchte, der kann die folgende Übung machen, die mit der uralten Technik des Mantra arbeitet. Ein Mantra ist ein „Feuerwort", das durch stete Wiederholung wirkt, langsam, aber unaufhaltsam. Sie ist vor allem empfehlenswert, wenn Sie nicht nur bestimmte Menschen und Situationen oder einzelne Lebensbereiche bearbeiten und sich dabei jeweils Stufe für Stufe entwickeln möchten, sondern wenn Sie eine schnelle, grundlegende und allesumfassende Transformation, einen grundsätzlichen Wandel ihres Seins anstreben. In dieser Übung wird unterschiedslos und ohne Einschränkung, ohne jede (Vor-)Bedingung Liebe zu allen Lebewesen entwickelt. Dies geschieht ganz ähnlich den Intentionen großer Meister wie beispielsweise der tibetischen Weisen, die ganz generell allen Lebewesen Wohlergehen und Erleuchtung wünschen und dafür wirken. Somit wird Sie eine solche Übung analog auch in ähnliche Bewusstseinszustände wie die jener Meister führen. Da sie kollektiv und nicht mehr individuell angelegt ist, kann sie auch zu kollektivem Bewusstsein und Wissen führen. Dies können Sie einfach selbst ausprobieren.

Trotz dieses hohen Zieles ist es zugleich eine ungemein leicht durchzuführende Übung, wenn man nur konsequent ist und auch dann weiter übt, wenn sich anfänglich keine besonderen Ergebnisse zeigen. Dann muss eben erst der Boden bereitet werden, doch bei Fortführung wird sie in jedem Fall schöne und vielleicht auch süße Früchte bringen, denn keine Ursache ist ohne Wirkung. Die Liebe aber ist die stärkste Ursache und Kraft im Universum, da sie die Grundkraft aller geistigen Welten ist, ja, da sie der Geist selbst ist, und somit werden hier auch große Wirkungen ausgelöst. Die Liebe ist auch die Kraft, die das Gesetz der niederen Welten, das Gesetz des Karma oder Schicksals jederzeit aufheben, alles wieder heilen und in die Einheit zurückbringen kann, denn die Liebe verzeiht alles, heilt alles, überwindet alles und gibt niemals auf. Daher führt die Entwicklung dieser in uns schon schlummernden Liebeskraft zu einer solch gewaltigen Transformation unseres Lebens und Seins, zu Frieden und Freude.

ÜBUNG 29: Liebe und Mitgefühl allen Wesen

Zweck: Liebeskraft entwickeln und sich durchlichten, geistige Schwingung erhöhen.

Empfohlene Vorübung:

Betrachten Sie nacheinander Objekte Ihrer Umgebung, in Ihrer Wohnung, Ihrem Haus oder Garten oder in der Natur, und empfinden Sie für alles bewusst Dankbarkeit und Wertschätzung, so lange, bis Sie es fühlen können. Fahren Sie fort, dies mit Lebewesen und dann mit Menschen zu üben, bis Sie die Wertschätzung und Liebe wirklich in sich fühlen und sich nicht nur bloß im Denken vorstellen.

Durchführung:

a) *Wann immer Sie im Alltag Zeit haben, sprechen Sie* **mindestens eine Stunde pro Tag***, lieber öfter, das Mantra bzw. den Satz „Liebe allen Wesen" in sich hinein, wo immer Sie gehen, stehen, sitzen, warten, bei allen sich bietenden Gelegenheiten, so oft wie möglich. Erzeugen Sie dabei das Gefühl von Wohlwollen und Mitgefühl für alle diese Wesen und fühlen Sie, wie es von Ihnen wie von einer Sonne ausstrahlt. Optimal wäre es, wenn Sie zusätzlich 1–2 mal am Tag meditieren können und dabei das Mantra gezielt und ohne Ablenkung in sich hineinsprechen. Führen Sie dies über beliebig viele Wochen aus, bis es ganz automatisch wird, bis das Gefühl in Ihnen so stark wird, dass Sie innerlich zu vibrieren beginnen.*

b) *Nun stellen Sie sich dabei zugleich vor, wie es auf manchen Heiligenbildern zu sehen ist, dass* **aus Ihrem Herzen Lichtstrahlen ausbrechen***, in reinem Licht oder leicht rosa und blau gefärbt, wie Licht und Liebe sichtbar aus Ihnen ausströmen. Bleiben Sie achtsam bei der Vorstellung, die sich dadurch verstärkt (Gedanken sind Kräfte!), während Sie weiter Ihr Mantra sprechen. Hier ist* **tägliche Meditation** *zu empfehlen, möglichst ohne Unterbrechung.*

c) *Zusätzlich zu Mantra und Lichtvorstellung visualisieren und empfinden Sie sich in dieser Liebe* **als eins mit dem göttlichen Licht oder als eins mit Christus oder Buddha***. Visualisieren Sie sich zumindest in der Meditation als Lichtbringer oder Bodhisattva, als ein Licht vom Licht, welches von oben aus einer Lichtsäule stetig Licht empfängt, und strahlen Sie es unaufhörlich weiter aus, bis das Mantra, das Licht und Sie eins werden. Verstärken Sie es nach Wunsch, indem Sie immer wieder* **bewusst entscheiden***, sich noch mehr dem Licht und der Liebe zu öffnen, sich der Liebe ganz hinzugeben, in ihr zu versinken, sie immer mehr zu fühlen und auszustrahlen. Während Sie nun das Mantra sprechen, ob im Alltag oder in der Meditation, dann sehen Sie mit Ihrem geistigen Auge, wie das von Ihrem Herzen ausgehende Licht die Umwelt, die Menschen um Sie herum erreicht, durchdringt und mit Liebe förmlich überschüttet. Genießen Sie es, haben Sie Spaß daran, und achten Sie auf die Wirkungen.*

Erwartetes Resultat: Empfinden intensiver Liebe und Mitgefühl, Verbindung, Ekstase, Einssein

Haben wir solch tiefe Liebesverbindung mit der Welt und anderen fühlenden Wesen erreicht, können wir solche Energien von Licht und Liebe in uns fühlen, stabil ausstrahlen und spüren, dann zeigen sich bald entsprechende

Wirkungen nicht nur in der Umwelt. Wir selbst verspüren Freudentränen, erleben intensive Emotionen und ekstatische Glücksgefühle und werden schließlich – bei völliger Gelassenheit – reine Ekstase und göttliche Liebe erfahren, worüber das folgende und letzte Kapitel handelt.

Menschliche und göttliche Freude: Ekstase und Erleuchtung

Mit dieser „göttlichen", überweltlichen, ewigen und universellen Freude und Ekstase, die weit über die übliche Lebensfreude hinausgeht, die mit Erleuchtung, Satori, Samadhi, oder wie man es nennen mag, einhergeht, kommen wir zu einem heiklen Thema. Es ist schwierig in Worte zu fassen und zu beschreiben und Ursache vieler Missverständnisse, weil es sowohl den Verstandeshorizont wie auch den üblichen Erfahrungshorizont der Menschen übersteigt. Als Autor möchte man das Thema gern umgehen, da es für viele Menschen noch zu esoterisch oder vermeintlich zu weit entfernt ist, weil es viele religiöse Überzeugungen erschüttert, Emotionen aufwühlt und man sich leicht als Projektionsfläche der Kritik und Verfolgung aussetzt. Dies geschah auch tatsächlich vielen Mystikern, die darüber gesprochen haben oder so unvorsichtig waren, etwas davon zu veröffentlichen. Es herrscht hier seit Jahrtausenden der klassische Konflikt zwischen echten Mystikern, also denen, die diese Freude selbst erlebt haben, und den Priestern, die solche Erfahrungen lediglich „verwalten", vermarkten und monopolisieren, ohne eigene Erfahrung – ein Konflikt, der für die Mystiker oft ungünstig endete. Daher gehörte dieses Thema nicht ohne Grund zu den geheimen Wissenschaften und wurde früher meist nur im Verborgenen gelehrt, oft sogar nur mündlich überliefert. Doch das Bewusstsein entwickelt sich, und heutzutage wird all dies öffentlich verbreitet und erörtert, es steht somit an der Schwelle, in unser kollektives Wissen integriert zu werden.

Somit wäre ein Buch über Lebensfreude und Erfüllung zumindest unvollständig, wenn wir diese als so intensiv und gewaltig beschriebene, quasi überiridische Freude nicht wenigstens erwähnen und darauf hinweisen würden, zumindest für jene, die dafür aufnahmebereit sind. Andere Leser mögen diesen Abschnitt mit Toleranz übergehen. Denn diese Freude ist, wollen wir dem Zeugnis der wenigen glauben, die dies erfahren haben oder noch erfahren, die Freude aller Freuden, die absolute Glückseligkeit, die süßeste Wonne, der

Nektar des Lebens. Der größte deutsche Mystiker, Meister Eckhart, beschreibt sie als eine so große Wonne und Süßigkeit, dass niemand sie erschöpfend auszudrücken vermag, für das ein Mensch, der nur einmal davon kostete, alle Reichtümer dieser Welt, alles Gold gern dafür zurücklassen würde. Ähnliche Superlative haben auch Mystiker anderer Kulturen gebraucht, so der Sufi-Heilige Rumi wie auch indische oder tibetische Weise. Eine derartige Übereinstimmung über viele Jahrtausende und über Kulturen hinweg kann aber kein Zufall sein, sondern muss auf einem gemeinsamen Erfahrungsgrund beruhen: Dies bedeutet, dass es eine solche Erfahrung und ihre Grundlage wirklich geben muss. Dies sollte uns anregen und motivieren, hier weiter zu forschen, was es damit auf sich hat und wie der Zugang dazu möglich ist. Wenn nicht nur die Geheimlehren vieler Kulturen, auch die bedeutendsten Religionsstifter, Philosophen, Heilige, insbesondere aber die Mystiker über alle Zeiten und Kulturen hinweg in so zahlreichen Bildern und Formulierungen von dieser Freude und Glückseligkeit gesprochen haben, dann muss sie auch uns jetzt zugänglich sein.

Es ist also ein universelles und menschheitsübergreifendes Thema, das wir hier – allerdings nur kurz – aufgreifen wollen, um denjenigen Lust zu machen, den Weg noch weiterzugehen, die sich dadurch angesprochen fühlen, denen die Welt – selbst mit all ihren Freuden – nicht genug ist, die das Ultimative suchen. Dabei müssen wir uns im Klaren sein, dass bei diesem Thema der Sinn stets hinter den Worten gesucht werden muss. Denn die Worte können lediglich auf etwas dahinterliegendes Unsagbares verweisen, das nicht direkt zu benennen ist, das jeder nur selbst erfahren und erleben, aber nicht beschreiben kann. *Alle auf Erleuchtung bezogenen Worte, Begriffe und Hinweise zeigen also nur wie ein Finger auf den Mond*, wobei das Erkennen und Erfassen des Fingers niemals das Sehen des Mondes ersetzen kann und soll. Doch dies zu erkennen ist wichtig, denn jene mit Erleuchtung einhergehende Freude und Ekstase geht letztlich *jeden* Menschen an, ist keineswegs nur wenigen Auserwählten vorbehalten. Dann wäre sie nur ein interessantes psychisches Kuriosum. Vielmehr sollen und werden wir alle im Lauf der Erweiterung des Bewusstseins dahin kommen, wie uns alle Erleuchteten selbst versichern, und daher ist das Thema für jeden früher oder später aktuell.

In der christlich-religiösen Mystik spricht man bezüglich dieser überirdischen Freude auch von „Verzückung" oder der „Ausgießung des Heiligen Geistes", und es zeigt sich ziemlich genau in der Beschreibung der Apostel in der Pfingstgeschichte, wie sich solche Ekstase, solches Außer-Sich-Sein (wörtlich = Außer-Sich-Stehen) auf den Menschen auswirkt, welche Erlebnisse und Erfahrungen und unglaublichen Emotionen sie auslöst. Die außenstehenden „Normalbürger" glaubten damals, die Apostel seien „trunken voll süßen Weins". Sie konnten es nicht fassen, so wenig wie es die meisten „Normalbürger" heute fassen könnten. Dabei sind dies nur die ersten, noch unkontrollierten Stufen der Ekstase, wenn der Mensch zum ersten Mal mit dieser gewaltigen Energie überschüttet wird, dieses Brausen und Strömen in sich spürt, wobei der Körper sich manchmal schüttelt oder wie unter Strom steht. Hier trifft zunächst eine sehr hohe Energie auf die noch nicht genügend bereiteten niederen Körper. Dies muss uns aber nicht beunruhigen, denn es legt sich mit der Zeit und zunehmender Anpassung, und mehr und mehr Licht bricht aus, unermessliche Liebe und ein stilles Superglücksgefühl, welches die Inder „Ananda" oder Glückseligkeit nannten. Dieses ruhige, glückselige Allbewusstsein ist das Endziel, das Ideal, die Erleuchtung, eine stille und zugleich unendliche Freude, ein ruhiges, gelassenes, immerwährendes Glück, welches einsetzt, wenn wir diese Energie und göttliche Liebeskraft dauerhaft in unsere Seele und unseren Körper aufnehmen und in die Welt weiterstrahlen können. Dies ist ein Zustand, in dem Sie mit dem Christusgeist oder der Buddhanatur eins sind und nicht nur vereint, ein Zustand, wie ihn der historische Buddha Shakyamuni erreichte und wie es Christus vorlebte, ein Zustand allumfassender Liebe und unendlicher Glückseligkeit, völlig licht und klar, rein und weit wie der unendlich blaue Himmel, und zugleich strahlend wie die Sonne.

Diese Freude ist prinzipiell ganz nah

Wir müssten aber darüber nicht sprechen, wenn diese Freude und Ekstase nicht uns allen zugänglich wäre und näher, als man denkt, wie ich jedem aus eigener Erfahrung versichern kann, wenn auch nicht leicht zu erreichen. Nicht nur ist diese seltsame und übernatürliche Freude, wie die Mystiker erklären, *uns allen bestimmt* und als Ziel gesetzt, sie ist zugleich auch ganz nah, weil wir paradoxerweise nichts dazu brauchen, ja im wahrsten Sinne des Wortes nur „Nichts" brauchen, das Nichts, die Leere, die Stille des Geistes. So sagte einst ein Meister treffend: *„Erleuchtung ist die Fülle in der Leere"*, denn in diesem Nichts ist zugleich alles enthalten und doch nichts. Alle Form ist Leere, und Leere ist Form, so drücken es einige Buddhisten aus, es ist dasselbe und doch nicht dasselbe, denn das Nichts ist das Potential für alles, ist der absolute Nullpunkt, ist das kosmische überzeitliche Skalarfeld der Physiker, ist der absolute Geist der Philosophen, ist die Gottheit und der Gottesgrund der Mystiker. Somit braucht es prinzipiell keine positiven, also *keine inhaltlichen Voraussetzungen*, um dahin zu kommen, wir müssen „*nur*" leer werden, dies ist so einfach wie schwierig zugleich. Wir müssen leer werden, damit der göttliche Geist uns füllen kann, oder schweigen, damit Gott in uns sprechen kann. Daher sagt ein Zen-Meister: „Suche nicht nach dem Wahren, *höre nur auf*, Meinungen zu hegen", und der große deutsche Mystiker Meister Eckhart forderte von seinem Schüler: „Schweig still, und so lange wie möglich, dies ist dein Allerbestes."

Doch gerade das Stillwerden oder das Aufhören, gerade diese geistige Stille fällt uns so unendlich schwer, da wir stets mit allen möglichen Dingen, Gedanken, Emotionen angefüllt sind. Falls Sie dies nicht glauben, gehen Sie einmal für einige Stunden in einen Samadhi-Tank oder ziehen Sie sich für einige Tage in völlige Dunkelheit zurück, beispielsweise in ein Dunkelretreat. Sie werden sich wundern, wie Ihr Alltagsgeist wie verrückt auf Hochtouren arbeitet und produziert und nicht abzustellen ist. Menschen können Unglaubliches leisten und so vieles tun und machen, so vieles denken und produzieren, nur nicht schweigen und leer werden. Das ist ein Hauptgrund, weshalb es für uns trotz der Nähe der Erfahrung so schwer ist, sie zu erreichen. Ein anderer ist die noch mangelnde Liebesfähigkeit. Nur deshalb ist die Erfahrung noch fern von uns, andererseits aber zugleich ganz nahe, da sie schon jetzt und allezeit am Grunde unseres Wesens liegt, ja der Grund unseres Wesens *ist*, und nichts weiter erforderlich ist, als dass man das persönliche Ego, dessen Überzeugungen, Wünsche, Sorgen und Emotionen zum Schweigen bringt.

Wenn dies aber gelingt, und darauf zielen die meisten mystischen Schulungen ab, oder wenn die Liebe alle Ego-Barrieren überflutet und auflöst, dann ist diese Freude und Ekstase uns ganz nah und jederzeit abrufbar. Meister Eckhart geht hier noch weiter und behauptet, dass sich das Göttliche mit jener Freude in der Seele offenbaren *muss*, dass es hier gar keine Wahl gibt, sobald der Mensch leer geworden ist. Darüber muss man sich also keine Sorgen machen. Und dies ist auch philosophisch gesehen logisch, denn wenn man im Spiegel keine Objekte mehr sieht, er ganz leer ist, dann sieht man den Spiegel selbst; oder wenn der erkennende, wache Geist keine anderen Objekte mehr zu erkennen hat, dann muss er sich zwangsläufig selbst schauen und erkennen. Das Erreichen dieses reinen Gewahrseins ist Erleuchtung.

Was bewirkt Erleuchtung?

Mit dieser Erkenntnis seiner selbst, auch wenn zuerst nur kurz oder teilweise, geht eine immense Freude und eine orgiastische Ekstase einher, da der Geist sich nicht mehr wie bisher nur über seine Erscheinungen erkennt, sondern *rein sich selbst in seinem Wesen*. Dieses Wesen aber ist *reine Liebe und*

Freude, und wenn der göttliche Geist nun sich selbst durch uns und mit uns erkennt – wir sind ja ein Teil dieses Geistes, sozusagen „Teilchen Gottes", wie es der alte christliche Kirchenlehrer Maximus Confessor formulierte –, so erfahren wir natürlich auch *dieselbe* Freude und Liebe, die er in sich selbst ist; übrigens auch *dasselbe* Licht, das er in sich selbst ist. Daher ist diese Art von Freude so überwältigend, so sehr von allem Kreatürlichen und Zeitlichem verschieden, dass sie damit überhaupt nicht verglichen werden kann. Und doch haben wir eine Ahnung davon in uns, beispielsweise wenn wir wirklich selbstlos und voller Hingabe etwas lieben, dass wir vor Liebe weinen oder zerfließen, oder in orgiastischen Augenblicken, wo wir uns völlig selbst (als Ego) vergessen. Aber selbst diese Augenblicke sind dennoch nur ein schwacher Abglanz gegenüber der Freude, wie sie wesenhaft im Geist ist und dort auf höheren Bewusstseinsebenen erfahren werden kann.

Aus diesem Grund geht diese Freude weit über das hinaus, was wir als Harmonie des Lebens, als „im Frieden mit sich und der Welt sein", als „Heiterkeit des Herzens" bisher beschrieben und dargestellt haben. Sie überschreitet das Ego und die gesamte Persönlichkeit und ist wirklich ein qualitativ anderer Bewusstseinszustand, der deshalb auch nicht verpasst oder übersehen werden kann, wenn er sich einstellt – wie einige Menschen tatsächlich befürchteten. Es ist ein Zustand, der die bisherigen Erfahrungen, Begriffe und Kategorien unserer dualen, in sich geteilten Erscheinungswelt übersteigt und der mit Begriffen und Bildern nur angedeutet und umschrieben, aber niemals wirklich beschrieben werden kann. Doch andeuten können wir es deshalb, weil wir alle innerlich eine Resonanz dazu haben, es in uns angelegt ist. Wenn auch die Bilder und Worte unzureichend sind, so kann der darauf ausgerichtete Mensch über die in ihm dadurch ausgelöste Resonanz dennoch etwas fühlen und verstehen, so wie ein bestimmtes Symbol uns auf ein damit verknüpftes Gefühl oder eine Erfahrung verweist oder etwas in uns auslösen kann, wie ein inneres, intuitives Verstehen.

Ein wesentliches Kennzeichen der Erleuchtungserfahrung ist, dass sie ganzheitlich ist, dass sie alles umfasst, dass darin zugleich alles vereint und eins ist, ohne aber das Einzelne aufzulösen oder zu zerstören. Alles ist aufgehoben, aber auch aufbewahrt. Wie wenn man aus der Ebene des Tals plötzlich auf einen hohen Berggipfel gehoben wird und die ganze Landschaft mit allem darin überblickt, wo man früher nur einzelne Teile gesehen hat. Der Zen-Spezialist D. Suzuki erläutert dazu, dass Erleuchtung ein absoluter Bewusstseinszustand ist, in dem es kein Unterscheiden gibt, in dem alle Dinge in einem Gedanken geschaut werden. Meister Eckhart sagt analog: Das Auge, mit dem ich Gott sehe, ist dasselbe Auge, in dem Gott mich sieht, *ein* Erkennen, *ein* Lieben, *ein* Sein. Dagegen herrscht im Getrenntsein Verblendung, solange sich mein Geist eben von seinen eigenen Spiegelbildern täuschen lässt, vom Bewusstsein, dass die Objekte voneinander und dass der Erkennende vom Erkannten getrennt sei. Man muss also auf diesem Weg nicht nur die Fixierung auf die Erscheinungen aufgeben, sondern überhaupt auf alles, auch die Fixierung auf sein eigenes Bewusstsein. Dies ist das Schwierigste, doch auch dies müssen wir auf einer höheren Stufe loslassen. Denn wir sind letztlich *weder* bestimmtes Ding *noch* bestimmtes Bewusstsein, wir sind in Wahrheit *weder* Objekt *noch* Subjekt, sondern der allem zugrundeliegende Geist, der all dies träumt und sich in Beobachter, Subjekt und Objekt aufgespalten hat, doch zugleich in seiner Ganzheit nicht nur *dies* ist, sondern auch das all dem Zugrundeliegende, der Grund von allem.

Das Erwachen aus diesem Traum des Getrenntseins, das zugleich Eintauchen in das Einssein des Geistes ist, dies nennt man das Erwachen, die Erleuchtung, und es ist nicht unähnlich dem morgendlichen Erwachen. Mit dem *Aufwachen* verschwindet automatisch der Traum, seine mannigfaltigen Objekte, auch sein Raum und die darin enthaltene Zeit, wobei er keineswegs völlig vernichtet und ausgelöscht wird, sondern in der Erinnerung aufbewahrt bleibt. Doch alles ist nun wieder vereint in mir, ich bin und war dies alles und bin mir all dessen bewusst. Ich bin mir vor allem wieder als Schöpfer, als Grund und Ursache des Traums und seiner Inhalte bewusst, während ich beim Träumen eher das Opfer war. So wie nun das physische Aufwachen ein eher plötzlicher Moment ist, der jäh das Bewusstsein verändert – obwohl es sich sicherlich ankündigt und gewisse Übergangsstadien enthält –, so ist auch das spirituelle Erwachen ein plötzlicher Vorgang, eine Art Durchbruch in ein neues Sein, in ein neues Bewusstsein, auch wenn es sich vorher ankündigte. Es ist, bildhaft gesprochen, wie eine Art von Geburt, die sich zwar lange vorher durch die Schwangerschaft ankündigt und vorbereitet, doch plötzlich und unerwartet einsetzt. Nach langer, eher unspektakulärer Vorbereitung und Reifung geschieht die Geburt, der Wechsel von einer Welt in die andere in einem kurzen, plötzlichen Prozess, und ähnlich vollzieht sich auch im Bewusstsein, nach längerer Vorbereitung und manchen vorausgehenden Wehen und Schmerzen, plötzlich und meist unerwartet der Durchbruch auf eine ganz andere Ebene des Geistes.

Diese Veränderungen im Bewusstsein gehen nicht nur mit Lichterlebnissen und Visionen einher, dies sind eher die Vorboten, sondern der Geist selbst zeigt sich in ganz neuem Licht, von viel höherer Bewusstheit, Wachheit und Reinheit, daher er-leuchtet, durch-lichtet. Der Geist, so sagt es Sögyal Rinpoche, ist hier von strahlender Klarheit erfüllt, von unendlicher Weite und natürlich großem Frieden. Dieser Zustand wird meist als eine Art von Erfahrung eines übernatürlichen Lichts beschrieben, man erfährt den Geist selbst als Licht, taucht in eine *Lichtwelt* ein, in der Wesen des Lichts im Licht tanzen, voll purer Schönheit und reiner Liebe. Obwohl hier alles eins ist, so geht in diesem Licht doch nichts unter, vergeht oder wird ausgelöscht. Vielmehr ist hier im Licht, hier im durchlichteten, erleuchteten Geist, nicht nur nach wie vor *alles* enthalten, sondern wie in einem Hologramm *alles in allem* enthalten, das Ganze ist in jedem Teil.

Drei wesentliche Aspekte dieser Erfahrung, – die niemals in Worten ausgeschöpft, aber doch gefühlt und erahnt werden kann – sind also **erstens** die *holographische Ganzheitlichkeit*, Universalität und Totalität, also die erwähnte „Fülle in der Leere", ein Einssein und Verschwinden von jeglichem Getrenntsein, auch das zwischen Beobachter und Beobachtetem. **Zweitens** ist es eine immens gesteigerte, höhere und völlig in sich ruhende, unabgelenkte Wachheit und *Geistesklarheit*, die sich als stiller Beobachter lächelnd wundert, wie die „irdischen" Wesen es schaffen, eine solche Verwirrung und Sprunghaftigkeit, eine solche erschöpfende „Action" zu erzeugen. Schließlich aber ist es **drittens** der Aspekt unendlicher *Liebe*, die Erfahrung von absoluter, grundloser, unbedingter Liebe, die alles und jedes Ding und Wesen bis ins Detail umfasst und liebt, hier ausbricht und uns massiv überflutet. Erst hier kann man erleben und ermessen, was Liebe eigentlich ist.

Mit dieser kosmischen Liebe, einem der drei ewigen Aspekte des göttlichen Wesens selbst, welches die Hindus „Ananda", die christlichen Mystiker den „Heiligen Geist" nennen, geht nun eine derartig überschäumende Freude und ein solch überwältigendes Glücksgefühl einher, dass es den erlebenden Menschen völlig überschwemmt und in Ekstase versetzt, so dass er nicht mehr *bei sich*, beim Ego und seinen Rollen und Mustern, sondern *außer sich, eben in Ekstase ist* (von lat.: ex-stare = außenstehen). Hier werden das Ego, die Person, der Körper zeitweise völlig aufgelöst und vergessen, so wie es im weltlichen Bereich manchmal analog beim körperlichen Orgasmus geschieht, wo wir es aber nur für Sekunden und nur ansatzweise erfahren können. Dennoch können wir daraus schon ersehen: *Wird das Ego aufgelöst, folgt nicht der Tod oder das Nichts, sondern automatisch Glückgefühl, Ekstase und Einssein.* Genauso haben es die Mystiker aller Kulturen berichtet. Je nach Bewusstseinsentwicklung können wir diesen ekstatischen Geisteszustand kürzer oder länger aufrechterhalten. Zunächst ist er zeitlich begrenzt, wir fallen wieder daraus heraus, damit wir uns noch weiter entwickeln können. Letztes Ziel aber ist, diese Erfahrung göttlichen Lichts irgendwann einmal vollständig zu stabilisieren, dauerhaft auszuhalten und in uns zu integrieren, damit diese letzte Dualität von Alltagsbewusstsein und Erleuchtungsbewusstsein zu überwinden und schließlich alles zu vergessen und nur noch (diese Ganzheit) *zu sein.*

Visionen und außergewöhnlich emotionale Zustände können der Erleuchtungserfahrung vorausgehen, so wie Wehen der Geburt oder wie Vorbeben einem großen Erdbeben vorangehen und es damit gleichzeitig andeuten und ankündigen. Dies macht auch Sinn, denn wenn, bildlich gesprochen, die Schleier in unserem Geist dünner werden oder die Wolken sich allmählich auflösen, so blitzt natürlich schon hier und da die Sonne durch, schon bevor der Himmel ganz frei ist und bevor man die Sonne direkt sehen kann. Es ist ein gutes Zeichen oder Omen, aber bleiben Sie nicht dabei stehen. Durch diese Vorerfahrungen wird die Seele nach meiner Überzeugung langsam an den großen Durchbruch, wie es bei Meister Eckhart heißt, herangeführt und geleitet, wird erst langsam an das Licht gewöhnt, bevor sie die volle Sonne sehen kann. Das Schwingungsniveau unseres alltäglichen Bewusstseinszustandes ist manchmal noch zu sehr von jenem angestrebten Zustand verschieden, so dass es in diesem Reifungsprozess zunächst auch noch zu großen psychischen Spannungen, grundlosen Gefühlsausbrüchen oder Stimmungsschwankungen kommen kann. Um es in Zen-Worten auszudrücken: Die Seele lernt hier langsam den Ochsen (die Erleuchtung) zu zähmen und zu reiten. Wer dies weiß, kann sich darauf einstellen.

Dies bedeutet meiner Meinung nach, dass wir die noch aufwühlende, emotionale Ekstase von der folgenden stillen und klaren Erleuchtungserfahrung unterscheiden sollten, um nicht bei den Vorboten stehen zu bleiben. Wir werden also auf diesem Weg möglicherweise zuerst spontane Bewusstseinswechsel, nur gelegentliche Einbrüche dieser Liebe und Fülle erleben, oft unvorbereitet, so dass wir damit überschwemmt und manchmal auch überfordert werden. Aber wir werden damit zugleich auch schwingungsmäßig immer höher gestimmt und angeglichen, erweitert, gestärkt und vorbereitet für das Erleben von reinem Licht und reiner Liebe. Diese „vorgeburtliche Phase" bezeichne ich manchmal auch als „Achterbahn fahren", wo es steil bergauf und bergab geht, wo es einem auch einmal schwindlig wird, wo man die eigene Kontrolle zeitweise aufgeben muss und einem nichts anderes übrigbleibt, als sich hinzugeben. Eine Phase, wo zugleich unser Mut und Vertrauen geprüft und gestärkt werden, wo wir aber auch schon eine unbändige Vorfreude und Kraft erfahren dürfen, wo wir bereits von der ewigen Liebe und Freude, von Amrita, dem Nektar des Lebens, kosten und genießen dürfen. *Diese auch nur einmal intensiv gemachte Erfahrung versichert uns schon des ewigen Lebens und der Unsterblichkeit der Seele.* Sie hebt uns nicht nur über alle vergänglichen Dinge und Situationen dauerhaft hinweg und verankert uns nun in der Ewigkeit, sondern motiviert und begeistert uns auch im Hier und Jetzt dazu, diesen Weg mit aller Entschlossenheit weiterzugehen und zu vollenden.

Im weiteren Verlauf dieser Phase werden die Gefühle in und während der Ekstase dann reiner und feiner, das Schütteln des Körpers und das teilweise Gelähmtsein wie unter Starkstrom hören allmählich auf, auch die Psyche gewöhnt sich daran und kann immer besser damit umgehen. Wir können dann immer bewusster jenen Zustand herbeiführen, in ihn hinein- und wieder hinausgehen und diese sonst umwerfenden Erfahrungen und großen Gefühle mehr und mehr in völliger Ruhe und Stille, in immer größerer Bewusstheit und Wachheit erleben. Wir fühlen mit der Zeit die wachsende innere Ruhe und Stärke, dieses Licht aushalten zu können. Wir sind somit nicht mehr überwältigt, sondern schwingen uns bewusst auf, geben uns bewusst dem Göttlichen hin und gelangen schließlich in eine große Weite, Stille und Reinheit des Geistes, die der sichere Vorbote der nahenden, umfassenden Erleuchtungserfahrung ist, wie die Morgenröte die sichere Gewähr für die aufgehende Sonne.

Der Zugang zu dieser Erfahrung

Obwohl es die für Menschen größtmögliche Freude ist, können viele dieses Thema (noch) nicht als real oder als wirkliche Erfahrung ansehen, sondern sehen es mehr als Mythos. Sie fassen es wie ein Symbol oder Gleichnis auf, als einen Zustand nach dem Tod oder als weit entfernt und nicht erreichbar, und sie können die Berichte der Mystiker, Heiligen, Erleuchteten daher nicht wörtlich nehmen. Deshalb möchte ich mich hier „aus dem Fenster hängen" und allen danach Suchenden ausdrücklich versichern, dass dieser Weg und diese Erfahrung wirklich und real erfahrbar sind, dass diese Liebe stets auf uns wartet, uns möglich und zugänglich ist, und wenn auch aus bloßer Gnade. Denn der Liebe ist eben alles möglich. Doch müssen wir sie entdecken, aufdecken und ausgraben, müssen dies wegen der Freiheit unseres Willens selbst wollen, und zwar mit unserem ganzen Wesen und nicht bloß mit unserem Mund oder mit bloßen Worten anstreben wie etwa die Priester und Theologen. Wir müssen selbst auf die in so vielen Mythen dieser Welt beschriebene Heldenreise gehen, entsprechende Prioritäten setzen, Prüfungen und Aufgaben bestehen und manchmal auch unsere Entschlusskraft unter Beweis stellen, manchmal sogar fallen und wieder aufstehen. Aber wer klopft, dem wird auch aufgetan, und wer bittet, der wird empfangen, dies ist eine sichere Wahrheit, und ich möchte allen Menschen Mut machen, dies als erfahrbare Realität zu begreifen, als eine großartige Möglichkeit ihres Geistes. Erleuchtung und Ekstase sind keineswegs eine überholte Überlieferung, ein Mythos aus alten Zeiten, wie man Ihnen vielleicht weismachen will, von Füchsen, denen die

Trauben zu hoch hängen, sondern sie sind wegen der kollektiven Bewusstseinsentwicklung einfacher und schneller zu erreichen als je zuvor.

Wie aber kann man konkret zu dieser Freude kommen? Nun, viele Wege führen nach Rom, und es gibt auf diesen Wegen wiederum eine Vielzahl von Fahrzeugen und Fortbewegungsmitteln, also von unterschiedlichen Methoden und Verfahren, auf die hier nicht eingegangen werden kann. Ich möchte hier nur auf einige prinzipielle und klassische Wege hinweisen:

– Der Weg über die Meditation und das Gebet   (ind. Raja-Yoga)
– Der Weg über die Entwicklung von Liebe und Mitgefühl
                                                                    (ind. Bhakti-Yoga)
– Der Weg über Zusammensein mit Meistern oder spirituellen Freunden
                                                                          (ind. Satsang)
– Der Weg über wachsende Einsicht in die Natur des Geistes
                                                                    (ind. Jnana-Yoga)
– Der Weg über selbstloses, egoloses Wirken für andere   (ind. Karma-Yoga)
– Der Weg über Nahtoderfahrung oder spontane Bewusstseinsverschiebung

Die ersten fünf sind die klassischen Wege, die in vielen Kulturen vorkommen, auch in der uralten indisch-hinduistischen Tradition, weshalb ich die entsprechenden Begriffe mit angeführt habe. Der sechste Weg ist eigentlich erst öffentlich geworden, seit die moderne Medizin nahe am Tod befindliche Menschen wieder ins Leben zurückholen kann, aber erstaunlicherweise hat es dieses Wissen nicht-öffentlich schon immer gegeben. Dies kann man beispielsweise an der genauen Beschreibung der Nach-Tod-Zustände im „tibetischen Totenbuch" ersehen. Sicher gibt es noch manch andere Wege. Da ich selbst bislang nur Erfahrungen mit den beiden erstgenannten Wegen gemacht habe, will ich mich auf diese beiden beschränken und sie kurz skizzieren, obwohl klar ist, dass sie letztlich alle in dieselbe Erfahrung münden.

Der Weg über die Meditation und das Gebet in die Stille, den ich auch den männlichen Weg nenne, ist wohl der klassische Weg der Mystiker, der sich in allen großen Religionen findet, zumindest von Christentum, Buddhismus und Hinduismus. Schon der alte indische Weise Patanjali (ca. 2. Jhd. v. Chr.) gibt klar die sieben wichtigsten Stufen auf diesem Weg in seinen klassischen Yoga-Sutren an. Jener Weg zielt über Reinigung und manchmal vorbereitende Energie- und Atemübungen direkt auf den zentralen Punkt ab, die Erlangung der Stille des Geistes, der wachen Leere ohne Objekte, in der der Geist sich schließlich selbst schaut. Viele mystische Schulen, auch große christliche Mystiker wie Origenes oder Meister Eckhart lehren, dass durch das Leerwerden, die Abgeschiedenheit und die Stille im Geist diese Erfahrung möglich wird, in welcher der Geist *sich selbst als Geist, als wesenhaft Licht und Liebe erkennt*. Denn solange der Geist unterscheidet, definiert, „träumt", entsteht die Vielheit der Dinge, unterlässt er es aber und wird vollkommen still, so gewinnt er Einblick in ihr wahres Sein, das aber zugleich sein eigenes Sein ist, da er selbst die Grundlage aller Dinge und Erscheinungen ist. Dies bedeutet also praktisch, indem wir alle Unterscheidungen aufheben, uns von allen Definitionen und Formen lösen, uns – wie Eckhart formuliert – von allem Zeitlichen und Vergänglichen, ja von überhaupt allen Formen abscheiden, sogar noch von uns selbst als denkendem Sein, dann wird es still und leer. Ein Zen-Meister sagt dazu: „Lass deinen Geist sein wie leerer Raum, aber hege keinen Gedanken an die Leere." Es sollen also alle Gedanken aufhören bis zur vollkommenen Stille, denn auch Meister Eckhart erklärt: „Solange noch Bilder in der Seele sind, solange wird die Seele nimmer selig."

Das Gebet wie beispielsweise das Herzensgebet ist bei dieser Herangehensweise nur ein Hilfsmittel auf dem Weg zu wachsender Konzentration, Kontemplation und Versenkung. Man versenkt sich damit in sich selbst hinein, lässt dann aber das Gebet weg, so wie man das Boot zurücklässt, wenn man den Fluss überquert hat und ans andere Ufer steigt. Wer hier am Hilfsmittel festhält, der kann nie ans andere Ufer gelangen, sondern sitzt im Boot fest. Sind wir also mit welcher Methode oder welchem Gebet auch immer völlig ausgerichtet und wach, ganz im Hier und Jetzt, und wird es leer und still, so müssen wir auch das Hilfsmittel loslassen, uns selbst loslassen, dies bedeutet auch unser Bemühen loslassen und uns einfach in die Stille werfen, in die Stille versenken, uns der Stille hingeben.

Doch es kann nur funktionieren, wenn mit oder in dieser Stille immer zugleich völlige Wachheit und Bewusstheit herrschen. Still und zugleich dumpf oder wie ohnmächtig und nur regungslos zu sein nützt nichts. Das Ziel heißt hier: *Wach und leer zugleich sein. Gewahr sein, ohne sich irgendetwas bewusst zu sein.* Wenn wir so leer sind, dass unser Geist nichts mehr sonst, sondern nur noch seiner selbst gewahr ist, sozusagen „Reines Gewahrsein" ist, und es keine Unterschiede mehr im Geist gibt, dann werden wir als reiner Geist in Geist, als Licht ins Licht, in göttliches Sein hineingerissen. Dies ist der Durchbruch, bei dem wir Erleuchtung erfahren und von jener immensen Freude und Liebe erfüllt werden. Nun gibt es zahlreiche alte und neue Methoden und Verfahren, zu dieser Stille des Geistes zu kommen, in der auch noch die subtilste oder heiligste Form aufgelöst wird. Wichtige Vorübungen dazu sind in meinem Buch „Geh den Weg der Mystiker" ausführlich dargelegt. Welche der Methoden man für sich wählt, muss jeder selbst gemäß der jeweiligen Persönlichkeit herausfinden. Im Zweifelsfall kann man jederzeit die innere Stimme dazu um Rat fragen oder Hilfe erbitten.

Der Weg über die Entwicklung von Liebe und Mitgefühl, den ich auch den weiblichen Weg nenne, geht dahin, dass wir – manchmal nach entsprechender

Reinigung durch bestimmte Übungen oder mit Hilfe eines Heilers, eines Meisters – in uns das Einfühlungsvermögen, dann die Wertschätzung und das Liebesgefühl für andere Wesen und Dinge immer stärker werden lassen, *bewusst* immer mehr verstärken. Wir müssen also sowohl intensiver fühlen wie mitfühlen lernen und dabei zugleich die Ausstrahlung von Liebe immer mehr steigern, bis es zum Durchbruch einer inneren Liebe kommt, die unsere „persönliche, normale" Liebe bei weitem übersteigt. Dies haben wir in der letzten Übung mittels des Mantras „Liebe allen Wesen" schon praktisch erprobt (Übung 29). Sie können diese Liebesverbindung mit der folgenden Übung noch weiter steigern, indem Sie anderen, zunächst vertrauten Menschen still und ohne Erwartung, nur mit bedingungsloser Liebe und im Gefühl des Gleichseins und Einsseins längere Zeit in die Augen schauen. Eigentlich schauen Sie dabei durch die Augen hindurch in die Seele des anderen, und wenn Sie entsprechend vorbereitet sind und voll Liebe, dann können Sie im Spiegel des anderen nicht nur seine Seele, sondern das Göttliche in ihm direkt erleben und erfahren und können dabei Ekstase erleben. Diese neue und sehr direkte Methode nennt sich **„Joining"**, wurde von meiner Lehrerin Lency Spezzano entwickelt, die dies auch wirklich so praktiziert und lebt, und ist sehr schön in ihrem Buch „Gib den Weg frei für die Liebe" (Via Nova) beschrieben. Probieren Sie die Übung zunächst mit Ihrem Partner oder einem nahestehenden Menschen aus:

Übung 30: Joining – sich in Liebe verbinden

Ort, Zeit: Empfehlenswert ein ruhiger, harmonischer Ort // zunächst 1–2 Stunden, später mehr

Vorbereitung:

Legen Sie eine schöne, harmonische, aber doch lebendige Musik auf. Setzen Sie sich bequem Ihrem Partner gegenüber, direkt vor Ihnen, so dass Sie seine Augen gut sehen können.

Zweck: Grenzen des Ego öffnen, tiefe Verbindung eingehen und Einheit des Geistes erfahren. Liebe einlassen. Dabei auftauchende negative Emotionen im Feuer der Liebe verbrennen.

Durchführung:

a) **Gleichheit herstellen:** *Entscheiden Sie sich dafür, sich ganz zu öffnen und den anderen völlig in sich hineinzulassen, ganz willkommen zu hei-ßen, ganz zu lieben. Entscheiden Sie dabei bewusst, dass sie beide im Grunde des Herzens **völlig gleich** sind, gleich wertig, beide Geistwesen, Licht vom Licht, Kinder Gottes, rein, unschuldig und völlig liebenswert.*

b) **Verbindung herstellen:** *Schauen Sie nun voller Wertschätzung und Liebe Ihr Gegenüber an. Schauen Sie in die Augen, wobei Sie ein Auge auswählen und dies auch wechseln können. Schauen Sie einfach voller Liebe, im Bewusstsein, dass Sie letztlich im Geist alle eins sind, in die Augen und* **spüren Sie, wie Sie in die Seele schauen, in den hinter der Person liegenden Betrachter.** *Keinesfalls stieren, analysieren oder etwas suchen, sondern Liebe und Mitgefühl ausstrahlen und spüren, wie Sie im Grunde Ihres Herzens mit diesem Wesen eins sind, ja, dass Sie selbst es sind, der da zurückschaut, wie in einem Spiegel. Ja, wirklich, das bist du.*

c) **Emotionen und Hindernisse auflösen:** *Während Sie so schauen, können plötzlich alle Arten von Emotionen, Ängste, Vorstellungen auftauchen (Sie können später auch selbst Probleme auswählen und fokussieren).* **Es ist wichtig, sie zuzulassen und intensiv zu fühlen, jedoch ohne darauf einzusteigen, darauf zu reagieren oder sie auszuagieren!** *Fühlen Sie sie so lange, bis nichts mehr kommt, bis diese Gefühle sozusagen verbrannt sind, wobei Sie stets wissen, dass Sie nicht diese Gefühle sind, sondern der, der sie fühlt und wahrnimmt. Beim Fühlen können Sie auch weinen oder lachen, dies beschleunigt den Prozess.* **Wichtig ist aber, den Augenkontakt oder die Seelenverbindung zu Ihrem Partner möglichst aufrechtzuerhalten.** *Auch sollte der Partner nicht in die Kreation einsteigen und sich Sorgen machen oder mit-leiden, dies würde die Heilung behindern, sondern den Prozess nur einfühlsam und voller Mitgefühl begleiten, im Wissen, dass dies nur vorüberziehende Wolken am Himmel sind.*

d) **Liebe, Lachen, Ekstase erleben:** *Sind nun einige Schichten aufgelöst, oder vielleicht schon gleich zu Beginn werden Sie plötzlich Anfälle von Heiterkeit spüren, oder Sie sehen im Gegenüber bestimmte Muster, Persönlichkeitsstrukturen, Masken, die einfach komisch sind. Möglicherweise sehen Sie wechselnde Gesichter im anderen. Wenn es spontan lustig wird, dann lachen Sie einfach frei heraus und folgen Sie Ihrer Intuition, Ihrem Spieltrieb. Es kann sehr lustig werden, wenn beide lachen. Es kann – muss aber nicht – bis zum starken Fließen von Energie im Körper kommen und bis zum Gefühl der Ekstase, wenn die Schranken aufgelöst sind und die Liebe und die Freude aus allen Poren ausbricht. Aber dies ist nichts, was getan werden müsste, dies nur zulassen, wenn es soweit ist und von selbst passiert.*

Resultat: Verbundensein, Auftauchen und Auflösen unterdrückter Emotionen und Muster, Lachen, Liebesgefühle, Ekstase.

Hinweis: Dies lässt sich in der Gruppenarbeit noch steigern, aber hier sollte ein erfahrener Trainer anwesend sein. Falls Sie ein an einem solchen Seminar Interesse haben, wenden Sie sich an den Autor (Kontaktadresse im Anhang).

Diese neue Variante auf dem Weg des Herzens ist Bewusstseinsentwicklung über die praktische Entwicklung von reiner Nächstenliebe, Öffnung des Herzens, absolute Nähe zu anderen, Einssein mit anderen. Es ist ein typisch *weiblicher Weg* mit der Betonung von Liebe, Hingabe, Empfangen aus Gnade. Hier muss man nichts tun außer sich dem Mutteraspekt Gottes hingeben und empfangen, ohne es erst verdienen oder erarbeiten zu müssen. Lency entwickelte diese Methode der Hingabe und Liebe über die Arbeit mit todkranken Kindern. Jeder kann dies in der Praxis erleben. Daraus lässt sich wieder deutlich ersehen, wie jedem Menschen ein Weg zu dieser Liebe und Freude offen steht, wie es prinzipiell jedem möglich ist, zumindest diesen Weg der Liebe praktisch zu gehen, wie einfach und leicht er sein kann und welche unglaublichen Resultate daraus zu gewinnen sind. Dabei ist dieser Weg eigentlich nichts anderes als die konsequente praktische Umsetzung der Christusworte: „Liebet einander, so *wie* ich euch geliebt habe.// Liebe deinen Nächsten *wie* dich selbst." Das „wie" deutet die hier *notwendige Gleichheit* an, dies heißt, ich muss zuerst die anderen Wesen oder Menschen als gleichwertig, als im Grunde eins mit mir ansehen, sonst funktioniert es nicht. Davon muss ich wirklich überzeugt sein, es nicht nur denken oder behaupten. Solange ich noch irgendwie Bewertungen und Abgrenzungen habe, solange ist diese Möglichkeit blockiert.

Doch es zeigt sich auf diesem Weg auch, wie schon Meister Eckhart betonte: Wer der göttlichen, absoluten Liebe entgegengeht, dem kommt sie noch viel schneller entgegen, und ehe er sich versieht, ist er von Ekstase überschwemmt, ist inmitten einer Lichtwelt, strömend in einem unendlichen Fluss von Liebe, von Schönheit, von Wahrheit und Glück. *Dieser Weg ist daher nicht so sehr ein Stufenweg wie der erstgenannte, sondern* **hier kann alles jetzt geschehen, spontan und unverdient**, denn die göttliche Liebe kennt nicht Raum und Zeit. Es ist ein schneller, mystischer und zugleich steiler Weg, und selbst tiefgläubige Christen taten sich schon immer schwer damit, aber er hat den Vorteil, dass er im Unterschied zum Meditationsweg gleich von vornherein die Praxis und konkrete Resultate mit einschließt.

Dies bedeutet: *Sie beginnen die Übungen hier und jetzt*, in Ihrer Umwelt und im Alltag, mit Ihren Mitmenschen. Sie fangen hier und jetzt konkret an zu lieben und diese Fähigkeiten zu erproben und sehen auch gleich die Reaktionen und Resultate. Hier können Sie sich nichts vormachen oder in die Tasche lugen, da Sie mit realen Menschen und Situationen und nicht mit bloßen geistigen Vorstellungen üben. Positiv ist auch, dass hier *keinerlei Vorkenntnisse oder Schulungen nötig* sind, auch keine Voraussetzungen an Zeit und Ort. Jeder kann dies überall und jederzeit praktizieren, auch ohne erst irgendeine Methode erlernen zu müssen. Doch müssen wir hier entweder so stark sein, unsere Blockaden, Begierden, Widerstände, alten Muster ständig zu erkennen und aufzulösen, oder aber wir bearbeiten sie zusätzlich mit anderen Methoden, beispielsweise mit modernen therapeutischen Verfahren, um dann diesen Weg einfacher und leichter gehen zu können.

Für mich persönlich hat es sich als ideal erwiesen, beide Wege zu kombinieren. Denn auf dem *Weg der Liebe* kann es sehr schwer fallen, wie selbst bei hochmotivierten Christen zu sehen ist, diese Liebesfähigkeit, diese Hingabe zu entwickeln und vor allem substantiell zu praktizieren *ohne* vorausgehende Ruhigstellung und Stabilisierung des Geistes, *ohne* vorhergehende Aufhebung von Bewertungen, Lösung von Blockaden, Begierden, Widerständen durch Meditations- oder moderne Therapieverfahren. Doch nur wenn sie echt gefühlt und gelebt wird, nur dann spüren es die anderen Menschen, nur dann zeigt dies im alltäglichen Leben Wirkungen, nur dann geschehen Wunder und echte Transformationen, auch von schwierigen Situationen. Andererseits kann es auf dem *Weg der Meditation* schwer fallen, *ohne* Praxis der Liebe und *ohne* Entwicklung des Mitgefühls in den Meditations- oder Stille-Übungen beispielsweise des Zen oder TM über das bloße Ruhigstellen des Geistes hinauszukommen zu den erwähnten ekstatischen Erlebnissen und Gotteserfahrungen. Dies geschieht vermutlich nur, wenn wir auch die Liebe und das Mitgefühl in uns entsprechend entwickeln, und so wird es auch von vielen buddhistischen Meistern gefordert. Sonst bleibt die Gefahr, dass Meditation und Kontemplation „trockene Übungen" ohne wirklichen Fortschritt bleiben, etwa so nützlich wie das bloß heruntergeleierte Beten. *Denn wer wenig Liebe hat und gibt, der kann auch nur wenig empfangen, und wenn er noch so viel meditiert.* Denn wenn Gott die Liebe ist und sich nur Gleiches zu Gleichem gesellt, kann und wird er demzufolge nur wenig von Gott empfangen. Obwohl also beide Wege letzten Endes sowieso in eins münden, so erscheint es mir aus diesen Gründen optimal, sie gleich von vornherein miteinander zu kombinieren. Doch dies ist nur mein Standpunkt, und welche Wege Sie immer nehmen, ich wünsche Ihnen dabei Glück, Wohlergehen, viel echte Lebensfreude und göttlichen Segen, und diese grenzenlose Liebe und Ekstase, von der wir gesprochen haben.

Mögen alle Wesen diese Erleuchtung und göttliche Freude erfahren,
mögen sie alle den Weg erfahren und erkennen, der dahin führt.
Mögen alle Wesen für immer frei sein von Leid und Sorge,
mögen wir ihnen allen helfen, sich daraus zu befreien.
Möge nun alle Verwirrung dieser Welt ein Ende haben,
und mögen wir alle diese Liebe erfahren, miteinander teilen, und in ihr bleiben ewiglich.

Der Autor gibt neben öffentlichen Vorträgen, Seminaren und Kursen auch Einzelsitzungen und Einzelberatung zu den Themen:

Philsophisch-esoterische Lebensberatung
Lebensprobleme lösen
Lebensaufgabe erkennen
Hilfe zu spiritueller Entwicklung / Meditationseinweisung
Reinkarnationssitzungen

nach vorheriger Anmeldung.

Kontaktmöglichkeiten für weitere Infos, Anregungen, Kommentare, Seminaranfragen usw.:

Internet: zum Autor: www.peterreiter.com
         zum Buch: www.lebensfreude.tv
E-Mail: drpeterreiter@hotmail.de
Kontakt Autor: Fax: 0 67 72-9 40 41
Anschrift: Oberstr. 6, 56357 Himmighofen

Wenn es verletzt, ist es keine Liebe

Chuck Spezzano **7. Auflage**

416 Seiten, gebunden – ISBN 3-928632-20-5

Dieses Buch verändert Ihr Leben. Ein Wissender zeigt den Weg, wie Sie ein Leben führen können, das erfüllt ist von Liebe und Verstehen, von Freude und Glück. Sie erfahren in 366 Kapiteln wichtige Lebensgrundsätze, die Ihre zwischenmenschlichen Beziehungen auf eine höhere Ebene heben.

Die Weisheit der Liebe, die der Verfasser in jahrzehntelanger Forschungsarbeit als Psychotherapeut, als weltweit bekannter Seminarleiter, als visionärer Lebenslehrer entdeckt und in klare Weisungen umgesetzt hat, verwandelt Sie und berührt Ihr wahres Wesen, das Liebe ist.

Durch die angebotenen Übungen, die das theoretisch Erkannte auch in den praktischen Alltag umsetzen, wird das Buch zu einem Wegbegleiter und Ratgeber in bedrängenden Beziehungsnöten. Wenn Sie Schritt für Schritt in die wichtigsten Grundprinzipien der Liebe eingeführt werden, reifen Sie in Ihrer Selbsterkenntnis, können Ihre Beziehungen in Partnerschaft und Freundschaft neu ordnen, vertiefen und intensivieren. Sie können die Ursachen für Ihre Schwierigkeiten in der Liebe erkennen, Blockaden auflösen und seelische Wunden heilen lassen.

Karten der Erkenntnis auf dem Weg nach innen
Das Buch der Erkenntnis **6. Auflage**

Chuck Spezzano

48 künstlerisch gestaltete Karten, Buch: 144 Seiten – ISBN 3-928632-32-9

Wollen Sie mehr Selbsterkenntnis gewinnen, persönliche Ziele und verborgene Wünsche erkennen, die Beziehungen im Privat- und Berufsleben verbessern, Ursachen für Probleme herausfinden und auflösen, Hindernisse auf dem Weg nach innen beseitigen? Dann sind die Karten der Erkenntnis und deren Erklärung eine große Hilfe. Sie sind einfach zu benutzen, hilfreich und inspirierend. Ganz gleich, ob Sie „sofortige Antworten" auf alltägliche Fragen oder langfristige Lösungen für die großen Herausforderun-gen des Lebens suchen, es wird Ihnen und Ihren Freunden helfen, positive Entscheidungen zu fällen und Veränderungen für eine bessere Zukunft herbeizuführen. Im beiliegenden Buch der Erkenntnis findet der Leser den Schlüssel zum Verständnis und zur Verwendung der Erkenntnis-Karten. Chuck Spezzano erläutert im einzelnen die Bedeutung aller 48 Karten und erklärt eine Vielzahl von Möglichkeiten, mit ihnen zu arbeiten und sie zu deuten. Außerdem werden über zehn verschiedene Legesysteme beschrieben.

Heilung des Körpers durch den Geist

Krankheit als körperlicher Ausdruck psychischer Störungen

Chuck Spezzano / Janie E. Patrick

192 Seiten, Hardcover, 3 farbige Poster – ISBN 3-936486-01-8

Das Buch geht von der engen Verbindung und Wechselwirkung Körper – Geist/Seele aus und versteht den Körper als Spiegel der Seele. Wir projizieren unsere inneren Konflikte auf ihn und in ihn und verkörpern sie auf diese Art und Weise. Der Körper antwortet mit Symptomen, die wir als bildhaften Ausdruck und Sinn-Bild dessen verstehen können, was wir als Konflikte in unserem Innern vor uns selbst verleugnen, verbergen und verdrängen. Diesen Ansatz greifen die Autoren auf. Sie nehmen die körperlichen Symptome als Signale unseres Inneren, entschlüsseln und lesen sie. Sie nutzen dazu mehrere Ausgangspunkte wie die Funktion des betroffenen Körperteils oder Organs, seine Bezeichnung, Sprichwörter und Redewendungen usw. und fragen: Was will uns der Körper mit diesem Symptom, mit der Störung gerade an diesem Teil oder Organ sagen? Ist in diesem Punkt Klarheit gewonnen, so ist der Zeitpunkt gekommen, das seelische Problem zu lösen und wieder gesund zu werden.

Verwandle Mißerfolg in Erfolg

Gewinnen durch Verlieren

Mariana Caplan

168 Seiten, Paperback – ISBN 3-936486-17-4

Was geschieht, wenn alle unsere vermeintlichen Götter – Glück, Gesundheit und Liebe – uns im Stich lassen? Genau dann entsteht das Potenzial für eine klarsichtige Bewusstheit, die zu wahrer Erkenntnis der Realität, zu nie dagewesenem Wachstum und zu radikaler Transformation führen kann. Das ist die Lehre, die Mariana Caplan dem Leser in diesem Buch vermitteln will. Auf anschauliche und spannende Weise beschreibt sie, wie man durch Misserfolge und den Verlust vermeintlich wichtiger Dinge zu der Erkenntnis gelangt, dass authentischer Erfolg nicht an materiellen Dingen, Vorstellungen oder Erwartungen, sondern an der Qualität unseres Menschlichseins und unseres Daseins gemessen wird. Der Schriftsteller Joseph Chilton Pearce bezeichnet das Buch als „ein Werk voll zarter Weisheit, echter Führung und mitfühlender Richtungsweisung".

Lachen ohne Grund

...eine das Leben verändernde Erfahrung

Madan Kataria

240 Seiten, Paperback, 32 farbige Fotos, 18 Grafiken
ISBN 3-928632-93-0

Voller Witz und doch eindringlich schildert der Verfasser in diesem Buch, wie die Lachbewegung in Indien entstand, wie er die ersten Lachclubs in seiner Heimatstadt Mumbai (Bombay) gründete, ohne sich von der Ironie und dem Spott seiner Mitmenschen beirren zu lassen, und wie die Bewegung sich langsam, aber sicher zunächst über ganz Indien und schließlich über die ganze Welt ausbreitete. Er führt uns die gesundheitlichen Vorteile vor Augen, die das regelmäßige Lachen in unserer gehetzten und stressbeladenen Zeit nicht nur unserem Körper, sondern auch unserem Gemüt zu bieten hat. Auf wunderbare Weise verknüpft er die verschiedenen, von ihm selbst entwickelten Formen des Lachens, wie das herzliche Lachen, das stille Lachen, das Löwen-Lachen, das aufschwingende Lachen, das Ein-Meter-Lachen und das Cocktail-Lachen, mit Atem- und Dehnübungen, die ihren Ursprung im Yoga haben. Er zeigt uns, wie wichtig das Lachen für unseren Alltag ist und in welchem Maße es unsere Einstellungen und unser Leben verändern kann.

Durch Energieheilung zu neuem Leben

Atlas der Psychosomatischen Energetik

Dr. med. Reimar Banis

380 Seiten, Hardcover, Großformat, vierfarbig – ISBN 3-936486-15-8

Jeder Mensch, der mehr über sich, seinen unbewussten Charakter erfahren möchte, kann von diesem Buch nur profitieren. Der Leser findet Informationen aus allen Kultur-Epochen und spirituellen Disziplinen über die Lebensenergie, die Chakras und deren herausragende Bedeutung für Gesundheit, Lebensfreude und Sinnfindung im Leben. Der Autor verbindet das naturwissenschaftliche Weltbild mit Erkenntnissen der modernen Energiemedizin und uralter spiritueller Erkenntnisse. Ein neues Weltbild wird sichtbar, in dem die seelische Evolution des Einzelmenschen den eigentlichen Schlüssel darstellt. Dr. Banis schildert ein neues, einfaches System der Energiemedizin, das er entdeckt hat, um Energieblockaden in kürzester Zeit zu erkennen und zu heilen – die Psychosomatische Energetik.

Kreative Wunscherfüllung

Die kosmischen und irdischen Gesetze des Wünschens
Hans Vater

256 Seiten, Hardcover – ISBN 3-936486-16-6

Wunscherfüllung ist kein Luxus. Denn unerfüllte Wünsche halten uns fest; erfüllte Wünsche dagegen machen uns frei, voranzuschreiten zu neuen und beglückenderen Stufen des Lebens. Hans Vaters praktisches und zugleich tiefgründiges Weisheitsbuch gibt die Methoden und Techniken an die Hand, unsere Wünsche zu verwirklichen. Es analysiert eingehend die Gesetze und Prinzipien, die hinter den einzelnen Wunschtechniken stehen und die sie wirksam machen. Diese Gesetze sind die Regeln des großen kosmischen Schöpfungsspiels, welches wir in Gottes Auftrag mitgestalten und dessen Ziel es ist, uns zu der Einheit zurückzuführen, die wir in Wahrheit nie verlassen haben. Das Buch zeigt uns, wie wir durch die Anwendung der mächtigen Seinsgesetze unser Leben gesünder, glücklicher und erfolgreicher gestalten können. Das Verständnis dieser Gesetze hinterlässt beim Leser ein tiefes Gefühl der Geborgenheit und des Vertrauens in ein geordnetes und liebevolles Universum.

24 Stunden luzid träumen

Techniken, um den nichtdualistischen träumenden Hintergrund der Alltagsrealität wahrzunehmen
Arnold Mindell

274 Seiten, Paperback, 52 Graphiken – ISBN 3-936486-03-4

In seinem neuesten Buch „24 Stunden luzid träumen" zeigt der innovative Psychotherapeut und spirituelle Lehrer Arnold Mindell zum ersten Mal auf, wie man in die Welt des Träumens eintritt, jene Welt, aus der die sichtbare Realtität hervorgeht. Greift man Ereignisse, die die eigene Aufmerksamkeit erregen wie beispielsweise Körpersymptome, Beziehungsmomente, spontane Gedanken und Phantasien auf und entfaltet deren Signale mit Hilfe der Methode des 24 Stunden luziden Träumens, tritt man vollkommen wach in die nichtdualistische Welt des Träumens ein und lernt deren Botschaften zu verstehen und in die Alltagswelt einzubringen. Die Praxis des 24 Stunden luziden Träumens hilft bei der Lösung persönlicher, körperlicher oder emotionaler Probleme. Sie hilft bei der Lösung von Konflikten in Beziehungen, Familien, Großgruppen, Unternehmen und sogar in der Politik.

HOLOS –
die Welt der neuen Wissenschaften

Ervin Laszlo

208 Seiten, Hardcover – ISBN 3-928632-94-9

In den Wissenschaften findet eine Revolution statt. Es ist keine technologische Revolution – es ist eine Revolution des Weltbildes. Prof. Laszlo verfolgt diese Entwicklung und macht sie jedem zugänglich, der an den neuesten Erkenntnissen darüber teilhaben möchte, wer und was wir sind, was die Welt ist, die uns umgibt, und auf welche Weise wir in Beziehung zueinander und zu dieser Welt stehen. Zunächst unternimmt der Leser eine faszinierende Reise durch die neuen Wissenschaften. Er erfährt in einfacher Sprache, was Wissenschaftler bereits wissen und vor welchen Rätseln sie im Hinblick auf den Kosmos, das Quantum, den lebenden Organismus und das menschliche Bewusstsein immer noch stehen. Dann erforscht der Verfasser diese Welt, indem er Fragen stellt, auf die er nun zuversichtliche, wenn auch überraschende Antworten geben kann – Fragen, bei denen es um Ursprünge und Bestimmung des Universums und um Ursprung und Evolution des Lebens und des Bewusstseins geht –, um dann die größten der „großen Fragen" zu stellen: Fragen der Unsterblichkeit, zum Bewusstsein im Kosmos und zu einem Bewusstsein, das eine wissenschaftlich basierte Schau als den Geist Gottes erfassen kann.

You can change the world
Wie kann ich die Welt verändern?
Anleitung zum persönlichen Handeln

Ervin Laszlo

168 Seiten, Hardcover – ISBN 3-936486-23-9

Mit diesem Buch will Ervin Laszlo als Präsident des Club of Budapest einen praktischen Leitfaden anbieten für alle jene Menschen, die einen ganz persönlichen Beitrag zu einer besseren Welt leisten möchten. Es ist ein Leitfaden, der das Denken und Handeln miteinander verbindet. Er reicht von der Frage, welche ethischen Werte der Realität einer zusammengewachsenen Menschheit gerecht werden können, bis zu der Frage, mit welchen Gedanken, Haltungen und Handlungen wir zu aktiven und wirkungsvollen Mitgestaltern unseres gemeinsamen Schicksals auf dieser einen Erde werden können. Ein im doppelten Wortsinne notwendiger und überaus ermutigender Leitfaden aus der Ohnmacht heraus. Im Anhang finden sich ferner die beiden vielleicht wichtigsten Ethik-Dokumente der Gegenwart: die Erd-Charta sowie die Weltethos-Erklärung. „Lesen Sie dieses Buch und denken Sie darüber nach. Dies ist wichtig für Sie, für Ihre Familie, für Ihre Kinder und Enkel, für Ihre Freunde, für jeden um Sie herum." Michail Gorbatschow

Die Vision vom göttlichen Menschen
Eine spirituelle Weg-Begleitung in das neue Jahrtausend

Barbara Schenkbier

424 Seiten, Paperback, 21 ganzseitige Bilder – ISBN 3-928632-68-X

Prachtband: 424 Seiten, geb., Einband Kunstleder mit Goldaufdruck, 21 ganzseitige Bilder, Zweifarbendruck – ISBN 3-928632-18-3

Das Buch ist ein umfassendes Standardwerk, das den Durchbruch einer neuen Evolutionsstufe im Bewusstsein des Menschen vorbereiten hilft. Aufbauend auf wissenschaftlichen Erkenntnissen und der mystischen Tradition aller Religionen führt es zu einem tieferen Wissen über das menschliche Bewusstsein, um dann den Weg zum göttlichen Menschen zu beleuchten. Alle wichtigen Schritte werden beschrieben, wesentliche Übungen aus einer neuen Sicht heraus dargestellt und die Transformationsstufe zu einem neuen Bewusstsein geschildert. Beim Lesen und Anwenden der beschriebenen Wahrheiten eröffnet sich dem Leser eine neue Sicht auf den Sinn des Lebens. Alle, die den geistigen Weg beschreiten, werden ihn besser verstehen, ihn bewusster, mutiger und konsequenter weitergehen. Das Buch ist aus der eigenen spirituellen Erfahrung der Autorin heraus geschrieben und eröffnet den Blick in eine Zukunft, die die evolutionäre Schöpferkraft selbst schaffen wird.

Ken Wilber – Denker aus Passion
Eine Zusammenschau

Frank Visser

312 Seiten, Hardcover – ISBN 3-936486-00-X

Im Werk des Philosophen Ken Wilber gehen alle bedeutenden Themen der großen philosophischen und spirituellen Traditionen der Menschheit eine eindrucksvolle Synthese ein. Wilber ist ein passionierter Sucher nach der Wahrheit und einer der letzten großen Systemphilosophen, der Wissenschaft und Religion, Kunst und Kultur, Ost und West miteinander verbindet und in eine umfassende Perspektive der Evolution stellt. Der Autor dieses Buches zeichnet nicht nur das Entstehen und den Werdegang der Bücher von Wilber auf, er stellt nicht nur das Gesamtwerk des großen Bewusstseinsforschers dar, sondern beleuchtet auch die Geschichte hinter seinen Gedanken und Erkenntnissen. Er beschreibt eindringlich den Lebenslauf von Wilber bis in die Gegenwart, die Motive, die Wilber zur Auswahl seiner Themen veranlasst haben, die intellektuellen und persönlichen Krisen seines Lebens und nicht zuletzt seine persönliche spirituelle Erfahrung.